Über dieses Buch Als Arnold Zweig aus dem Ersten Weltkrieg zurückkehrte, brachte er die bitteren Erfahrungen mit, die er an der West- und an der Ostfront sammeln mußte. Sie hatten ihn zu der Erkenntnis geführt, daß der Krieg nicht der Vater aller Dinge ist, sondern ihr ärgster Feind, und daß kriegerische Auseinandersetzungen zwischen den Völkern ökonomische und machtpolitische Ursachen haben. Von diesem Zeitpunkt an bestimmt das Thema »Krieg oder Frieden« den wesentlichen Teil seines literarischen Werkes. Von diesem Zeitpunkt an ist er sich aber auch der Verantwortlichkeit des Schriftstellers bewußt, als Essayist und Publizist das Zeitgeschehen kritisch zu beurteilen. »Das Wachstum der Gesittung ist an den Frieden gebunden« – dieser Satz aus einem seiner frühen Artikel wird zum Leitgedanken seines Denkens und Schreibens.
Die vorliegende Sammlung aus dem publizistischen Werk der Jahre 1919 bis 1966 legt Zeugnis dafür ab, wie unbeirrbar Arnold Zweig diese Position stets verfochten hat.

Der Autor Arnold Zweig, am 10. November 1887 in Glogau geboren, studierte Germanistik, Philosophie, Geschichte, Psychologie, Kunstgeschichte und Nationalökonomie in Breslau, München, Berlin, Göttingen, Rostock, Tübingen. Nach der Teilnahme am Ersten Weltkrieg in Serbien und Frankreich lebte er von 1919 bis 1923 als freier Schriftsteller am Starnberger See, dann in Berlin. 1933 emigrierte er nach Palästina. Neben eigener schriftstellerischer Tätigkeit steht die Mitarbeit an zahlreichen Emigrantenzeitschriften. 1948 kehrt Zweig nach Berlin (DDR) zurück, wo er 1968 gestorben ist.
Im Fischer Taschenbuchverlag sind außerdem erschienen: ›Junge Frau von 1914‹ (Bd. 1335), ›Erziehung vor Verdun‹ (Bd. 1523), ›Der Streit um den Sergeanten Grischa‹ (Bd. 1275), ›Das Beil von Wandsbek‹ (Bd. 2069), ›De Vriendt kehrt heim‹ (Bd. 5785), ›Westlandsaga‹ (Bd. 5835), ›Die Zeit ist reif‹ (Bd. 5827), ›Traum ist teuer‹ (Bd. 5876), ›Novellen um Claudia‹ (Bd. 5877), ›Die Feuerpause‹ (Bd. 5912), ›Einsetzung eines Königs‹ (Bd. 5913), ›Soldatenspiele. Drei dramatische Historien‹ (Bd. 5914), ›Die Umkehr. Jüdische Dramen‹ (Bd. 5915), ›Novellen. Erster Band‹ (Bd. 9127), ›Novellen. Zweiter Band‹ (Bd. 9128), ›Essays. Zweiter Band. Aufsätze zu Krieg und Frieden‹ (Bd. 9130), Lion Feuchtwanger / Arnold Zweig: ›Briefwechsel, Bd. 1 / 1933–1948 (Bd. 5783), Bd. 2 / 1949–1958‹ (Bd. 5784), Sigmund Freud / Arnold Zweig: ›Briefwechsel‹ (Bd. 5629).
Bücher über Arnold Zweig: Wilhelm von Sternburg (Hg.): ›Arnold Zweig. Materialien zu Leben und Werk‹ (Bd. 6876), Manuel Wiznitzer: ›Arnold Zweig. Das Leben eines deutsch-jüdischen Schriftstellers‹ (Bd. 5665).

Arnold Zweig

Essays

Zweiter Band

Krieg und Frieden

Mit einem Vorwort von
Wilhelm von Sternburg

Fischer Taschenbuch Verlag

Ungekürzte Ausgabe
Veröffentlicht im Fischer Taschenbuch Verlag GmbH,
Frankfurt am Main, November 1987

Lizenzausgabe mit freundlicher Genehmigung des
Aufbau-Verlags, Berlin und Weimar
Erstmals erschienen: 1967 im Aufbau-Verlag, Berlin und Weimar

Umschlaggestaltung: Max Bartholl
Gesamtherstellung: Clausen & Bosse, Leck
Printed in Germany
ISBN-3-596-29130-5

Inhalt

III

IV

V

VI

VII

Vorwort

»Politisch sein ist heute unumgänglich...«, schrieb Arnold Zweig Anfang 1919 an eine Brieffreundin. Hinter ihm lag das Grauen mörderischer Kriegsjahre, die er als einfacher Soldat vor Verdun und an der Ostfront durchlitten hatte. Der einstige Nietzscheaner und Kunstästhet, dessen frühe Novellen und Dramen bereits erschienen waren und ihm erste Erfolge beschert hatten, kehrte als psychisch gebrochener und geistig tief verunsicherter Mann an den Schreibtisch zurück. Die Ideale der Welt, in der er aufgewachsen war, das Europa der Aufklärung, der tief verwurzelte Fortschrittsglaube, der die wilhelminische Epoche charakterisierte, waren in dem vierjährigen Völkermord untergegangen, erwiesen sich als Illusion. Die Wirklichkeit hatte auch die Kunst eingeholt.

Der Krieg wurde zum Lebensthema des Schriftstellers Arnold Zweig. 1927 erschien sein Roman *Der Streit um den Sergeanten Grischa* und begründete seinen Weltruhm. Es war der erste von insgesamt sechs Romanen eines Zyklus, den er *Der große Krieg der weißen Männer* nannte.

Zweigs politischer Weg, der in den letzten Kriegsjahren angesichts der Sinnlosigkeit immer neuer Offensiven und der offenbaren Unfähigkeit deutscher Führungseliten den Frieden herbeizuführen, begann, war zumindest in einem Punkt geradlinig: Er blieb die nächsten fünf Jahrzehnte ein leidenschaftlicher und unbeirrbarer Pazifist. »Nie wieder Krieg« wurde zum Credo seines schrifstellerischen und essayistischen Werkes. Klarer als die meisten seiner Zeitgenossen erkannte Zweig, daß Krieg in unserem Jahrhundert in einen kollektiven Selbstmord einmünden mußte, Frieden allein das Überleben der Menschheit, die Bewahrung der europäischen Kultur gewährleisten konnte.

Die Ursachen, die Europa für vier Jahre in ein Chaos stürzten, lagen für Zweig in dem überschäumenden Nationalismus, der in der zweiten Hälfte des 19. Jahrhunderts die Völker heimsuchte, sie blind machte für die drohenden Gefahren. 1919 spricht er bereits von dem »Auswahlnationalismus«: »Wer bei uns ist, ist gut, edel, herrlich, rein, keusch und deutsch; wer wider uns ist, ist schlecht, gemein, widerlich, schmutzig, geil und jüdisch, international marxistisch, jedenfalls – undeutsch, sagt diese Art Nationalismus.«

Zweig selbst war 1914 dem nationalistischen Rausch verfallen. Mit martialischen Worten begrüßte er, wie Millionen Europäer, die Kriegserklärungen der Großmächte, meldete sich sofort freiwillig zum Waffendienst und schrieb chauvinistische Novellen. »Wir, Menschen«, so hieß es in einem Brief vom August 1914, »die so gerne achten und das Achtbare und Echte überall suchten, sehen mit einem manchmal wahrhaft heißen Glück plötzlich, über Nacht, aus einem Volke ichsüchtiger Krämer und patriotisch-politischer Phrasendrescher das große tüchtige deutsche Volk erwachen; der fette Bürger, unser Antagonist, lernt plötzlich wieder sich einordnen, opfern, echt fühlen – er verliert seine moralische Häßlichkeit, er wird schön! Dies schon beglückt; und so genügt es zu sagen, daß die Haltung des Heeres, des Einzelnen wie der Gesamtheit, des Gemeinen wie der Leitung, der Zurückgebliebenen wie derer an der Front, ganz herrlich ist – ein jauchzendes, tollkühnes Entzücken vibriert in mir, wenn ich die Zeitungen lese... Das große Deutschland ist wieder da, die klare ungeheuer geniale Kälte der kantischen Intuition und das Feuer beethovenscher Allegretti und Scherzi spukt in der deutschen Kriegsführung... Der Ritter reitet. Daß Liliencron dieses Deutschland nicht mehr erlebte!«

Als der Kriegsheimkehrer in Berlin die Novemberrevolution miterlebt, steht er auf der Seite derer, die ein neues, demokratisches Deutschland fordern. Der Rausch ist verflogen, die »Verführten« sind erwacht, das Versagen der wilhelminischen Oberschicht, durch die schmähliche Flucht des Kaisers und seines Feldherrn Ludendorff dramatisch unterstrichen, hat sich endgültig offenbart. Zweigs Position ist republikanisch, aber den Spartakisten steht er skeptisch gegenüber. Nach der Ermordung von Rosa Luxemburg und Karl Liebknecht schreibt er in der *Weltbühne* einen Gedenkartikel, der seine damalige Haltung deutlich macht: »Vergeßt den Irrweg, den sie vor ihrem Ende gingen, und gedenket ihrer als dessen, was sie waren: Urheber der deutschen Revolution, heilige Werkzeuge des Schicksals, Hebel einer neuen Zeit.«

Sätze, die unterstreichen, daß Zweig als Sozialist, aber nicht als Marxist aus dem Krieg zurückgekehrt war. Gustav Landauers soziale Utopien, sein naiver Siedlungsmythos, beherrschten damals sein Denken. Die Oktoberrevolution von 1917 faszinierte den geistig heimatlos gewordenen Schriftsteller zwar nicht weniger als viele vom Schock des Krieges tief getroffene Linksintellektuelle der Weimarer Jahre, aber er stand der realen Entwicklung in der Sowjetunion während der zwanziger Jahre distanziert gegenüber, verkannte nicht die Fehler im Aufbau des bolschewistischen Systems, beklagte vielfach die mangelnde Freiheit des einzelnen, sah nicht in Stalin, sondern in dem später im Machtkampf um die Führung unterlegenen Leo Trotzki den wahren Nachfolger Lenins.

Das Geschehen in der Sowjetunion war für ihn zunächst ein faszinierendes gesellschaftspolitisches Experiment. Lenin hatte als einziger unter den Führern der Kriegsparteien dem Morden ein Ende gesetzt und unter hohen territorialen Opfern für Rußland einen Friedensvertrag unterschrieben. Zweig schrieb im November 1917: »Ich sehe mit Grauen, daß die Westhälfte Europas trotz der prachtvollen Lenins und Trotzkis... nicht an Frieden denkt.« Aber nicht im Bolschewismus, sondern im parlamentarisch-demokratischen System angelsächsisch-französischer Prägung sah Arnold Zweig die Zukunft des republikanischen Deutschland. Er hielt an der Weimarer Republik bis in die letzten Tage ihres Bestehens fest, kritisch und skeptisch, ihre Mängel beklagend, ihre Zerstörer bitter an den Pranger stellend.

Die Schriften von Marx und Engels studiert er in diesen Jahren, wenn überhaupt, nur sehr oberflächlich. Er tritt zwar der »Gesellschaft der Freunde des neuen Rußland« bei, wehrt sich aber nachdrücklich gegen jede einseitige politische Vereinnahmung. 1930 heißt es in einem *Weltbühne*-Aufsatz: »Ich bete Rußland nicht an, ich weiß zu genau, wie wenig anbetungswürdig die Zustände sind, die sich dort entwickelt haben, und ich bekämpfe die Methoden, mit denen sich eine herrschende Schicht am Ruder hält, ganz gleich, ob sie in Italien durch Rizinus oder in Deutschland durch den Stimmzettel der noch Unmündigen, in Rußland durch das Erbe des Bürgerkrieges zur Macht gekommen ist. Die Diktatur des Proletariats ist mir verhaßt wie jede Diktatur... Ich sehe also die Sache einer Neuordnung der menschlichen Gesellschaft in Rußland schlecht genug vertreten.«

Zunächst wendet sich Zweig also weniger den Fragen des Marxismus, seiner Anwendbarkeit auf die nach-wilhelminische Gesellschaft, zu. Im Mittelpunkt seines politischen Denkens steht bis in die späten zwanziger Jahre hinein der Zionismus. In drei umfangreichen Essays – *Das Ostjüdische Antlitz*, *Das neue Kanaan* und *Caliban* – setzt er sich mit dem Schicksal seines Volkes auseinander, bekennt er sich zu Theodor Herzls Palästina-Visionen, die erträumte Rückkehr der Juden in das Land der Väter, deutet er auf der Grundlage der Freudschen Lehre, den wieder bedrohlich sein Haupt erhebenden Antisemitismus in Europa. In seiner über weite Strecken hymnischen Betrachtung des Ost-Judentums und seiner Menschen, denen er während der Kriegsjahre an der Ostfront erstmals persönlich näher begegnet war, bezieht Zweig eindeutig Stellung gegen den wissenschaftlichen Sozialismus, wie er sich im nachrevolutionären Rußland entwickelt, und stellt ihm die Ideen Gustav Landauers gegenüber: »... der kolonisierende palästinensische Sozialismus ist wirklich eine reinere Darstellung der Idee als jeder, der erst gewalttätig zerstören muß, um aufbauen zu können.« (*Das Ostjüdische Antlitz*)

Zweig stammte aus einem Elternhaus, das dem orthodoxen Judentum fern stand, schon der Vater gehörte in Kattowitz der zionistischen Vereinigung an. Während des Krieges empörte ihn die sogenannte »Judenzählung« im kaiserlichen Heer tief, sah er darin doch nur einen weiteren Beweis für den nie versiegenden antisemitischen Strom, den auch der patriotische Kriegseinsatz der deutschen Juden nicht hatte aufhalten können. Das millionenfache Blutopfer, das den Volksmassen der kriegführenden Länder abverlangt wurde, öffnete ihm die Augen, führte ihn zum Sozialismus. Die alten Eliten, deren Herrschaft auf Tradition und Besitz beruhte, hatten versagt, sie mußten entmachtet werden und eine Gesellschaft entstehen, in der die Macht der Barone, Generale und Konzerne gebrochen war. Im Zionismus, in den utopischen Sozialideen Landauers, in den demokratischen Verfassungen, wie sie die Revolutionen in Amerika und Frankreich hervorgebracht hatten, glaubte Zweig in diesen Jahren die Bausteine für eine gerechte, friedliche Gesellschaft gefunden zu haben.

Wie viele seiner intellektuellen Zeitgenossen beobachtete Arnold Zweig mit zunehmender Verbitterung die Entwicklung, die nach der Niederschlagung des Spartakus-Aufstandes die neue Republik kennzeichnete. Die wilhelminische Oberschicht war zwar formal ihrer politischen Privilegien beraubt, aber damit keineswegs entmachtet. Das fatale Bündnis zwischen Sozialdemokratie und Oberster Heeresführung, das Friedrich Ebert zum Schutz der Demokratie für unabdingbar hielt, legte den Keim für den Wiederaufstieg der alten Eliten. Justiz, Verwaltung und Heer blieben weitgehend in konservativer Hand, das ostelbische Junkertum, der rheinische und schlesische Industrieadel machten kein Hehl aus ihrer Verachtung der neuen demokratischen Verfassung gegenüber. Der Friedensvertrag von Versailles, der die ersten Weimarer Jahre politisch vergiftete, die Ruhrbesetzung durch die Franzosen und der Zusammenbruch der deutschen Währung boten den rechtsradikalen Rassisten schon bald den notwendigen Boden für ihre Propagandafeldzüge.

Zweig beteiligte sich an den politischen Auseinandersetzungen Weimars mit der Waffe des Schriftstellers: dem Wort. In zahllosen Aufsätzen und Artikeln, Aufrufen und Resolutionen bezog er Stellung gegen die kollektive Verdrängung des Krieges, die sich zu seinem Entsetzen schon bald wieder in Deutschland breitmachte, geißelte er die Legenden – »im Felde unbesiegt« (Ebert) –, mit denen die rechtsbürgerlichen und völkischen Parteien das Scheitern ihrer nationalistischen Politik zu vertuschen suchten, prangerte er die wachsende Gewalt der rechten Mordtrupps an, denen Matthias Erzberger und Walter Rathenau, Rosa Luxemburg, Karl Liebknecht und Kurt Eisner zum Opfer fielen, empörte er sich gegen eine Justiz, die gegen Links mit drakonischen Urteilen vorging, Gewalttaten von rechts aber als Kavaliersdelikte bewertete.

Das Forum für den politischen Streiter Arnold Zweig war die liberale und linke Presse Weimars. Seine Artikel erschienen im *Berliner Tageblatt*, in der *Jüdischen Rundschau*, in Schwarzschilds *Tage-Buch* oder in der von Siegfried Jacobsohn herausgegebenen *Weltbühne*. Der Berliner Rundfunk lud ihn zu politischen Vorträgen ein, in kleinen, ideologisch fixierten Blättern wie *Der Klassenkampf* finden sich ebenso Beiträge aus seiner Feder wie in ausländischen Zeitungen, etwa dem *Manchester*

Guardian oder der Moskauer Zeitschrift *Internationale Literatur*. Nach der Veröffentlichung des *Grischa*-Romans, der ihm internationalen Ruhm bringt, wächst die Zahl seiner politischen Aufsätze, erhält das Wort Arnold Zweigs unter den Intellektuellen Europas Gewicht, öffnen sich ihm bereitwillig die Spalten der links-liberalen Presse.
Besonderes Gewicht besaß in diesen Jahren die *Weltbühne*. Jacobsohns Blatt, im Krieg von der kunstästhetischen *Schaubühne* zur politischen Wochenschrift gewandelt, hatte zwar nur eine geringe Auflage, aber ihre Wirkung war beträchtlich. Die Reichswehrführung und das rechtsbürgerliche Lager verfolgten sie Woche für Woche mit Haß, bedrohten sie mit Verboten und Prozessen. Das links-intellektuelle Deutschland dagegen sah in der *Weltbühne* eine Bastion der Republik. Radikal in ihrer Kritik, verteidigten die Autoren des kleinformatigen, ziegelroten Heftes den Staat von Weimar bis in seine letzten Tage hinein gegen die schließlich alles überschwemmende Flut der Antidemokraten. Justizskandale und heimliche Aufrüstungspläne der Reichswehr wurden aufgedeckt, das wachsende Zusammenspiel zwischen »Ruhrbaronen« und Rechtsradikalen entlarvt.
In der *Weltbühne* schrieben Kurt Tucholsky und Carl von Ossietzky, der eine für wenige Monate, der andere blieb bis zum gewalttätigen Ende Chefredakteur des Heftes, ferner publizierten Alfred Döblin und Heinrich Mann, Lion Feuchtwanger und Kurt Hiller. Arnold Zweig gehörte ebenfalls zu den, wenn auch nicht wöchentlich, aber doch ziemlich regelmäßig produzierenden Autoren der Zeitschrift. Er spürte eine tief empfundene geistige und politische Verbundenheit mit den Redakteuren und Textlieferanten der *Weltbühne*, sah hier das »andere« Deutschland, das republikanische Weimar vertreten. Als Carl von Ossietzky 1932 wegen angeblichen Geheimnisverrats in einem Artikel des von ihm geleiteten Heftes in Berlin-Tegel ins Zuchthaus geht, gehört Zweig zu den *Weltbühne*-Mitarbeitern, die ihn bis vor das Gefängnistor begleiten.
Der Romancier Arnold Zweig beginnt Mitte der 20er Jahre seinen Roman-Zyklus über den *großen Krieg der weißen Männer*. Es wird seine über Tausende von Seiten ausgebreitete Auseinandersetzung mit dem Inferno des Ersten Weltkrieges, seine Deutung der gesellschaftlichen Prozesse, die Europa in den Un-

tergang geführt hatten, sein Bekenntnis zu Humanität, Gerechtigkeit und zur Herrschaft der Mehrheit. Aber auch als Essayist und tagesaktueller »Journalist« bleiben für ihn der Krieg, der Kampf um den Frieden, der Schutz des Individuums vor der Willkür durch Bürokratie und Staatsmacht zentrale Anliegen seiner Hinwendung zu »den Forderungen des Tages«.

Als Jude reagierte Zweig mit besonderer Sensibilität, von den ersten Tagen der Republik an, auf die neue antisemitische Welle, die zunächst nur auf völkischer Seite sichtbar wurde, bald jedoch auch breitere Schichten, vor allem in der Landbevölkerung und im Kleinbürgertum, erfaßte. Seinen Wohnort am Starnberger See verließ er; anonyme Drohungen wiesen auf das immer dumpfere politische Klima in Bayern hin, trieben ihn ins liberalere Berlin. Aber auch die blutige Niederschlagung der Spartakisten, das brutale Durchgreifen der Soldateska, mit dem Eisners Revolution in München niedergeschlagen wurde, der Hitler-Putsch in der bayerischen Metropole und die milde Bestrafung seiner Rädelsführer waren ihm unübersehbare Gefahrenzeichen für Entwicklung und Bestand der Republik.

Immer wieder greift er in seinen politischen Artikeln auf diese Ereignisse zurück, warnt vor den Kräften, die das Ende Weimars heraufbeschwören. Scharfe Kritik trifft auch die rechte Sozialdemokratie um Männer wie Ebert und Noske. Als die SPD schließlich nicht mehr die Kraft findet, gemeinsam mit den linken Liberalen und dem demokratischen Bürgertum bei den Präsidentschaftswahlen den eigenen Kandidaten gegen den Feldmarschall von Hindenburg, ein Symbol des Krieges und des Wilhelminismus, durchzusetzen, sinkt die Hoffnung. In den Jahren der Götterdämmerung Weimars – Hitlers Aufstieg wird durch die Massenarbeitslosigkeit und die immer deutlicher zutage tretende Schwäche der demokratischen Parteien begünstigt –, denkt er zunehmend an Auswanderung, an Palästina, schmerzhaft spürend, daß seine kulturellen Wurzeln in Europa, in Deutschland liegen.

Das Exil, in das er nach dem Reichstagsbrand entkommt, bedeutet nicht nur in seinem persönlichen Leben einen tiefen Einschnitt. Auch der politische Essayist Arnold Zweig macht in den nächsten Jahren einen deutlichen Wandel durch, seine Position wird radikaler, einseitiger. Die Hinwendung Zweigs zum Marxismus, seine immer deutlicher hervortretende Annäherung an die Politik der Sowjetunion, ist – wie bei vielen exilierten deutschen Linksintellektuellen – die Reaktion auf das Verhalten der Westmächte gegenüber dem europäischen Faschismus. Für Menschen wie Zweig wird der antifaschistische Kampf zur kulturellen und politischen Überlebensfrage Europas. In der westlichen »Appeasement«-Politik sehen sie eine verhängnisvolle Schwäche, und als die spanische Republik um ihr Überleben kämpft – Franco wird von Hitlers Luftwaffe massiv unterstützt –, da glauben sie, daß nur noch die Sowjets einen Schild gegen den Faschismus bilden.

Er lebt in Palästina, fern dem Kreis um Lion Feuchtwanger und Heinrich Mann, die in Südfrankreich Zuflucht gefunden haben, fern von Ernst Toller und Walter Hasenclever, die den Schergen Hitlers zwar entkommen sind, aber schließlich nicht mehr die Kraft haben, der Einsamkeit und der Not des Exils den ausreichenden Lebenswillen entgegenzusetzen. Fern von Kurt Tucholsky, der im Norden Europas schon lange schweigt und schließlich den Freitod wählt. Fern auch von Erich Mühsam und Carl von Ossietzky, die in Konzentrationslagern zu Tode gequält werden.

Der Schriftsteller Arnold Zweig ist abgeschnitten von seinen deutschen Lesern, der Essayist findet keine Zeitungen und Zeitschriften mehr, die ihn im Reich abdrucken dürfen. Die *Weltbühne*, das *Tage-Buch* – alles was linken, demokratischen Geist in Deutschland vertrat – sind verboten, Blätter wie das *Berliner Tageblatt* oder die *Vossische Zeitung* werden rasch gleichgeschaltet. Als aktuelles, geistiges Kampffeld bleiben nur die neu gegründeten, lediglich für einen kleinen Leserkreis interessanten Exilpublikationen: *Die neue Weltbühne*, die in Prag erscheint, das *Pariser Tageblatt*, die *deutsche Volkszeitung*, Erscheinungsort ebenfalls Paris, die *Deutsche Zentralzeitung Moskau* oder die in Haifa herausgegebene *Palastine-Post*. Manch andere Exilschrift wird unter Mühen und Opfern in den kommenden Jahren gegründet, um nach wenigen Nummern ihr Erscheinen einstellen zu müssen. In Moskau erscheint Mitte der dreißiger Jahre, vom Kreml finanziert, *Das Wort*, Herausgeber sind Willi Bredel, Bertolt Brecht und Lion Feuchtwanger. Arnold Zweig findet hier ein Publikationsforum für manchen seiner politischen Artikel.

1942 gehört Zweig zu den Mitbegründern der in Jerusalem publizierten Zeitschrift *Orient*. Motor und Initiator ist der Journalist Wolfgang Yourgrau. Fast in jeder Ausgabe findet sich ein Beitrag aus der Feder von Arnold Zweig. Es sind scharfe antizionistische Artikel, in denen er den jüdischen Nationalismus in Palästina kritisiert, Betrachtungen zur wechselnden Kriegslage, eine Auseinandersetzung über den Antigermanismus, Solidaritätsappelle für die in den endlosen russischen Weiten gegen die deutschen Eindringlinge kämpfende Rote Armee.

Die politischen Essays, die Zweig in den Jahren seines Exils schreibt, machen vor allem zweierlei deutlich: die Wirklichkeit, die er in Palästina erlebt, raubt ihm seine jahrzehntelang gehegten zionistischen Illusionen. Der in Deutschland berühmte Schriftsteller wird im Land der Juden wenig beachtet, die hebräische Sprache bleibt ihm fremd. Aber es ist nicht nur seine subjektive Situation, die ihn in den Jahren, in denen er auf dem Berg Karmel lebt, zeitweise verbittert. Der arabisch-jüdische Konflikt im britischen Mandatsgebiet zeigt ihm auch die andere Seite des Zionismus, die Auswüchse eines jüdischen Nationalismus.

Als Fanatiker durch einen Bombenanschlag die Druckerei, in der der *Orient* hergestellt wird, zerstören, ein von ihm in deutscher Sprache gehaltener Vortrag in einem Jerusalemer Kino aufgrund von Gewalttätigkeiten abgebrochen werden muß, sieht er sich in seiner kritischen Distanz zum nationalistischen Weg der palästinensischen Juden bestätigt. Zweig wird immer bewußt Jude bleiben, auch später nie seinen Namen für öffentliche anti-israelische Kampagnen kommunistischer Staaten hergeben. Aber mit seinem großen Essay, *Bilanz der deutschen Judenheit*, den er in den ersten Exilmonaten im südfranzösischen Sanary sur Mer und in Paris diktiert hatte, und der seine Antwort auf den rassistischen Größenwahn der Nazis war, erhob er ein letztes Mal seine Stimme für eine nationale Heimstatt seines Volkes.

Neben der Abkehr von dem zionistischen Ideengut ist es die Hinwendung zur Sowjetunion, die die politischen Schriften der Exiljahre charakterisieren. In Moskau werden seine Bücher gedruckt, von dort kommen immer wieder die so dringend benötigten Honorare. Vor allem aber: für Zweig trägt die Rote Armee die Hauptlast im antifaschistischen Kampf. Die Nachkriegsgesellschaft kann aus seiner Sicht – nach dem zweifachen Versagen des europäischen Bürgertums – nur sozialistisch sein. In den dreißiger Jahren wirbt der Schriftsteller Arnold Zweig in zahllosen Artikeln und Vorträgen für die Bildung einer Volksfront, die die verhängnisvolle Spaltung der europäischen Arbeiterbewegung überwinden soll. In den vierziger Jahren gründet er in Palästina die »Liga V«, die Gelder zur Unterstützung der sowjetischen Armee sammelt. »Die Rote Armee kann kämpfen und siegen, weil sie eine Revolutionsarmee ist«, schreibt er 1943.

Als Zweig 1948, in den Tagen, in denen sich der jahrhundertealte Traum des jüdischen Volkes erfüllt, der Staat Israel gegründet wird, nach Europa zurückkehrt, ist er unschlüssig, wo er künftig leben soll. In Prag erreicht ihn dann die Einladung der Ostzonen-Regierung, er reist nach Berlin und bleibt dort die letzten 20 Jahre seines Lebens. Es ist ein folgerichtiger Schritt, der nicht nur in der materiellen Sicherheit, die ihm der »andere« deutsche Staat bietet, begründet liegt. Zweig, das zeigen alle seine Äußerungen und Schriften in den fünfziger und sechziger Jahren, hat in der DDR auch seine politische Heimat gefunden.

In seinem politischen Engagement bleibt der alternde Schriftsteller sich treu, es gilt – wie in den vergangenen Jahrzehnten – dem Kampf um die Erhaltung des Friedens. Die Entwicklung im Westen, die Gründung der Nato, die Wiederbewaffnung in der Bundesrepublik empfindet er als Friedensbedrohung. Der westdeutsche Kanzler, Konrad Adenauer, wird von ihm immer wieder hart kritisiert, im Bonner Staat glaubt er, die Wiedererstarkung der gesellschaftlichen Kräfte zu erkennen, die Deutschland in diesem Jahrhundert bereits zweimal in einen Krieg getrieben haben.

Die im letzten Teil dieses Bandes abgedruckten Arbeiten zeigen dem Leser, daß Zweig die Politik der DDR voll und aktiv unterstützt hat. Viele dieser Aufsätze übernehmen die Floskeln der amtlichen Propaganda, neigen zur politischen Schwarz-Weiß-Malerei. Der »Ja-Sager« lobt Stalin und Chruschtschow, Ulbricht und Pieck. Zu den Aufständen in Polen und Ungarn, zum 17. Juni 1953, zum Mauerbau in Berlin schweigt er. Allenfalls in Briefen an den Freund Lion Feuchtwanger oder in privaten Gesprächen läßt er gelegentlich Zweifel erkennen, klingt

Skepsis an. »Mein ganzer Aufenthalt hier will kritisch beleuchtet werden«, schreibt er im Juni 1952 an den Freund in Amerika, »daß man doch nicht einmal eines meiner Stücke gespielt hat, gibt mir zu denken, ebenso die Schwierigkeiten, die das Theater anderen Autoren macht, die nicht auf der Parteilinie wandeln.«
Aber welches Urteil der Leser über den späten politischen Essayisten Arnold Zweig auch fällen mag, das Bekenntnis, das er am Ende eines dramatischen, künstlerisch erfüllten, von Irrtümern nicht freien Lebens ablegt, reifte in Jahrzehnten, die die bürgerliche Welt an einen Abgrund geführt hatten: »Ein Deutschland der geeinten Arbeiterschaft stellt die Voraussetzung dafür dar, daß aus dem Volk der Richter und Henker wieder das der Dichter und Denker werden könnte. Dies in der letzten Sparte eines langen Arbeitslebens auszusprechen, scheint einem Schriftsteller die Pflicht, der nur noch mit dem Wort ins tätige Leben eingreifen kann.«

Dieser Band der Aufsätze zu *Krieg und Frieden* wird zum erstenmal in der Bundesrepublik vorgelegt. Der Erstdruck erfolgte vor 20 Jahren, also noch zu Lebzeiten Zweigs, in der DDR. Es ist eine Auswahl aus Hunderten von politischen Artikeln, die Zweig in einem halben Jahrhundert niederschrieb. Der Anspruch auf Vollständigkeit wird also nicht erhoben. Manches wichtige, vor allem aus den zwanziger und dreißiger Jahren, fehlt. Aber der Autor selbst hat die hier erfolgte Zusammenstellung autorisiert. Es ist die »publizistische Rechenschaft« eines langen, politisch bewußten Schriftstellerlebens.

Wiesbaden, im Herbst 1987 *Wilhelm von Sternburg*

I

Erinnerung an einen 1. August

1928

Möglicherweise hat es in Deutschland zwei oder drei Menschen gegeben, die am 1. August 1914 witterten oder gar wußten, daß man von jetzt an ein neues Blatt der europäischen Geschichte datieren werde.

Die Hitze jener Tage lag schwer auf der bayerischen Hochebene. Wir wohnten am Rande eines Dorfes vor München. Unsere Einsamkeit, selbst gewählt und tief genossen, teilten wir mit einem Hunde, mit dem wir manchmal in einer lustigen Babysprache kauderwelschten. Unsere Wirtin, eine Frau, der wir immer Gutes wünschen werden, war eine gebürtige Kroatin, die im Steinbruch gearbeitet hatte und auf deren Rücken Haus, Mann und Kind sicher ruhten. Ihre praktische Klugheit und ihr Lebensverstand vereinigten sich mit der derben Güte eines leidgewohnten Herzens, denn der Mann trank ziemlich viel Bier und schlug dann den Buben. Wir selber gaben uns eifrig den Arbeiten hin, die uns damals beschäftigten. In mir war gerade der Stoff eines Schauspiels reif, er drängte nach außen, schon sprachen die Personen, standen einander gegenüber, bedrohten sich. Mit unwesentlicher Verspätung, nach nur dreizehn Jahren, sollte dieses Stück in der Tat einmal fertig sein und erscheinen können.

Wir lasen Zeitung nur beim Mittagessen im Gasthof. Mein Verständnis für Politik langte dazu, die Sachlage Österreich-Serbien optimistisch zu beurteilen. Ich erriet selbstverständlich nichts von den Unterströmungen, die damals wie immer die entscheidenden waren. Wir badeten, schwammen, arbeiteten, gingen zwischen den Feldern umher, spielten mit unserm Hund und lobten unsere Jugend. Am 1. August morgens hieß es: rote Plakate verkündeten die Mobilmachung. Wir hätten Rußland und Frankreich den Krieg erklärt, um nicht von Rußland überfallen zu werden. Französische Flieger seien über Nürnberg gesichtet worden.

Vieles wird in der Erinnerung verfälscht. Besonders gern deutet man spätere Erkenntnisse in die Empfindungen hinein, die man damals hatte. Man muß vorsichtig abtasten, wie sich das Relief der Welt wirklich darbot. Wie tief man im eigenen Herzen die Umschichtung der Gegenwart empfand, diese jähe, von nichts gerechtfertigte Durchbrechung des europäischen Friedens durch den Krieg. Das augenblickliche Aufspringen der Militärkaste, die von nun an hoch über allen anderen Autoritäten regierte. Die Verneinung aller Friedenswerte zugunsten des militärischen Daseinsgefühls. Die naive Übereignung des Lebens, der Freiheit und der Güter aller Deutschen an das Gutdünken der militärischen Befehlsstellen und das In-Marsch-Setzen zahlloser genau verzeichneter Männer in Uniform gegen die Grenzen. Noch war vom Ausbruch des politischen Immoralismus nicht die Rede. Vorläufig standen nur die großen Militärmächte gegeneinander, deren Zusammenprall uns der Geschichtsunterricht von Kindesbeinen an als unvermeidliche Beigabe des Auf-der-Erde-Lebens gelehrt hatte und die wir mit ihren Entladungen als etwas Naturhaftes anzusehen von früh auf erzogen worden waren. Aber schon dies genügte, um den Tag herauszheben aus allen Abläufen, die es vorher gegeben hatte. Man zweifelte noch nicht, wenn eine deutsche amtliche Stelle Mitteilungen veröffentlichte. Man war noch überzeugt, daß Deutschland nicht vierundvierzig Friedensjahre in Europa durchgehalten hätte, um im fünfundvierzigsten einen Krieg zu »erklären«, der sich hätte vermeiden lassen. Man war belehrt worden, daß der einzig aggressive Militarismus in Europa der russische war. Man sah seine Spuren von der Krim bis zur Mandschurei, das Anschwellen des mächtigen Reiches nach Osten und Südosten immer nur begrenzt durch den Widerstand moderner Armeen. Man hatte allzuoft gelesen, um nicht eine Grundwahrheit darin zu sehen, daß eine Autokratie innere Schwierigkeiten nur übertäube durch Krieg nach außen. Die Autokratie des Zarismus sah man bedroht von der politischen Entwicklung eines reifen Bürgertums und einer Arbeiterschaft, die sich nicht länger gängeln lassen wollte von einer adligen Kamarilla. Und man hatte beobachtet, wie die inneren Schwierigkeiten abgelenkt worden waren in Pogromen gegen Juden, mit denen man sich nicht nur um menschlichen Anstandes und der Gerechtigkeit willen innerlich verbrüdert fühlte. Der Krieg – das glaubte man – war durch Rußland provoziert worden. Das »Recht« Österreichs, gegen Serbien loszugehen, ward durch keinerlei Kenntnis der wirklichen Verhältnisse in Bosnien und auf dem Balkan korrigiert. Eine Strafexpedition gegen die Machthaber in Belgrad schien dank gut geölter Propaganda auf die Billigung auch vieler kühl denkender Europäer außerhalb des Deutschen Reiches zu treffen.

An diesem 1. August stand das Korn hoch, blühten Blumen in den Wiesen, kam Kühlung aus dem Walde. Wir gingen unsere Wege, suchten befreundete Menschen, um uns mit ihnen eins zu fühlen, sahen, mit welcher Ruhe und guten Würde die bayerischen Bauern die Unvermeidlichkeit der Ereignisse aufnahmen. Niemand in diesem ganzen Lande am Fuß der Alpen wäre auf den Gedanken gekommen, daß man bei klügeren und gewissenhafteren Politikern die Katastrophe, die anbrach, hätte vermeiden können; auch Kurt Eisner nicht, der damals die »Münchener Post« redigierte – vielleicht Heinrich Mann, dessen außerordentliche Überlegenheit und wahre deutsche Haltung auch erst später Wort werden konnte. Da die Erde nicht bebte, da der Himmel sich nicht verfinsterte, da nicht das leiseste Gewitter von den Bergen brach, da das Grundwasser der Seen sich nicht auftürmte über die Ufer, sahen wir auch den politischen Ablauf, den des menschlichen Zusammenlebens nicht so wesentlich unterbrochen, wie es uns später rückschauend dünken will. Frankreich gegenüber waren unsere Gefühle ungeklärt. Es schien uns auf tragische Art jetzt gezwungen, die Kosten eines widernatürlichen Bündnisses mit der autokratischen Militärdynastie der Romanows zu bezahlen.

Aber wir, ein paar junge Frauen und zwei junge Schriftsteller, empfanden keinen Haß, weder gegen das französische noch gegen das russische Volk. Sehr gut war unsere westliche und zivilistische Gefühlsweise auf den Kriegsapparat eingestellt; wir konnten ihn innerlich mitmachen und uns als die Bejaher schicksalhafter Notwendigkeiten der Entwicklung wähnen. Die Beseitigung nämlich der letzten Autokratie schien als nächstes Ergebnis dieses Krieges klar vor uns zu stehen, die Befreiung des russischen Volkes zu konstitutionellem Leben brach an, und just die zu beseitigende, störrische Hemmung der russischen Entwicklung hatte durch die Petersburger Mobilmachung den Hebel der Geschichte gegen sich selbst in Bewegung gesetzt. So begriffen wir die Welt. Wir begriffen sie

nicht nur verstandesmäßig; wir verstanden und bejahten sie von unserem Lebensgefühl her, aus unserer Erziehung und unserem Sinn für Größe, aus der Hochherzigkeit der Jugend, die auch dort vertraut, wo sie vorher hätte genau prüfen müssen.
Zu Mißtrauen nicht erzogen und gewissermaßen hingenommen von der ungestörten Bläue des Sommertags, fehlte uns die Vorstellungskraft für das Grauenhafte, das gerade in der Schönheit unserer Umgebung lag. Auch wir fühlten uns gerufen vom Aufgebot der Regierung zu freiwilliger Gestellung, auch wir erwogen in tiefem Herzen und vor unserer ganzen Verantwortung, mit der wir unser Leben geführt zu haben glaubten, ob wir das Recht und die Pflicht hatten, bei unserer Arbeit zu bleiben, oder ob wir uns auf unsre Eignung für den Waffendienst gleich untersuchen lassen sollten. Wer früher als überzählig und seiner Kurzsichtigkeit wegen vom Militärdienst befreit worden war, mochte jetzt vielleicht geeignet sein, Deutschland, die Mutter, gegen die Kosaken zu verteidigen. So fühlten wir an jenem Tage und mit uns all die Männer und Frauen, die um die roten Mobilmachungsplakate standen oder an der Post des Dorfes, der kleinen Bahnstation oder der Bürgermeisterei auf neue Nachrichten der Extrablätter warteten. Ländlicher Frieden, schöne Abgeschlossenheit der Ferien und der Erholung blieb maßgebend und stimmte gut zu der schicksalsgefaßten Erhobenheit der Herzen und der Besinnungen auf das große geistige Gut, das uns Deutschland hieß, auf all die Werte, mit denen wir erzogen worden waren und für die wir lebten: die Überlieferung, in die wir als deutsche Schriftsteller und Dichter uns stellten, die kulturellen Hoffnungen, die wir an einen schnellen Sieg der deutschen Waffen knüpften. Denn dieser Krieg konnte nur kurz dauern. Die Entfaltung der militärischen Technik in den letzten zwanzig Jahren hatte – so waren wir schon in der Schule belehrt worden – lange Kriege in die Vergangenheit verwiesen, in die sie gehörten. Im Oktober mußte die Entscheidung längst gefallen sein, und wir zweifelten keinen Augenblick daran: für Deutschland. Denn wir sahen, die deutsche Sache war gut, das ganze deutsche Volk stand einmütig hinter seiner Regierung, die sich jede Mühe gegeben hatte, den Krieg zu vermeiden, und die nach schnellem Siege bereit war, in einen Frieden zu willigen, der keine Bereicherungen an Land oder Geld in sich schloß.
Nichts wußten wir so, wie man etwas Gewisses, Geprüftes weiß.

Wir kannten nur die Seite der Dinge, die uns unsere verborgenen Machthaber zu zeigen beliebten. Aber wir bildeten uns ein, urteilsberechtigt und gut unterrichtet zu sein. Und: gedankenlos billigten wir, daß für so undurchsichtige Diplomatenpolitik Menschen in den gewissen Tod geschickt wurden. Es machte uns gar nichts aus – nur daß wir es nicht bejubelten –, daß Scharen und Heere junger Männer sehr bald sterben würden. Denn so hatte man uns die Jugend hindurch abgerichtet.
Unsere ganze Hoffnung stand bei England. Es würde in gewohnter Klugheit als Schiedsrichter beiseite stehen, aus dem Krieg wegbleiben und im geeigneten Augenblick, wenn die Kriegführenden von selber nicht bereit waren, sich nach militärischer Entscheidung auf billiger Basis wieder zu vertragen, die große Macht seines Weltimperiums für raschen Friedensschluß einsetzen. So, in einer ernsten und hohen Seelenstimmung, ging der 1. August seinem Abend entgegen. Es war zwar Krieg, aber es hatte ja schon früher Kriege gegeben, und die Reiche hatten sie wie heilende Fieberkrisen eilig hinter sich gebracht, um erneut und durch die Erhebung gekräftigt sich ihren eigentlichen, ihren friedlichen Aufgaben wieder hinzugeben, die Wunden zu heilen und denen, die die Hauptlast des Krieges zu tragen hatten, den arbeitenden Klassen, breitere Gerechtigkeit widerfahren zu lassen, als ihnen das Deutsche Reich und Preußen vor diesem Tage zugebilligt hatte.
Dann kam der Abend und die Nacht, ein mächtiger Himmel voller Sterne wölbte sich über die Ebene, tief dunkelblau; man hörte weder Kanonenfeuer noch das Knallen der Infanteriegewehre, Hunde bellten im Dorfe, nächtliche Kühle drang durch die Fenster. Man lebte in einer neuen Zeit – dies spürte man an einer Berührung des Herzens und des Lebensgefühls; mit dem widerlichen Unfug der Operettenzivilisation mußte es jetzt endlich ein Ende haben, innere Reinigung und Reife würden Europa und Deutschland überwältigen, es mußte uns, den jungen Dichtern mit ihren Frauen, nie so innerlich ähnlich gewesen sein wie heute abend. Am anderen Tage galt das Goethe-Wort mehr als je: »Was ist deine Pflicht? Die Forderung des Tages.« Statt müßig herumzulaufen und nach Sensationen zu jagen, die bald genug kommen mußten, hatte jeder von uns an seine Arbeit zu gehen, und wir taten es gesammelten Herzens.

Wenige Tage später – ich arbeitete gerade minder bekleidet in meiner Mansarde – meldete sich erstaunlicher Besuch: der Gendarm des Dorfes. Er erkundigte sich, ob meine Frau und ich nicht zufällig Ausländer seien und was für Ausweispapiere wir hätten, um das Gegenteil zu beweisen. Ein gemütlich angebotener Stuhl und eine Zigarre; so belehrte er mich, daß im Dorf die Meinung verbreitet sei, wir seien Schlawiner, redeten wir doch mit unserem Hunde in einer fremden Sprache. Aber wir hatten Ausweispapiere, wir waren Norddeutsche, Berliner und Schlesier, und der Gendarm sagte uns auf bayerisch, befriedigt von seiner Amtstat, daß er das Gerede ja nie und nimmer geglaubt habe, aber seine Pflicht hätt er halt tun müssen, und nun sei ja alles amtlich bekannt, und wir könnten ruhig am Orte bleiben. Freilich trug ich damals einen schwarzen Bart rund um mein Gesicht, noch dazu mit ausrasierter Oberlippe, und meine Frau verschmähte nicht, ihre Zöpfe lang hängend auf Spaziergängen zu zeigen. Dies genügte ja, um uns der Spionage für verdächtig zu halten. Konnten wir nicht mit unserem Hunde die Großhesseloher Eisenbahnbrücke in die Luft sprengen wollen? Aber damals war England schon in den Krieg eingetreten, man hatte Belgien überfallen, und das herrliche Sommerwetter konnte niemanden darüber täuschen, daß es diesmal nicht wie 1870 ausgehen werde.

Am 28. August beendete ich die erste Niederschrift des neuen Stückes. Eine Erkundigung beim Militär hatte ergeben, man brauche mich noch nicht. Später besann man sich auch auf unsereinen. Und damit begann die heilsam-bittere Zeit des Nachlernens, des Nachholens eines befremdlichen Schulkurses. Und die Frage ist nur: haben wir, die heute Vierzigjährigen, genug gelernt, um für uns und die Späteren eine Wiederholung dieses Kurses zu erübrigen? Oder wird die Schularbeit »Europa«, geschrieben mit Blut, noch einer Generation aufgegeben werden müssen?

Verdun 1916

1940

Erhabene und trauervolle Melodie jener Tage, in deren Schatten Geschlechter verurteilt waren zu fechten und zu welken!
Als der Sturm auf Verdun begann, dauerte der Krieg schon den neunzehnten Monat. In der Sonne und im Monde, bei Regen und Schnee, bei Frost und Dürre mordeten die Europäer einander. Mit allen Techniken und Wissenschaften hatten die Deutschen ihre Gehirne ausgebildet, aber den dunklen Orkus ihrer Massentriebe hatten sie nicht erhellt; darum erlaubten sie unter brausender Begeisterung ihren fragwürdigen Herrenschichten, sie gegen den Westen zu führen und nicht abzulassen, als die Abwehr der überfallenen Franzosen längst den Streit entschieden hatte, an einem Flusse namens Marne. Halsstarrige Gruppen aus landbesitzendem Adel und Fabrikherren, trunken von Scheinsiegen und den eigenen Berichten darüber, saßen breit in der Macht Mitteleuropas, entschlossen, die Stunde zu nutzen und den Lauf der Geschichte gegen die westliche Gesittung zu wenden und der deutschen Seele zum Sieg zu verhelfen, sich selbst aber zum Besitz von Weltmärkten, großen Erzlagern und fruchtbaren Landstrichen und zweihundert Millionen Menschen in ihren Diensten festzunageln. Ruhrkohle und die Erze von Longwy und Briey gehörten in eine Hand; was sich das französische Kapital zur Zeit des großen Napoleon noch nicht griff und begriff, würde sich jetzt das deutsche holen, das Reich Karls des Großen als Industriemacht des zwanzigsten Jahrhunderts neu gebärend. Seit der Französischen Revolution lauerten sie auf diese Gelegenheit: die westliche Demokratie, die das Denken der Massen ganz langsam hob, mußte endlich zerstampft werden, zugunsten jener Seelenhaftigkeit, die sich so fügsam lenken ließ, Unterworfene schaffend, die ihre Unterwerfung liebten und ihre Herren nur zögernd anzweifelten.
Die Massen, in Armeekorps zusammengefaßt, in Divisionen, Brigaden, Regimentern gedrillt, warfen sich gehorsam gegen

den mächtig bewehrten Waffenplatz. Sie waren stolz auf ihre geschulte Tapferkeit, auf den Schneid ihrer Offiziere, sie glaubten blind an die überlegene Fähigkeit der oberen und obersten Führung. Der Krieg ward geschwellt von der Lust an Zerstörung, am Töten und Verwunden; ganze Menschengeschlechter genossen entzückt den Zustand früher Urzeiten, in denen sie nicht zu arbeiten brauchten, sondern, die Waffen führend, ernährt wurden von Plünderung fremder Staaten und dem Frondienst der Unbewaffneten des eigenen. Übermenschliche Strapazen hielten sie aus, jede Art Entbehrung, die schrecklichsten Wunden, jammervolle Todesqualen; im Glauben, der Zukunft ihres Volkes all das schuldig zu sein, trugen sie es voll kindlichen und männlichen Humors. An den Feind geführt und mit einigem Alkohol im Leibe, verrichteten sie Heldentaten, würdig großer Gesänge und noch größeren Mitleids. Die Kunst der Kriegführung hatte sich unter den Händen der deutschen Führer geändert. Da sie nicht an den Geist und seine entscheidende Tugend glaubten, glaubten sie an Material, Massenhaftigkeit und durchdachte Gewalt und erfanden den Krieg der Maschine gegen den moralisch zermürbten Menschen. Ihre Absicht war, den Feind in den Zustand der Wehrlosigkeit zu überführen, bevor der eigene Soldat auf ihn stieß.

Neunzigtausend schwere Granaten täglich warfen ihre Geschütze gegen die französischen Feldstellungen, den gebrechlichen Menschenkörper; die leichten Granaten und Gewehrgeschosse nicht zu zählen. In den entscheidenden Tagen vor der Entfesselung des Angriffs schoben sich an die Stelle des fünften deutschen Armeekorps acht neue, zum Sturm bestimmte Divisionen: hundertzwanzigtausend Männer lagen geduldig im Eisschlamm und Schnee, in Wäldern, Gräben, Schluchten, Unterständen, ohne ein Zeichen ihres Daseins. Über tausend moderne Geschütze hatten ihren Ort gefunden und sich seither nicht gerührt, weder eingeschossen noch am Tage bewegt. Sechs Divisionen der ersten Linie, zwei der zweiten, zwei weitere als schützender linker Flügel: so erwartete das deutsche Heer unter dem Befehl des Thronerben Stunde und Minute des Aufbruchs. Über fünfzehn Kilometer, von einem Dorf am rechten Maasufer namens Brabant bis zu dem Dorfe Ornes unterhalb einer Höhe, genannt 310 (nach

ihrer Meterzahl), zog sich in willkürlichem Bogen ihre Front, angepaßt der Gestalt des Bodens.
Sie wußten: der Franzose drüben war schwächer als sie – ein Fünftel ihrer Kopfzahl –, dem ersten Stoße ausgesetzt, und seine Geschütze, zum Teil alte Langraumschießer, zählten höchstens dreihundert. Außerdem ward er überrascht, überfallen, plötzlich vor Entscheidungen gestellt. Es hatten schon manchmal Männer Stunde um Stunde im Gußregen und Hagelschlag ausgehalten, einen ganzen Tag und eine Nacht bis zum anderen Morgen. Diesmal bestand der Regen aus Stahl, der Hagel aus Feuer, Blitzschlägen, einem Orkan von Brand und Zerreißungen. Die Menschen, ihre weichen Leiber wurden buchstäblich in den Lehm hineingeschlagen, an Bäume geschleudert, im Grundfels zerbrochen. Brandgestank und gelber Rauch verfinstert den Himmel, giftige Gase, in Granaten herabbrechend, qualmen tödlich übers Feld, sinken in die regennassen Schluchten. Die Erde spritzt auf, Unterstände begraben Schutzsuchende, der verbindende Arzt wird getötet, der Sanitäter mit seiner Bahre in einen Teig verrührt. Das Blut spritzt an die Grabenwände, der menschliche Fetzen fliegt in Wipfel und stürzt mit ihnen wieder ab ... Lebt noch was in den Abhängen, den Schluchten, auf den Kuppen, im Caures-Wald vor Ornes? Siebzig Millionen Deutsche werden diesmal mit vierzig Millionen Franzosen aufräumen und ihrem verhaßten Geist! Jetzt kommen wir, die Welt zu erziehen, zu beherrschen und auszubeuten, wir, die Tieferen, die Besseren, die Deutschen.
Es findet sich noch Widerstand, weichend verteidigt sich die Minderzahl. Gewehre knattern, das MG mäht. Die Handgranate fliegt im Bogen in Löcher, hinter zerschmetterte Brustwehren, in Unterstände. Der Flammenwerfer schleudert brennendes Öl in Blockhäuser, Menschenhaufen. Das Bajonett sticht, sticht in die saftigen Leiber, Blut ziehend. Die Pistole knallt, Männer hauen einander geschwungene Kolben auf die Schädel, in rasendem Getümmel, stürzend über Drahtfetzen, Dornranken, glitschend in schlüpfrigem Boden. Schnaps im Leibe, Fieber im Leibe, gehn die Deutschen vor, sie machen Tausende von Gefangenen – Betäubte, Zermürbte, Entwehrte. Die Franzosen weichen, sie geben Gelände frei – bis nach Belleville leeren sie das Land, in aller Eile muß es wieder besetzt werden. Aber Fort Douaumont, preisgegeben, kann nicht wie-

der besetzt werden. Die Deutschen wissen nicht, daß der Feind sein Vorfeld planmäßig räumt (die weichende Bewegung ward nur zu weit getrieben, im Beginn) – er glaubt, einen zerschmetterten Gegner in die Flucht getrieben zu haben, und jubelt. Sein Jubel überschwemmt die Erde. Aber seltsamerweise fällt Verdun nicht. Ist's der neue General, dem die Franzosen die bedrohte Zone anvertraut haben? Der Kampf steht, dauert an, steht. Keine Rede mehr von Terraingewinn. Jeden Meter Gelände erkauft Deutschland teuer. Sein bestes Heer, noch Friedensbestände und schon kriegsgewohnt, wirft sich in Gräben, Dorftrümmer, Waldfetzen.

Die französische Front hält. Die Orte heißen nicht mehr Samogneux, Brabant, Louvement, Bezanvaux – sie heißen Damloup, Thiaumont, Fleury, Souville; sie heißen Toter Mann, Höhe 304, Pfefferrücken. Die Welt schaut auf den Kartenfleck Verdun. Die Deutschen rennen an, fechten und sterben. Ihre Organisation spielt, ihr Generalstab befiehlt, ihre Fabriken speien Geschoßmassen aus, Eisenbahnzüge voll, Tag für Tag. Ihre Flugzeuge beherrschen die Luft. Aber die Franzosen verbluten und halten die Front – diese Front, die vom Ärmelkanal bis zur Schweizer Grenze geht und im Norden vom halberwürgten Belgien gehalten wird, vom langsam begreifenden Großbritannien – der Hauptsache nach, vom Flusse Somme bis zur Schweiz, den Franzosen selber anvertraut. Die Front hält. Wird Verdun noch fallen? Die Welt denkt: Verdun! Sie hält den Atem an, von Wladiwostok bis nach Jamaika, von Kopenhagen bis Kapstadt, vom Panamakanal bis Labrador. Inbrünstig wünscht sie, die Front möge widerstehen.

Und die Front widersteht. Die deutsche Strategie, von einer eng gewählten Adelsschicht getragen, hat dem Angriff Entschlüsse zugrunde gelegt, über die sich die Welt den Kopf zerbricht, ohne sie zu verstehen. Genauso geht es den deutschen Soldaten des Verdunheeres selbst. In ihren Mußezeiten, verbracht in den Straßen und Soldatenheimen von Romagne, Crépion, Flabas, sitzen sie und schlendern übers Feld und zerbrechen sich die Köpfe – falls sie nicht Briefe schreiben, Karten spielen, Wäsche waschen oder von der Heimat reden –, warum das Oberkommando den Februarangriff bloß auf das rechte Maasufer beschränkt habe, wo doch Leute genug da waren, das linke auch gleich anzupacken. »Meine Märker machen det alleene«, soll der alte Lochow gesagt haben, und die langten eben nur für den Sturm auf Douaumont. Daß der Douaumont ein unverteidigtes, bis auf etwa vierzig Kanoniere unbesetztes Mauerwerk gewesen, erfahren sie nicht; es bleibt Geheimnis, bis lange nach dem Kriegsende, wo der groteske Streit eines Hauptmanns und eines Oberleutnants zweier verschiedener Bataillone bekannt wird, wer eigentlich den unverteidigten Douaumont erobert und den daraufhin verliehenen Pour le Mérite verdient habe. Daß allerdings Fort Vaux zweimal erobert wurde, einmal im Bericht und einmal im Blut, drei Monate später, das wissen sie, denn das ist ihre Sache. Ihre Sache ist ja auch das furchtbare Flankenfeuer, das vom linken die Anmarschwege auf dem rechten Maasufer zu schauerlichen Opfergängen macht. Aber sie gehen ihren Opfergang, die deutschen Soldaten, sie laufen und springen ihn, von Trichter zu Trichter, vertraute Belauscher und Deuter aller Anzeichen feindlichen Lebens, Vorhabens, Kampfwillens der Verteidiger. Im vierten, fünften Monat der Schlacht von Verdun sind die deutschen Feldtruppen Spezialisten ihrer Gegend geworden, Kenner jedes Baumes, jedes Erdlochs oder Haufen Lehms, jeder Windrichtung, jedes Schalles und Geruchs. Sie hegen keine Hoffnung mehr, Verdun zu nehmen; das wäre ja auch überflüssig. Es würde viel zuviel Blut kosten; die deutsche Heeresleitung erreicht ihren Zweck auch ohne solchen theatralischen Erfolg. Die Schlacht vor Verdun, hat sie erklärt, ist eine Abnutzungsschlacht, geplant und geführt, um Frankreich weißbluten zu lassen. Dazu setzt man sie fort, schleppt sie hin, läßt es Sommer und Herbst und selbst Winter werden, ohne daß der deutsche Kronprinz seinen opfervollen Aufenthalt in Charleville abbricht. Er kann nur nicht mehr mit dem Tennisracket winken, wenn seine Märker, Bayern und Schlesier durchmarschieren, den neuen Stahlhelm über den abgemagerten Gesichtern. Es wird kalt in den Wäldern, seine Fahrten zur Front verzögern sich, fallen allmählich aus, Truppen werden ihm entzogen, hohe Offiziere wegversetzt – die Verdunfront schläft ein. Aber wer nicht schläft, sind die Franzosen. Zuviel unersetzliches Leben haben sie ihrem Boden anvertrauen müssen zwischen Ville und Belleville; der Deutsche muß raus. Noch ist nicht vom Endsieg die Rede; nicht hier und nicht diesmal wird er erfochten werden. Aber in zwei Stößen holt General Mangin zurück, was zwischen Februar und Juni dem Franzmann abgerungen wurde, Ende Oktober die Forts Douaumont und Vaux, Mitte Dezember die Ausgangsstellungen jener Schlacht vor Verdun, »die zum zweitenmal in diesem Kriege bewies, daß Frankreichs Demokratie Frankreichs Verfall sei und daß die Weltgeschichte nur darauf warte, das junge deutsche Heer seinen Arm ausstrecken zu sehen, um mühelos die Früchte und Siegerkränze zu ernten, die ihm ein neidisches Schicksal so lange vorenthielt. Jetzt landet der Germane mit seinem reichen Blute, und ich glaube, seine Stunde hat geschlagen«, hatte ein paar Jahre vor Kriegsbeginn ein führender Deutscher einem führenden Franzosen öffentlich geschrieben. Nun war es soweit, seine Stunde hatte geschlagen.

Sie hatte wirklich geschlagen. Der Colonel Driant war nicht vergeblich gefallen mit seinen Jägern im Caures-Wald. Über die Vogesen blies der Wind, die Neujahrsnacht von 1917 sah ein unbedrohbares Verdun in der Schleife der Maas liegen und Frankreichs Fahne in schicksalsträchtigen Falten auf seiner Zitadelle hängen. Noch standen die deutschen Heere auf französischem Boden. Aber sie würden da nicht mehr lange bleiben. Die Männer der weißen Menschheit brachen auf, um die Männer Frankreichs abzulösen oder zu verstärken auf der Wacht für ihre Gesittung, welche die aller erwachsenen Europäer und Amerikaner war. Ein bißchen Freiheit, mehr Selbstbestimmung, eine Leidenschaft für gerechte Ordnung der Dinge fegte vom Ärmelkanal herüber, über den Atlantischen Ozean, von der portugiesischen Seite der Iberischen Halbinsel; von Australien und Neuseeland, von Kanada und Südafrika trafen sich die englischsprechenden Erdbewohner mit Indern und Belgiern auf Frankreichs mißhandelten, von bestem Leben gedüngten Schollen, traten zum Endkampf an, fühlten sich des Sieges sicher.

In Deutschland glaubte ein trunkenes Volk seinen Herren, seiner Zukunft. Kaum ein Dutzend Männer wußte, wie es wirklich mit ihm stand und ging, und diese schwiegen. Ein paar redende Stimmen wurden von Gefängnismauern abgehalten, zum Volke zu dringen, dessen Ohr man mit Siegesjubel und Zuversicht taub gehämmert hatte. Wer würde noch wagen, dem deutschen Wesen seinen Anteil an der Sonne zu verwehren. Notung, Notung, neidliches Schwert!

Ludendorff-Profil

1938

Das Schicksal, unbewegten Gesichts, hält den Menschen in gewissen Lagen noch einmal alle lockenden Aussichten hin. Vermögen sie, ihre Kräfte richtig abschätzend, zu ihnen nein zu sagen, ein bescheideneres Teil erwählend, so finden sie ihren Weg in die Zukunft zwar mühselig, aber unverbaut. Stürzen sie sich voll Raffgier in den Glanz der Stunde, sind sie verloren.

Mit dreieinhalb Millionen geprüfter und gedrillter Krieger steht das größte Kampfheer der Geschichte, das deutsche Westheer, zwischen der Nordsee und der schweizerischen Grenze. Die Stunde des Angriffs hat geschlagen oder ist zum mindesten schon bestimmt. Kein Militär der Welt vermag der Verlockung abzusagen, die in solcher ungeheuren Machtanhäufung liegt; die Überlegenheit des Friedensmenschen allein macht dazu fähig. In dem Riesenraum zwischen Dänemark und Österreich findet sich nicht ein zu allem entschlossener Friedensmensch außerhalb des Zuchthauses und der Gefängnisse; so muß denn das geschehen, was die Generäle später anmutig einen Waffengang nennen oder eine Fehde. Er wird sorgfältig vorbereitet, dieser Waffengang, und ebenso geheimgehalten. Selbst die schriftlichen und mündlichen Erörterungen zwischen der OHL und den Armeekommandos bedienen sich wohltönender Schlüsselwörter für die einzelnen Kampfhandlungen, gebildeter Symbole. Da ist von einer Erzengelunternehmung die Rede, einer Michael- oder einer St.-Georg-Offensive, einem Unternehmen Mars, einer Kastor-und-Pollux-Offensive. Mit der größten Gewissenhaftigkeit untersuchen die Generalstäbler alle Chancen. Aber ihre Überlegungen werden diesmal überschattet von der Frage nach dem Zeitpunkt. Denn was sie im Februar 17 verlachten und achselzuckend beiseite warfen, das macht sie jetzt zittern: das Eintreffen der amerikanischen Heere auf dem Kriegsschauplatz. Ja, soweit haben sie es gebracht, die leitenden Köpfe der deutschen Militärkaste. Drei

Jahre hindurch haben sie alle Friedensmöglichkeiten brutal oder schlau vernichtet, weil sie Belgien, Litauen, Polen, die lothringischen Erze nicht preisgeben wollen, die ihr Überraschungsangriff im Jahre 1914 ihnen in die Fäuste gespielt, die der deutsche Musketier, das ganze deutsche Volk ihnen gepanzert und mit Klauen versehen hat. Immer wieder haben sie, den Sieg schon in der Tasche, den Zusammenbruch der französischen Verrottung, des britischen Krämergeistes vorweggenommen. Jetzt vermeinen sie noch ein Tor zum entscheidenden Siege offen vor sich zu haben. Wenn sie die Engländer, ungewandt im Felde und auf Massenangriffe gestellt, durch einen entscheidenden Stoß aus ihren Gräben jagen und das deutsche Riesenheer in einen neuen Bewegungskrieg stürzen können, und wenn sie, die Franzosen von den Engländern trennend, die einen nach Süden, die anderen nach Norden auseinanderdrängen, dann kann in den beiden besiegten Westmächten die Stimmung zugunsten eines raschen Friedens unter Preisgabe der Gerechtigkeit und der Verbündeten wach werden und eine Verhandlungsbasis gefunden werden, noch ehe Amerika mehr Mannschaften schlagfertig hat als zwei oder drei Divisionen. So denken Leute, welche weder die Welt noch ihre eigenste Wirklichkeit kennen. Denn General Schieffenzahn zum Beispiel sieht bei einer der Besichtigungsfahrten, auf denen er die Angriffsstellen wählen wird, zum erstenmal das wirkliche Kampffeld dieses Krieges, die breite zerstörte Zone, die sich durch Frankreich zieht; sieht sie mit tiefer Befriedigung und gesteht sich zu, daß nach solchen Zerstörungen von einem vernünftigen Frieden nicht mehr geredet werden könne. Sieg oder Untergang, so formen sich in seinem Gehirn die Begriffe. Später werden dazu Sätze treten, welche die Verantwortung für diese Zerstörungen den Franzosen aufbürden möchten.

Das Hauptquartier verläßt den behaglichen Badeort Kreuznach, verlegt sich in den behaglichen Badeort Spaa. Als man – die Lehren der Marneschlacht, der verheimlichten, im Kopfe – die erweiterte Operationsabteilung noch etwas näher an die Front verlegt, wählt man das Dorf Avèsnes und stattet seine dürftigen Gebäude mit bequemen Möbeln aus, die man in Spaa requiriert und stehenlassen wird für den Rückzug. Die Truppen werden in Nachtmärschen bereitgestellt, in auseinanderliegenden, gut verborgenen Unterkünften gehalten; sie sind bester Laune. Für die Artilleriewirkung wird der beste Kenner dieser Waffe vom Osten herübergeholt; sein Instrument wird um sechsundvierzig schwere Batterien, österreichische Mörser, bereichert. Die Munitionsstapel wachsen seit Ende Februar heimlich, unheimlich. Heere von Straßenbautruppen verbessern die Anmarschwege hinter der ganzen riesigen Front, bauen Unterstände, Gräben, Stellungen, bereiten Brücken und andere Hilfsmittel vor, um durch Trichter und Drahtverhaue zu dringen. Im Elsaß beginnt eine Artillerieschlacht aus weittragenden Geschützen, in Flandern, wo das Land als Morast und Trichterfeld vom Winter und vom Kriege zeugt, spielen sich örtliche Angriffe ab – alles das, um den Gegner im ungewissen zu halten, wo der Hauptschlag geplant sei. Und das gelingt. Die französischen und englischen Stäbe tippen auf Nordfrankreich und die Gegend südlich Verdun, etwa gegenüber Reims. So steht alles günstig: beisammen sind wir, fangen an. Am 21. März, vier Uhr früh, beginnt die Durchbruchsschlacht gegen die Fünfte britische Armee rechts und links der Oise – zweiundsechzig Divisionen gegen vierzehn, drei deutsche Armeen gegen die schwache und ausgedehnte Front der Engländer, deren rechter Flügel vom linken der französischen Nachbargruppe abgeschnitten wird. Es geht vorwärts, mit Gott und für den König von Preußen.

Es geht nicht lange vorwärts. Die ausgehungerten deutschen Soldaten in ihren abgetragenen Uniformen, ihrem vom Ledermangel bedrohten Schuhwerk bleiben an vielen Stellen in den riesigen Vorräten hängen, die die Engländer stehen- und liegenlassen müssen: Schinken und Speck, Corned beef und Reis, Schweinefleisch mit Bohnen, Weißbrot, Schokolade, Whisky. Mäntel und Stiefel aus Gummi für den Grabenkrieg, herrliche Decken aus echter Wolle, Schnürstiefel, wollene Unterwäsche, richtige Seife – alles Schätze und Verlockungen, denen nur die Charakterstarken widerstehen oder diejenigen unter den Mannschaften, die als Offiziere Männer besitzen, zu denen sie Vertrauen und Verbundenheit hinzieht. Außerdem aber setzt schon am zweiten Tag zäher britischer Widerstand ein. Die ersten fünf Kilometer feindlichen Bodens sind schnell überrannt. Aber so geht es nicht fort. Die Angriffsfront verbreitert sich, die deutschen Armeen avancieren ungleichmäßig, eine kommt gut vorwärts, eine mittelmäßig, eine schlecht. Voll Mißvergnügen, noch nicht voll Besorgnis, stellen die leitenden Generalstabskreise fest, daß die leichter Verwundeten in unwürdiger Hast nach rückwärts streben, Transportmittel und Wege verstopfend; daß überall die Magazine des Feindes für ihn kämpfen und die Bewegung aufhalten; daß vor allem der Vormarsch dort aufhört, wo er eigentlich ins Freie stoßen müßte: im verwüsteten Gelände des Alberich-Rückzugs von 1917.

Die poetischen Bedürfnisse gebildeter deutscher Generalstäbler befriedigen sich vorwiegend in der Sagenwelt Richard Wagners, wenn sie Decknamen für ihre Schöpfungen brauchen. So erfinden sie also eine Hunding-, eine Siegfried-, eine Brunhildenstellung; auch eine Hermannstellung kann man, wenn man will, auf den Landgrafen im »Tannhäuser« zurückführen. Als sie im Sommer 17 die deutsche Front im Sommebogen zurückverlegen, um die große französisch-englische Offensive hinauszuzögern, und das ganze Gebiet, das sie den Franzosen überlassen, mit deutscher Gründlichkeit zerstören, nennen sie diesen Rückzug voll Stolz die Alberich-Bewegung. Dort werden alle Häuser gesprengt oder ihre Keller unter Wasser gesetzt, die Straßen zerstört, ihre Kreuzungen in Minentrichter verwandelt. Bäume werden in Mannshöhe umgeschlagen und versperren den Vormarsch; Brunnen, nach den Berichten empörter Pioniere, mit der Füllung von Gelbkreuzgranaten vergiftet. Das Rathaus von Péronne, ein Beispiel französischer Renaissancebaukunst, wird wie alle anderen wichtigen Gebäude unbrauchbar gemacht, und im entblößten Dachgebälk wird ein Schild angebracht: »Nicht ärgern, nur wundern.« Das ist der Alberich-Humor der deutschen Truppen, und jetzt stecken sie in der Falle, die sie den anderen gestellt haben. Denn im Gelände der Alberich-Bewegung und der Sommeschlacht endet jeder Bodengewinn. Die Flüsse Scarpe und Somme erleben ebensowenig neuen deutschen Sieg wie der Fluß Oise. Die Linie Bapaume – Péronne – Ham wird nicht überschritten. Der Knotenpunkt Amiens nur beschossen, nicht erreicht. Die Verbindung zwischen den Franzosen und den Engländern ist erschwert, aber nicht zerrissen. Die französischen Truppen, das Rückgrat des Weltkrieges, rollen im dichten Eisenbahnnetz der angegriffenen Provinz heran und ersetzen die geschlagenen und überschwemmten Portugiesen und Briten. Sechs Tage nach Beginn der Schlacht, am 27. März, ist der Mißerfolg der großen Kaiserschlacht im Westen nicht mehr zu verbergen. Aber es hat Tote geregnet, soviel ist richtig, und es regnet sie weiter. Denn das gewonnene Gelände muß gehalten, es muß, ist schon vom Vorstoß in den Bewegungskrieg nicht mehr die Rede, erweitert, gesichert, verteidigt werden. Die Schlacht, welche nach dem abwesenden Kaiser heißt und deren Ergebnis den Kriegsausgang in keiner Weise beeinflußt, diese Schlacht geht weiter, bis Ende April, bis Anfang Mai. Sie kostet die Deutschen 56639 Tote, 252186 Verwundete und 39944 Vermißte und Gefangene. Sie hat keines der Ziele erreicht, die sie sich gesteckt hat, sie hat trotz bester Bedingungen bewiesen, daß am Ende des vierten Kriegsjahres die deutschen Heere ebensowenig wie in den ersten Kriegsmonaten die westlichen Mächte zu schlagen imstande sind. Kraft allein und tapferste Truppenführung reichen nicht aus, wenn der Geist die Heere nicht beschwingt und leitet, die innere Freiheit dem Mute der Männer zu Hilfe kommt, der echte Schwung fehlt, den nur gerechte Sache und Verteidigung von Heimat und Gesittung gegen Angriffsgeist und Eroberungsgier verleihen. Wenn irgendwann in letzter Minute, so muß jetzt die militärische Führung das Spiel aus der Hand legen, auf Eroberungen verzichten, nichts weiter suchen als einen anständigen Frieden, selbst unter Opfern.

Die Falten rechts und links von den Flügeln der gebogenen Nase Albert Schieffenzahns vertiefen sich. Spannung und Abspannung wechseln in seinem Gemüt und machen die Arbeit mit ihm noch schwieriger als sonst. Wankt seine Theorie, diese Erfindung, mit der er die Kriegsgeschichte bereichern wird, wenn sie klappt? Dieses Abtasten der Front mit Riesenstößen, um Bruchstellen zu entdecken und auszubeuten? Denkt er manchmal an die freche Schnauze seines einstigen Ia und an jene Plauderei des Frühlings 17, mit der die Abkühlung zwischen ihnen anfing? Damals hat, bei einer Begegnung in Berlin, er dem Wilhelm Clauß dargelegt, wie er sich das Verfahren bei der Entscheidungsschlacht im Westen denke, und sofort, wie einen Schlag, von diesem fähigen, aber doch untergebenen Offizier die Antwort erlebt: »Würde ein Fähnrich, Exzellenz, der im Examen so einen Entwurf vorbrächte, nicht rettungslos durchrasseln?« Albert Schieffenzahn hat die Brauen gehoben, ist rot geworden, hat sich die Leutnantsspäße verbeten und den sehr gewandten Herrn zum Rückzug gezwungen: denn General Clauß verstand natürlich aufs anmutigste einzuschwenken: das eben sei ja der Unterschied zwischen einem Fähnrich in der Prüfung und einem Feldherrn vom Range Schieffenzahns. Er freilich, Clauß, bescheidener Mann, würde nach napoleonischem Muster alles, was er habe, in einen Tiegel und diesen dem Feinde an den Kopf werfen; besäße er drei Millionen Mann, so eben mit diesen allen einen Stoß führen, einen einzigen. Das hat Albert Schieffenzahn nicht getan, dazu konnte er sich nicht entschließen. Er hat Riesenheere für den Lys-Angriff im Norden, den Reims-Angriff im Süden zurückgestellt – mochten Leute gleich Clauß darüber denken, wie sie wollten. Das Ganze im Auge behalten, auf vielen Klaviaturen gleichzeitig spielen, das kennzeichnet den wahren Feldherrn; so ging es in den Köpfen Friedrichs und Bonapartes zu. Mögen Spezialisten à la Clauß damit unzufrieden sein – begabte Herren, sonder Zweifel, wenngleich die Meinung, Herr Clauß sei der eigentliche Sieger von Tannenberg, nicht ohne Komik bleibt. Nein, zu Bängnissen ist gar kein Grund. Die Armee des Generals Gough besteht nicht mehr, und was der erste Schlag nicht heimbrachte, dem zweiten wird es gelingen, dem dritten oder fünften: Sieg und Frieden. Zuwachs an Land, Zuwachs an Menschen, Schätzen, Macht, Zuwachs an Ruhm; Deutschland unter Schieffenzahn wie Frankreich unter Bonaparte.

Brief an den Reichstagsabgeordneten Rießer

1919

Mein Herr Abgeordneter,
ich pflege den Meinungen eines demokratischen oder sonstwie Parteiinteressen dienenden Abgeordneten so viel Beachtung nicht zu schenken, daß ich mich an seinen doch herzlich ungeistigen und unmaßgeblichen Äußerungen bis zum Entgegnungswillen erhitzte. Ein Abgeordneter, gewählt, weil seine Person der Parteimaschine entspricht und seine »Mentalität« jene Worte zu finden vermag, die, auf einem heutigen Zeitungspapier ephemer gedruckt, dem Leser das Gefühl des Vertretenwerdens schenken, ein Abgeordneter also meint das öffentlich, was andere Bürger privat meinen, und dieser herzliche Kontakt zwischen Geber und Empfänger, belustigend wie er für unsereinen ist, mag bestehen bleiben, damit der Humor nicht aus der Welt kommt. Ein Satz aber wie dieser da: »Es gibt auf der ganzen Welt kein Volk, das über so unparteiische Richter verfügt wie das deutsche«, ist zwar in erster Linie rührend wegen der grenzenlosen Unwissenheit eines liberalen Bourgeois, welcher die Gutgläubigkeit selbst zu sein pflegt und vor Sein, Walten und Unübertrefflichkeit einer deutschen Behörde einen unhemmbaren Respekt hat: er ist zweitens eine jener »nationalen« Beleidigungen, die Ihresgleichen gegen Institutionen anderer Völker unaufhörlich ausstößt, ohne es zu merken, weil Ihresgleichen ja nicht weiß, was ein wahrer Richter ist, und um wieviel näher dem schweren Ideal eines Richters über lebendige Menschen ein durchschnittlicher Pariser oder Londoner Richter kommt als die bürokratische Ausgeburt des juristischen Betriebs auf deutschen Universitäten, die vielleicht von Herrn Kahl und seinesgleichen die entscheidenden Stempel ins Gehirn gedrückt bekommen hat und jetzt über Revolutionäre und Proletarier urteilt.
Aber nicht um dieser beiden Punkte willen empört mich Ihre Salbaderei. Sondern weil sie ein Beispiel ist für die kriegsmitschuldige, idiotische Selbstbeweihräucherung der liberalen

Bürgerschaft. Es hat einmal eine Zeit gegeben, da deutsche Jurisprudenz aufrechte Rechtsprechung war; es soll einmal eine gegeben haben; nehmen wir an, das stimme für 1848 und die folgenden Jahrzehnte bis 1890. Heute aber – soll ich Ihnen aufzählen, wie das Wilhelminische Bürgertum, unter dessen geldgierigen Fingern alles Gute verkam und erstarrte, und seine Jus studierenden Söhne die lebendige Rechtsprechung und das lebendige Recht in eine rein technische, rein bürokratische, der herrschenden Ordnung dienende, höchst unmenschliche Versteinerung hineintraten? Soll ich Ihnen schildern, warum Menschen mit leidenschaftlichem Rechtsgefühl nur noch Advokaten werden konnten, um den Kampf gegen die Staatsgewalt und das heutige Gerichtswesen zu führen? Geht die Anomalie in Ihr greises Haupt hinein, daß die brennende Gerechtigkeit in einem Menschen ihn verhinderte, Richter werden zu wollen? Mein Herr Abgeordneter, ich zweifle nicht daran, daß es in Deutschland ausgezeichnete Richter gibt; aber ich weiß: daß bei einer so grenzenlos zerrütteten Rechtspflege wie der heutigen deutschen der Takt, die Scham, der greise Anstand geboten hätte, zu schweigen! Gustav Landauer, einer der reinsten, geistig stärksten Juden Deutschlands, ist von irgendwelchen Uniformträgern geschlachtet worden – und man denke, daß es unmöglich war, festzustellen, wer zur gewissen Zeit den Hof von Stadelheim besetzt hatte! Muß man denn so lange Soldat gewesen sein wie ich, um darüber hell zu lachen?
Doch von alledem will ich nicht reden. Ich will Ihnen nur kurz sagen – denn ich habe keinen Anlaß, mich mit Ihnen und Ihren geistigen Brüdern lange herumzuschlagen, und ich bedaure Oscar Cohn und Emanuel Wurm, daß sie vor Ihrem Forum innerlich bejahte Werte entblößen müssen –, ich will Ihnen sagen, wo die deutsche Justiz den schlechtesten Namen hat: in der einst »östlichen Etappe«. Über diesen Sumpf der deutschen »Rechtspflege« in Ober-Ost ist bisher geschwiegen worden, und man soll jetzt noch keine Steine in ihn werfen, denn es stinkt ohnedies in Deutschland zum Erbrechen. Aber schweigen Sie ja von dem »unparteiischsten Richter der Welt« – oder es soll Ihnen eine Perlenschnur von Fällen aufgereiht werden, daß Ihr ehrwürdiges Herz vermutlich mit Leid in die Grube fahren würde! Abgesehen von der Gerichtsbarkeit an dem deutschen Landstürmer – Juden und Litauer, Polen und Ukrai-

ner, Weiß- und Großrussen des nahen Ostens: alle, alle diese Völker haben den wahren Begriff von der deutschen Hochkultur erst durch die Zusammenarbeit von Offizier und Uniformrichter bekommen; und wenn da nicht einige jüdische Rechtsanwälte und Referendare unterirdisch aus Leibes und der Seele Kräften vermenschlicht hätten, was irgendwie zu retten war: kein Deutscher dürfte jemals wieder die östliche Grenze Preußens überschreiten, ohne daß man ihm als Dieb und Rechtsbrecher ins Gesicht spiee. Formal – oh, formal war man korrekt; am Buchstaben des Gesetzes und am subjektiven Redlichkeitsgefühl mochte es nie fehlen (eine zweite Frage ist, ob diesem subjektiven Gefühl der objektive Sachverhalt von Redlichkeit zugrunde lag oder eine Selbsttäuschung oder Schlimmeres); und Geld genommen hat man auch nicht: aber der Geist, in welchem man dort an völlig wehrlosen, ohne jede Öffentlichkeit und ohne jede wahrhaft unparteiische oberste Appellationsgewalt der Willkür des preußischen Bürokraten und Idioten ausgelieferten Menschen Recht sprach und brach – dieser Geist ist so fluchwürdig, daß, allein an ihm schon, der Ausrottungskrieg gegen diese Zustände zur Pflicht wird. Hören Sie, Herr Abgeordneter, nach den von der Entente besetzten deutschen Gebieten hin: jeder Fall überspannter und unbarmherziger Justiz, den die Hetz- und Schandpresse aufgebauscht und verlogen berichtet, hat sein zehnmal so scharfes und grimmiges Gegenstück in dem Gedächtnis des Kenners unserer Etappenwirtschaft – wie ja jede Maßregel, welche dort die Bürger kujoniert, nur ein ganz blasser Abklatsch ist von irgendwelchen Maßregeln unserer Kulturträger; ein blasser – denn so roh, wie der preußische oder bayerische Beamte ganz nebenbei und alltäglich war, wenn ihn sein Dienstgrad in ein Instrument Gottes verwandelte: so roh kann der überreizteste, von deutschen Zerstörungen außer sich gebrachte Belgier oder Franzose nur ganz ausnahmsweise sein.

Das aber soll geändert werden! Es soll wieder Durchschnitt in Deutschland werden, daß ein Richter, daß jeder Richter nur der brennenden Gerechtigkeit dient, die in diesem prachtvoll harten, unversauten, noch unbeweglichen Volkskern drinsteckt! Es sollen wieder die erschütternden Beispiele von milder, rechtlich friedliebender und bessernder Gesinnung in Deutschland die herrschenden werden, die von den Soldatenräten draußen an ihren ohnmächtigen Knechtern von gestern, die von den Revolutionsgerichten offenbart wurde und die auch in alten konservativen und liberalen Land- und Stadtrichtern noch zu finden war. Das ist die deutsche, die menschliche Gerechtigkeit, die Sie meinen, mein alter Herr; aber sie ist beim Volke und nicht bei den Instrumenten der Bourgeoisie, und es soll erst wieder so kommen, daß man sagen darf: »Unsre Richter sind ebenso unparteiisch wie irgendwelche der westlichen Halbkugel.« Dazu werden wir das Unsre zur rechten Zeit beitragen.

Sie aber, Herr Abgeordneter, sind unschuldig wie ein Kindlein – denn Sie haben nichts gesehen. Wie weiland Abner, der scharfsinnige Jude. Und so empfehle ich mich Ihnen mit schuldiger Ergebenheit.

Epilog zum Münchener Spuk

1924

1

Aus unklarem Komplex heraus nehmen zu dieser Sache nach ihrem gellenden und herausfordernden Abschluß auch wir das Wort. Denn unmittelbar haben wir mit ihr wenig zu tun, und mittelbar nur so wie jeder Bürger dieses Reiches teil hat an seinen Schädigungen und verbunden ist mit seiner inneren Aufrichtung und wie jeder Mensch, der guten Willens ist, den heftigen Impuls hat, sich in die Säuberung der Erdzustände zu mengen, an ihr mitarbeitend einer Pflicht seiner Zeitgenossenschaft zu genügen. Gehalten an das Zehnjahrzuchthausurteil für Fechenbach, die drei Jahre Gefängnis Zeigners oder Tollers und Mühsams ununterbrochene Festungshaft, bekommen der Freispruch Ludendorffs und die durch Bewährungsfrist rein dekorativ gewordenen Festungsurteile für die anderen Putschisten den Charakter einer Aufmunterung zu neuen Taten. Wir Juden werden sie zu spüren, mindestens zu verzeichnen haben; aus dieser Perspektive allein aber unsere Einstellung nehmen, hieße dem Symptomatischen des Falles nicht gerecht werden. Sehen wir ihm als Ganzem näher auf die Haut.

2

Wir hatten immer unser Erstaunen über den Mangel an Blick für das, was der Jude in der Welt und in Deutschland wirklich ist, Mangel, der sich in allen Äußerungen völkischer Herkunft dem Sachkundigen als erster Eindruck darbietet, und schrieben es dem Affektzustand zu, jenem hitzigen Mangel an Besonnenheit und innerer Ruhe, in den, wie wir glauben, der völkische Führer durch das Auftreten des Jüdischen zwanghaft versetzt wird. Nun wissen wir, daß wir irrten. In diesem Prozeß kam das Jüdische nur rhetorisch vor, nicht als wirkende Ursache; er und die Taten, die zu ihm führten, waren rein innervölkische Angelegenheiten; und mit besenstieliger Drastik steht von nun an fest, daß diese Männer das Jüdische nicht erkennen können, weil sie überhaupt nichts Wirkliches wahrnehmen. Wie Ludendorff während des Krieges nur die Berichte aus der Auslandspresse glaubte, die ihm genehm war, wandeln sie, eingesperrt in die Welt ihrer Besessenheiten, reden, verabreden und treffen Vorbereitungen; wie Tagträumer ganz in das Gespinst ihrer Vorstellungen verfangen, die sich vom Gefühl, seit 1918 aus der Geltung der Deutschen und der Welt ausgeschaltet zu sein, befreien sollen – befreien wenigstens innerhalb ihres Zustandes, wie ein armes Dienstmädel Wochen hindurch den Roman vor sich hin spinnt, eigentlich das verdrängte Kind eines Großfürsten und Millionärs zu sein. Wie sich in Hitlers und der Seinen Köpfe die Welt malt, das macht diesen Prozeß zur Denkwürdigkeit. So also, so schauerromanhaft und zugleich so kindisch denkt, was die Deutschen erneuern will? Ein einziges Beispiel für hunderte: auf jemandes Ausspruch, im Falle des Gelingens dieses Putsches wäre sofort die Tschechoslowakei in Bayern einmarschiert, setzt dies Genie der österreichischen Provinz die Frage: »Wäre die Tschechoslowakei marschiert, weil das Gelingen unseres Planes für Deutschland schlecht oder gut gewesen wäre?« Und niemand war da, dieses Hirn zurechtzurücken dahin, daß Deutschlands Wohl oder Wehe in diesem Zusammenhang die Tschechoslowakei ganz kaltgelassen hätte, daß sie marschiert wäre, weil sie ihre Entschlüsse aus ihrem eigenen Interesse abgeleitet hätte, und daß dann dieser Einmarsch Tausenden von Deutschen zum schweren Unheil geraten wäre. Sie haben keinen Sinn für wirkliche Dinge, weder für die außerdeutschen noch die inneren, sie reagieren nur Affekte, Abneigungen oder Sympathien ab, und es bedurfte des furchtbaren Anpralls von Gewehrkugeln, um ihnen anzudeuten, daß außer ihrem Tagtraum die Welt der Wirklichkeiten stand, wie das Dienstmädchen von dem Problem geweckt wird, ohne Geld ein Paar Strümpfe zu kaufen.

3

Nur in so abgeblendet künstlicher Welt konnte Hitlers Kleinbürger- und Studentenbewegung groß werden; er hatte sich unbequemer Widerleger in den Zeiten, da Widerrede ihm noch schaden konnte, durch das Verbot des Besuchs seiner Versammlungen durch uns entledigt. Im großen aber sicherten ihm diese Traumwelt drei Gewalten: die bayerische Regierung, die ihn großzog, Reichsregierung und Reichstag, die, zu schlapp, zu ängstlich und zu uneins, anno 1920 oder 1922 die ganze Angelegenheit Hitler hätten austreten können, und die unbekannten Geldgeber, nach denen wiederum nicht gefahndet wurde. Diese drei haben der deutschen Seele dauernden Schaden zugefügt, indem sie die völkische Sache unbekümmert wachsen ließen bis zu diesem Punkte, wo sich deutsches Rechtsgefühl zerstört zeigt, Reichsautorität gleich Null erweist und, folgenvollstes Element, die national erregbare deutsche Jugend, unter Massen roher und dumpfer Soldatenspieler bestimmt bravster Nachwuchs der Generation von 1914, dem Tiefstand völkischen Gebrülls und raffinierter Hetzerei, einem im Objekt ganz irregehenden Heldenkult wie einem ebenso sinnlosen Antisemitismus ausgeliefert hat.

4

Der wahre Leidtragende nach diesem Prozeß ist das deutsche Volk. Es ließ das Schauspiel eines Nationalismus über sich ergehen, der vom Ersten Staatsanwalt bis zum letzten Zeugen Angeklagte, Verteidiger und Publikum zu einer festen Masse zusammenklebte – eine Masse nicht ohne Nuancen, aber von einheitlicher Farbe. Das heißt nun »nationale deutsche Männer«; diese mit Tränen der Rührung, Pistolenschüssen, Ehrenworten und einigen Maß Bier verzierte Unmöglichkeit im Denken, Wollen und Handeln ist die heute für und in Deutschland maßgebende Bürgerschicht. Mit ihnen hat im Inland und außerhalb der Grenze jedermann zu rechnen; trotz starker Gegenströmungen gibt es zurzeit keine Gegenkräfte gegen sie, und jedermann weiß, daß diese Schicht nicht bayerisch, sondern allgemein deutsch ist und daß sie innerhalb Bayerns wahrscheinlich weniger aggressiv, weniger bissig und nur ebenso ungestraft zum Ausdruck kam, als sie in andern Bundesstaaten sich kundgetan hätte: all das aber um so schlimmer, als unwidersprechbar wirklich nationale und begeisterte Jugendscharen hinter diesen Dagewesenheiten herströmen, ihnen Leben, Echtheit und Gefährlichkeit auch über diese Gegenwart hinaus sichernd.

5

Auch wir sind national, man weiß es; als Juden und für unser jüdisches Volk. Und daher gibt uns dieser Prozeß eine wichtige Lehre. Er zeigt uns, auf welchen Wegen gutes nationales Gefühl entarten kann. Er gibt das typische Bild des strengen Auswahlnationalismus. Wer bei uns ist, ist gut, edel, herrlich, rein, keusch und *deutsch;* wer wider uns ist, ist schlecht, gemein, widerlich, schmutzig, geil und jüdisch, international marxistisch, jedenfalls – *undeutsch,* sagt diese Art Nationalismus. Eine grauenhafte Entleerung der Welt von Werten ist die Folge der Anhäufung aller Werte bei der eigenen Anhängerschaft; und indem man alle Welt als im Grunde böse und dumm charakterisiert, schafft man diese Atmosphäre gespenstischer Unwirklichkeit um sich und die Jugend, die sich gläubig von diesen Parolen anstecken und präparieren läßt, um in bestem Glauben bei Putschen Juden, Arbeiter, Pazifisten umzubringen. Außerstande, an sich selbst das wahre Sein des Deutschen festzustellen oder gar zu ertragen, wenn es zurzeit nicht herrlich und erhaben wäre, bezieht man sich nicht ein, wenn man die Notwendigkeit der Reinigung und Erneuerung predigt. Wer völkisch ist, ist schon erneuert – das ist das Todesurteil für diese Art Denken. Und wenn bei uns jemals eine solche Ideologie des Hochmuts aufkäme, wenn jemals die Träger des nationalen Willens und Ideals nicht ihr eigenes Sein als ersten Gegenstand revolutionärer Umwandlung empfänden, wären wir reif zu »jüdisch-völkischer Einstellung« und hätten sehr bald unseren Hitler.

Wie die Dinge jetzt stehen, aber haben wir zu erkennen, daß am Zusammenstoß mit der Wirklichkeit und nur an ihm ein Erwachen aus den wilden völkischen Träumen möglich ist. Wie anders wir auch immer seien, als der völkische Geist uns sieht – wir sind gemeint, wenn er »jüdisch« sagt, und wir haben uns zu wehren. Wir haben unsere Anstrengung zu verdoppeln, alle Juden, denen jetzt die Augen auf- und übergehen, zu unserer Sache, Auffassung der jüdischen Weltlage, zu ziehen; wir müssen die Aufmerksamkeit der Jewish Agency auf eine Vertretung der Juden als solcher beim Völkerbunde lenken; wir haben bei den kommenden deutschen Wahlen die Pflicht zur Stimmabgabe in antivölkischem Sinne und nach jüdischen Rücksichten. Dabei trifft es sich wie sehr oft, daß unsere, die wahren deutschen und die allgemeinen Angelegenheiten zusammenfallen; unsere Anstrengung liegt in der gleichen Linie wie die aller vernunftvoller Deutscher, die diese politisch-juristischen Drachensümpfe, von denen aus der deutsche Geist verheert wird, trockenzulegen entschlossen sind, und aller guter Europäer, denen das Psalmodieren von Haßgesängen teutonischer Barden genauso unheilvoll klingt wie das gallischer Druiden. Wir stehen in Deutschland mit auf dem Vorposten der menschlichen Vernunft; kein unehrwürdiger Ort...

Gumbel, Heidelberg, Republik

1924

Es ist heutzutage völlig in der Ordnung, daß die Universität Heidelberg dem Doktor E. J. Gumbel ans Leder will. Wir schreiben 1924; hier ist ein Mensch, dem die Wahrheit, die sittlich machende, heilende und sokratische Wahrheit heiliger als sein persönliches Wohl ist; und ein Mensch, der in die Kloake des deutschen Niedergangs mit dem deutsch geschriebenen Worte einzudringen wagt: was hat er, um aller blutigen Leichname willen, auf einer deutschen Hochschule zu schaffen? Weg mit ihm, unentwegt! Aber, meine Lieben, nicht mit so löcherigem Schamkleid. Lieber nackt, meine Braven, als mit so zerfetztem Feigenblatt – so will es der Anstand vor sich selbst. Der Anstand vor sich selbst verlangt von euch dieses Eingeständnis:

Nicht einiger weniger Worte wegen, gesprochen in der tiefen Erregung einer großen Kundgebung gegen den Krieg, wollt ihr den Doktor Gumbel vom Lehramt entfernen.

Sondern weil er drei Bücher der deutschen Öffentlichkeit zugeführt hat, die in den Blutkeller der deutschen Reaktion – eurer geheiligten, gehätschelten Mörderreaktion – hineinleuchten. Weil er (für den Malik-Verlag) »Vier Jahre Mord«, »Die Denkschrift des Reichsjustizministeriums« und (vor allem) »Verschwörer« geschrieben hat, unwiderlegliche Dokumente mit klugem, sachlichem, warmherzigem Kommentar; weil er ein Wächter der Republik, ein Mahner zur Einkehr ist, darum hat er an einer deutschen Hochschule nichts mehr zu lehren.

Es gibt drei Arten von Lügen, sagt Kipling irgendwo: gemeine Lügen, Notlügen und Statistik. Gumbel, Privatdozent für Statistik, war ein Lehrer der Statistik als moralischer Wahrheit. Es mag sein, daß das keine deutsche Angelegenheit mehr ist, an einer Universität überdies; aber das war er. »Ich habe die Gerechtigkeit geliebt und die Ungerechtigkeit gehaßt, darum sterbe ich in der Verbannung«, darf er mit irgendeinem großen Papste zitieren; er wird es mit einem leisen, selbstironisch-bescheidenen Lächeln tun und prachtvoll dabei aussehn, nämlich menschlich. Shakehands, Doktor Gumbel.

Und nun zu den Worten, die er sagte, zu jenem Satz, der den Vorwand lieferte, daß, auf Denunziation von einem halben Schock junger Patentpatrioten, man an ihn konnte. Ich habe ihn gehört, ich saß dabei, und ich merkte ihn mir, denn es gab mir einen Ruck. Wir seien hier versammelt, sagte Gumbel als Einberufer der Versammlung, »um derer zu gedenken, die, ich will nicht sagen: auf dem Feld der Unehre, gefallen sind«. Jemand in mir sagte: Nein! Das ist nicht wahr! – sagte es mit der ganzen Leidenschaft eines Menschen, der dreieinhalb Jahre dabeigewesen und wirklich dabeigewesen ist und der all das grausige Elend und die Leiden ohne Zahl und all die im Tod geschrienen Anklagen gegen den Tod, der all die Standhaftigkeit und die stolze Selbstverleugnung und die unermüdliche Kameradschaft noch ganz unerlöst im Blute mit sich herumträgt; und der mit zitternder Leidenschaft einer Nie-wieder-Krieg-Versammlung präsidieren half, weil er, was Krieg ist, erlitt und einsieht, was Krieg und nichts andres aus diesem jungen werdenden Europa, diesem jungen ringenden Deutschland gemacht hat.
Nein, sagte ich mir, auffahrend, und sah den Mann an, der neben mir stand und eben diese Worte gesprochen hatte. Ich sah sein Profil, sein enthusiastisches, menschlich-offenes und redliches Gesicht und begriff. Es ist ja nicht möglich, Worte von einem Mann abzuscheiden, wenn der Mann ein Mann ist. Dieselben Worte, von irgendeinem stechenden Doktrinär gesprochen, hätten irreführen können. Hier aber dieses Auge sah im Sprechen die europäische Menschheit; dieser Mensch trug im Geiste, was an kultureller Verpflichtung Hunderte von Jahren der besten Geister der Menschen uns Heutigen übermacht hatten – und von dieser Verantwortung aus gesehen war das Feld des Großen Krieges allerdings ein Feld der Unehre: Unehre nicht der Gefallenen, sondern der ganzen Epoche. Er hatte vollständig recht, dieser Friedensfreund und Kriegsgegner, der an den Verstand der Menschen appellierte: Unehre war da, Schande, um eine Welt zu ertränken; Unehre nicht der Toten, sondern der Lebenden, nicht der Geführten, sondern der Leiter, der Mitwelt, der Verantwortlichen: aller Welt.

Er hätte den Satz nicht so sagen sollen, weil er mißverstanden werden konnte. Aber wer glühenden Herzens, und seine ganze Gedankenwelt immer bei sich, für eine große Sache aufsteht, hat Anspruch darauf, recht verstanden zu werden. Er hat Anrecht an den guten Willen selbst seiner Gegner.
Allerdings: vertrocknete Greise, stumpf geworden im Betrieb einer Wissensschranke, sind in der ganzen Welt bösen Willens immer gewesen. Und es wäre nur gut, wenn das Volk, von dessen Arbeit sie ihr Amt, ihr Ansehen und ihr Gehalt bekommen, ihnen einen deftigen Wink gäbe, man könne doch nicht alles, was man wolle. Es wäre eine nationale Haltung und Ehrenrettung deutscher Geistigkeit, wenn sich irgendeine Hand fände, die dieser Universität bedeutete, daß ein mißverständlicher, bösartig interpretierter Satz nirgendwem in der Welt das Recht gibt, einen tapfern und reinigenden Mann von seinem Amte zu entfernen. Man kann, eigentlich, nicht die Hilfe ausländischer Verständigungsfreunde emsig anrufen, ihre Gesinnungsgenossen im eigenen Lande aber senilen Kathederschwätzern und infantilen would-be-Soldatchen zum Opfer bringen. Nein, nicht wahr, eigentlich kann man das nicht. Aber du lieber Gott, worin hat diese Republik denn schon Konsequenz bewiesen, Einsicht, Reife und Mut zur eignen Einsicht? National ist, wer dem Volksleib Wunden schlägt; wer sie aufdeckt und zur Heilung aufruft, ist Pazifist – und das ist in dieser Sprache ein Schimpfwort.
Aber, bei Lichte: zehn Jahre nach Kriegsausbruch dürfte die Regierung des souveränen Volkes doch einmal, ganz zaghaft, gegen Kriegspsychose und Friedenshaß aufzutreten beginnen. Aufzutreten? Im Falle Gumbel brauchte sie nur aufzuschleichen; sie brauchte die Filzpantoffeln gar nicht abzulegen, die sie trägt, wenn sie sich gegen die zur Rechten in Bewegung setzt... Es ist ja nicht von Fechenbach die Rede oder von Bayern; ein Wink genügte – wagt man zu winken, 1924?

Gedächtnisrede auf die gefallenen Dichter

1927

Meine Damen und Herren,
in diesem Augenblick geschieht etwas. Eine ganze verschüttete Generation rührt sich in ihren Gräbern.

In den vier Jahren des Krieges, den vielen Monaten der Nachkriegswirren, den folgenden Jahren der Grippe, der Inflation, wurde eine ganze Generation junger Menschen aus der Gegenwart des deutschen Lebens weggefegt – als wären sie nie dagewesen.

An Zahl, Schaffen und Können die Bevölkerung eines kleinen Landes: jung, kraftvoll, lebensgierig, opferfähig, entzündbar für die geistigen Werte und alles Erhabene des Seins – hinab in die Gräber.

Diejenigen, die im Durchschnitt schon das zweite Jahrzehnt ihres wachen, bewußt geführten Daseins, die Zeit zwischen zwanzig und dreißig gut angewandt hatten, etwas zu lernen, sich auszubilden, sich zu bilden. Sie hatten ihre Fähigkeiten erprobt, ihren Platz im Leben schon ins Auge gefaßt; sie wußten schon, was Wettbewerb, Wettkampf, geistige Waffen und geistige Ziele seien. Sie und die Jüngeren, die noch hoffnungsvoller, ahnungsvoller vor ihrem Dasein standen, hatten Achtung vor dem anderen Sein gelernt, da sie in ungereizten Zeiten aufwuchsen und im heißen, sachlich heißen Lebenskampfe der Wert und das Daseinsrecht der anderen ihnen aufgegangen war. Sie verstanden philosophische, künstlerische, dichterische, geistige, Leben gestaltende Grundwerte, sie liebten die geistigen Schätze ihrer mächtigen Sprache, sie hatten das heftige Entbrennen des Gemeinschaftserlebnisses gehabt, als 1914 der Krieg plötzlich aufsprang wie eine alles überflutende Feuerfontäne, die Verantwortung kennengelernt vor der Aufgabe, die ihrer wartete: aus dem Krieg eine bessere Epoche heraufzuführen. Sie hatten Wirklichkeit geschmeckt im Kriege: Not, Angst, Hunger und Durst, das Preisgegebensein des nackten gebrechlichen Menschen auf der Erdkruste, das Niederziehende des Gewöhnlichen und das Erhebende des Entschlusses, sich ganz einzusetzen. Sie waren die erste Generation, die die kulturelle Barbarei zwischen 1890 und 1900, die blasierte Fin-de-siècle-Hohlheit abgetan und einen neuen Humanismus heraufzuführen begonnen hatte. Und dann, auf der Höhe des Lebens, krachten sie in den Abgrund.

Von den Dichtern, den gefallenen Dichtern, handelt diese kurze knappe Stunde; ich weiß es. Aber wie ungerecht wäre es gewesen, von ihnen zu sprechen anders als in Stellvertretung für die ganze Jugend und Mannheit des Volkes, für das symbolisch sie hier stehen! Nur in Stellvertretung – aber dies *Nur* ist kein *Nur*. Es ist der höchste Adel, den die Völker zu vergeben haben, und es ist der höchste, der an sie vergeben wird, wenn Dichter für sie in Stellvertretung, in Repräsentation, als Symbole und Fahnenzeichen vor ihnen dastehen. Gut ist es, von den Dichtern vertreten zu sein, denn ihr Wort ist das Bleibendste vom Sein einer ganzen Epoche – wie Hölderlin es sagte: »Was bleibet aber, stiften die Dichter.«

Darum sollen Sie an die ganze anonyme Welt dieser unterbrochenen Leben denken, bevor die Gedichte der Dichter, von jedem nur ein Gebilde, zu Ihnen kommen – durch die Muschel der Kopfhörer direkt an Ihr Ohr und Herz oder durch den Lautsprecher in die Luft Ihres Zimmers, zu den Alltags- oder Sonntagsbeschäftigungen, die ich mir hier nicht ausmale. Sie werden Gedichte hören, weil es die einzig kurzen und geschlossenen Formen sind, die Ihnen dargeboten werden können. Aus der großen Einheit der Gefallenen zwischen 1914 und 1924 nehmen wir sechzehn Vertreter, Stellvertreter, wie wir sie bereits erläuterten. Wir beginnen mit Georg Heym, der schon vor dem Kriege das Kriegsschicksal symbolisch vorwegnahm, indem er dem Eis der Havel zum Opfer fiel, und wir enden zeitlich mit Ludwig Rubiner, der der Grippe erlag. Wir umfassen alle literarischen Richtungen, alle geistigen Gegensätze, alle deutschen Provinzen, den Oberschlesier Rudolf Clemens und den Elsässer Ernst Stadler, den Ostpreußen Walter Heymann, den süddeutschen Tiroler Georg Trakl, und jeder von ihnen vertritt Kameraden aus gleichen Landstrichen, von denen wir Ihnen nicht einmal die Namen sagen können. Einer, Maximilian Dauthendey, verdarb in Java, ein anderer, Alfred Lemm, im Krankenbett. Manche fielen in den Stürmen der Gegenrevolution erst, wie Bernhard Schottländer oder der junge Fechenbach, wie Walther Rathenau, Rosa Luxemburg, Karl Liebknecht, Gustav Landauer. Andere, die meisten, starben den Kriegertod, im Anfang des Krieges und durch alle seine Monate bis zum schweren Ende, um im großen grausigen Schmerz des Todes die Liebe zum Leben, die alle Kreatur trägt, gewissermaßen zu bekräftigen. Liebe zu Deutschland, zu ihren Angehörigen, zu ihren Taten und Träumen, Wünschen und Leidenschaften, zu Europa, zur Menschheit. Ob sie Philosophen waren wie Adolf Reinach oder Emil Lask, Kritiker wie Heinz Schnabel, Maler wie Franz Marc oder Wilhelm Morgner, Dramatiker wie Reinhard Sorge, Schauspieler wie Bernard von Jacobi oder Philologen wie jener Hellingrath, dem das deutsche Volk das Wiederauftauchen Hölderlins verdankt – sie wie auch die Dichter, deren Stimmen heute vermißt werden, weil unsere Auswahl beschränkt sein muß, gaben uns mit dem Opfer ihres Lebens weniger, als sie uns gegeben hätten, wenn dies ihr Leben in einer glücklicheren Epoche, am Ende einer großen Leistung sanft abgestorben wäre. Und wenn auch nicht mit jedem von ihnen ein so leuchtender Genius hinabging wie mit Georg Trakl, ist es doch Leid und Klage um jeden jung gefallenen und gestorbenen Mann, die aus den Gedichten klagen, die Sie gleich hören werden.

Sie hören sie von einer Frauenstimme gesprochen (von der beseeltesten, die Berlin heute darbieten kann), und nicht ohne Absicht. Denn Sie müssen dabei empfinden, daß in der verschütteten Generation auch Legionen von Frauen mit begraben sind, junge Frauen und alte, Bräute und Mütter, Ehefrauen und Kameradinnen, Arbeiterinnen in den Künsten, an den Schreibmaschinen, in den Fabriken, auf der Bühne, die das Leid oder die Krankheit der körperlichen Erschöpfung mit wegfegte als Genossinnen so vieler gefallener männlicher Jugend. Das, was heute heranwächst in Europa, hat ein anderes Gesicht als jene Jugend von 1914. Wir wollen es unterstreichen, ohne es zu bedauern, denn dem Lebendigen gegenüber geziemt Bejahung und Ergänzung dessen, was verlorenging. Und darum, meine Damen und Herren, hat für die Übrigbleibenden, für uns Lebende das Gedächtnis so vieler Opfer einen verpflichtenden Wert.

Wir zeigen Ihnen, daß der Krieg gerade die Besten ausrottete und daß die Jugend von heute ein großes Erbe anzutreten hat, ein Erbe, um das sie sich in breiten Teilen und Gruppen nicht mehr kümmert. Sie hat es anzutreten, weil von ihr abhängen wird, ob diese verschüttete Generation, die aus den Massengräbern und Einzellöchern stöhnt und klagt, singt und dichtet, vergeblich untergegangen ist oder nicht. Was haben wir, die überleben, für einen Trost? Keinen anderen als den, daß uns, solange uns das Schicksal aufspart, die Größe der Aufgabe nicht verwirren soll, dorthin Gestaltung der Wirklichkeit und des Lebens zu setzen in jederlei Form, wo unsere gefallenen Kameraden ihren Elan, ihr gelerntes Wissen, ihre große Begeisterung eingesetzt hätten nach dem Erlebnis dieses Todes und Krieges: für die Verständigung der Völker und der Schichten innerhalb der Völker zu sorgen und die Ohren derjenigen füreinander zu öffnen, die unter dem gleichen Druck der gleichen Zeit sehnsüchtig zurückblicken möchten in frühere Epochen. Aber es gibt keine früheren Epochen. Das Verloschene ist endgültig verloschen. Laßt uns arbeiten, damit nach dreißig Jahren eine Generation aufstehe, so reich, so reif, so jung, so geladen mit Gaben und gutem Willen wie die gefallene Generation, und daß dann die Erde ein Gesicht habe, besser als jenes von 1914, damit nicht in Kriegen oder Bürgerkriegen wiederum die ganze Ernte, die die Lebenden bereichern sollte, von den Gräbern verschlungen wird.

Der Angriff der Gegenstände

1923

1
Gegenstände

Sie hielten sich früher im Randfelde des täglichen Erlebens, standen beiseite, gut geformt und gut gemacht, dem Gebrauch auf selbstverständliche Weise dienend und nur normaler Pflege bedürftig. Jeder von ihnen war leicht ersetzlich, und als wüßten sie das, dauerten sie im Gebrauche aus. Sie mußten nicht erst zerbrechen, um anderen Platz zu machen; mit immer neuen Verbesserungen kamen sie immer billiger zu Markte; aus Bronze, Edelmetall, ausländischem Holz, reinster Porzellanmasse, schönstem Bütten. Sie wurden geliebt und gingen in die Freude am Dasein ein, aber sie blieben immer Gegenstände; und noch der geliebteste von ihnen, sofern er nicht als Geschenk in eine völlig neue Seinsform emporschwang, hielt in seinem seelischen Anspruch die Distanz, die ihm zukam: ausgezeichnet durch einen besonderen Wert, durch Alter, vom persönlich gestalteten Werk, vom seelisch nahegerückten Instrument oder gar vom Kunstwerk, das mittels sinnlichster Anschaulichkeit selbständig geistige Werte darbrachte. Die Gegenstände, jederzeit erreichbar oder doch der zu ihnen hinstrebenden Anstrengung nicht prinzipiell entrückt, dienten dem Menschen und bewarben sich um ihn; ja, Dinge, Werke und Instrumente stiegen auf Gegenstandsstufe herab – Dinge, alte Möbel des Biedermeier oder Empire, trieben sich auf dem Markt herum, Werke – Häuser waren vermietbar, und Instrumente (wie Klaviere) waren entleihbar zu Summen, die so gut wie jeder Bürger aufbrachte, dessen Wesen nach ihnen verlangte. Und nur die Kunstwerke lebten im Zentrum der seelischen Bewegung, sie allein beanspruchten immer von neuem Anteil und Aufmerksamkeit, brachten Unruhe, Begeisterung und erneuernden Zuwachs, brachten Aufruhr in das begierige Herz.

Heute, es fällt schwer, die Veränderung sachlich zu zeichnen. Eine Fülle von ihnen ist überhaupt transzendent geworden, nicht einmal mehr anstrebbar, ohne daß sie ihr Gegenstandsein deshalb verloren; und von dem Widerspruch von Unerreichbarkeit und »bloß Gegenstand« geht etwas unbeschreiblich Aufreizendes und Empörendes aus. Keine Rede ist von Neid, Habsucht, ohnmächtiger Begierde, auch nicht der seelische Kampf zwischen Besitzenwollen und Nichterwerbenkönnen ist hier gemeint, denn geschultem Geschmack und bescheidenem Bedürfen sind so wenige der ausgestellten Waren derart faszinierend, daß der Wunsch, diese heimzutragen, sich brennend meldete und jene lähmende Aufregung hervorriefe, um die es sich bei jenem Kampfe allein handelt. Nein, all den Dingen selber, diesen Speiseservicen und elektrischen Öfen, diesen Vasen und Lampen ist der Stempel des Unerreichbaren aufgedrückt, selbst wenn wir sie begehrten; dabei aber bleiben sie dienende, beiseite stehende, seelisch wenig wesentliche Massenwaren guter Art – Gegenstände. Es hat sich nämlich zwischen sie und uns eine ganz neue Kategorie von Sachen eingeschoben, Sachen, von denen man früher sagte: »Wie kannst du davon Aufhebens machen, das ist doch kein Gegenstand...« Ein Paar Schuhe, die Krawatte, ein Würfel Margarine, ein Pfund Reis, gewöhnliche Teller, eine Zigarre – das sind heute Gegenstände. Aber mit welch neuer Note! Drohend und gewalttätig dringen sie auf uns ein, stets da, immer von neuem sich meldend, sei's als mangelnde, als der Wiederherstellung bedürftig, als zu pflegend, als verloren. Ins Zentrum der Aufmerksamkeit gerückt, von den Kräften eines jeden sich nährend, zerreißen sie die Stille, in der sich das Schaffen abspielt. Sie haben sich zusammengeschlossen, uns umringt, und zum Angriff übergehend, machen sie uns alt und müde. Immer von neuem müssen wir um die Gesammeltheit kämpfen, die früher Wochen des Arbeitens ohne Störung andauern konnte, und wieviel beste Stärke vergeudet sich an diesem neuen Sisyphusreim, genannt: »Beständig unterbrochen werden!« Aber auch die zusammengefaßte Energie selber, die uns einst zur Konzentration wurde – sie reißen sie an sich: die Wege, die man früher in die Natur lenkte und auf denen man dachte, sann, empfand, innerlich musizierte und seiner Welt Klärung, Bereicherung, Sichtung und vertieften Raum schuf. Sie mit ihrer vergleichsweise nichtigen und unfruchtbaren Existenz reißen das beste Teil davon an sich und stoßen dabei immer den Stachel in uns, wie ungehörig, wie aufreizend und von niederträchtiger Verschwendung des Besten begleitet das alles sei. Mit der Energie, die man heute aufwendet, sich eine Wohnung, unzureichend, zu eng, ohne den selbstverständlichsten Zubehör, zu verschaffen, schrieb man früher einen Roman, stellte man eine umfassende und erhellende Abhandlung ins reine, organisierte man damals einen Bund zum Eingriff in irdische Zustände. Und die Frauen, deren uns teures Leben verwandelt ist in den Krieg mit den Gegenständen und in ihre Sklaverei, verlieren von ihrer Jugend Jahrfünfte – und das unabänderlich.

Es ist gewiß etwas so Banales wie die Not, das hier beschrieben wird. Und nun gar noch lange nicht die größte auf dieser rollenden Erde – wesensverschieden von der zermalmenden europäischen, der zerstörten oder besetzten Gebiete etwa; das wird nicht vergessen. Aber diese ist eine Katastrophe, der Springflut gleich und wie sie ungeheuerlich und selten. Die beschriebene jedoch ist der kommende Normalzustand, wie Flut und Ebbe. Und es schadet nichts, wenn man auch die banalen Dinge einmal genauer besieht; sie bekommen etwas von ihrer ursprünglichen Gefährlichkeit zurück – und das ist nur der Anfang zu ihrer Erkenntnis.

3
Eingriff ins Wesen

Denn der Angriff der Gegenstände trägt weiter noch. Die Unordnung, davon er Zeuge und Wirkung, ist die der Welt moralischer Werte, die damit in den Geistigen auch praktisch und so stoßartig eindringt, daß er unmittelbaren Gegenstoß braucht, um nicht völlig gelähmt zu werden. Und das ist von entscheidendem Einfluß auf seine eigentlichste Sendung: die Gestaltung. Ihm ist, anders als dem Publizisten (seiner ebenso notwendigen wie legitimierten Ergänzung), aufgegeben, die moralische Unordnung der Welt geduldig und eindringlich anzuschauen und ebenso darzustellen: mit all ihren Wurzeln, auf all ihren Wegen, in ihrer ganzen Begreiflichkeit, in ihrer vollen Verworfenheit, mit dem Imperativ zur Abhilfe, den sie wie jede Not unmißverständlich an sich trägt, und mit der ganzen Zärtlichkeit und dem lächelnden Erbarmen, das der gebrechliche Mensch und seine selbstgeschaffene Welt schließlich herausfordert. Nur so entstanden die großen Gedichte, nur von ihnen auch die großen tieffassenden Verwandlungen. Die Komödien des Aristophanes oder »Krieg und Frieden« haben zur Reinigung der menschlichen Natur und zur Säuberung der Welt mehr beigetragen, »Hamlet« und »Don Quixote« haben Einkehr des Menschen ins eigene Herz und Abkehr von falschen Lebensweisen intensiver bewirkt als die leidenschaftlichen Antworten des Journalisten auf Ungeheuerlichkeiten des Tages. Ja, es hat der ganzen Geschicklichkeit einer geistreichfalschen Ästhetik bedurft, um die erneuernde Sendung des großen Kunstwerks der »Antigone« wie des »Lear«, von der echten Aktivierung aller tätigen Kräfte des Menschen abzuspalten und eine Erschütterung im Geistigen unfruchtbar verlaufen zu lassen, die revolutionär ins Tun des Menschen zu münden bestimmt war, ist und sein wird.

Ohne so große Schöpfungen anders denn als Vorbilder zu zitieren, gilt der Satz, daß jede künstlerische, zum Beispiel die dichterische Gestaltung in der gleichen Sphäre des Geistes vor sich geht. Den drei Funktionen der Sprache entsprechend, der mitteilenden Verständigung, dem analytischen Begriffsdenken und der anschaulichen Gestaltung, zeigen sich dem forschenden Blick auch verschiedene Sphären des geistigen Lebens. Durch das Bewußtsein des Menschen strömt, indem er erlebt, reagiert, überlegt, ein dauerndes Band von innerlich hörbaren Worten in Sätzen, dessen Mitte vom augenblicklichen Bewußtsein hell herausgehoben wird und das, aus einer vagen Vorbereitetheit kommend, im Erinnerbaren und Vergessenen verdämmert. Alles, was vom täglichen Denken getragen wird, hat hier seinen Ort, und von hier aus gehen dem Publizisten die Inhalte und Sätze zu, die seine von tiefer her vorstoßende Leidenschaft zur Produktion macht.

In ganz anderem, wortloserem Raume bewegen sich, verfließend und doch klar, von Blitzen gleichsam schnellend beleuchtet und wieder vergleitend, eher sichtbar als hörbar (doch auch hörbar), die anschaulichen Gegebenheiten, die dem Dichter und dem Philosophen zum Werke dienen. Auch in diese stillere Sphäre tritt alles ein, die ganze Welt und das ganze Schicksal wie die täglichste Pein und die leiseste Freude; heraustreten aber kann es aus ihr, beladen mit seiner ganzen Symbolkaft fürs Menschendasein, nur gereinigt, nur verwandelt, nur an die bedeutsamste Stelle gerückt und in einer anschaulich-aufschließenden Gruppierung. Nur ein Beispiel: Als der junge Shakespeare die wild absurde und grauenvolle Wirklichkeit des Bürgerkrieges darstellen wollte – und so, von uns aus gesehen, jeden Krieg zwischen Bürgern der Erde –, regierte in ihm nicht die leidenschaftliche Redereaktion gegen den Krieg, die das expressionistische Stück etwa beherrschte; vielmehr sah er im Geiste einen Vater, der in der Schlacht, unahnend, wen, seinen Sohn erschlagen hat, die Leiche des vermeinten Feindes herbeischleppend, um sie zu plündern; als Parallele einen Sohn, der, ebenso unwissend, seinen gerade getöteten Vater heranschleift, um sein Beuterecht an diesem Mann der Gegenpartei zu üben, in der Mitte machtlos den König, dessen Herrschaft diesen Greueln zur Ursache wurde (3. Teil Heinrich VI., 2. Akt, 5): und alles, was die Gestalten nun zu sagen haben, ist vom Anschaulichen so völlig beherrscht, daß die Redesphäre erst von hier aus in Aktion gesetzt wird – nicht primär vorwaltet wie bei den Heutigen.

Solche Kraft ist dem absichtlichen Wollen völlig entrückt. Nach unbekannten Gesetzen der Phantasie tritt sie auf; aber der Dichter muß die Möglichkeit haben, den Wortvorhang des normalen Denkens beiseite zu schieben und ohrlos ins Stille hinein zu warten, zu blicken. Wie aber, wenn das Lebendige in ihm, von der Tyrannei der Gegenstände leidenschaftlich zur Abhilfe oder Abwehr gezwungen, das Schweigen nicht mehr ermöglicht? Wenn die politischen und wirtschaftlichen Unerträglichkeiten, all die Morde, all die Habgier, all die europäische Unvernunft, durch das unwegschiebbare Medium des täglichsten Bedarfes ständig mit Aufruhr in ihn greifen, ihn, der nichts dringlicher ersehnt, als bei seiner Arbeit bleiben zu dürfen? Wenn er unmittelbar, worthaft reagieren muß, um alldem nicht auch innerlich zu erliegen, gelähmt und verdammt? Dann droht ihn die Tagessphäre, das Reich der abwehrenden Worte, zu denen auch diese Niederschrift gehört, am Ende ganz in und an sich zu ziehen. Und es ist noch viel Glück vonnöten, wenn er den störenden Anlaß mit solcher Niederschrift beseitigen und, indem er nach außen sich ganz abschließt, die Welt vergessen kann, in der die Gegenstände herrschen, um sich der großen stillen Offenheit dienstbar und würdig zu halten, aus der die Gestalten treten: sinnfällig, sinnbildhaft und dadurch erst ganz beladen mit der Not der Gegenwart.

Schnee in Hameln

1926

Ich stapfe in Hameln umher – eine Stadt aus Stein, Holz und Luft. Gleichgültig, wie ich dahin kam: aber das Gefühl, hier zu gehen, sich rasieren zu lassen, Ansichtskarten zu kaufen ... Schleppte mich die Eisenbahn körperlicherweise, wach und fahrplanmäßig eines Tages unverhofft in das Land, darin die Menschen auf den Bäumen wachsen; oder in jenes andere, woselbst in aufgesperrte Mäuler, wenn man, rednerisch beschäftigt, just nicht aufpaßt, unversehens gebratene Tauben fliegen, während pensionierte Generäle sich mal eben aus einem freundlich wedelnden, lebendigen, aber gebratenen Ferkel eine milde duftende Portion Schinken abschneiden und greise Schriftsteller leise träumend und lesend unter Bäumen liegen, von denen sie, halb abwesend, sich von Zeit zu Zeit einen Ast Buttergebäck abbrechen, ihn in die nächste Milchlache zu tunken; brächte mich einmal, mich Lebenden, um zum Schluß zu kommen, ein fahrplanmäßiger Zug der Reichsbahn zu einer Haltestelle, wo aussteigend ich mich an einer Stadtmauer aus Reispudding mit Zucker und Zimt fände: ich ginge in diesem Schlaraffenland nicht kopfschüttelnder umher, als ich heutigentags in Hameln wandle.

Ich habe zeit meiner Jugend an den Rattenfänger von Hameln geglaubt. Endlich war der Lauf der Welt einmal zurechtgerichtet. Die Erwachsenen, wie immer, versprachen fest den guten Lohn für eine gute, zähe Anstrengung, hernach aber, die Leistung vollzogen, lachten sie frech, zertrümmerten Gerechtigkeit und Anstand in der Welt, wähnten, dem Kinde nicht Wort halten zu müssen, und logen, sie hätten das nicht so gemeint, oder: die Belohnung werde eintreten, wenn das Kind reif sei, sie zu würdigen.

Dies war die Art der Großen – sie hatten es ihren Herrschern abgesehen, aber das wußte man damals noch nicht –, und Ohnmacht, erbitternde knirschende Ohnmacht verwirrte das Lebensbild des Kindes, und es spie auf die Großen.

Dieser Rattenfänger jedoch, der gebildete Bursche, der schwarzhaarige, befremdende, der Langhaar trug und enge Hosen, die in Strümpfen endeten, er gab es ihnen! Er brachte die Welt wieder ins Gefüge, verneigte sich listig, lächelte ein trübes Lachen, trauernd über das Gemeine, aber nicht dazu da, ihm nachzugehen: denn sein war ja die Flöte! Die zaubervolle, dunkeltonige, wie der Dudelsack alter Straßenbettler in tiefen Tönen schwelgend oder das Fagott des Hoboisten der Infanteriekapelle – und deren Zauber schon die Ratten, rasend nach süßem Untergang, nicht hatten widerstehen können!
Und als die Großen im Hause Gottes wieder einmal einen ihrer aufgeputzten Dank- und Preisedienste losließen, leer wie Muschelschalen, daß nun die Ratten vertilgt seien und der Befreier um seinen Lohn geprellt: da orgelte und dudelte durch die sonntäglichen Straßen, vor den stillen Häusern, Flötenton tief und lieblich, und aus der Welt der Großen voller Wortbruch und Schulzwang folgten dem Zauberer und Rattenfänger der Töne die Kinder in den grünen kühlen Berg, der sich grottenvoll auftat und ohne Laut wieder schloß, jenseits der Weser, des stummen Stroms, und barg in traumhafter, leise gleitender Elfenwelt die Kinder – alle, denen Musik die Seelen öffnete und die Herzen stillte – zu blutlosem, doch auch unwehem Leben wie im guten Leibe der Mutter, der Erde.
Die Stadt aber blieb zurück, Stadt ohne Kinder, Fluchstadt, Geldstadt, und nur ein kleiner Junge konnte, weil er sich am Weg zur Unterwelt blumenfroh verspielte, den heulenden Großen zeigen, wohin der Spielmann diejenigen geborgen, die der Wortbruchwelt nicht gewachsen waren.
Hameln also, Zauberstadt, die gibt es: in manchen Häusern oben grinsen Totenköpfe aus Stein in den Giebeln, Pestmasken, weiß, grau oder golden, und seine alten Kirchtürme stehen steif im schneidenden Ost des Morgens, als ich mich, voll Genuß an der Wirklichkeit, durch die glatten Straßen schlage. Schöne alte Fassaden sind da, prächtige Häuser von anno Märchen, enge Fachwerkstraßen, und leis mit Treibeis geht die Weser, der Lethe, jenseits dessen, bewaldet und rund, ein gewisser Berg sich aufwölbt.
Die Stadt putzt sich ein bißchen mit der Rattenfängerei, wie es natürlich ist. Schandtaten werden, geraten sie nur erst zu Jahren, beliebte Ruhmesblätter – vielleicht erleben unsere Enkel,

daß in München das Festspiel vom braven Eisner aufgeführt wird oder die Landauer-Passion als Oratorium mit Chören –; es wimmelt nur so von Rattenfängerverewigungen, und im übrigen stellt sich, je weiter der Morgen vorrückt, Hameln als eine brave, arbeitende deutsche Stadt dar, einst hannöversche Festung, vorher mal ein Jahrzehnt französisch, jetzt preußisch – was man so preußisch nennt. Und ich selber, ein nach allen Richtungen hin Erwachsener, nur daß ich keinem Kinde mein Versprechen breche, habe mich längst aus dem Elfenberg an die Oberfläche der Erde gearbeitet und stapfe, geh's gut oder böse, auf ihr umher, heute zum Beispiel, wo sie gefroren ist, und freue mich des Wirklichen, wenn es auch um 1926 von besonderer Ekligkeit sein kann, weil es zaubervoller ist als das melodisch-rattenfängerische Märchenspiel der Kindheitsflöte, die »Weltflucht« heißt.

Als ich aber aus dem Museum trete, in dem eine rührend frische alte Frau mich und zwei andere Besucher an Kreuzigungsgruppe und Rüstungsplunder, Klavierchen und schöner Truhe, Ernst Augustus' und König Georgs Waffenrock und Goldhaube vorbei, durch eine primitive Küche mit altem Geschirr und eine Zinngießerwerkstätte bis hinauf zum zweiköpfigen Ziegenlamm und ausgebuddelten Mammutzahn geleitete – da sind die Straßen nicht mehr Gegenwart. Die harte Atmosphäre zerbrach inzwischen, Schnee weht ungestüm durch die Stadtluft, trockener fester Schneewirbel, die Fronten verdämmern, Zierat ergraut, das Licht empfängt Vergangenheit, spukhaft entweicht die Härte der Schritte mit dem Flirren aller Konturen: ein greises Hameln scheint dem Märchen näher gerückt zu sein und ihm zuzufliegen mit jeder Minute mehr.

Schneewind schneidet die Zeit ab. Und ich stütze mich fester auf meinen Stock, lache mir eins unversehens und denke an den kleinen Kerl, einen Jungen, hinten, östlich, am Rande Berlins, dort, wo es in Wald und Seestreif sich verliert, wie der jetzt seinen großen Rodel packen und am Strick zum See hinschleppen und unter gellendem »Bahn frei« mit all den soviel größeren Kerlchen helläugig zum See hinuntersausen wird, blank vor Eifer wie ein Lichtchen; und indem ich spöttisch zum Kinderberg, zum Traum- und Seelenberg hinschielen will, ihm anzudeuten, er sei jetzt abgesetzt, von mir aus, und gänzlich überflüssig – hat er sich schamhaft hinter die Wand des treibenden Gestöbers gerettet, er ist weg einfach, und weiß wohl von selbst, dies sei das Vernünftigste, was er tun konnte, wenigstens in bezug auf mich.

Und so finde ich Zeit zum Zuge, zu einem höchst realen Zuge aus Holz, Glas, Dampf und Metallen, der nebenbei auf höchst reale Weise Geld kostet, und folge diesem Auftrag. Denn Hameln, eine Station der Strecke Berlin–Köln, liegt an der Eisenbahn, die Eisenbahn in der Gegenwart, die Gegenwart auf der Erde, die Erde aber im Kosmos, was allerdings das märchenhafteste aller Märchen ist, das Menschen je nachzeichnen konnten, und glücklicherweise wohl noch einige Äonen bleiben wird.

Harry Domela, der falsche Prinz

1927

Der Malik-Verlag hat mit glücklicher Hand aus einer einmalig komischen, unvergleichlich erleuchtenden Nachkriegskomödie einen dauernden Wert gerettet. Harry Domelas Autobiographie »Der falsche Prinz« wird künftighin zu den Zeugnissen unserer von der fürchterlichen Kriegskorruption noch immer nicht genesenen Übergangszeit gehören. Seine wertvollsten Teile geben für Norddeutschland das, was Oskar Maria Graf soeben in einem ziegelsteindicken Bekenntnisbuche »Wir sind Gefangene« (Drei Masken-Verlag) mit viel mehr Talent, aber auch viel ausführlicher niedergelegt hat, einen Beitrag zum Unbekanntesten und Exotischsten aller literarischen Gegenstände, zur Geschichte der niederen und von der Last der Gesellschaft zerquetschten Volksklassen in Deutschland. Während in England, Amerika und Frankreich, von Rußland nicht zu reden, beständig Botschafter des Bürgertums ergriffen und mit staunenden und verstehenden Augen zu den Ausgenutzten hinab unterwegs waren, vielleicht auch als Kundschafter, aber auf alle Fälle als Träger des gegenseitigen Verstehens, als Aufrufer zur Wiedergutmachung an den ausgeplünderten Menschenschichten, ist in Deutschland der Riß zwischen Volksschülern und höheren Schülern eine Einrichtung geworden, die seit den Befreiungskriegen die Deutschen diesseits und jenseits der Bürgergrenze tiefer voneinander trennt als irgendeine geographische oder politische Kluft.

Das deutsche Bürgertum weiß von französischen oder englischen Bürgerfrauen (Madame Bovary, die Forsytes) viel mehr als von den Gedanken, Lebensstimmungen und Lebensnöten seiner eigenen Angestellten, der Arbeiter, die ihm sein Brot backen oder sein Haus bauen, die ihn als Trambahnschaffner fahren und als Totengräber beerdigen, die ihm seine Elektrizität ins Haus liefern und sein Leitungswasser allererst erbohren. Bücher wie die von Domela und Graf, zu denen andere, ein andermal zu nennen, hinzutreten, enthüllen in ihrer ruhigen, dokumentarischen Sachlichkeit, daß nur zu schwerem Schaden der Völker die ganze Last einer Gesellschaft auf eine Klasse gewälzt wird, daß Begabungen in diesen Brei hineingepreßt werden und darin ersticken, daß Millionen von hoffnungsvollen Jugendlichen verfallen und im Alltag untergehen, während die als Saxoborussen-Anwärter geborene Jungmannschaft sich schweinisch und blöd herumtreiben kann, weil ihr ergiebige Stellen im bürgerlichen Staat auf alle Fälle freigehalten bleiben – Stellen, die die proletarische Intelligenz des jungen Domela, die urwüchsige Klugheit und Begabtheit eines Bäckergesellen namens O. M. Graf viel besser und zum Segen des Ganzen ausfüllen würden. Von dauernder erschütternder Gültigkeit bleibt vor allem die Gegenüberstellung des Arbeitslosenlebens, der vom Krieg ausgerissenen Knabenjahre und der Gefängnishaft (gedenkt des Max Hölz, dessen Briefe aus dem Zuchthaus, soeben als Schrei, Anklage und erschütterndes Zeugnis einer von der Rache der Besitzenden der Rechtsmaschine ausgelieferten proletarischen Begabung von E. E. Kisch, dem tapferen und klugen Kameraden, bei Erich Reiss, Berlin, herausgegeben, auf jeden Tisch des literarisch verantwortlichen Lesers gehören) mit unserer in Erfolg und Ahnungslosigkeit erstickenden Kleinbürger-Hautevolee und den gefährlichen Silhouetten unserer zukünftigen Senatspräsidenten, Regierungsräte, Reichswehrstabsoffiziere, Generaldirektoren und Diplomaten. Dies nämlich steht doch hinter den unvorstellbaren, aber von jedem von uns während der Universitätszeit mit Lachen an der Peripherie des Studentenlebens bemerkten Figuren der Hochcorpsiers, die nur Heinrich Mann seherisch erfaßt und gestaltet hat – und nicht einmal seine Eingebung reichte aus, um Szenen zu erfinden, wie sie der kleine baltische Junge mit dem anspruchslos intelligenten Gesicht in Heidelberg miterleben durfte. Die Prinzenepisode mag etwas Vorübergehendes haben und in jedem anderen Lande ebenso möglich sein, wo eine abgetakelte Dynastie in den Herzen der gesellschaftlich Hochstrebenden traulich wurzeln bleibt. Unsere Edelstudenten dagegen werden die Seltenheit eines malerischen Volksstamms behalten, in welche Sprache auch immer man sie übersetze – weder in Polen noch in Frankreich, weder in England noch in Italien wird man sich ähnlicher Jugend, ähnlichen »Führer«-Nachwuchses rühmen können. Es wird Aufgabe der deutschen

Entwicklung sein, den Saxoborussen einen Strich durch die Rechnung zu machen und das auch in ihnen menschlich Wertvolle zu retten dadurch, daß man sie des Müßiggangs und ihrer sicheren Zukunft entkleidet, ihnen die Uniform, in die sie sich flüchten könnten, sperrt und sie davor bewahrt, als Arbeitslose sich weniger hilfswürdig zu erweisen als der kleine falsche Prinz, der durch sein Abenteuer einen Lichtschacht quer durch die Gesellschaft ermöglicht hat und in der kleinen Literatur zur Kenntnis des wirklichen Deutschlands sich weit über das Amüsante eines frisch geschriebenen Buches hinaus ein bleibendes Verdienst gesichert hat.
Übrigens darf keine Gelegenheit vorübergehen, wenn von Zeitdokumenten die Rede ist, auf Tollers Erlebnisse »Justiz« hinzuweisen, im Verlag dieses Blattes erschienen, deren Grauen, Härte und Furchtbarkeit von keiner Schilderung sibirisch-zaristischer oder chinesischer Greuel übertroffen wird. Man sage nicht, daß Bayern Bauern sind und Bauernsprößlinge aus Gedankenlosigkeit und innerer Unerhelltheit grausam und kindisch bleiben. Man weise ja nicht darauf hin, daß die Zeiten der Rückeroberung Münchens eine Auswirkung besonderer und einmaliger Umstände seien. Man suche überhaupt keine Entschuldigungsgründe, sondern nehme jeden Tag zwei, drei dieser kleinen Tatsachen zu sich und in sich auf, damit man wisse, was der Krieg aus den Deutschen gemacht hat und was alles wieder aufzubauen, wiedergutzumachen und zu sühnen ist.

Ein General

Um 1928

Manchmal lohnt es, zeitgemäß zu sein und seine Titel mit auf Expeditionen zu nehmen. Denn Titel erklären manches. Gewiß mögen sich unter den Zeitungslesern, die darüber entrüstet sind, daß der italienische Held Nobile sich als erster hat retten und statt seiner den norwegischen Mann Amundsen kaputtgehen lassen, einige Prozent finden, die auch selber den Heroismus aufgebracht hätten, den sie von dem interessanten Nordpolreisenden verlangen, nämlich im lecken Boot zu bleiben, bis die Besatzung, für die der Führer die Verantwortung trägt, gerettet worden ist.

Aber wie wird mir? Wo habe ich von ähnlichen Vorgängen schon einmal gehört, von Leuten, die andere in schwierige Umstände hineingesteuert und dann edelmütig sitzengelassen haben, sie der Fürsorge eines Gottes oder einer Göttin anheimstellen? Sollte sich in dem verflossenen Krieg in Europa, dessen glückliche Beendigung an jedem 11. November von allen vernünftigen Siegern und Besiegten mit gleichem Dank gefeiert wird, sollte nicht in unserem verflossenen Kleinkrieg ähnliches vorgekommen sein? Auch unsere Herren Heerführer waren Helden wie Nobile, viel weniger als Nobile, der sich immerhin mit in die Gondel des Flugzeugs gesetzt hat, immerhin einige Wochen mit auf Packeis im Zelte kampiert und dem immerhin ein grauer Bart gewachsen ist, wie wir aus seinen beredten Telegrammen erfahren. Unsere Generäle aber, unsere Nobiles, die Generäle, Prinzen, Könige, Fürsten und Kaiser? Sind sie nicht einzig und allein einem Mann zu vergleichen, der, in Rom, Berlin oder auch Washington sitzend, eine solche Expedition ausrüsten läßt, finanziert, ihr die Aufgaben, verflucht gefährliche Aufgaben, stellt und dann reich geschmückt mit Erzeugnissen der Goldschmiedekunst und der Seidenwarenindustrie in, sagen wir, Wadzö zurückbleibt, um von dort aus die anderen durch Armeebefehle ins Packeis zu senden oder sie durch Gerichte erschießen zu lassen, wenn sie vorzeitig, den

Irrsinn einsehend, mit der Vorwärtsbewegung Schluß machen.
Selbstverständlich waren unsere sämtlichen Generäle Helden; davon kann sich jeder überzeugen, der wie ich jetzt die Presseerzeugnisse der Jahre zwischen 14 und 18 anzublättern das Vergnügen hatte. Keiner dieser Helden ist gefallen. Nicht einmal an der Ruhr draufgegangen ist einer dieser Helden. Kaum je einige Tage, ohne rasiert zu werden, haben sie vergehen lassen, diese Helden. Bei einem bestimmten Prozentsatz von ihnen lag das in der Organisation des Krieges, der ja verlorenging, weil Kriegführen eben nur möglich ist, wenn der oberste Mann auch der vornste sein kann. Da moderne Heere aber nicht vom vornsten, sondern nur vom hintersten Mann richtig übersehen werden können, erledigt sich damit die Beschäftigung Krieg von selbst, und man muß schon aus Korsika stammen, um einen Anachronismus mit Erfolg zwanzig Jahre darzustellen. Bei der weitaus größten Prozentzahl unserer Führenden aber entsprach die Organisationsform des Krieges genau ihrem Gemüt, ihrer Erziehung und dem Sinn für die Kostbarkeit ihrer eigenen Existenz. In Frankreich sind sieben Generäle gefallen. In Deutschland ist ein einziger General, der General Berrer, beim Passieren eines Dorfes getötet worden. Alle anderen haben nach Nobiles Prinzipien gehandelt, und niemand hat sie darum gesellschaftlich, moralisch oder finanziell weniger gewertet; man frage nur in der deutschen Republik nach. Warum die Aufregung über Nobile? Er ist ein General, meine Herren, nichts weiter. Er betet nicht zu einer Gesundbeterin, er betet zu der holdseligen Madonna von Loreto, er schreibt nicht gehackten, sondern in amutigen Makkaronischlingen aufgemachten Stil. Aber verglichen mit anderen Generälen, schneidet er noch ganz gut ab. Daß er nicht navigieren konnte und beinah in der Tatra gelandet wäre statt in Stolp – auch das hat er mit der Klasse gemein, der er angehört und deren Heldentaten eben darin bestanden, Armeen falsch zu steuern und sie nachher unter den größten Opfern mit Hilfe von Leuten, die der kleine Fehltritt eigentlich nichts anging, herausziehen zu lassen.
Laßt Nobile so viel Gnade widerfahren, wie ihr all denen zubilligt, die ihr noch heute, mit Klempnerläden behangen, an der Spitze von Organisationen mit Fahnen Festreden schwingen

hört, laßt diesen Helden andere Helden wert sein, generalisiert ein bißchen, und ihr werdet finden, daß 1914 bis 18 aufs breiteste so gehandelt wurde, und zwar unter euer aller Anbetung, wie der Mann Nobile jetzt gehandelt hat. Oder aber seid entschlossen, einem neuen Massenwahn das nächste Mal besser standzuhalten, und ernennt niemanden zum Helden von Tannenberg, Soisson, Longuevy, Maubeuge oder Lodz, ehe er nicht selber so dabeigewesen wie die sieben Leute, denen das Packeis oder das Wasser eines Trichters den Hosenboden gründlich durchnäßt hat.

Brief an Joseph Wirth

1931

Sehr geehrter Herr Wirth,
ich habe eine gewisse Achtung vor Ihnen aus den Zeiten her, wo Sie mit Erzberger versuchten, den deutschen Industriellen Steuergelder aus den Zähnen zu reißen; ich zweifle nicht daran, und auch Sie werden nicht daran zweifeln, daß der ehemalige Abgeordnete Erzberger infolge dieser die heiligsten Güter antastenden Aktion umgelegt worden ist. Dieser meiner Achtung haben Sie zu verdanken, daß ich, ein unabhängiger Schriftsteller, mich mit Ihnen beschäftige und mir die Mühe nehme, auf das zu antworten, was Sie in Sachen des Remarque-Films im Reichstag vorgebracht haben. Ich möchte zunächst bemerken, daß für mich der Reichstag, unabhängig von der Schwatzbude, zu der Sie und Ihresgleichen ihn erniedrigt haben, als Vertretung des deutschen Volkes ehrwürdig und verteidigungswert bleibt. Auch wenn die Idee Reichstag von der Wirklichkeit Reichstag noch so sehr dementiert wird, bleibt bestehen, daß wir, Soldaten des großen Krieges, als nichts mehr zu hoffen war, alle Hoffnung auf diesen Reichstag gesetzt haben, der 1917 das Wort Frieden ernsthaft aussprach und zu verwirklichen trachtete und der den gierigen Hetzhunden der Länderfresser und Menschenschlächter, schüchtern, unbewußt seiner eigenen Macht, zu widerstehen begann. Unbewußt seiner Macht, denn Ende 1917 hätte es nur eines Aufrufs dieses Reichstags bedurft, um uns Soldaten des großen Krieges bedingungslos ihm zur Verfügung zu stellen.
In diesem Reichstag nun haben Sie, Herr Wirth, das Verbot des Remarque-Films aus Ihrer katholischen Seele begründen wollen. Erlassen Sie mir die Durchleuchtung der jämmerlichen Argumente, mit denen Sie daherkamen: daß man gegen den Bolschewismus dieses Films Front machen müsse oder dergleichen. Dieser Film zeigt in einem Fünfzigstel Verdünnung etwas von der grauenhaften Verstumpfung, Erniedrigung und Bedreckung, die das Soldatensein im Krieg über junge und äl-

tere Menschen verhängt hat. Darüber rede ich mit Ihnen nicht, weil Sie davon nichts verstehen; darüber rede ich nur mit Leuten, die gleich mir dreieinhalb Jahre gemeiner Soldat im Weltkriege gewesen sind. Niemand anderer ist sachverständig, und ich erspare mir das Achselzucken der Verachtung Schönrednern und Gehaltsempfängern des großen Krieges gegenüber. Worauf ich hinauswill? Es ist vollkommen klar, warum Sie, unausgesprochen freilich, Herr Wirth, die Verwerfung des Remarque-Films und sein Verbot den Reichswehronkeln nachbeten, die diese läppische Probe ihrer Macht durchgesetzt haben. Sie, Herr Katholik, haben dem Krieg gegenüber jenes schlechte Gewissen, das zu haben sich für Sie schickt. Und aus diesem schlechten Gewissen haben Sie Ihrem eigenen Katholizismus und jedem lebendigen Christentum ins Gesicht geschlagen. Der Remarque-Film und das durchaus mittelmäßige und brave Buch, das ihm zugrunde liegt, lassen erraten, wie sehr hinter all den unerträglichen und unvorstellbaren Gemeinheiten des Weltkrieges das christliche Kreuz geleuchtet hat, nicht das echte, das in Zehntausenden von gläubigen Menschen Nächstenliebe und Anteil am Jammer der Kreatur tätig verbreitete, sondern das große, dick vergoldete, das an allen Fronten und bei allen Völkern vier Jahre lang Signum des Gemetzels wurde dank der niederträchtigen Kapitulation aller Kirchen vor allen Staaten. »In hoc signo vinces«, sagten alle Priester allen Rüstungsindustrien und allen Soldaten, wenn sie mit der kindlichen Vertröstung auf ein Halleluja-Jenseits den zerfetzten Opfern der Kriegsindustrie und ihrer Einpeitscher und Auftraggeber, der landhungrigen Junkerkaste und Offizierskamarilla, den letzten Segen gaben.
Das wäscht kein Verbot und keine salbungsvolle Rede von den Kirchen ab, Herr Wirth. Die Feigheit, mit der sich schon früh das Bedürfnis nach Schutz und nach Pfründen der Bischöfe hinter dem sehr zweideutigen Satz verkroch: »Gebt dem Kaiser, was des Kaisers ist« – ein Satz, zu bestimmten Zwecken erfunden wie viele andere im Neuen Testament, dieser Satz wird auch Ihr Gewissen salvieren. Aber ich weiß genau, nicht alle Gewissen in Ihrer Partei und Ihrer Kirche sind so salbungsfähig, und der Stachel, den Sie mit Ihrem Gehorsam gegen die Geldgeber Ihrer Partei im Angriff gegen den amerikanischen Remarque-Film bewiesen haben, wird sich immer tiefer in Ihre

eigene Partei bohren und diejenigen zu Siegern machen, auch in ihr, die intelligent und gewissenswach genug sind, um die einfache Wahrheit zu erkennen: daß die Verwilderung und unbeschreibliche Erniedrigung zentraleuropäischer Völker, weit unter dem Durchschnitt der zentralafrikanischen, daß also, was Sie die Bolschewisierung nennen, lediglich die Folge des Krieges ist, den Sie, Herr Wirth, gebilligt haben und noch heute oder heute wieder mit Ihrem Angriff gegen den Remarque-Film billigen. Es gibt keine Gemeinheit, die der Krieg nicht veranlaßt hätte, keinen tierischen Trieb im Menschen, den er nicht heraufgerufen hätte; das neue Sammelwerk von Dr. Magnus Hirschfeld »Sittengeschichte des Weltkriegs« dürfte Sie ausführlich belehren und mit seinen Dokumenten vielleicht sogar erschüttern. Wenn Sie uns also, auch Sie, in den Rücken fallen bei der Beschäftigung, das wahre Gesicht des Krieges den Europäern einzuprägen, damit sie es nicht mehr vergessen, so werden auch wir gezwungen sein, uns mit Ihnen, Ihrer Kirche und Ihrem ganzen Scheinkatholizismus genauso gründlich zu beschäftigen, wie es die Enzyklopädisten im achtzehnten Jahrhundert getan – mit welchem Erfolg, ist Ihnen wohl bekannt.

Und mir, Herr Wirth, scheint es ziemlich, Ihnen diese offene Mitteilung zu machen. Denn ich habe nach den ersten mutigen Aufschreien von Barbusse, Leonhard Frank und anderen mit der ruhigen und grimmigen Enthüllung des Krieges begonnen, und ich werde damit fortfahren, wie ich begann, gleichgültig gegen die äußere Wirkung, unbedingt sicher meiner künstlerischen Wirkung über Jahrzehnte hin, getragen von dem inneren Auftrag, der mich nicht ruhen läßt, und in dem guten Bewußtsein, das große geistige Europa gegen die schmutzige Barbarei zu verteidigen, die mit der Anbetung der Gewalt beginnt und mit der tierischen Verlotterung allereinfachster Sittengesetze endet. Ich weiß, Herr Wirth, wie schlimm es um uns bestellt ist, die wir darum kämpfen, Geist in die Gesellschaft zu bringen und den ethischen Standard nicht bis zu den Pegelstrichen sinken zu lassen, die sich täglich in einzelnen Aussprüchen und Taten der vom Krieg infizierten deutschen, polnischen, rumänischen, ungarischen Gruppen kundtun.

Im Grunde genommen müßten auch wir noch Bundesgenossen sein und jede Auseinandersetzung zwischen uns intra muros führen, nicht extra. Aber die Notwendigkeit hat es an sich, klüger zu sein als die Klugheit und stärker als die mächtige Geduld, mit der wir unsere eigene Leidenschaft, scharf zurückzuschlagen, bändigen. Und somit, Herr Wirth, gedenken Sie des schmählich ermordeten Erzberger, des ruchlos und noch unaufgeklärt gekillten Hugo Haase, der erledigten Liebknecht und Luxemburg, des nach dem Bade zusammengeschossenen Hans Paasche, um nur diejenigen zu nennen, die Ihnen als Reichstagsmitglied näherstanden als etwa ein Gustav Landauer, Kurt Eisner, Eugen Leviné, die Ermordeten von Mechterstedt, Pullach und all die anderen, deren Gedächtnis der Dichter Lion Feuchtwanger in seinem großen und großartigen Roman »Erfolg« der angelsächsischen Welt, Hunderttausenden von erschütterten und begeisterten Lesern, nahegebracht hat, und mißtrauen Sie den Danaern der Reichswehr und der deutschen Mittelparteien, wenn sie Ihnen Geschenke zu bringen scheinen. Denn diese Geschenke werden den Rest Ihrer katholischen Grundhaltung noch viel sicherer verderben, als sie Troja verdarben, und wahrscheinlich um weniger willen als um ein hölzernes Pferd.

Ein Schriftsteller, eine Zeitschrift und das Publikum

1932

Ein Magazin ist ein tauglicher Weg, um Dinge, die einem wichtig erscheinen, an das große Leserpublikum zu bringen, das sich über Ostern mit ihm beschäftigt. Darum dauerte meine Überlegung nicht lange, als die Redaktion des »Uhu« bei mir anfragte, ob ich geneigt sei, in zwei Schreibmaschinenseiten das Problem kurz darzustellen, das mir für die Gegenwart als das wichtigste erscheine. Dieses Problem – ich kannte es nur zu gut. Ich sehe mich seit Jahren von ihm verfolgt und von seinen Auswirkungen im Leben umringt. Nun hatte ich im vergangenen Jahre schlechte Erfahrungen mit gerade dieser Redaktion des »Uhu« gemacht. Ich hatte früher hin und wieder eine meiner kurzen Geschichten oder einen Aufsatz in dem amüsanten und oft sehr vernünftig geleiteten Blatte veröffentlicht und mich einigermaßen gewundert, daß man mir zwei Novellen hintereinander zurückgab, um deren Zusendung man gebeten hatte. Die Motivation für diese Rückgabe war merkwürdig, aber nicht unehrenhaft für mich: für das Publikum seien die Erzählungen zu hoch, schrieb der Redakteur, der nämliche, der mich jetzt gerade anrief. Zu hoch? Waren sie so viel höher im Niveau als diejenigen, die in den vergangenen Jahren mit großem Beifall in der gleichen Zeitschrift oder der »Berliner Illustrirte« gestanden hatten? Oder hatten sich vielleicht die Begriffe verschoben, mit denen man das Niveau des Publikums in Redaktionsbesprechungen maß? Damals lachte ich, dachte mir mein Teil und ging zur Tagesordnung über. Sie war schwierig genug und verlangte den ganzen, etwas klapprig gewordenen Apparat, der mir zur Arbeit zur Verfügung stand. Heute, wo ein Teil dieser Arbeit erledigt ist, kann ich mich wieder in aktuelle Abenteuer mischen; ich sage also meinen Beitrag zu dieser Rundfrage pünktlich zu, erledige ihn, und er geht, wie verlangt, per Rohrpost an die Redaktion. Tags drauf habe ich ihn zurück, mit einem höflichen Brief, den ich zitieren werde; aber zunächst lese man, was ich dem »Uhu« auf seine Frage antwortete:

Die dringlichste Aufgabe der Gegenwart scheint mir die Erkenntnis zu sein, daß die Verrottung der Jahre 1931/32 die unmittelbare und lückenlose Folge jener Verrottung ist, die im Jahre 1914 begann – der Verrottung der inneren Wahrhaftigkeit in Deutschland, der Aufrichtigkeit gegen sich selbst, des Mutes zur Wirklichkeit und zur Verantwortung dessen, was nun einmal wirklich vorhanden war. Seit 1914 wurde ein großes Volk von seinen leitenden Zentren bewußt in Unwahrheiten gehalten, »um den Siegeswillen zu stärken«; aber dies ist die Quelle für die Unbegreiflichkeit, daß ein besiegtes, ganz ausgepumptes Volk ein Land mit Prachtgebäuden übersät, fremde Gelder verbauend. Im Jahre 1914 begann die Bestechung ein Teil der legitimen Geschäfte zu werden, wurde die Verdummung der Massen Prinzip der »nationalen« Politik, setzte eine kontraselektorische Auslese ein, die eine Million neunhunderttausend des besten deutschen Durchschnitts für immer zum Schweigen brachte, so daß man ihren sinnlosen Tod glorifizieren konnte, ohne ihren Protest zu hören. Die deutsche Etappenpolitik zwischen 14 und 18, die deutschen Friedensschlüsse des Jahres 17 ermöglichten den Politikern der Entente und Amerikas, den Krieg um jeden Sinn zu bringen, unsinnige Friedensverträge zu diktieren, wie wir sie heute haben mit allen ihren Folgen. Seither wüten drüben verdrängte Schuldgefühle für Europas geschändete Gestalt, spielen hierzulande Orgien einmütigen Massenhasses, der es nicht wagt, sich gegen die verantwortlichen Führerschichten der großen Zeit zu wenden, und sich an Ersatz-»Schuldigen« schadlos hält und dies alles, indem er die Verrottung, von der wir sprachen, einer Revolution zur Last legt, die niemals stattgefunden hat. Statt fand vielmehr der Zusammenbruch des Zutrauens zur Führung in einem Heere, das nur seine Siege, nie seine schrecklichen Niederlagen mitgeteilt bekommen hatte, sie also nicht wußte und nie anerkannte, so daß mit gutem Gewissen zahllose Anklagen gegen diejenigen erhoben werden konnten, die Deutschland vor der sinnfälligen Katastrophe bewahrten. Seither durfte das Wort »reaktionär« ungestraft durch das Wort »national« ersetzt werden, konnte man übernommenen Wiedergutmachungsverpflichtungen das Wort »Tribut« auf-

prägen und in dem Trotz gegen sie, in der Ableugnung dessen, was die Situation Deutschlands eigentlich beherrschte, eine nationale Tat erblicken. Aber die schicksalhaften Begebenheiten lassen nicht mit sich spaßen. Zwölf Jahre kann man die wirtschaftlichen Ausdrucksformen des verwüstendsten Krieges vom Markt und aus dem Bewußtsein der Mitlebenden fernhalten; im dreizehnten, jetzt, brechen sie herein.
Das also, was nirgendwo in der Öffentlichkeit vermißt wird, scheint mir die eigentliche Krise der Gegenwart zu sein und das brennendste Problem und Leid: die Verwechslung von wahr und falsch, von gut und schlecht, die moralische Krise. Hysterische Hohlräume durchziehen den Volkskörper wie einen Schwamm; aus ihnen hallt das Geschrei der öffentlichen Hetzer, Lügner und Verleumder wider. Sie wollen Deutschland erretten; statt dessen werden sie es in einen Sumpf von schuldhaftem Irrtum führen, von Verleumdung, Selbstbewunderung, falscher Anklage und falschem Pathos – kurz, in das, was einem Volk für Jahrhunderte die schöpferische Kraft verschlösse. Aber ich will nichts von Deutschland verstehen, wenn ich nicht überzeugt davon wäre, daß auch dieser Taumel zerplatzt wie der Taumel von 1914 und einer steinernen Wirklichkeit Raum gibt, der man dann freilich nie mehr ausweichen kann.
Dies gelesen, wird man mir zugeben:
kein wichtigeres Problem besteht heute bei den Massen Europas, nicht nur Deutschlands, als Klarheit über die Quellen zu bekommen, aus denen der Sumpf von heute gespeist wird. Hatte ich einseitig und aggressiv der Redaktion des »Uhu« Dinge angesonnen, die ein Magazin unmöglich publizieren kann? Aber die amerikanischen Magazine, die ja viel breitere Publikumsschichten bearbeiten, wissen sehr genau, daß nur so klare und einfache Zurückführungen kultureller Dinge auf ihre Wurzeln geeignet sind, ein Publikum auf die Dauer nachdenklich zu stimmen und also zum dankbaren Leser zu machen. Sie wissen vor allen Dingen, daß es gar nicht darauf ankommt, das Publikum ängstlich zu fragen, was es eigentlich hören will. Diese Servilität vor dem Leser, wissen sie, ist der Tod der Zeitung. Und was ist das Magazin anderes als eine bunte, dicke Monatszeitung, die bestimmten Schichten der Gegenwart sogar das Buch ersetzt? Die Redaktion des »Uhu« denkt freilich anders: »Sie werden mir sagen, daß in jener Zeit (im

Krieg) doch wirklich Gründe für die Gegenwartskatastrophe liegen, und ich kann Ihnen nicht widersprechen; aber es ist sinnlos, den Leuten etwas zu sagen, wenn sie nicht mehr hinhören. Man muß es ihnen also mit einem anderen Beispiel sagen...« Woher weiß diese Redaktion, daß die Leute nicht mehr hinhören, wenn man ihnen ausdeutet, was sie alle erfahren haben, ohne zu seinem Sinn vordringen zu können? Die Redaktion des »Uhu« weiß es – sie weiß, daß die Leute nicht mehr hinhören; es ist nicht klar, auf welche statistischen Gründe sie ihre Annahme stützt. Sollte es vielleicht so sein, daß unser »Uhu« seine Vorstellung von den Leuten mit den wirklichen Leuten verwechselt? Daß er eingesperrt in seine Schreibstube aus seinen eigenen Vorurteilen und Engen wieder einmal »den Leser« konstruiert – ein Narzißt, der sich nur seinen eigenen Voreingenommenheiten unterwerfen kann? Vier Jahre bin ich mit dem Drama »Der Bjuschew« umhergelaufen, niemand sah es auch nur an, unter dem Vorwand, die Leute wollten es nicht hören. Als der Roman »Der Streit um den Sergeanten Grischa« fertig dalag, erklärte jedermann, es sei Unsinn, derartiges zu veröffentlichen, die Leute wollten nichts davon wissen. Als freilich nach dem Durchbruch meiner guten Sache die Nachtreter kamen, berechtigte und unberechtigte, waren manche dieser Feuilletonisten plötzlich Fanfarenbläser für das, was offenbar im Augenblick die Leute hören wollten. Und jetzt also wollen die Leute wieder einmal etwas anderes hören. Meine Erfahrungen, behaupte ich, sind so: Wenn jemand die Leute aus einem erfüllten und überzeugten Wesen her anspricht, horchen sie auf und hören zu. Die Leute, nicht die Literaten; Literaten kommen immer erst auf Umwegen zu dem, von dem sie nachher behaupten, sie hätten es längst erledigt. Ich mache ihnen daraus keinen Vorwurf. Ich kenne die Berufskrankheiten dieses Menschenschlages zu genau; es ist nun einmal so, daß nur in den seltensten Fällen ein unverbildeter Mensch zum Schreiben kommt. Und was heute schreibt, ist morgen Redakteur und richtet sich nach dem Geschmack von Leuten – nach der Einbildung also, die er von diesem Geschmack hat.
Nein, meine Herren – so geht das nicht. Wir Schriftsteller sind dazu da, den Leuten aufzudrängen, was sie hören sollen. Die Leute sind dazu da, sich unseren Diktaten zu fügen oder uns links liegenzulassen. Immer dann, wenn uns und sie eine ge-

meinsame Notwendigkeit treibt, wenn wir durchlitten haben, was auch sie durchlitten, wenn uns das Leid zerschneidet, das auch sie zerschnitt, dann springen sie auf, sind erlöst, bestätigen uns, kaufen unsere Bücher und geben uns in schwierigen Zeiten den gelassenen Mut, den wir zur Arbeit brauchen. So entstehen heute Bücher, so entstehen erfolgreiche Zeitschriften, auf lange hin gesehen: nur so. Und was die Redaktionskonferenzen den Ohren der Leute ängstlich ablauschen, macht ein langweiliges, oberflächliches, im Grunde genommen entehrendes Zeitschriftenzeug, das die Mark nicht wert ist, die der Käufer dafür ausgeben soll.

War der Weltkrieg Europas letzter Krieg?

1932

Prüft man einmal nüchtern die Frage, ob Europa seinen letzten Krieg bereits hinter sich habe, so entdeckt man eine doppelte Kette einander widersprechender Tendenzen, die sich beide ökonomisch ausdrücken. Immerfort suchen sich die Völker der ungeheuren Lasten zu entledigen, die die allgemeine Rüstung ihnen auferlegt, gleichzeitig treffen sie aber eine ununterbrochene Reihe von Maßnahmen, die nur aus dem gegenseitigen Mißtrauen fließen, aus der Furcht vor neuen Kriegen. Läßt sich der eine Staat die Aufrechterhaltung seines Körnerbaues und seiner Zuckerindustrie in Gestalt von Schutzzöllen Hunderte von Millionen kosten, so geben seine Nachbarn die gleiche Summe aus, um sich eine eigene chemische oder Textilindustrie zu züchten. Beide verzichten also auf den Anschluß an den Weltmarkt, auf billigere und bessere Belieferung, auf gegenseitigen Austausch, gelähmt von der Sorge, vor bewaffneten Konflikten plötzlich wehrlos dazustehen. Jeder denkt sicherlich nur an Verteidigung, keiner an Angriff, aber auch 1914 war jeder Staat überzeugt, nur in Verteidigung zu handeln. Trotz der großen Veränderung also, die durch den Kelloggpakt bezeichnet wird und die niemand unterschätzen sollte, bleibt die Furcht der Völker voreinander eine gefährliche Tatsache. Der Krieg wird heute nicht mehr, wie einst, mit Glanz und Ruhm umkleidet, soweit die Mehrheit der Völker und die verantwortlichen Regierungen in Frage kommen, und in der Geschichte der langsamen Verbesserungen im politischen Leben stellt die Kriegsächtung einen wichtigen Schritt dar. Dank der Tatsache aber, daß Friedensschlüsse immer unmittelbar nach Kriegen stattfinden, finden sich in ihnen aufreizende Unvollkommenheiten und Ungerechtigkeiten genug, aus denen sich Sprengstoff für neue Kriege ziehen läßt – wenn nicht von den Völkern in ihrer Gesamtheit, so doch von den Nationalisten unter ihnen. So nämlich nennt man Menschengruppen, welche ihre Blicke und inneren Haltungen von den Fehlern in diesen Friedensschlüssen nicht abwenden können.

Ein Nationalist ist also ein Mensch, der die Befriedigung gewisser Leidenschaften über die Befriedigung seiner Vernunft setzt. Er hat eine innere Disposition, ungünstige, geringschätzende und gehässige Meinungen über Nachbarvölker ohne Nachprüfung durch vernünftige Überlegenheit in sich aufzunehmen, in Erregung zu geraten und aus dieser Erregung Entschlüsse zu verlangen, die er als Vorschriften und Gebote der Ehre dem Volksganzen aufzwingen möchte. Im Gefühl, Beleidigungen des eigenen Wertes abzuweisen, bekämpft und verbietet er den ruhigen Blick der prüfenden Vernunft bei Gegenständen des Völkerlebens, und besonders junge Leute der verschiedensten politischen Richtungen stimmen heute in diesem Mißtrauen gegen den gesunden Menschenverstand und seine Forderungen überein. Nun wollen wir nicht vergessen: die Gabe, anläßlich ungeprüfter Mitteilungen in Erregung zu geraten, haben wir alle. Wir alle vermögen uns wild zu entrüsten, wenn jemand unsere Ideale oder Wertschätzungen anzutasten scheint. Dem einen sind solche Punkte gesteigerter Reizbarkeit soziale Fragen und Klassenschichtungen, dem anderen die Bewertung von Hautfarben, Rassen oder Wirtschaftssystemen, von Unterschieden des Alters oder des Geschlechts, des Rauchens oder Nichtrauchens, des Baseball- oder Fußballspiels.
In Zeiten von Krieg und kriegerischer Erregung scheint die Mehrzahl der Menschen nationalistisch zu empfinden. In normalen Zeiten aber sind die Nationalisten überall nur ein Bruchteil der Bevölkerung, und wenn sie auch gewisse Klassen zu beherrschen scheinen, sind sie im ganzen doch nirgendwo in der Majorität. Es ist gut, sich das immer wieder vor Augen zu führen; trotz gewisser Sorten von Zeitungen in allen Ländern ergeben die Stimmen der Völker, sobald sie laut werden dürfen, immer das gleiche Bild. Die Majorität der Völker sind friedliebende Gebilde, bereit, sich ihrer Arbeit hinzugeben und vernünftige Belehrung zu suchen. Ihnen kommt heute ein Lehrmeister zu Hilfe, dessen mächtige Gestalt die Erde überschattet: die wirtschaftliche Krise.
Jeder, der kein Interesse daran hat, eine Wahrheit vor seinem eigenen Bewußtsein zu unterdrücken, gibt zu, daß diese Krise eine Folge des Krieges ist. Nicht etwa suchen wir ihre einzige Ursache im vergangenen Weltkrieg; die Ursachen solcher Krisen liegen vielmehr im kapitalistischen System der Weltwirt-

schaft, sie entstehen nach eigenen Gesetzen, wirken und verlaufen nach ihnen. Daß sich aber die Erde von dieser Krise nicht erholen kann, daß sie in verschiedenen Formen, als Inflation, Arbeitslosigkeit, Deflation verschleiert oder offen, in Gestalt von Börsenstürzen und Zusammenbrüchen der mächtigsten Gesellschaften, die letzten fünfzehn Jahre beherrscht und hoffnungslos auch die Zukunft in ihre grauen und schleichenden Nebel hüllt – dies ist die Hauptfolge des europäischen Krieges, jenes Weltkrieges, der durch Amerika beendet wurde, so daß es kein von ihm unbetroffenes Wirtschaftszentrum auf unserem Planeten gibt. Dies macht eine Regeneration der Wirtschaft aus sich selbst unmöglich – warum? Weil ein feister, gut ernährter Mensch Reserven hat, die ihm helfen, schwere Krankheiten zu überwinden, während ein ausgezehrter, völlig erschöpfter Mensch nicht wieder zu Kräften kommt. Europa und die Erde hatten in den guten Jahren seit 1900 ein dickes Fettpolster aufgespeichert, wirtschaftlichen Wohlstand, menschliche Arbeitskraft und also Kaufkraft, vielfältige Bedürfnisse, langsamen Aufstieg der unteren Klassen. Im Jahre 1919 war dieses Fettpolster weggezehrt. Einige der betroffenen Völker merkten das sofort, die Besiegten; für die anderen dauerte es eine Weile, bis sie zu der gleichen Erkenntnis kamen.
Jeder weiß heute: nur die von Generationen von Menschen, auf Grund geförderter Erdschätze erzeugten Güter stellen wirkliche Werte dar; Banknoten und sogar Gold sind lediglich eine Anweisung auf den Bezug solcher Güter, ein Tauschmittel zum bequemeren Verkehr zwischen den Völkern. Mit diesem Tauschmittel drückt die Menschheit ihren Reichtum aus; sie hat zum Beispiel, seit dem späten Mittelalter, für etwa achtzig Milliarden Mark Gold aus der Erde gegraben und gewaschen. Was aber hat, nach der Berechnung der Statistiker, dieser Weltkrieg alle an ihm beteiligten Staaten zusammen gekostet? Nun? Mehr als neunmal soviel, siebenhundertzweiundachtzig Milliarden Goldmark. Für diese ungeheuerliche Summe wurden Produkte menschlicher Tätigkeit hergestellt und zerstört, verbraucht, verpulvert – Kohle und Erze wie Nahrungsmittel, Fahrzeuge oder Stacheldraht, all die sinnreichen Maschinerien von der Pistole bis zum Großkampfschiff, vom Schanzpfahl bis zum Zeppelin dienten ausschließlich der Zerstörung und wurden bei ihr verbraucht. Dies ist die größte Summe, die

die Menschheit jemals zu einem einheitlichen Zweck zusammengebracht hat. Zu ihr, den durch Steuern und Anleihen aufgebrachten Kriegskosten, zu diesen siebenhundertzweiundachtzigtausend Millionen Goldmark kommen nun die getöteten Menschenmassen, die auch ein Bestandteil des ökonomischen Lebens waren, und ohne auf die höheren Gesichtspunkte einzugehen, unter denen man diesen riesenhaften Verlust an Leben, Schöpferkraft, Glück und Aufstiegsmöglichkeit eigentlich zu betrachten hätte, stellen auch sie einen wirtschaftlichen Wertfaktor dar, der für künftige europäische Kriege maßgebend wird. Gefallen sind in diesem Kriege insgesamt elf Millionen gesunde junge Männer, eine Zahl, die, bis auf eine Million, der Ausrottung alles Lebendigen der drei skandinavischen Staaten, Dänemark, Schweden und Norwegen, gleichkommt. Da in diesem Kriege fast insgesamt siebenundsechzig Millionen Menschen mobilisiert, das heißt ihrer friedlichen Tätigkeit entzogen wurden, ein erschreckender Prozentsatz; die Särge der Kriegsgefallenen allein würden, aneinandergereiht, den Weg von Paris bis nach Wladiwostok bedecken. Hierzu kommen acht Millionen Verstümmelte, von denen zum Beispiel auf Deutschland achtundzwanzigtausendsechshundert einarmige, vierundvierzigtausendeinhundert einbeinige und zehntausendzweihundertfünfzig beinlose Männer entfallen; dazu zweitausendsiebenhundert Blinde und fünftausend Geistesgestörte. An Sachzerstörungen wurden zum Beispiel allein in Frankreich siebenhunderteinundvierzigtausendachthundertdreiundachtzig Häuser vernichtet und siebenunddreißig Millionen Hektar Land – Riesenstädte in Europa haben durchschnittlich nicht mehr als dreißigtausend Häuser, und der Ackerboden ganzer Staaten wäre mit dieser Vernichtung für Jahre unbrauchbar gemacht. Solche Lehren möchte der Mensch gern aus seinem Gedächtnis verdrängen; zum Glück erinnern ihre Folgen ihn immer wieder an die schrecklichen Verwundungen, die er sich selbst geschlagen hat: die Zahl der Geburtenausfälle während der Kriegsjahre, die bestürzende Zunahme der Kindersterblichkeit im Säuglingsalter, das unglaubliche Anwachsen der Geschlechtskrankheiten – alles Faktoren, die die Schwächung eines Volkskörpers durch den Krieg aufs eindringlichste erläutern. Und wenn die wirtschaftlichen Schädigungen des Krieges, der Werteverlust durch Zerstörungen und Produktionsausfall nach amerikanischen Berechnungen vierhundert Milliarden Dollar beträgt – welchen Sinn hat es dann noch, von Rettungen aus einer Krise zu sprechen, deren Hauptgrund, das kapitalistische System vorausgesetzt, in dem Wegfallen breitester Schichten von Kaufkraftträgern besteht?

Die große moralische Erschütterung, die Europa nach dem Kriege durchflutete und deren verdienstvolle Wortführer neben anderen Papst Benedikt XV. und der Präsident Wilson waren – diese heilbringende Welle von Umkehr und Vergeistigung in der Politik wurde bald genug ins Gegenteil verkehrt, seit Mussolini den »heiligen Egoismus« der Einzelvölker in Italien zu einem Scheinsieg führte. Allgemeine Bewaffnung oder das Streben nach ihr, allgemeiner Nationalismus, allgemeine Selbstsucht haben die gesamteuropäische, ja die terrestrische Empfindung zurückgedrängt.

Nun flüstert die Krise auf ihre Weise den erstaunten Völkern ins Ohr, daß auch diese Selbsthilfe keine Hilfe bringt, daß Zollmauern und Abschnürungen niemandem zu Kaufkraft verhelfen und daß, wer in seinem Nachbar den Feind sieht, nicht weniger Not leiden muß als der, den er durch seine Haltung am Güteraustausch verhindert. Solange europäischer Gemeinsinn nicht ins Gefühl der Volksmassen und besonders der führenden Schichten dringt, werden, besonders an manchen Grenzen, kriegerische Verwicklungen hin und wieder drohen. Aber trotz der neuen Formen, die der militärische Apparat nach dem Kriege angenommen hat, können solche Grenzkonflikte nur dann zu allgemeinen Völkerbränden ausarten, wenn die Lehren dieses Krieges völlig vergessen worden sind. Die Not dieser letzten fünfzehn Jahre und der folgenden aber wird dafür sorgen, daß diese Lehren im Gedächtnis bleiben, und ohne Widerstand werden sich die Völker gewiß nicht mehr in einen europäischen Krieg verwickeln lassen, noch auch können verantwortliche Führer, welcher Richtung auch immer, im Ernst versuchen, sie dazu zu veranlassen. Das, ohne Prophetengabe, kann man mit gutem Gewissen im Jahre 1932 aussprechen und vertreten. Eine krieganbetende Geschichtsschreibung und Schulerziehung hat verhindert, daß die Lehren, die die Napoleonischen Kriege den Europäern beibrachten, sich voll auswirken konnten. Heute erst greift man mit Erstaunen auf die Zeit von 1818 bis 1848 zurück und findet wie ein übersehenes Menetekel Bestätigung dessen an die Wand geschrieben, was wir seit 1918 miterleben. Diese doppelte Erkenntnis, richtig aufgenommen, wird fruchtbar werden – hoffen wir, daß auch uns noch, die wir heute im Mannesalter stehen, diese Früchte zugute kommen.

II

Theodor Lessing, ermordet am 31. August 1933

1936

1

Der Schriftsteller Theodor Lessing wurde hinterrücks erschossen, durchs Fenster, in Marienbad, während er nächtlich arbeitete. Er war gewarnt worden. Das Haus stehe zu einsam, zu nahe dem Walde, die Nazis in Marienbad seien rege. Der Schriftsteller liebte die Nähe des Waldes, er blieb. Verachtungsvoll mochte er sich sagen, einer Lebensgefahr wegen lohne es nicht, umzuziehen. Vielleicht auch bohrte in ihm jener aus der Tiefe kommende narzißtisch-stolze Ruf: »Sie werden es nicht wagen.« Egmonts Ruf, Dantons Ruf, Walther Rathenaus Ruf. Natürlich wagten sie es. Was war dabei zu wagen, eine so nahe Grenze, eine so treue Großmacht dahinter...

Ist es erlaubt, literarisch zurückzudenken, in jene glücklichen Zeiten, die uns damals äußerst anfechtbar erschienen, jung und rabiat, wie wir in die Literatur hineinsprangen? War es 1908? War es 1912? Jedenfalls erschien damals eine literarkritische Schrift »Bilanz der Moderne«, in der sich ihr Verfasser, Samuel Lublinski, mit der herrschenden deutschen Literatur auseinandersetzte. Sein Votum fiel für einige Größen von damals ablehnend aus, zum Beispiel für die Naturalisten; großer Wertschätzung erfreute sich bei ihm Thomas Mann unter anderen. Die Wortfechter der Naturalisten rissen ihre Plempen aus der Scheide. Alfred Kerr verglich Lublinski mit seinem Goldfisch Moritz, in Siegfried Jacobsohns »Weltbühne« erschien ein Aufsatz »Samuel zieht die Bilanz«. Er war in einem etwas burschikosen Stil geschrieben, spaßte und spielte mit Lublinskis Judentum, mutete uns etwas betrunken an, ging, fanden wir, in der Verunglimpfung des Gegners zu weit. Sein Verfasser hieß Theodor Lessing. Aber er hatte nichts zu lachen. In einer Zeitschrift, die es damals gab, »Das literarische Echo«, einer der angesehensten unter ihresgleichen, wurde er aufgespießt, von

Thomas Mann. Wahrscheinlich hatte der Dichter der »Buddenbrooks« noch nie etwas so schonungslos Empörtes in Satz gegeben. Ein Schwabinger wurde da geschildert, ein Mann von verzweifeltem Geist und wankender Moral (unbürgerlich gesprochen), der nackt ums Feuer tanze und in keiner Weise legitimiert sei, kritische Köpfe wie Lublinski zu verhöhnen; mit stilistischen Eleganzen, die sich über Weltbrand und Barbareneinbruch hinweg in unsere lachenden und mitempörten Herzen eingruben. Lessing schwieg nicht, veröffentlichte gleich eine Broschüre: »Tomi melkt die Moralkuh«, aber wir lasen sie nicht. In der Buchhandlung angeschnüffelt, gab sie sich Nietzscheanisch, tänzerisch... vorbei, vorbei. Der Mann schien uns jungen Leuten brüchig, seine Bruchstellen allzu deutlich, seine Neurasthenie warb ihm kein Mitgefühl. Wer andere angriff, durfte nicht wehleidig sein. Vorbei, vorbei.
Damals bestimmte das äußere Schicksal Theodor Lessings nicht eine Hauptarbeit, sondern ein Aufsatz, nebenbei geschrieben, in dem sich die Leidenschaft des Schriftstellers für den schärfsten und treffendsten Ausdruck austoben konnte, souverän und ohne Rücksichten auf mögliche Wirkungen in der äußeren Welt.

2

Ein Mensch, der sich treu bleibt, wird unter allen Umständen bemerkenswert sein. Dem Schriftsteller Theodor Lessing wurde ein zweiter Aufsatz zum Verhängnis; er allein stellte ihn für immer in den Scheinwerferstrahl nationalistischen Hasses. Auch er ward in einer jener kleinen Zeitschriften gedruckt, in denen sich das geistige Spiel und Gegenspiel, der überzeugungsvolle und unbedingte Ernst wöchentlicher Diskussionen ausdrückte, die Kritik am Werdenden wie am Absterbenden sich vollzog. Diesmal beschäftigte er sich nicht mit einem Literarhistoriker, sondern mit einem abgedankten General. Der Erinnerung nach schrieb man das Jahr 1926.
Der Schriftsteller und Privatgelehrte Theodor Lessing war nach mannigfachen Wandlungen eines schwierigen Lebens Privatdozent für Philosophie und schließlich Professor an der Technischen Hochschule der Stadt Hannover geworden. In

Hannover lebten viele pensionierte Offiziere, darunter jener General, den die Welt kannte, und da in Hannover das Gegengewicht des Großstädtischen fehlte, der Geist der alten Residenzstadt konservativ geblieben war, gebärdete sich die Studentenschaft Hannovers damals noch nationalistisch-deutscher als die anderer Universitäten. Der General war Ehrenbürger der Stadt, allbekannt seine riesige Erscheinung, sein mongolischer Kopf mit dem befremdenden Schnurrbart und den bürstenartigen Haaren. Er hieß von Hindenburg. Nur für Wilhelm II. war in Europa ein ähnlicher Reklameapparat in Bewegung gesetzt worden. Nach vier Jahren verkündeter, seltener auch erfochtener Siege war mit der Niederlage eine allgemeine Entgötterung und Ernüchterung hereingebrochen. Als ein Junker den einstigen kaiserlichen Marschall von einem Ausschuß zum Kandidaten der Konservativen für das Amt des Präsidenten der deutschen Republik ausersah, schrieb der Professor Theodor Lessing einen Aufsatz, in dem er die Ungeeignetheit des Generals für diesen Platz verfocht. Er ging von unbestreitbaren Tatsachen der Kriegsgeschichte aus, von den Siegen, zu denen der General von Hindenburg nur den Namen hergegeben habe, der General Ludendorff aber das Talent, verglich Hindenburgs Intelligenz mit der eines mittleren Schalterbeamten der Post oder Eisenbahn und gab den Aufsatz in Druck.

Man beachte, daß in der Mitte Europas ein Land liegt, in welchem ein solcher aus schriftstellerischer Unbedingtheit und Wahrheitsliebe fließender Zeitschriftenaufsatz schließlich zur Ermordung führt.

3

Der Vorgang soll einmal schematisch festgehalten werden, mit dem in Deutschland die Tötung eines geistigen Menschen abrollt. Am Anfang steht das deutsche Kapitalverbrechen: Lästerung der Armee. Man durfte alles über Wilhelm II. sagen, nichts gegen das Heer und das Offizierskorps, welches er einst befehligte. Erschien ein Aufsatz, der das tat, in einer linken Zeitschrift, so gab es in den nächsten Tagen entrüstete Zitate daraus in den Blättern, die der Reichswehr nahestanden – Zitate, aus dem Zusammenhang zerrissene Sätze, zurechtgestutzte Zitate, Zitate, oft gefälscht dem Wortlaut nach, durch Weglassungen, Nachsätze, zuallermeist dem Sinne nach. Nur eine winzige Minderheit der Rechten las die Zeitschriften der Linken selbst; niemals gehörte dazu die Studentenschaft. Auf den Wink der abdruckenden Zeitschriften aber begann auf Grund dieser Zitate die Hetze gegen den Verfasser. War er wirtschaftlich unabhängig oder ein freier Schriftsteller mit eigenem Wirkungskreis, so konnte er vor Hitler darüber lachen. Stand er beim Staat in Lohn und Brot (wie die Herren geistige Ämter auffaßten), so ging man systematisch an seine Ausräucherung. Studententumulte in seinen Vorlesungen, drohende Artikel gegen ihn in den lokalen Zeitungen der Reaktion, Aufforderung zum Boykott, Bekanntgabe seiner Wohnung. Noch unter Brünings Reichskanzlerschaft schützte der preußische Staat nach genauer Untersuchung der Sachlage seine Dozenten. Vermochte er ihnen nicht Stillschweigen in den Vorlesungen zu verschaffen, so schloß er vorübergehend den Studenten die Hörsäle, relegierte die Rädelsführer, scheute sich nicht, scharf zuzupakken. Auch im Falle Lessing geschah das. Aber aus dem Reichswehrministerium erwuchsen den Studenten Verbündete, mächtige. Im Falle Lessing führte es dazu, daß man ihm eine lange Studienreise bewilligte, dann einen Urlaub, in Ehren und Gnaden. Aber der Radau der Studenten hatte den Tatsachen nach gesiegt; Lessings Gestalt blieb in der Gassenpresse der Reaktion, also in der ganzen sogenannt nationalsozialistischen, vogelfrei. Als nach dem Reichstagsbrand der Terror in Deutschland losbricht und die bewaffneten Verbände unter ihren unbewaffneten Gegnern aufräumen dürfen, wird aus dieser Vogelfreiheit eine unmittelbare Mordhetze. Es brauchte sich nur irgendein hemmungsloser Schießer zu finden. Wie hatte sich der General Göring, Präsident des Reichstags und Preußens, in einer Rundfunkrede am 11. März 33 verraten? »Ich schieße zu hoch oder zu tief, aber auf alle Fälle schieße ich.« Schießen und nachher fliehen hatten die Mörder Rathenaus und Erzbergers den späteren Helden vorgemacht. Es hatte ihnen nichts geschadet; die gelungene Flucht war ein Triumph mehr. Auch der Turner Max Eckert aus dem Orte Schanz bei Marienbad floh, nachdem er geschossen und getroffen hatte, durchs Fenster, und natürlich von hinten. Vielleicht hatte er niemals eine Zeile dessen gelesen, gegen den ein Ausgesandter der in Deutschland herrschenden Partei ihn hetzte. Die deutschen Dschungel sind bekanntlich undurchdringlich, und an ihnen versagt selbst der Spürsinn der Polizei, die heute doch fast allmächtig ist – wenn es sich um einen Mörder handelt, der im Sinne der Nazis mordet, und um Gemordete oder Entführte wie im Falle Lessing oder Jacob. Selbst wenn man ihn aber fände, ihm den Prozeß machte, durfte man auf Überraschungen gefaßt sein. Der Grundsatz: Recht ist, was dem deutschen Volke nutzt, könnte ja vielleicht dazu führen, daß man den erhabenen Nutzen einer wirklichen Rechtspflege hinter ihm annimmt. Aber dem naiven Ausländer, der einen solchen Irrtum beginge, muß in großem Ernst geantwortet werden: in allen Kundgebungen der deutschen Nationalisten habe er überall dort den Namen der jeweils proklamierenden Partei zu setzen, wo vom deutschen Volke geredet wird. Dies war schon so, als Rathenau ermordet wurde und es noch deutschnationale Verbände waren, die schießen ließen. Ja, es war schon so, als Hugo Haase ermordet wurde, einst Vorsitzender der deutschen Sozialdemokratie, dem es nichts half, daß er jahrelang die Kriegskredite bewilligte, und den seltsamerweise ein schwachsinniger, also geistig minderwertiger Privatgegner umlegte, von dessen Hintermännern im Prozeß nichts aufgedeckt wurde. Man sieht, unsere Erfahrung in der Schematik und Thematik des politischen Mordes in Deutschland von und an deutschen Bürgern hat eine lange Geschichte. Immer steht hinter den Tätern Militär. Immer sind die Opfer Juden oder werden, wie Karl Liebknecht und Matthias Erzberger, als Juden ausgegeben.

4

Der Schriftsteller Theodor Lessing war weder Marxist noch Revolutionär. Er war einfach ein kritischer Geist voller Talent und Inbrunst, das extrem zu sagen, was er sah. Geboren 1872 in Hannover als Sohn eines jüdischen Arztes und frühzeitig auf sich selbst angewiesen, beginnt er mit neunzehn Jahren Gedichte und Dramen zu veröffentlichen und sein Brot als Kritiker und Essayist zu verdienen. Bis zum Kriege hält ihn, wie so viele seinesgleichen in Deutschland, das Denken über Kunst

und Künste gefangen, auch nachdem er eingesehen hat, daß jugendliche Schwärmerei und Gefühlsstimmung noch nicht zum Dichter ausreichen. Noch länger hält ihn die Philosophie des Seins und der Werte fest. Schließlich tritt immer tiefer ein reformatorischer Zug in ihm hervor, der das Seinsollende aufsucht: von der Vermeidung des überflüssigen Lärms in den großen Städten (er gründet den ersten Antilärmverein und verdient ein Denkmal in Orten, welche das Hupen verbieten) bis zum Aufsuchen des Sinns im Ablauf der historischen Ereignisse. So gibt er selbst einmal in einer Rezension den zusammenfassenden Gedanken seines wichtigen Buches, »Geschichte als Sinngebung des Sinnlosen«, folgendermaßen an: »Sowenig ein Architekt ein Haus ins Luftleere hineinbauen kann, ohne nach Bauplatz, Umwelt und konkreten Bedingungen zu fragen, sowenig kann ein Geschichtsschreiber einfach die ›Wirklichkeit‹ wiedergeben, vielmehr entsteht diese vermeintliche geschichtliche Wirklichkeit – das ist das Thema meines Werkes – aus einem vorbewußten Bedürfnis nach Mythos. Geschichte ist die sinngebende und tröstende Erdichtung, die das Menschengeschlecht auf allen schweren Wegen leitet und begleitet.« Und in derselben Rezension findet sich an markanter Stelle der folgende Satz, und zwar im Zusammenhang mit dem Namen Albert Einsteins, von dem (anläßlich der Widmung einer »Jüdischen Geschichte«) gesagt wird, daß er zu ihr doch nur in einer Beziehung stehe als »Sinnbild für die Wahrheit, daß Erde, Volk, Blut, Geschichte dort aufhört, wo der Logos, der reine Geist, das windigste aller windigen Windeier bebrütet: ›Menschheit und Universalgeschichte‹«.
Hoffentlich hat der Leser aufgehorcht. Der Verfasser dieser Sätze für den Mythos und gegen den Logos, für Volk und gegen Menschheit, für die Geschichte als tröstende Erdichtung und gegen Universalgeschichte: mußte er nicht den Nazis aufs tiefste sympathisch sein? Hat er nicht sein geschichtsphilosophisches Werk 1920 veröffentlicht, diese Rezension aber eine knappe Woche nach seinem sechzigsten Geburtstag? Hat er ihnen nicht ihre Gedanken vorgedacht, ihre Antipathien vorgelebt? Und haben sie ihn nicht aus Versehen ermordet, genau wie im Falle Walther Rathenau, der ihnen ja auch eine Fülle dessen hinterlassen hat, was sie Gedankengut nennen, und den sie also – wie auch Lessing – aus einem tiefen und trüben Strom

gärenden Neides und wilder Eifersucht auf ihre Listen setzten? Kein Zweifel, diese Romantiker und Reaktionäre ermordeten Romantiker und Reaktionäre. Zum Vorwand nahmen sie, daß es Juden seien, die nicht das Recht hätten, ihnen ihre Königsgedanken vorwegzudenken. Mit demselben Rechte hätten die englischen Tories Disraeli, die französischen Republikaner Gambetta ermorden lassen können. Aber ich bitte um Verzeihung für einen solchen Vergleich; man zieht ihn nur, um unabhängigen Lesern in Frankreich oder England einen Maßstab in die Hand zu geben. Der deutsche Nazi mordet aus Nazigründen. Darüber gezogen wird ein dünner Firnis, der gedankenähnlich schillert. Unter Nichtjuden wie unter Juden finden sich Gruppen, die aus Gründen soziologischer Art den Firnis ernst nehmen und den Nazis Ideen zusprechen. Hätten sie nur welche! Aber während bei zivilisierten Völkern Ideen die Maschinengewehre sind, in die sie ihren Stolz setzen, sind bei den Nazis die Maschinengewehre selbst jene Ideen. Sie haben keine anderen – es sei denn als Vorspann für die schweren Waffen.

Sigmund Freud verdanken wir die Einsicht, daß in den Fehlhandlungen und Versehen sich die wahren Absichten und Wünsche, Befürchtungen und Ängste der Personen offenbaren. Genau die gleiche Gesetzmäßigkeit stellen wir in den Versehen fest, von denen wir oben sprachen. Auch Gruppen verraten in solchen Fehlhandlungen ihren wahren seelischen Zustand. Einer solchen Fehlhandlung fiel Theodor Lessing zum Opfer. Er hatte tapfer und ohne nach rechts und links zu blicken den deutschen Nationalismus bekämpft und glossiert, nicht weil er Nationalismus war, sondern seiner Barbarei wegen, seiner sadistischen Orgie und Kulturwidrigkeit wegen, seiner Beleidigung des deutschen Geistes wegen. Gleichzeitig stand er selbst zuinnerst denjenigen Dingen feindlich gegenüber, denen auch der Nazismus feind war. Aber: als Geistiger. Als jemand, der nicht hetzt, sondern denkt. Der nicht schießt, sondern schreibt. Der nicht zu morden sucht, sondern zu widerlegen.

Und von hier aus verstehe man, wie wenig wir nötig haben, Männer wie Theodor Lessing größer zu schminken, als sie waren. Die Reinheit ihrer Haltung, die unantastbare Moralität ihrer Gesinnung allein schon genügte, um sie zu Märtyrern zu machen, und zwar zu Märtyrern sowohl ihrer Kultur wie ihrer

Abstammung nach. Es genügt, daß jemand seine Wahrheit sagt, damit er als zum Tode verurteilt gilt und behandelt wird. So weit ist es gekommen mitten in Europa und unter den Augen dieses Erdteils, der die Gesittung der Erde noch immer zu führen glaubt, noch immer führt. Aber wenn nach einem englischen Sprichwort Nächstenliebe zu Hause beginnen soll, so endet leider nach heutigem Brauch Gesittung an den eigenen Grenzen, und die Forderung nach ihr erlaubt nicht, diese Linien des internationalen Anstands zu überschreiten. Mit dieser Feststellung vollziehen wir keine Sinngebung des Sinnlosen, sondern wir heben an, das Buch der wirklichen Geschichte umzublättern – jener Geschichte, die wir erlebt haben und erleben und in der wahrscheinlich die Ausrottung von Männern wie Theodor Lessing die gleiche Rolle spielen wird, gruppenmäßig gesehen, wie individuell gesehen die Ermordung eines Mannes namens Jean Jaurès.

An den gefangenen Ernst Thälmann

1936

Wenn ein Mensch seinen fünfzigsten Geburtstag im Gefängnis feiert, erhält er als Geschenke besonders intensive Gedanken, Wünsche und Hoffnungen; und er weiß es. So gedenken heute das werktätige Volk der ganzen Welt und alle Geistigen und Intellektuellen, sofern sie diesen Namen verdienen, seiner, Ernst Thälmanns, den das Hitlerregiment seit drei Jahren verhaftet hält, ohne ihm den Prozeß machen zu können.
Es wird gut sein, sich bei dieser Gelegenheit zu erinnern. Wißt ihr noch, daß der Reichstag von den Kommunisten angesteckt worden war? Erinnert ihr euch noch an die hundert Tonnen Broschüren und Druckschriften, die in den geheimen Gängen des Liebknechthauses gefunden worden waren, bei der zwanzigsten oder einundzwanzigsten Haussuchung, welche die Berliner Polizei dort veranstaltet hat? Wißt ihr noch, daß der unumschränkte Herrscher Deutschlands mit seinen beiden Oberhelfern Goebbels und Göring dem Mitarbeiter der New Yorker Staatszeitung ankündigte, die unumstößlichen Beweise seien gefunden worden, daß die Kommunisten nicht nur das Schloß und den Reichstag, sondern alle öffentlichen Gebäude Deutschlands hatten in Brand stecken wollen, und daß ohne sein, Adolf Hitlers, Eingreifen Deutschland, ja das ganze Abendland das Opfer einer bolschewistischen Weltverschwörung geworden wäre? Habt ihr noch im Gedächtnis, daß ein Prozeß vor dem Reichsgericht in Leipzig die Schuld der verhafteten Kommunisten, Juden und Sozialdemokraten beweisen werde und daß nach diesem Prozeß der Welt die Augen über den wahren Charakter des jüdischen Marxismus aufgehen würden? Nun, Freunde, der Prozeß vor dem Reichsgericht in Leipzig hat stattgefunden. Man konnte den kommunistischen Angeklagten nicht das Allergeringste nachweisen, als Brandstifter war vielmehr entlarvt jener Anhänger und Zeuge, der von dem Angeklagten Dimitroff auf immer gekennzeichnet worden ist.

Im Zusammenhang mit diesem Prozeß wurde auch der Führer der KPD Ernst Thälmann am 3. März 1933 verhaftet. Auch ihm wurde das Verbrechen des Hochverrats vorgeworfen – und noch heute, drei Jahre nachher, kann dieser Prozeß nicht stattfinden. Weil nämlich die Begriffe von Justiz, Prozeß, Beweis und Urteil, die bei den deutschen Richtern gelten, noch immer nicht so sind, wie das Dritte Reich und seine Minister es brauchen.

Inzwischen aber sind zwei Männer zu Symbolen der Solidarität geworden, der Solidarität nicht der Regierungen, sondern der Völker, dieser schwerfälligen Wesen, die man so leicht mißbrauchen, so schwer in ihr eigenes Interesse hineinleiten kann. Carl von Ossietzky, der mannhafte Kämpfer für den Frieden, und Ernst Thälmann, der Führer einer Partei der Arbeiterklasse, die ohne Sinn und Verstand der scheußlichsten Verbrechen bezichtigt wurde, all jener Verbrechen nämlich, deren sich die heute in Deutschland herrschende Partei im Auftrage ihrer Auftraggeber und ohne diesen Auftrag schuldig gemacht hat, indem sie diese den Marxisten, Sozialisten und Juden zuschob. Wir jüdischen arbeitenden Männer und Frauen Palästinas, Handarbeiter oder Geistesarbeiter, alteingesessen im Lande oder neu gekommen, wenden uns heute an den fünfzigjährigen Ernst Thälmann mit Gefühlen und Gedanken einer fast freudigen Zuversicht. Wir wissen aus unseren alten Kämpfen mit ihm und seiner Partei, daß auch er der Überzeugung ist: Nicht wichtig ist, daß ein Mensch lebt, wichtig ist, daß eine Sache lebt. Wie das Judentum und die Kirche durch ihre Mysterien groß geworden sind, kämpfen auch die Märtyrer und die Gefangenen, und besonders diese, für ewige Ideen und ihre Verwirklichung mitten zwischen uns und noch in unseren Tagen: für die Ideen der Freiheit, der Fairness im politischen Kampf, der Gerechtigkeit im Leben des einzelnen und der Gruppen, für einen sinnvolleren Aufbau der menschlichen Gesellschaft und für die Befriedigung der Erde, die von kleinen Raubtiergruppen in steter Unruhe gehalten wird. Zur Zeit sperren in Deutschland und anderswo Raubtiere Menschen ein. Arbeiten wir daran und geloben wir uns an diesem Tage, von unseren Anstrengungen nicht abzulassen, daß die gemeinsame Front der Angegriffenen bald stark genug sein möge, damit Menschen Raubtiere einsperren können.

Goebbels verbietet wen oder was?

1937

Sie erraten es? Sie erraten es nicht. Goebbels verbietet Gibbon. Die Gelegenheit, sich bis in die Eingeweide zu blamieren, muß wirklich mit Spürnase gesucht werden. Aber der geistige Vormund aller Deutschen im Reich und den Auslandsorganisationen hat seinen Vorteil wahrgenommen. Er ist endlich eingeschritten gegen einen Verbreiter tendenziöser Nachrichten über die Altvorderen des Herrn Goebbels, die mit dem keltischen Worte »Germanen« bezeichneten Stämme, der sein Unwesen bereits seit hundertfünfzig Jahren treiben durfte, den Historiker Edward Gibbon. Vor zweihundert Jahren geboren, hat Gibbon trotz Mommsen und Ferrero die erste große, im ganzen noch heute unübertroffene Darstellung von jenen Jahrhunderten römischer Macht und Herrschaft geschrieben, die als Abstieg des Reiches aufgefaßt werden und die unserer Zeit so verwandt sind. »History of the decline and fall of the Roman Empire« hieß sein Werk, als es fertig war und erschien, es muß unmittelbar vor der Französischen Revolution gewesen sein.

Da in ihm mit Notwendigkeit und auf Grund dokumentarischer Forschungen das Auftreten der Germanenstämme geschildert wird, hatte ein deutscher Verlag zwei Auswahlbände angekündigt: »Die Germanen im römischen Weltreich« und »Untergang des römischen Weltreiches«. (Über das Symptomatische solcher Auswahlen wäre einmal zu reden, ihre Veranstaltung wie ihr Erfolg beweisen einiges über den Zustand der gegenwärtigen Bildung im deutschen Leserkreis.) Aber Besteller dieser Bände mußten nach unangenehmer Wartefrist von einer Großbuchhandlung außerhalb der Grenzen des Dritten Reiches folgendes Schreiben entgegennehmen: »... teilen wir Ihnen auf Ihre wiederholten Monierungen mit, daß es uns zur Zeit nicht möglich ist, diese beiden Titel zur Auslieferung zu bringen. Die Neuauflage lag druckfertig in Leipzig vor, ist aber auf Anweisung des Herrn

Ministers für Volksaufklärung und Propaganda vorläufig beschlagnahmt worden. Wir führen mit den zuständigen Stellen Verhandlungen wegen Auslieferung für das Ausland, welche aber noch nicht zu einem Ergebnis geführt haben...«

Sicherlich unterscheidet sich das Bild, welches Gibbon von den germanischen Fürsten und Mannen zu zeichnen gezwungen ist, wesentlich von dem der Herren R. Wagner oder F. Dahn. Verrat, Mord, Wortbruch, römische Dienste, Ländergier, alle jene Eigenschaften, die aus den Quellen hervorgehen und zum Wesen landsuchender Söldnerscharen gehören, stehen in seinen Bänden verzeichnet, tendenzlos übrigens, wie selbstverständlich bei einem Historiker solchen Formats – und eben deshalb quellenmäßig belegbar und überzeugend. In einem Reiche aber, das vor schwächlicher Selbstbeweihräucherung platzt, und im Gebiete einer Natur, wie sie sich in Herrn Goebbels offenbart, sind gerade diese Eigenschaften des Historikers unerwünscht und unerträglich. Goebbels oder Gibbon – eine Vereinigung gibt es nicht. Und wundervoll ist nur die Instinktsicherheit, mit der dieser ungebildete Herr die Auswirkungen unterschätzt, die seine Bocksprünge haben müssen. Wer wäre darauf verfallen, daß dieser Minister sich an diesem Historiker vergreifen könnte?

Als Herr Goebbels seinerzeit in Genf auftrat, war das allgemeine Urteil der dort versammelten Journalisten: ein ungebildeter Gassenjunge. Wir sind der Meinung, daß dieses Urteil, wie übrigens notwendig, zu oberflächlich gefaßt ist; wir haben immer den tief pathologischen Zug gespürt, der diese Natur durchädert, die Unfähigkeit zur Wahrheit, die naive Freude an Gewalt und Lüge, die an moral insanity grenzende Überzeugung, eine Sache sei dann wahr, wenn sie geglaubt werde. Die Menschen früherer Zeiten sahen ein solches Wesen als Kobold an und schilderten es klein, gnomisch, mager, mit körperlichen Mißbildungen ausgestattet. Nun ist ein verwachsener Fuß kein Einwand, man sieht darüber weg und wartet ab, was sein Träger daraus macht. Lord Byron, ähnlich verunstaltet, durchschwamm daraufhin den Hellespont, wurde ein großer Dichter, hielt seine Jungfernrede im Oberhaus zugunsten der ausgebeuteten Weber und Spinner und starb, weil er sich mit dem Freiheitskampf der Griechen identifizierte. Herr Goebbels läßt Ossietzky verleumden, glorifiziert die grausige Schande der Konzentrationslager, läßt seine Presse gegen den Geist los, und wenn er ein Buch verbietet, ist es Gibbon. Was zu erwarten war, aber nicht zu erraten.

Versuch einer Gegenrechnung

Fragment

Um 1938

Lieber Herr Schwarzschild, das Deutsche Reich hat, wie Sie vielleicht gelesen haben, öffentlich gegen mich als einen Steuerdefraudanten einen Haftbefehl erlassen, um den Betrag von RM 13 600 von mir einzutreiben. Sie wissen, die Bestimmungen, auf die sich das Finanzamt legal stützt, stammen noch aus der gottgewollten Ära Brüning und setzen voraus, daß jemand, der im Januar 31 noch ein Jahreseinkommen von über RM 20 000 verdiente, Ende 33, seiner Haupteinnahmequelle beraubt, noch imstande sei, jenes Austrittsgeld aus dem Deutschen Reiche zu bezahlen, das man Reichsfluchtsteuer nennt. Ich hadere also nicht mit meinem Finanzamt, mit dessen pflichttreuen und klarköpfigen Beamten ich sieben Jahre friedlich und in gegenseitiger Höflichkeit ausgekommen bin und die nur anwenden, was man ihnen vorschreibt. (Nur in einem Punkte werde ich diese Anerkennung später einschränken müssen.) Das Reich also ist es, dieses große Abstraktum, nicht zu fassen in seiner Vielköpfigkeit und leider fürchterlich konkret für alle die, denen es einst Heimat war und die es heute einkerkert oder verbannt – dieses Reich, das Deutsche Reich beziffert meine Schulden an seine Kassen mit RM 13 600 und zwingt mich, eine Gegenrechnung aufzumachen – die ebenso imaginär sein wird wie seine Schuldforderung, sich aber nicht in Ziffern ausdrücken läßt und doch einen Anspruch des vertriebenen, beraubten und bestohlenen Schriftstellers an einen großen Staat begründet.

Vorausgeschickt sei: Staat birgt in sich von seinem Ursprung her ein Element der Räuberei, die die staatenbildenden, die herrschenden Klassen an den Beherrschten ausüben. Letzten Endes kommt sie immer der landbesitzenden, waffentragenden Schicht zugute, in allen Staaten nämlich, die mit dieser Schicht noch nicht aufgeräumt haben. So dient der preußische Staat in seiner Riesenausdehnung dreizehntausend Junkerfamilien zum Weideplatz, und daran hat sich von Friedrich Eisenzahn bis Paul Hindenburg nichts geändert. Wer immer an die Herrschaft dieser Kaste rührte, hatte es zu bezahlen. Als Agrarbesitz und adliger Degen allein die Wehrmacht, die eigentliche Macht, nicht mehr verbürgte, ließen sie gnädig die Besitzer der Kanonenfabriken, der Erz- und Kohlengruben und -hütten mit in ihren Konzern; noch als der alte Borsig, frisch geadelt, zum erstenmal bei Hofe speisen durfte, war sein Platz unter dem des jüngsten Gardeleutnants. Gegen diesen Konzern von Junkern und Fabrikanten stemmte sich, geführt von einer Schicht geistbegabter Menschen, Nichtjuden und Juden, das Volk, das eigentliche Volk, die klassenbewußte Arbeiterschaft. Seit meinen letzten Schuljahren gehöre ich innerlich zu ihr, und mit Recht trifft mich die Feindschaft und der Angriff aller derer, die das alte Machtsystem aufrechterhalten und das Volk für immer zu ihrem Weideplatz machen wollen.

Ich beklage mich also nicht darüber, daß das Dritte Reich, letzter Versuch, Alt-Preußen und Neu-Preußen im Besitz der Macht zu halten und die Firma Thyssen und Hindenburg unter Opferung aller widerstrebenden Elemente auf ihrem Throne festzuleimen, auch mir Ungelegenheiten bereitet. Sie sind gering, verglichen mit all den scheußlichen Wahrheiten, die die Welt von Deutschland heute weiß; gäbe es nichts anderes zu konstatieren als die Ermordung eines armen Menschen namens van der Lubbe mit Hilfe des Reichsgerichts oder die langsame Zerstörung eines so noblen Charakters und Geistes wie Carl von Ossietzky, man hätte genug zu tun, um als deutscher Schriftsteller diese furchtbare Verletzung des deutschen Ansehens und der deutschen Kultur wiedergutzumachen. Zu dem Entsetzlichen unserer Epoche gehört ja, daß in der übergewaltigen Flut von Kriegslügen, die der deutsche Faschismus jeden Tag ausströmt, das moralische Gefühl bis zur Unwahrscheinlichkeit zerstört, die Kulturschicht, die sich, dank der unablässigen Bemühungen von Geist und Gerechtigkeit, Humanität und Fairness allmählich abgelagert hat, immer weiter weggekratzt wird – nicht nur in Deutschland, sondern in all den Ländern, in denen das deutsche Ansehen noch aus den Tagen zehren darf, da es eine deutsche Kultur gab. Hätten sich in Afghanistan Dinge abgespielt, wie sie aus Deutschland durch die authentischen Berichte der deutschen Telegrafenagenturen mitgeteilt werden (und ich bitte jeden gesitteten Afghanen für diesen Vergleich um Entschuldigung), die zivilisierten Mächte Europas hätten Mittel und Wege gefunden, sich des verletzten Rechtes und der gefolterten Menschlichkeit anzunehmen. Heute aber, wo der deutschsprechende Nazi zum Frontalangriff gegen jede Kultur schreitet, unter dem Vorwande, sie liberalistisch zu nennen, hat man sich an die Undurchsichtigkeit der sittlichen Atmosphäre über dem europäischen Kontinent schon so gewöhnt, daß verletzte Eigentumsrechte, verletzte Heimatrechte, verletzte geistige und moralische Ansprüche überhaupt nicht mehr zählen. Spreche ich jetzt also von meinen eigenen Dingen, so betrachte man dieses winzige Gebilde nur als den haardünnen Quecksilberfaden in einem Thermometer, welches auch nicht um seiner selbst willen angesehen oder hingehängt wird, sondern lediglich, weil es tauglich ist, die Temperatur in einem Raume anzuzeigen. Meine Erfahrungen im Deutschen Reiche waren die folgenden: Als Sohn eines armen jüdischen Handwerkers konnte ich eine höhere Schule besuchen und viele Semester studieren (bis ich mich selbst aus den Erträgnissen meiner Erzählungen erhalten konnte), weil es wohlhabende jüdische Kreise in den Städten Glogau und Kattowitz, Schlesien, gab, die gern zur Ausbildung fähiger junger Leute beitrugen. Meinen Durchbruch in die Öffentlichkeit verdankte ich dem Kleist-Preis, der ebenfalls von Privatleuten, nicht vom Staate, gestiftet worden war. Bis zu meinem achtundzwanzigsten Jahre also tat das Deutsche Reich für mich nichts; dagegen zog es mich zur Armierung, das heißt als Arbeitssoldaten ein und verbot gleichzeitig das Erscheinen zweier meiner Bücher, die der herrschenden Klasse nicht genehm waren. Für meine Dienstleistungen im Kriege zahlte mir dieses Deutsche Reich also täglich dreiundfünfzig Pfennig. Dafür verweigerte man meiner Frau, als ich Juli 1916 geheiratet hatte, jede Kriegsunterstützung, die man allen anderen Frauen von Kameraden aus öffentlichen Mitteln von Rechts wegen zukommen ließ. Als Grund verwies man auf die hohen Steuerleistungen meines Schwiegervaters. Daß wir uns nach einem langen Kampfe mit der Familie geheiratet hatten, ging den Staat ja nichts an, und die junge Frau dachte auch gar nicht daran, den Rechtsweg gegen diesen Staat zu beschreiten. Daher wog sie zweiundachtzig

Pfund, als ich im Mai 1917, dreizehn Monate Verdun hinter mir, nach Ober-Ost gerettet wurde und in die Lage kam, ihr Lebensmittelpakete zu kaufen. Inzwischen nämlich hatten die Leser meiner Bücher Geschmack an ihnen gefunden und meine Einkünfte erhöht. Um seine inneren Schulden loszuwerden, veranstaltete nach dem Kriege das Deutsche Reich jene Inflation, die ein gewisser Göring in der »Morning Post« den deutschen Juden zuzuschreiben die Frechheit haben durfte. In ihr schmolz das Vermögen weg, das mein Schwiegervater sich in vierzigjähriger Arbeit erworben, ging die bescheidene Existenz in Trümmer, die mein unermüdlicher Vater sich aufgebaut und die er nicht zu überleben vermochte. Die polenfeindliche Preußenpolitik der letzten dreißig Jahre rächte sich in Oberschlesien: mein Elternhaus wurde polnisch. Die Wohnungsnot zwang uns, bis zum Jahre 1926 in vierzehn verschiedenen möblierten Zimmern und Wohnungen zu hausen, da ich von jeher und nach dem Kriege doppelt ungeschickt war, mich mit den Wirtschaftsmächten herumzuschlagen. Im Herbst 1926 bezogen wir ein Siedlungshaus in Eichkamp vor Berlin: die erste wirkliche Wohnung für uns und unsere beiden Kinder. Da mich kein Augenarzt davor gewarnt hatte, schwere körperliche Arbeit zu verrichten, die Blutandrang zum Kopfe zur Folge haben konnte, riß mir im Februar oder März 1916 erstmalig ein Äderchen in der Netzhaut. Das war beim Brückenbau in Mazedonien, zwischen Vranje und Kumanovo. Ich schrieb die merkwürdigen Sehstörungen nervöser Überanstrengung zu und beachtete sie nicht weiter; mein Ehrgeiz war, nicht weniger zu leisten als meine Kameraden. Im Jahre 1925 wiederholte sich dieser Riß, der mein linkes Auge zum Lesen und Schreiben unbrauchbar machte. Im Februar 30 folgte das rechte Auge – erhöhte Kurzsichtigkeit macht aus dem runden Augapfel ein ovales Gebilde und verdünnt alle seine Gefäßwände, sie immer verletzlicher machend. Diese Verletzungen eines an sich gesunden Organs waren die Folgen jener ersten Kriegsbeschädigung, die als solche nicht zählt. Anderthalb Jahre lang vermochte ich kaum, ohne Hilfe eine Unterschrift unter einen diktierten Brief zu setzen. Nicht der Staat, sondern meine Leserschaft und die Hilfsfreude befreundeter Menschen, der kluge Rat meiner Frau, der immer nahe Trost von Tieren und Bäumen halfen mir, über diese Beeinträchtigung meines Lebens hinwegzukommen und weiterzuarbeiten. Zu dieser Arbeit erbaute ich mir ein schönes kleines Haus, aus Erträgnissen einer Arbeit, die dem deutschen Ansehen in der ganzen Welt nach allgemeinem Eingeständnis sehr genutzt hat.

Die Gefahr, die der deutschen Gesittung vom Antisemitismus drohte, jenem deutschen Erbübel, das seit Martin Luthers judenfeindlichem Umschwenken dazu benutzt wird, deutsche Revolutionen zu verhindern und die dumpfe Empörung ausgebeuteter Volksschichten von der herrschenden Klasse ab und gegen die Juden zu lenken, diese Gefahr erkannte ich von jeher. Mein erster Aufsatz gegen sie, in einer schlecht beleuchteten Baracke geschrieben, hieß »Judenzählung vor Verdun« und erschien 1916 in der »Weltbühne«, die damals ganz allein gegen die deutsche Barbarei kämpfte. Seither arbeitete ich Jahr für Jahr gegen die antisemitische Unterhöhlung der deutschen Republik. Mein letzter Aufsatz dieser Art erschien 1932 in der »Europäischen Revue«, mein vorletzter einen Monat früher im »Manchester Guardian«. Liest man ihn heute nach, so ist wortwörtlich eingetroffen, was ich damals über das Schicksal der deutschen Gesittung vorhersagte, wenn man die Nazibewegung zur Macht kommen ließe. Es ist also nur in Ordnung, noch einmal, daß diese Bewegung gegen einen Mann wie mich und jeden meinesgleichen alle ihre Künste spielen ließ. Ich begriff also kaum, daß der rundfunkredende Dr. Goebbels sich immer wieder jener paar gefälschten Zeilen aus dem Jahr 1922 bediente, um gegen mich oder, besser, gegen die jüdischen Mitgestalter an einer sittlich-ästhetischen deutschen Kultur Stimmung zu machen. Noch in den Reden des Nürnberger Nazi-Parteitags, September 33, findet man diese geschickt geschnittenen Zeilen aus jenem empörten Entsetzensschrei, unmittelbar nach Walther Rathenaus Ermordung. Der unschuldig geschickte Gossengeist des Dr. Goebbels bedient sich des noblen Tricks, als auf das deutsche Volk bezogen darzustellen, was ich gegen die Mördersippe sagte, und meine höchstberechtigte Kritik an den Deutschen von 1922 anzuführen, wegzulassen aber, was ich über das wahre Deutschtum und die metaphysische Größe seines Genius an den Schluß jenes Aufsatzes gesetzt hatte.

Jetzt also verlangt man im Geschäftsgange die Zahlung einer großen Summe. Vorher schon hatte man den Absatz meiner

Bücher verhindert und mich dadurch veranlaßt, die Basis meines Lebens um die Hälfte zu vermindern. Des zum Ausdruck ließ ich das meiner Frau gehörende Wohnhäuschen verkaufen. Den Erlös, RM 6000, beschlagnahmte die Geheime Staatspolizei ohne andere Unterlagen meiner staatsfeindlichen Gesinnung als jene Zitate des Dr. Goebbels und den Prospekt einer Emigrantenzeitung, die meinen Namen auf ihre Mitarbeiterliste gesetzt hatte, weil sie nicht wußte, daß ich an so klein gedruckten Typographien meiner Augen wegen unmöglich mitarbeiten konnte. Ich hatte vorgehabt, mich mit jenen 6000 Mark vom Deutschen Reiche loszukaufen; mein Atelierhaus aber wollte ich behalten, weil ich damals die Absicht hatte, nach dem Sturz des Regimes, in drei oder vier Jahren, an die Stätte meiner Arbeit wieder zurückzukehren. Denn die Nazis waren damals nicht das deutsche Volk, zu dem ich gehöre wie zum jüdischen und zum europäischen Geist, sie sind es heute nicht, und sie werden es niemals sein. Daher auch ließ ich Möbel, Bücher und Manuskripte einspeichern. Dort hat sie im September die Geheime Staatspolizei beschlagnahmt, wie auch das Atelierhaus, das man vermietet hatte. In jenem Zusammenhang leistete sich einer der neuen Herren im alten Finanzamt den Scherz, meinen Rückkehrwillen nach Deutschland zu bezweifeln, da ich ja wüßte, daß zu den staatlichen Maßnahmen gegen mich das Konzentrationslager gehöre. Ich besitze diese Mitteilung eines deutschen Steuerapparats schwarz auf weiß. Inzwischen werde ich auch noch dadurch bestohlen, daß die Gläubiger meines ehemaligen Verlages meine Bücher, die in Deutschland ehrenvollerweise mit jenen zwölf vollständig verbotenen Autoren ausgemerzt worden sind, munter im Auslande verramschen, widerrechtlicherweise und zu herabgesetzten Preisen. Es handelt sich um zwanzigtausend Exemplare, für welche kein Vorschuß bezahlt wurde und kein Honorar an den Verfasser abgeführt wird. Ich bitte Buchhandlungen und Leser, diese Bücher ruhig weiter zu kaufen, aber sie nicht nach Deutschland zu bezahlen, denn die Konzentrationslager-AG, an ihrer Spitze Herr Hermann Göring, soll nicht von einem Geiste mit erhalten werden, der in jedem Atemzuge ihr Widerspiel ist.

Kulturbilanz der Hitlerei

1938

Nach fünf Jahren erkennt die Welt einige Fakten einfacher Art. Sie hätte sie zwar schon nach fünf Wochen erkennen müssen und wäre, wenn sie auf uns gehört hätte, schon vor dem Amtsantritt des Herrn Hitler im Bilde gewesen über das, was der europäischen Gesittung blühen würde, wenn man ihn als »Retter des Vaterlandes« an die Macht ließ. Aber die Welt gleicht einem Träumenden; unruhig wirft er sich hin und her, und die Inhalte seines Geistes bestehen aus Vorstellungen und Bildern, die er zwar scharf sieht, aber nur unklar verknüpft findet und die ihm selber rätselhaft bleiben. Deuten wir ihm seinen Traum; machen wir ihm verständlich, was da als Alb auf seiner Brust hockt: die Fälschung des Massendenkens in all den Ländern, die bei der Zusammenstellung der Worte »faschistische Revolution« nicht in helles Lachen ausbrechen. Es gibt Faschismus, und es gibt Revolution. Ganz große Umwälzungen: die revolutionäre Befreiung der Frau, die Umbewertung der Erziehungsmethoden – die Gleichstellung des Kindes – und die Neugestaltung derjenigen menschlichen Beziehungen, die sich in der erotischen Sphäre abspielen, dies sind wichtige revolutionäre Akte. Man erkennt dies unter anderem auch daran, daß die Faschisten sie rückgängig machen: die Frau gehört hinter den Herd, Kinder werden wieder geschlagen und militärisch mißbraucht, die Liebe wird unter Rassengesetze und Züchtungsvorstellungen gebeugt. An diese Kennzeichen zu denken, sollte man jeden zwingen, der das wesentlich Reaktionäre, Gesittungswidrige des Faschismus leugnet. Dann wird auch die Verteilung von Hell und Dunkel noch deutlicher, die auf den Gebieten des wirtschaftlichen und politischen Lebens mit der Phrase der faschistischen Revolution aufräumt. Die Revolution erhebt die Massen zu schöpferischer Demokratie. Sie macht auf natürliche Weise alle Begabungen frei, löst die freudige Hingabe und Freiwilligkeit jedes Talentes aus, das ja nichts anderes tun will, als schöpferisch

werden, Leistungen und Förderungen zugunsten des Ganzen hervorbringen. Und ohne die Unterschiede seiner Beschaffenheit (Herkunft, Abstammung, Geschlecht) zu prüfen, läßt sie das Individuum in die große Masse einschmelzen und -strömen, die von nun an, ihr eigener Herr, das Staatswesen erfüllt, beschwingt, zu großen Taten emporträgt – Taten, die nicht erzwungen wurden, nicht dressiert, nicht von einer »Adelsgarde« und »Edelrasse« mittels Befehlen und künstlichen Auslesen hervorgebracht, sondern die von jetzt an das Volk ausdrücken, wie Gang und Handschrift eines Menschen. Das revolutionäre Volkstum geht, es schreitet, es tanzt und stürmt: der faschistische Mensch wird exerziert, gedrillt, kommandiert und in den Tod gejagt. Denn nach fünf Jahren erkennt man wahrscheinlich selbst in London, daß Faschismus und Zerstörung unablösbar aneinandergeknüpft sind. Die deutsche Kultur blüht im Ausland – aber nicht in Deutschland. Die deutsche Wirtschaft auf dem Lande wie in den Städten erweist sich als ausgehöhlt. Man erkennt es am Lebensstandard wie am einzelnen Produkt. Italien, Japan und Rumänien lassen ihre gesamten ökonomischen Kräfte der Kriegsrüstung angedeihen und verbrämen die immer wachsende Not der Massen mit patriotischen Schlagworten, die nur durch einen Krieg verwirklicht werden könnten – einen Krieg gegen den kraftstrotzenden Organismus der übrigen Welt. In Spanien wie in Abessinien und vor allem in China wird Anschauungsunterricht erteilt: die Segnungen des Faschismus werden vorgeführt, in jeder Wochenschau »bewundern« sie Säle voll entsetzter Augen. Und jeder fühlt: dergleichen droht uns, wenn wir dem Faschismus gestatten, sich auf uns zu stürzen. Und er wird es nur dann nicht tun, wenn wir uns stark machen, bereit, ihn mit voller Wucht niederzuschlagen, wenn er uns dazu zwingt.
Die einzige Frucht des Hitlerfaschismus, die vor aller Augen liegt, ist die Wiederbewaffnung der Welt. Man wird gebeten, sein Augenmerk auf die große Rolle zu richten, die das Dritte Reich in späterer Zeit spielen wird, wenn sich die historischen Romane und Novellen der Erzähler dort ansiedeln werden, die Theaterstücke der Dramatiker und die Opernstoffe. Man erinnere sich, was die Phantasie der Dichter, auch sehr großer, etwa aus den Schrecken der Inquisition zog. Sie gestatteten so

verschiedenartigen Gestaltern wie Dostojewski und Schiller, Edgar Poe und Villiers fruchtbare Ausweitungen und furchtbare Erfindungen. Auch das Entsetzliche wird vom Genie in menschliche Erschütterung umgesetzt. Man gedenke der Folterberichte in Victor Hugos Rede auf Voltaire; man lese nach, mit welchem Ingrimm Kipling die afghanischen Greuel in Balladen einschmolz; man vertiefe sich in die Schilderung bestienhafter Menschennaturen aus russischen Romanen, Dschungelgeschichten Indiens, dem Afrika des Tropenkollers und der Kongogreuel, und man wird wissen, was ich meine. Deutschland ist unter Herrn Hitler zum Raum der unbegrenzten Möglichkeiten im Scheußlichen, Bizarren und Absurden »aufgerückt«. Die Dramatiker können eine Erzählung aus dem Theaterleben auf dem Schnürboden einer modernen Bühne beginnen und den Helden doch wie den armen Hans Otto am Ende der Geschichte mit gebrochenen Knochen, zerfoltertem Körper und eingeschlagenem Schädel auf die Straße schmeißen; statt eines Philipp II. wird der zukünftige Schiller eine Natur auf die Bühne stellen, in der geisteskranker Mutterhaß und Judenhaß das Gewebe der Überlegungen und des Nützlichen immer wieder durchreißt, was wohlwollende Europäer in Verwirrung bringt, da sie einen robusten Emporkömmling vor sich zu haben glaubten.
Was für Figuren erwarten ihre Gestaltung, wenn erst historische Distanz sich ihrer bemächtigt hat, im Bösen wie im Guten! Denn nicht nur der feiste Kopfabhacker und der verkrüppelte Schmock werden in die Dichtung eingehen, wie sie die Treppen ihrer modernen Verwaltungsgebäude beschreiten, sondern auch der menschliche Mut, die schlichte Überzeugungstreue, Kameradschaft, Glaube an die Zukunft, Verachtung der Gewalt und Bereitschaft zum Tode für die Idee, alles im Kostüm des heutigen Arbeiters, in der Landschaft jener Straßenzüge deutscher Städte, die wir alle kennen. Und in den Abteilen unserer heutigen Eisenbahnen wird man junge und alte Juden zu schildern haben, die, zum Auswandern gezwungen, sich in aller Welt zerstreuen müssen, Tränen der Wut und Scham hinunterschluckend, weil ihre Heimat, unser aller Heimat, tiefer sank als das Zartum Nikolaus' I. All diese menschlichen Handlungen grell und groß ins Tageslicht gestellt zu haben, bleibt ein »Verdienst« des Dritten Reiches; und an uns, die Dichter, stellt

es große Forderungen. Denn um glaubhaft zu machen, was wir erlebt haben und noch erleben, dazu wird man der äußersten gedanklichen Klarheit bedürfen, gesellschaftskritischer Schulung und einer unbestechlichen, durch nichts verführbaren Urteilskraft und Phantasie.

Glückwunsch an die UdSSR

1938

Meine erste Berührung mit dem Koloß Rußland ging vor sich, als ich ein Knabe war, im zweiten Jahrzehnt meines Lebens, Schüler einer Oberrealschule in Kattowitz/Oberschlesien. Da wir dicht an der Grenze lagen und Besichtigungen von industriellen Anlagen dem Lehrplan entsprachen, der freiheitliche Geist unseres Direktors aber die Gelegenheit nutzte, uns über die Grenzen zu führen, schickte man uns schon als Sekundaner und erst recht später auch hinüber nach Sosnowice, wo es Spinnereien und vielleicht auch Glashütten zu besichtigen galt. Aus vielen Gründen waren diese Ausflüge unvergeßlich, auch wenn sie nach Österreich gingen, das an jener Ecke bei Myslowitz ebenfalls an das Deutsche Reich grenzte. Hier kann ich nur von dem Eindruck reden, den Rußland auf das unbefangene Gemüt eines etwa Sechzehnjährigen machte, der voll Wißbegierde und innerlich unversperrt den Dingen der Welt zustrebte. Einer großen Halle erinnere ich mich, in der die Revision von Gütern und Pässen vor sich ging – von Pässen! Werden Leser unserer Nachkriegswelt glauben, daß damals Pässe nur nach Rußland benötigt wurden? Daß man in ganz Europa umherfahren konnte, ohne die Grenzen zu spüren? Auf die man aber mit voller Härte prallte, wenn man sich Rußland näherte? Unheimlich erschien uns damals das Treiben der Beamten, denen die anderen Reisenden kleine Bücher hinreichten – wir, die Schulklasse, besaßen nur einen Sammelausweis, gestempeltes Papier, und man begnügte sich, uns zu zählen, und lachte im übrigen freundlich über unseren Massenbesuch, obwohl diese lachenden Soldaten schwer bewaffnet hinter ihrer Sperre umhergingen. Dann kamen lange, ungepflasterte Straßen, reihte sich das Elend verfallener Baracken am Wege auf, standen Pfützen in den Gossen, zogen magere Pferde Bauernwagen und geleiteten uns zu der riesigen Spinnereianlage, in der wir Scharen von Arbeitern am Rohmaterial und an Maschinen beschäftigt sahen. Die Erinnerung kann trügen; aber mir scheint noch heute diese Arbeiterschar besonders schmalwangig und ihre Kleidung, als wir sie nach Feierabend auf der Straße wiedertrafen, besonders lumpenhaft und abgerissen. Wir wußten damals nichts von Löhnen und Preisen, und nicht einmal jene Frage drängte sich uns auf, die doch in der Luft stand: warum die Arbeiter in Lumpen gingen, während sie doch Stoffe in riesigen Ballen herstellten. So liberal unsere Schule war, dies Problem hielt sie von uns weg. Dafür wurden wir nachher in der Kantine von deutschen Ingenieuren reichlich bewirtet und zogen heim, belehrt und beschwingt, sei es vom Bier oder von dem ausweitenden Erlebnis, in Rußland gewesen zu sein – im zaristischen Rußland.

Jetzt höre ich nachts den Moskauer Sender von der Industrialisierung Rußlands erzählen und daß sich sein Potential versiebenfacht habe. Wo eine Spinnerei stand, stehen jetzt deren sieben – allerdings nicht in Sosnowice, denn inzwischen hat die erste Handlung der russischen Demokratie bestätigt, was die deutschen und österreichischen Okkupationsarmeen, voll eigensüchtiger Hintergedanken, während des Krieges inszenierten: die polnischen Gouvernements von damals bilden heute das unabhängige Polen, und Rußland hat sich ein wenig nach Osten zurückgezogen. Aber es ist immer noch weit genug, riesenhaft genug – ein überwältigendes Territorium. Und auf diesem hat sich der kleine Unterschied ausgebildet, daß die Arbeiter einer Textilfabrik bestimmt nicht mehr in Lumpen herumzugehen brauchen. Möglicherweise war die Armut eine Anzahl Jahre hindurch so groß wie früher. Aber dann war sie allgemein, die Armut eines ganzen Volkes, das einen furchtbaren Krieg verloren hatte, übrigens nicht ohne die Mitwirkung verräterischer Generäle à la Rennenkampf, und das aus diesem Krieg in jene Revolution ging, zu der es ein Jahrhundert hindurch Schritt für Schritt sich vorbereitet hatte. Während uns in der Schule auf unverfängliche Art gegen jede Revolution tiefe Abneigung beigebracht wurde – nämlich durch den Mund unseres geliebten Friedrich Schiller, in jenem »Lied von der Glocke«, das wir auswendig lernten, schritt das russische Volk zur Selbsthilfe und durch sie hindurch zur Abwehr jener Generäle und Interventionsarmeen, die ein Vorbild wurden für alles, was heute in Europa mit der Hilfe von Bajonetten und »Führern« das Rad der Geschichte zurückzudrehen versucht. Aber vergeblich, vergeblich! Wir hörten dieses Rad knirschen, Schauer liefen uns über die Haut, und uns sträubten sich die Haare: das war im März 1917, in den eisgefrorenen steinharten Gefilden vor Verdun, und wie ein Nordlicht überkam uns, Verdummte und Verblödete, Opfer zweier Jahre militärischer Arbeitssklaverei, das Gefühl: der Anfang vom Ende unserer Leiden leitet sich ein, Nikolaus ist nur der erste der Herrscher, die verschwinden werden im Laufe dieses Krieges.

Immer wieder, wenn sich in der Gegenwart der Streit um die Sowjetunion erhebt, erinnere ich mich und andere an diese Anfänge. Ist das nichts? frage ich sie, all die Kritiker, die hundert Prozent, ja eigentlich zweihundert Prozent vom heutigen Rußland verlangen (und mit denen ich nicht André Gide meine). Lebt der Mensch nicht auf der Erde, um die Früchte seiner Arbeit zu genießen? Und in Rußland treten heute hundertsiebzig Millionen Menschen in den ungeschmälerten Besitz ihrer Arbeit. Soll der Mensch nicht das Recht haben, seine Eigenart zu entfalten, ohne darum verachtet zu werden? Aber in Rußland gliedern sich zwanglos hundertsiebzig Millionen Menschen nach Ländern und Staaten, Provinzen und Reichen, in denen der Kampf der Meinungen und Gruppen heute und erst recht später nicht vergiftet wird von den Gegensätzen der Abstammung und der Nationalismen. Dabei werden gerade sie heute in mehreren Erdteilen mit vollem Erfolg dazu benutzt, Menschengruppen voneinander wegzuhalten, die nach ihren Lebensinteressen dazu geboren wären, einander beizustehen und sich die kurze Zeit zu erleichtern und zu verschönen, die sie auf Erden verbringen dürfen, ehe das Grab sie einschlingt. Und geht nicht das Licht des Denkens, des geistigen Erwachens, des Lesens und Schreibens, ja der Selbstbesinnung und Selbstbestimmung über hundertsiebzig Millionen Menschen auf? Und zwar gerade über jenen, die von ihren Herrschenden in dumpfer Verdummung und Verzückung gehalten wurden, im mystischen Nebel von Schnaps und Heiligkeit, von wilder Anbetung des Elends und des Leidens? Rußland wirft sie zum Kehricht, diese Ausflüchte, auch wenn sie aufs großartigste jenen grandiosen Gestalter erregten, der als F. M. Dostojewskij zu den größten Erzählern der Weltliteratur zählt. Denn ein Geschlecht kämpfender Revolutionäre nach dem anderen trug nach Rußland das Licht der Aufklärung, bis die Bolschewiki das Werk vollendeten. So wächst heute in Rußland eine Jugend auf, wie sie vor und nach dem Kriege in den westlichen Ländern ermutigt und herangebildet wurde, alle Probleme tatkräftig anzupacken und in Freiheit und guter Laune einen Weg durch die Wirrnisse des Lebens zu bahnen: Glück aus dem Einsatz aller Kräfte zu ziehen und aus dem vollen, rund ausgebildeten Leistungsvermögen der Persönlichkeit zu schöpfen. Nur daß im Westen diese Arbeit der Jugend selber nicht oder nur stufenweise zugute kam. Daß ihr Idealismus hingelenkt wurde zum Dienst unter jenen kleinen Gruppen und Klassen, die das Gemeinwesen für ihre eigensüchtigen Zwecke beschlagnahmt hatten.

Wir haben erlebt, daß mit dem Ausbruch des Weltkriegs die Entlarvung begann, auf wie unsolider Basis die menschliche Kultur ruhte. Als ungeheure Blase hat sie sich aufgewölbt über Grundlagen, deren Eigenart die Barbarei begünstigt und eine wilde Verlogenheit geradezu gezüchtet zu haben scheint. Zu diesen Grundlagen gehörte immer die Benutzung und Verleugnung militärischer Gewalt zur Eroberung von Märkten oder zur Niederhaltung auszubeutender Völker. Es ist ein Novum in der Geschichte der menschlichen Verkommenheit, ja, es bedeutet vielleicht einen Fortschritt nach unten, wie sich dieses Europa benahm, als ihm ein neues Stück arbeitender Volks- und Wirtschaftskraft in und mit Spanien zu entgehen drohte. Niemand kann leugnen, daß ohne die Solidarität der Internationalen Brigaden dem Schlächter Franco und seinen vielfältigen Gönnern der Putsch gelungen wäre. Wir wissen aber, daß das Feuer der Revolution zur Befreiung der arbeitenden Massen auf der ganzen Erdkugel leuchtet. Und wir dürfen damit rechnen, daß der friedliche Aufbau einer neuen Gesellschaft mit dem Talent und dem Drang nach ungerechtem Gewinn auch jene riesigen Hohlräume beseitigen wird, in die mit den kaiserlichen Kriegserklärungen die menschliche Gesittung stürzte. Durch Methoden, wie sie die weimarische Republik in Deutschland anwandte, wurden sie nicht ausgefüllt. Wenn der bewaffnete Friede von 1937 einmal Aussicht hat, in eine friedliche Bewaffnung der Menschheit überzuleiten, so nur, weil das Genie des echten Sozialismus in Lenin, seinen Mitstreitern und Gehilfen unermüdlich wachte und kämpfte, um der Ausbeutung und Beleidigung des Menschen durch den Menschen ein

Ende zu machen. Wir hören, daß viele Wege nach Rom führen, aber wir haben gefunden, daß anscheinend nur ein einziger Weg in die Zukunft, und eine bessere, zu führen scheint, in jene Demokratie, deren Verwirklichung die Lügen zerstört und die Menschen glücklicher macht.

Es ist bekannt, daß der Fötus im Mutterleibe in neun Monaten den ganzen Entwicklungsgang abgekürzt, aber unverkennbar noch einmal durchläuft, den das Leben gegangen ist, seitdem es sich aus den Einzellern fortgebildet hat. Diese vorgeburtliche Zeit ist auf jeden Fall ebenso wichtig wie die ersten Jahre nach der Geburt. Nun sind Völker Riesenkindern vergleichbar, die erst geboren werden, wenn der Akt der Revolution sie aus den Fesseln des Mutterleibes befreit hat. Manche Völker Europas sehen wir daher wie Ungeborene an, die noch mit täppischen Gliedern oder ergeben zusammengefalteten Händen im Fruchtwasser umherdämmern. Das russische Riesenkind ist geboren worden 1917, nachdem es 1905 die ersten stoßartigen Wehen seinem Mütterchen versetzte. Zwanzig Jahre – zwanzig Jahre, nach Einzelleben gerechnet, Umläufe der Erde um die Sonne – was bedeuten sie im Leben der Völker? Das russische Riesenkind hat gerade erst seine Frühperioden vollendet, die Werktätigen, hundertsiebzig Millionen, haben laufen gelernt, auf eigenen Füßen stehen, selber essen und trinken, selber lesen und schreiben. Sie lassen sich nicht mehr füttern, ankleiden und gängeln. Die Stalinsche Verfassung gibt einen Rahmen ab, in welchem sich die Erziehung dieses mächtigen, von Zukunft strotzenden Erdwesens, »Völker der vereinigten Sowjetrepubliken Rußlands«, vollziehen wird. Wir wünschen ihm Glück zu seinem Geburtstage, gleichgültig, ob es der zweite oder der fünfte ist nach der Zählung des Völkerkalenders.

Als um 1340 der arabische Geograph Mohammed Ibn Batuta, gebürtig aus Tanger, Nordafrika, Rußland bereiste, da traf er zwischen Wolga und Kama auf Völkerschaften, die noch tief im prähistorischen Weltalter lebten. Wenn sie mit Fremden Handel trieben, verbargen sie sich in den Wäldern und legten nur ihre Waren nahe den Ankerplätzen aus, im Versteck abwartend, was jene ihnen dafür als Gegenwert hinstellen würden. Niemand sah sie, niemandem zeigten sie sich, so groß war ihre Furcht vor den Dämonen, die die fremden Kaufleute mitbrachten. Um die gleiche Zeit gründete Karl IV. die deutsche Universität von Prag, an der später Tycho Brahe die Sterne erforschen und seinen Schüler Kepler ausbilden sollte. Aber während heute noch in Mitteleuropa die schweren Lasten der Ungerechtigkeit und des Existenzkampfes von den Massen getragen werden müssen, während also den Deutschen ihre alten Universitäten nichts genutzt haben; ja während Nordafrika heute den Fuß des Eroberers furchtbar spürt, hat Rußland sich vorwärts geworfen wie ein Läufer, der das Versäumte nachholen will, mit ungebrochenen Kräften und dem Einsatz seiner ganzen Energie. Darum soll es bei seinen Feiern übers ganze Gesicht lachen, dieses junge Wesen, und seine gesunden weißen Zähne zeigen und aus der Fülle der Aufgaben, die noch vor ihm stehen, das Bewußtsein schöpfen, daß es jetzt einer der Menschheitspioniere geworden ist und daß in seinen Händen die Aufgabe liegt, unser Zusammenleben sinnvoller, fruchtbarer und ehrlicher zu gestalten – in guten Händen. Diese Hände verteidigen heute den Frieden Europas, wie sie ihre Stoßkraft gegen das Heraufkommen der Verdummung und Verpöbelung des Erdteils einsetzen; und wer heute immer das Wort handhabt, schreibend oder redend: wenn er nicht lügen will, muß er ein Kampfgenosse der Union sein.

Verspielte Chancen der Demokratie

1938

Bei anständigen Journalisten, die das Problem des Kampfes gegen den Nazismus denkend erörtern, liest man manchmal, »daß es für jeden Demokraten ein unlösbarer logischer Widerspruch zu sein scheine, Diktatur zur Durchführung der Demokratie anzuwenden«; daß »der Verstand über den Instinkt gesiegt« habe, wenn man sich weigert, Demokratie mit Waffengewalt aufrechtzuerhalten, und daß vielleicht »die zu große Verbreitung des klügelnden Verstandes überhaupt das politische Unglück der letzten liberalen und demokratischen Ära« gewesen sei... Aber wie denn? Hat man dieses Lied nicht in schlechterem Deutsch aus den Federn dieses oder jenes Nazijüngers gehört? Wirkt die antirationale Ansteckung schon über Rhein und Kanal? Will man, was auf ungenügende Verstandestätigkeit zurückging, wirklich dem Verstand und der Logik zuschieben? Ist nicht vielleicht das Gegenteil richtig? Haben die deutschen Politiker von Ebert und Scheidemann über Brüning und Severing bis zu dem unseligen Schuschnigg nicht zu emsig im Brei ihres Herzens gequirlt und das Chaos bewegt, statt klar zu denken und klar Gedachtes klar zu tun? Wie lagen denn die Dinge?

In Deutschland gab es eine Demokratie. Sie ließ sich von einem Beamtenapparat bedienen, der zum größten Teil und an besonders wichtigen Stellen aus antidemokratischen Leuten bestand. Sie ließ sich von einem Heer verteidigen, dessen antidemokratische Grundhaltung selbst Herrn Geßler hätte bekannt sein müssen. Sie wurde von antidemokratischen Geheimverbänden unterhöhlt, die, wir wissen es aus dem Bekenntnis der heutigen Machthaber, immer wieder mit Reichswehrgeldern, mit den Geldern der demokratischen Republik also, großgezogen wurden. Seit 1919 warnten wir Mitarbeiter der »Weltbühne« in allen Tonarten diese demokratische Republik vor den Untaten ihrer Scheindiener.

Die Angst vor der Opposition der entschiedenen Republikaner

verhinderte, daß diese Demokratie überhaupt dazu kam, ihre eigenen Grundlagen zu durchdenken. Vielleicht hätte sie dann mit Hilfe des Verstandes festgestellt und mit Hilfe der Logik begründet, was ihr zur Durchführung demokratischer, republikanischer Selbstbejahung eingefallen wäre: daß Demokratie einen bestimmten Zustand geistiger Reife voraussetzt und daß, wer diesem Zustand noch nicht entspricht, nicht behandelt werden könne, als entspräche er ihm schon. Wer seinen Fürsten, seinen Industriellen und seinen Großgrundbesitzern Mal für Mal Hunderte von Millionen zuschanzt, darf sich nicht wundern, wenn sie seinen Totengräbern zugute kommen. Wer nicht ein einziges Mal die blutschäumende Agitation einer Partei, deren Führer sich wie Unzurechnungsfähige gebärden, auch wirklich als unzurechnungsfähig behandelt und jene Agitatoren dem Irrenhaus vorenthält, aus dem sie entsprungen schienen, wer Morddrohungen und Mordtaten so behandelt, als gäbe es kein Gericht, das die anständigen Leute vor den Mördern schützt – auch in der Demokratie! besonders in der Demokratie –, der darf sich doch nicht auf Logik, Verstand und demokratisches Gewissen berufen, wenn er sich nicht entschließen kann, Irre als Irre, Mörder als Mörder, Lumpen als Lumpen zu behandeln: warum? Weil diese Irren, Schwärmer, Lumpen und Mörder schon während des Krieges und erst recht nach ihm sich als die Hüter der Nation aufspielen durften und niemand wagen wollte, gegen die nationale Phrase eine mutige republikanische Tat zu setzen.

Hat je ein deutscher Sozialdemokrat, Volksparteiler, Zentrumsmann erfolgreich unternommen, den »nationalen Verbänden« den Gebrauch des Wortes national zu verbieten? Fürchtete nicht jeder, dann selber als nicht hinreichend national bedroht und möglicherweise ermordet zu werden? Zu den Fehlern, die die deutsche Demokratie begangen hat, gehörte gewiß allerlei: Mangel an Zivilcourage zuallererst, Mangel an Selbstbewußtsein, vor allem Mangel an gutem Gewissen und an Logik. Die Kommunistische Partei, die über die Diktatur des Proletariats hinweg nach Lenins Thesen zur Demokratie zu kommen trachtete, wurde jederzeit mit undemokratischen Mitteln zurückgeschlagen; nur nach rechts hin stand man jederzeit gelähmt, eingeschüchtert von dem gesträubten Schnurrbart von Reichswehrgenerälen und dem Wortschwall der Agitatoren, die von ihrem Gelde bezahlt wurden. Nicht mangelnde Logik und nicht klügelnder Verstand haben die deutsche Republik zu Grabe getragen und die Demokratie erledigt. Der Mut vielmehr fehlte, unpopulär zu sein, auch bei den monarchistischen und konservativen Herrschaften, die Demokratie zu verteidigen mit jenen scharfen Schlägen, die allein Respekt erzeugen, weil sie aus Selbstachtung und demokratischer Staatstreue fließen. Diskreditiere man also nicht Verstand und Wissenschaft, die Goethe-Mephisto nicht umsonst des Menschen allerhöchste Kraft nennt: ein Mann wie Clemenceau, entschlossener Republikaner und Demokrat, wäre von 1919 bis 1932 jeden Monat einmal mit der nationalen Reaktion fertig geworden, weil er die Logik besessen hätte, Staatsfeinde nicht mit Mitteln dieses Staates großzuziehen, und die Kraft des Verstandes, lieber die Freunde und Träger der republikanischen Überzeugung um sich zu scharen als ihre Feinde.

Jedes politische Gebilde trägt in sich die Verpflichtung zu Reife und Erwachsenheit. Der Erwachsene unterscheidet sich vom Unerwachsenen dadurch, daß er eine Sachlage sachgemäß beurteilen und die Mittel zu ihrer Bewältigung sachentsprechend wählen kann. Der Unerwachsene läßt in solchen Fällen seine Triebwut allzu stark mitsprechen, als daß ihm auf die Dauer Erfolg beschieden sein könnte. Darum wird der Unerwachsene sich ausschließlich auf seinen Instinkt stützen, bei Zielen, die für die Mitwelt große Risiken nicht lohnen, Triebe, Wünsche und Drohungen spielen lassen und so zum Ziel kommen – sehr zum Schaden der Demokratien und ihrer leitenden Idee, der politischen Reife. Aber dieser Schaden ist in dem Augenblick nur kurzfristig, wo die Demokratie begreift, daß Zurückweichen auch mitschuldig machen kann. In jenem Augenblick nämlich, wo der Unreife oder Zurückgefallene durch dieses Zurückweichen ermutigt wird, nur immer dreister zu begehren und aufzutreten. Die deutsche Republik und Demokratie war durch die Feinde in ihrem eigenen Körper gezwungen, diesen Punkt zu überschreiten. Herr Brüning ließ nicht schießen, Herr Severing nicht, Herr von Schuschnigg nicht.

Am 21. Mai 1938 schien die europäische Demokratie zu beweisen, daß die Feinde in ihrem eigenen Körper schwächer zu sein schienen, als sie's in der deutschen Republik waren. Der ausgebildete Verstand des reifen Menschen wird jederzeit mit asozialen Rückfällen fertig, wenn er sich seiner Verantwortung bewußt ist und seine eigenen Kraftquellen nicht unterschätzt. Verstrolchte Kinder kann man in die menschliche Gesellschaft zurücklocken, bevor sie Amokläufer werden. Amokläufer freilich muß man leider niederschlagen.

Zur Volksfront

Antwort auf eine Rundfrage

1938

Vielleicht muß man sehr lange in europäischen Städten sitzen, um zu begreifen, daß nach fünf Jahren noch immer die einfachsten Lektionen wiederholt werden müssen:
Die moralischen Kräfte von Gruppen mit gleichem Hauptziel können nur entfacht werden, wenn sie ihre Nebenziele dem *Ganzen* opfern können. Nur dieses Opfer entfacht den Enthusiasmus. Nur der Enthusiasmus vermag sie zu regen. Das beweist der große spanische Krieg, in welchem die materiellen Kräfte auf der faschistischen Seite, die moralischen auf der Volksseite so unbedingt überwiegen.
Und die moralischen Kräfte sind bisher die stärkeren Bataillone gewesen. Das ist der geheime Sinn dieser oft mißbrauchten Redensart.
Daher müssen die scheidenden Momente und Motive immer wieder entlarvt werden. Sie sind Quellen der Untätigkeit, der Lähmung, der Erfolglosigkeit.
In den Massen dieser Zeit ist noch der Urmensch wirksam, der im Ausgang der Ereignisse das Gottesurteil spürte und den Erfolglosen deshalb fürchtete: als einen von den Göttern verfolgten Mann.
Darum: in der Freiheit Einigung hervorbringen, in Deutschland den Glauben an die Brüchigkeit des Regimes stärken, die Gruppen der Emigration zum Opfern ihrer gegenseitigen Vorurteile innerlich reif machen!

Gruß an die Landsleute über den Freiheitssender 29,8

1938

Wenn ich jetzt darangehe, dem deutschen Freiheitssender Worte an unser unglückliches Land und unsere Freunde anzuvertrauen, fühle ich mich schon wie ein Mann, der von der Reling eines Seeschiffes nochmals mit langem Blick Europas Küste umfaßt. Sie wird zurückbleiben, verkleinert und umschleiert, diese teure Küste, die uns immer Heimat war – zurückbleiben im Vorgefühl möglicher Erdbeben und weiterer Einstürze. Denn sie hört nicht auf die Stimme der Erfahrenen, auf unsere leise und wissende Stimme, und will lieber dem Mächtigen nachlaufen als dem Recht anhängen. Aber das wußten schon die Propheten – es war immer so, nicht nur in Europa, auch im Hause der alten großen Mutter Asia. Und so bleibt uns nur der Entschluß, auch unsererseits die gleiche Zähigkeit zu entfalten, wissend, hoffend, glaubend, daß kein Alchimist in der Welt imstande ist, auf die Dauer aus dem Blei des Unrechts das Gold des Rechtes zu schaffen, aus den Sandsäcken der Unterdrückung die Flügel der Menschenwürde und aus der Nacht des allgemeinen Lügens, Verschweigens und Verleumdens die Morgenröte erwachsenen Denkens. Aber an Deutschland, dessen grübelnden und suchenden Massen die Welt immer erst ein Rätsel und erst dann eine Freude gewesen ist, braucht man nicht zu verzweifeln. Liebe alte Landsleute und Freunde, wir fühlen uns weder von Euch verlassen, noch gedenken wir, Euch den Rücken zuzukehren – so gerne Eure Herren das auch sähen. Auf Wiedersehen vielmehr, auf irgendein Wiedersehen!

Vier Begegnungen mit Frankreich

1916–1940

1916

Wir waren im Krieg mit Frankreich, und wir liebten es. Wir wußten, was wir dem voraneilenden Genius dieses Landes schuldeten, das im achtzehnten Jahrhundert Deutschlands klassische Literatur ermöglicht hatte. Die Befreiung vom Ständestaat verdankten wir ihm, das Verschwinden überflüssiger Fürstenhüte. In den Folgezeiten hatte es den deutschen Völkern ein befreites bürgerliches Staatswesen vorgelebt und durch die Entmachtung der Jenseitsvertröstungen die gedrückten Klassen der Gesellschaft mit dem Mut zur Diesseitsgestaltung beseelt. Von Hugo, Balzac und Stendhal bis Flaubert und Zola hatte es im neunzehnten Jahrhundert der kontinentalen Literatur das unverkennbare Gepräge gallischen Geistes aufgedrückt: des verantwortlichen Einzelnen, der sich in seiner Größe des Zusammenhangs mit dem Ganzen bewußt bleibt, das er zu formen, auszusprechen, mit Dauer zu laden berufen ist, indem er anklagt, entlarvt, verhöhnt, verbessert. Alle sozialen Theorien, alle Pläne zum Neubau des menschlichen Zusammenlebens zwischen 1800 und 1871 waren in Frankreich durchgeprobt worden, mit dem Blute des französischen Bürgers und Arbeiters als kostbarstem Experimentierstoff der heutigen Menschen. Noch indem sie scheiterten, erhöhten sie die Bedeutung dieses Landes, seiner waghalsigen Bevölkerung, dieser mutig ins Ungeformte hineingreifenden Abart des Homo sapiens. Dann, schon in unseren Tagen, hatten Anatole France und Henry Bergson das Erbe des Franzosentums zusammengefaßt, der eine, indem er vorgebliche Ewigkeitswerte lächelnd gestaltete und entlarvte, der andere, indem er dem Puls des Lebens mit dem Gedanken zu folgen versuchte. Freilich hatten die Gegner, die Mächte des Beharrens, des Befehls und der Unterordnung, dieses Franzosentum unermüdlich als morsch, entartet, leicht zu beseitigen denunziert. Diese Ideologie in den Knochen und Gehirnen, hatte sich das deutsche Volk in einen frisch-fröhlichen Krieg hineinleiten und hetzen lassen. Und nun, 1916, dauerte er schon zwei Jahre, und Frankreich trug auf der Seite der westlichen Demokratien die Hauptlast.

Wir sahen das Land; es lag in Trümmern. Die Menschen, wo wir deren noch trafen, zeigten uns die abweisende und höfliche Unzugänglichkeit, auf die sie ein Recht hatten. Das ungeheure Erbarmen mit der gemarterten Erde, den zerfetzten Wäldern, den schauerlichen Trümmerfeldern, die wir als Lebensraum Monat nach Monat bewohnten, galt nicht mehr einem irgendwie anschaulichen Land. Uns begegneten überall zertrümmerte Häuser, zerstörter Pflanzenwuchs, tief in die Mitte ihres Alltags zurückgescheuchtes menschliches Element. Wir sprachen gelegentlich, wenn wir nach hinten kamen, Männer, Frauen, Familien; aber der Druck, unter dem sie lebten, machte es ihnen unmöglich, uns den Genius Frankreichs zur Anschauung zu bringen. Wir wußten ihn uns gegenüber, jenseits der Gräben. Deutsche Substanz und französische Substanz, fürchterlich aneinandergepreßt und gleich erfahren im Umgang mit den zerstörenden Maschinen, bewährten sich dort in jenen Männermassen, zu denen die Heere des zwanzigsten Jahrhunderts, o Überraschung der Kriegerkaste, vom Maschinenkrieg umgeformt worden waren.

Da, eines Tages mit einem Befehl nach rückwärts gesandt, hatte ich in der Bataillonsschreibstube zu tun, die in einem Dorfe lag, im Abhang eines Hügels, wenn ich mich recht erinnere. Es hieß Damvillers. Nach erledigtem Geschäft fragte mich der Telefonist, ob ich Lust hätte, bis der Bescheid abholungsbereit läge, mir ein Denkmal anzusehen. Da gäbe es auf dem Kirchhof ein Standbild, das von einem Manne namens Rodin sei – er sprach den Namen deutsch aus, als wäre er mit zwei »n« geschrieben – und es sei ja gleich, was ich inzwischen tue. Ein Rodin! Der Weg zum Friedhof war sehr kurz für einen jungen Schriftsteller und ein solches Ziel. Und zwischen einem Granattrichter und einem großen Busch blühender Kardendisteln stand ich vor der Bronze des Malers Bastien-Lepage. Mitten in einem stillen, durchsonnten Julimittag erhob sie sich auf ihrem Sockel vor eingefaßten Gängen und dem Erbbegräbnis der Familie, aus großen Quadersteinen errichtet, die die Namen der Verstorbenen in Erinnerung hielten. Ein Maler? Da stand ein Krieger der Kunst. Das Gesicht, der Blick faßten die Welt scharf ins Auge; die Gestalt, vorwärts und schräg gebeugt, bereit zum Ansprung, drückte die höchste Konzentration des menschlichen Geistes aus, der der Erscheinung ihr Geheimnis zu entreißen auf dem Sprunge steht. Die Kleidung des Mannes war eine Art Uniform, die geschürzten Hosen konnten recht gut in Gamaschen oder Stiefeln stecken; die Kurve des Rückens drückte ebensosehr den zähen Widerstand des Arbeitenden aus wie das Lauern auf den günstigen Augenblick. Sein Haar hing in die Stirn, der Bart umschattete den Mund und verlängerte das Kinn. Das war der Mann der schöpferischen Potenz, der den unvergänglichen Kampf der Form und des künstlerischen Sichplagens mit der sichtbaren Welt ausfocht. Er hielt seine Palette wie eine Waffe, und die Hand, in der der Pinsel stecken sollte, konnte ebensogut gerade die Granate geworfen haben: sie ruhte auf der Luft, gespannt und entspannt wie der Geist des Künstlers, wenn er arbeitet. Hier stand der gallische Genius, der französische Genius, endlich sichtbar in einer faßlichen, ausdeutbaren und dabei ganz einmaligen Erscheinung. Und ich empfand etwas Bleibendes in der Stunde, die ich auf diesem von Vögeln belebten, von Schmetterlingen überflatterten, von Grillen schon durchzirpten Garten des Todes verbrachte. Hier war etwas Unvergängliches anschaulich geworden. Dies würde nicht untergehen. Der Genius Frankreichs würde immer leben, und der Bildhauer, der nur einem Maler ein Denkmal gesetzt hatte – einem Maler durchaus nicht ersten Ranges, dessen Bilder ich später in Montmédy aufsuchen konnte –, hatte Frankreich dargestellt, eine männliche Nation, unverwechselbar, im Arbeitsrock, kriegerisch, aber nicht mehr aufs Militärische festgelegt. Diese Nation, die den Genius des Kampfes aufgelöst hatte in die Bewältigung geistigen Lebens, konnte der Krieg, mochte er enden, wie er wolle, niemals dem Diktat der ungeistigen Gewalt beugen. Und getröstet, beruhigt über das Schicksal Europas, das ohne dieses Frankreich einer seiner Säulen beraubt worden wäre, fuhr ein gemeiner Soldat zurück bis zu dem Punkte, wo die Bahn inmitten zertrichterten Landes endete und wo vom letzten Bombenangriff neue Bombenlöcher bestätigten, was von jenseits der Hügel, vom Fosseswald, Chaumewald, Thilwald her als metallene Brandung ans Ohr schlug. Die

Geschütze der Batterien würden ebensowenig das letzte Wort haben wie der Geist der Gewalt in einem Europa, das im siebzehnten, achtzehnten und neunzehnten Jahrhundert unermüdlich sein Haupt aus dem blutigen Sumpf der Bruderkriege wieder erhoben hatte.

1922

Etwa sechs Jahre später ging derselbe Mann, Schriftsteller nunmehr, gealtert, tiefmüde von der Flut des Unsinns, der Geldentwertung, der Mühsal des täglichen Lebens, durch die Straßen der Stadt Zürich, in der er einen Vortrag gehalten hatte. Bei belanglosem Anlaß schlug ein Bekannter ihm vor, die Galerie Bernheim aufzusuchen, dort stünden gerade zum ersten Male Plastiken zur Schau, Bronzen des Malers Degas, ob er sie mit ansehen wolle.

In den menschenleeren Räumen des Tages vor der Eröffnung dieser Ausstellung stand der Schriftsteller vor diesen Kunstwerken, deren Ruhm inzwischen Europa überschattet hat. »In Wachs modelliert«, sagte der Galerieleiter, ein freundlicher, kluger Schweizer, »von Hébrare in Bronze gegossen. Sie werden so etwas nicht bald wiedersehn.« Es war die Hoch-Zeit des europäischen Expressionismus. Eine neue Gotik hatte die Statuen in die Länge gezogen, Glieder geglättet, den Ausdruck, die Gesichter bis zu der schmerzhaften Empfindlichkeit barocker Holzplastiken durchseelt. Und hier nun stand er vor der Offenbarung der überschwenglichen Körperlust. Da waren Frauen, die auf einem Fuße wie Schwalben flogen, Frauen, die nackt und ohne Waffen dennoch den Ausdruck der Amazone, des kämpferischen Eros darstellten, Bewegungen, von dem Auge eines Wissenden erhascht und mit der Kunst greiser Meisterschaft ins Wachs gedrückt. Da triumphierte das Natürliche. Die Rauheit der Oberfläche vermählte die Standbilder mit der Luft, Pferde und Frauen genossen, in Bronze gebannt, die Lust des Lebendigseins und erhoben mitten in einer spiritualistischen Zeitkunst das Körperliche und das Können ins Zeitlose. Betäubt fast, ratlos, ging man in diesem Walde von genialen Bronzen umher. Ein Torso, nichts als ein Frauenleib aus Bronze, wies unmittelbar zurück ins Lebensgefühl der großen griechischen Antike, dort, wo sie dem Menschen das schönste und unvergängliche Denkmal seines Seins gesetzt hat, schön, mitten zwischen dem Geschlecht und dem Geiste, in der Schwebe gehalten durch die vollkommene Form. Europa noch einmal ächzte damals unter den Wunden des Nachkriegs, benommen vom störrischen Widerstand der Besiegten gegen das störrische Diktat von Siegern; das wirtschaftliche, dämonisch selbständig Gewordene schien den Geist und die Leiber der Nation aufzufressen, und der Zusammenbruch aller Hoffnungen auf Neugestaltung, auch des westlichen Teils der weißen Welt, vergiftete den Lebensmut derer, die nach solchem Kriege eine sinnvollere Anordnung des Daseins für die selbstverständliche Belohnung derer gehalten hatten, die der Verzweiflung zum Trotz am Leben geblieben waren. Und hier nun standen unvergänglich und nichts als schön und vollkommen die Werke eines Franzosen, eines Greises wieder, und sprachen aus, daß das Sein, das lebendige Leben, unermüdlich zeugen und glätten würde, was der Krampf der Zeiten als unlösbares Problem um die Zeitgenossen türmte. So viel Güte, so viel Humanität, so viel glücklich lächelnde Vernunft, so viel Glaube an den Menschen und seine Kunst sprach aus dem Alterswerk dieses Mannes Degas, daß eine Gewähr aufgerichtet zu sein schien für die Wiederherstellung eines leichteren Zusammenlebens auch der Völker, die im Kriege das Gewicht ihres gegenseitigen Wertes aneinander gemessen hatten und die sich gesagt hatten, daß sie miteinander doch, zum Teufel, imstande sein müßten, der Unvernunft des gesellschaftlichen Lebens, dieser politischen Welt, Herr zu werden, in dem bescheidenden Maße, welches vonnöten war, um endlich einmal wieder aufblicken und mit freiem Kopfe die Welt anschauen zu können. Und nordwärts fahrend, nach Deutschland zurück, das wie ein schlecht gesteuertes Schiff von Strudel zu Strudel schwankte, war man getröstet darüber, daß der europäische Mensch jenseits des Rheins in seiner Substanz die Gewähr trug, daß er aus eigenen Kräften zum Zusammenleben sich zurückfinden werde. Nun kam es darauf an, diesseits des Rheins, im eigenen Lande, die gleiche Entgiftung der Welt zu betreiben und aus der Zone einer verkrampften Geistigkeit, einer affektbetäubten Wunsch-, Fluch- und Feindschaftsära zum Natürlichen, zum Geformten zurück oder, besser, vorwärts zu weisen.

Jetzt, wiederum sechs Jahre später, gehen Menschen in Menge zwischen den Bildern eines großen französischen Malers umher, die die Galerie Flechtheim in Berlin ausstellt: Bilder Renoirs aus allen Epochen seines Schaffens. Da leuchtet die Farbe des Frühlings, des Sommers und des Herbstes aus der Palette jenes dritten großen Greises auf, der Frankreich repräsentiert hat und repräsentiert weit über seinen Tod hinaus, und niemand findet mehr das mindeste daran sonderbar. Diese Frauen, Bäume und Parks, diese unvergänglich schön gemalten Bilder vertiefter Kinder, diese Blumen und Kleider drücken eine Heiterkeit und Zuversicht aus, deren beglückender Abglanz auf eine plaudernde oder vertiefte Besucherschar fällt. Die Atmosphäre Europas scheint entkrampft, hart bleibt sie dennoch; zwischen den Klassen bereiten sich die großen Auseinandersetzungen vor, die die Ungerechtigkeit in der Verteilung des Arbeitsertrags beseitigen werden; aber aus diesen Bildern spricht das lachende Vertrauen in die Macht des Lebens, das sich schon über größere Schwierigkeiten siegreich erhoben hat und das, im ganzen gesehen, mit dem Menschen macht, was es will. Zuversicht und Kameradschaft ist die Luft, die von diesen Leinwänden ausströmt; die Menschen hier merken im Bewußten davon vielleicht nichts. Sie wissen nicht, daß alles mit allem zusammenhängt und daß so gelockerte Malerei, so völlig entkrampfte, glücklich gelöste Schönheit einen Weg weist, auch zu einer besseren und gelockerteren Lebensweise der Europäer. Es stehen harte Gruppen gegeneinander in Europa; wieder befeinden sich Vertreter von Weltanschauungen, die ökonomische Prinzipien sind. Die menschliche Begierde nach immer mehr Ertrag aus aufgestellten Maschinen streitet gegen den Anspruch derer, die vom Leben und dem Genuß der durch sie erzeugten Güter durch die Struktur der Gesellschaft ausgeschlossen sind, deren Anspruch auf Gerechtigkeit unbestreitbar ist und die, wo sie die Macht erkämpften, ihrerseits die zu erzielende Gerechtigkeit noch immer nicht zu üben vermögen, weil ein feindliches Lager ihre Pläne stört. Europa hat neue Kraftpole gebildet, mächtig schiebt sich das russische, das englische, das italienische Prinzip einer Weltlösung ins Bewußtsein. Deutschland, gehemmt von dem Gleichmaß der Kräfte, gelähmt von all den Versäumnissen seiner inneren Misere, braucht Ermutigung und das Beispiel, daß nicht notwendig die Gruppen innerhalb eines Landes sich fremder sein müssen als Menschen, von denen der eine chinesisch, der andere lateinisch spricht.

Da hängen nun diese Bilder. Sie singen ihre beredte stumme Sprache. Sie behaupten, daß der Mensch den Formproblemen gewachsen sei, also auch denen seines Zusammenlebens, und daß der krampflose Künstler auch derjenige sei, der am höchsten ins Gelingen vorstößt und das schönste Vorbild für die Lösungen des menschlichen Lebens gebe. Das haben die großen Musiker in Deutschland immer verkörpert; aber man hat sie nicht verstanden, weil man nur hörte, was sie sangen, und nicht ausdeutete, was für Kräfte aus ihnen sprachen. Alles kommt auf Gestaltung an, alles nur Gewollte ist Stückwerk. Die geballte Faust vermag nur zu zerschlagen. Gerade hatte der Schriftsteller in einem Roman einen schwedischen Professor sagen lassen: »Diese einfachen Leute (das niedere Volk), dachte er, überall sind sie gleich. Bei uns in Schweden oder drüben in Deutschland oder hier in Rußland, überall dieselbe mächtige Menschensubstanz. Wenn wir sie – und er verbesserte sich in Gedanken: wenn die Gesellschaft sie ins Quellen kommen ließe, was für großartige Gebilde könnten auf Erden noch entstehen!«

Hier hingen die Bilder, die bewiesen, was aus reifer menschlicher Substanz sich bilden konnte. Und wieder hatte ein französischer Künstler den Beweis geliefert, die Probe gleichsam auf den Versuch und Wunsch dessen, was dem Individuum, dem einzelnen Menschen bei gesammelter, gelernter Leistung möglich war. Vernunft, Einsicht, Zuversicht und Heiterkeit des Menschen waren mächtige Waffen im Kampfe gegen alle gefährlichen Gegenkräfte, der Genius Frankreichs ein Bundesgenosse für das sinnvolle Gestalten von allem und überall auf der Erde. Die Leute hier waren in einer Kunstausstellung, besahen meisterhafte Bilder; der Schriftsteller und sein Kamerad gingen leise lächelnd auf die Straße hinaus, wo zwischen Bäumen ein stilles Wasser den Himmel spiegelte, und fanden: es sei gut, auf der Welt zu sein.

So erschien die Lage damals, als ein vierzigjähriger Friede vom deutschen Anspruch auf Weltherrschaft freventlich zerbrochen worden war; und der Ausgang des Kampfes gab uns 1918 recht. Und heute? Soll es nach zwanzig Jahren wesentlich anders geworden sein? War die Erkenntnis trügerisch gewesen, die in jener Sommerstunde auf dem Friedhof von Damvillers aufgeleuchtet hatte? War nicht vielmehr diesmal der deutsche Angriff in die Seele Frankreichs selbst hineingetragen worden und hatte sie zum Schlachtfeld erkoren, auf welchem der abgelebte Geist der Gewalt seinen ewigen Zweikampf focht gegen die Leidenschaft der Friedenswerte? In den letzten zwanzig Jahren war auch in Frankreich um die Verbesserung menschlicher Zustände gerungen worden. Das Veraltete, das Ewiggestrige, hatte sich schlau und neu zu verkleiden gewußt; es hatte die Parole der Entwicklung selbst in den Dienst des Strebens nach rückwärts gestellt und den alten Ständestaat, neu benannt, als das Ziel der Zukunft ausgegeben. Kein Wunder, daß er Franzosen gefunden hatte, die ihm glaubten. Die Gewohnheit des Herrschens ist süß und macht schlau, aber nicht weise. Wenn bürgerliche Demokratie nur ein Durchgang sein sollte, dann jedenfalls nicht in Paradiese, wie sie die Alldeutschen immer erträumt hatten. Das Mißtrauen gegen die Mahlzeit des Papstes war eingeschlafen. Aber man hätte es neu umprägen sollen: »Wer vom Fascio ißt, der stirbt daran.« Demokratie kann nur nach vorwärts entwickelt werden, nie rückwärts gedreht. Wer die Volksrechte in vier Revolutionen verteidigte, kann sich keinem autokratischen Sieger beugen, ohne für lange Zeit abzudanken.

Aber das Standbild, das Rodin aus Bastien-Lepage geformt hatte, wies nach vorwärts, nicht zurück. Von jeher hat der Genius Frankreichs mit einem Lever en masse geantwortet, wenn ihm die Not an die Kehle sprang. Darum warten wir zuversichtlich. Vielleicht morgen, vielleicht übermorgen wird sich Frankreichs Elan vital auf sich selbst besinnen, und, wie immer, in Taten.

Neujahr an der Front

1935

1916. Wir lagen vor Verdun, auf dem Ostufer der Maas, im Zentrum der Kämpfe. Die Schlacht dauerte jetzt den siebenten Monat, durch die Sommeschlacht mußte sie allmählich abebben, Mitte September hatte man uns in einem Armeebefehl ihr Ende amtlich verkündet; seither hieß sie: Stellungskrieg vor Verdun. Eine große Ruhe breitete sich über die Gegenden, die mit nichts Irdischem mehr vergleichbar waren – eine Scheinruhe, denn hinter undurchdringlichen Trichterfeldern bereiteten die Generäle Pétain, Nivelle und Mangin die großen Gegenstöße vor, die uns bis Ende des Jahres das ganze Gelände wieder abnehmen sollten. Aber das wußten wir nicht, und so ging durch die dünn besetzten, an Menschen und Material schwachen deutschen Stellungen das große Aufatmen. Jetzt kamen auch die privateren Beziehungen zu ihrem Recht: »Anläßlich der bevorstehenden jüdischen Feiertage findet in Montmédy an den beiden Neujahrstagen ein Gottesdienst statt, zu welchem alle israelitischen Mannschaften zu beurlauben sind, soweit der Dienst es gestattet. Für rituelle Verpflegung und ausreichende Unterkunft in Montmédy ist gesorgt. Die Mannschaften werden daher ohne Verpflegungsgeld, aber so zeitig in Marsch gesetzt, daß sie vor Beginn der Feiertage in Montmédy eintreffen.«

Die Anmarschwege waren bei vielen Truppenteilen lang, und die Erfordernisse des Dienstes gaben aus den vordersten Gräben nur wenige Infanteristen und Pioniere frei. Aber aus den Fuhrparkkolonnen, den Batteriestellungen, den Munitionsparks sammelten sich kleine Trupps jüdischer Soldaten in ihren verschossenen, sauber gebürsteten Uniformen an den Zufahrtsstraßen der Lastautos und dem Endpunkt der kleinen Bahn, die einst Verdun und Montmédy miteinander verbunden hatte und jetzt in Azannes endete. Azannes, Romagne, Chaumont – Ruinen oder zukünftige Ruinen – schickten jüdische Fernsprechsoldaten, Pferdepfleger, Minenwerfer, Flak-

kanoniere. Als wir in Moirey den Zug bestiegen, hörte man schon vergnügte Stimmen in vielen deutschen Mundarten: auf bayerisch und auf schlesisch, auf frankfurt'sch und berlinerisch freuten sich die jüdischen Soldaten über den unerwarteten Urlaub, die zweitägige Unterbrechung des Dienstes, die Aussicht, einmal ein paar Tage unter Juden zu sein; und alle berichteten von neidischen und gutgelaunten Sticheleien der Kameraden über die Bevorzugung der Juden im Heer – denn während der christlichen Feiertage, zu Ostern und zu Pfingsten, hatten sich die christlichen Völker besonders fürchterlich zerfleischt bei Fort Vaux, dem Toten Mann, Höhe 304 und der Thiaumont-Ferme. »Aber wenn die Juden Feiertage haben, gibt's natürlich schönes Wetter und keinen Krieg.«
Wir waren von unserem Truppenteil acht Mann, alle dunkelbraun gebrannte Munitionsschlepper und Bahnbauer, und in den Batteriestellungen unseres Abschnitts zu Hause von der Ornes-Schlucht bis zum Pfefferrücken. Fünf von uns machten sich nichts aus den Feiertagen, drei behaupteten, sich auf den Gottesdienst zu freuen. Alle acht klemmten wir uns in ein Abteil, und fünf Minuten später spielten wir Skat. Da wir keinen Heimaturlaub hatten erhalten können, genügte uns zur Auffrischung und Abwechslung auch dieser Feiertagsausflug von zwei Tagen; wir waren sehr genügsam geworden. Zufällig waren wir alle zusammen in Berlin eingezogen worden und standen seit anderthalb Jahren bei unserer Kompanie, seit vierzehn Monaten im Felde; Nordfrankreich, Südungarn, Serbien und Mazedonien und jetzt, seit April der Schmelzofen und die Hammerschmiede von Verdun. Was konnte uns passieren? Wir waren alte Soldaten und jedem Zufall gewachsen.
Dennoch erwartete uns eine Überraschung. Wir hatten, fast tausend Mann, die Stadt Montmédy überschwemmt, die nur ihre bleichen Etappensoldaten gewohnt war. Dann hatten wir in einem ungeheuren Zelte einen Vorabendgottesdienst abgehalten, mit Lichtern, Kiddusch, einem Soldaten als Vorbeter und all den alten Melodien und erhabenen Texten, die uns erschütterten und aufweichten. Danach hatten wir Bekanntschaft miteinander geschlossen, Feldwebel mit Armierungssoldaten und Gefreite mit Stabsärzten, und der Vizefeldwebel der Artillerie hatte in dem Infanteristen aus der Reservestellung einen alten Bekannten aus der Lehre oder von der Handels-

hochschule erkannt. Dann saßen wir alle zusammen und tafelten – Feldküchenessen, aber »unter Aufsicht des Rabbinats« hergestellt, und bekamen Wein in unsere Feldbecher geschenkt, und das Seltsame geschah, daß an die Ehrentafel des Feldrabbiners, der Stabsärzte und Offizierstellvertreter ein gewöhnlicher Armierungssoldat mit Brille und mageren braunen Backen berufen wurde, weil er ein Schriftsteller war, den eine ganze Anzahl der Versammelten als solchen kannte. Im Heere war er nichts als eine Nummer unter Hunderttausenden, und er wünschte es sich nicht anders.

Aber nicht das war das Überraschende. Sondern als, nach der ersten Hälfte des Gottesdienstes am anderen Vormittag, am Morgen des Rosch Haschanah, der Feldrabbiner auf die improvisierte Kanzel stieg, um zu predigen, da beseelte die ganze Versammlung nur ein Wunsch: sie wollten vom Frieden hören. Vom Frieden, welcher in allen Gebeten eine so große Rolle gespielt hat. Von der Sehnsucht nach Frieden, die das ganze deutsche Heer erfüllte – das deutsche Heer, das französische, das österreichische, das russische, das britische, alle Heere. Der Krieg dauerte schon zwei Jahre und zwei Monate. Sechsundzwanzig Monate hatten sich die Männer mit Granaten und Gewehrkugeln überschüttet, mit Bajonett und Minen getötet. Sechsundzwanzig Monate lang hatten ungeheure Opfer an Menschenleben die Schlachtfelder bedeckt, die sich durch Kontinente erstreckten. Christen, Moslems und Juden: alle wünschten nichts so sehr als das Ende des Gemetzels und der fürchterlichen Verschwendung aller Güter der Erde. Es gab keine Regierung, die nicht ununterbrochen beteuerte, sie wolle nichts als den Frieden – einen ehrenvollen Frieden natürlich, würdig der ungeheuren Opfer. Die Soldaten aber wollten wirklich nur den Frieden, nichts als ihn. Sie fanden, in diesem grauenhaften Ringen sechsundzwanzig Monate ausgehalten zu haben, das war Ehre genug, und für die Opfer des Krieges, so dachten sie in ihrem einfachen Verstande, konnten nicht neue Opfer entschädigen, sondern lediglich der Aufbau einer besseren Welt, einer geeinigteren Erde und die Wiederherstellung jenes blühenden Zustandes, dessen sich die meisten Länder Europas vor dem Kriege erfreut hatten. So dachten alle Soldaten, oder so fühlten sie, von den vordersten Infanteriegräben bis ans Ende der Feuerzone und noch etwas weiter rückwärts.

Aber in der Etappe dachten sie nicht so. Und Montmédy war nichts als ein Etappenstädtchen – das hätten wir bedenken sollen. Und darum sperrten wir Mund und Nase auf, als der Herr Feldrabbiner uns von den großen Taten unseres Heeres zu predigen begann und von der Rolle, die unser geliebtes siegreiches Vaterland nach errungenem Endsieg zu spielen haben werde, als Hüter der geistigen Werte Europas, als das Land Goethes und Schillers, welches jetzt das Land des Generalfeldmarschalls von Hindenburg geworden war. Im Vertrauen auf ihn begingen wir jetzt das Neujahrsfest, einer herrlichen Zukunft entgegen – und daran schloß sich zwanglos das Gebet für unser Herrscherhaus und unseren obersten Kriegs- und Friedensherrn, den deutschen Kaiser Wilhelm II.
Wir waren disziplinierte deutsche Soldaten, niemand murrte. Der Gottesdienst ging weiter, der Zwischenfall schien verwunden und vergessen. Wieder sogen die alten Melodien und die Jugenderinnerungen die Gegenwart auf, Elternhaus und Synagogenbesuch in den kleinen und großen Städten der Heimat schoben sich vor die Gegenwart, man trug nicht mehr eine graue Uniform, sondern einen dunklen Feiertagsanzug, und das Feldküchenessen, das einen erwartete, nahm undeutlich die Gestalt von Nudelsuppe und Gänsebraten an. Aber als das letzte Adon Olam, der letzte Kaddisch gesungen und gesagt war und der Vorbeter in der Pickelhaube den Talith zusammengefaltet, das Gebetbuch geschlossen und geküßt hatte, gab es eine große Bewegung, und die Soldaten blickten einander an, murmelten, flüsterten, zuckten die Achseln. Es war nicht viel die Rede von der Predigt, ein paar spöttische Bemerkungen über Feldgeistliche im allgemeinen und tüchtige Feldrabbiner im besonderen wurden laut, und als man sich später zu Tisch setzte, bemerkte niemand, daß ein gewisser grauer Armierungssoldat mit Brille und braunen Backen nicht mehr am Tische der Herren saß, sondern in der Masse verschwunden war, der grauen Masse mit aufgerauhten Stiefelschäften und Koppeln. Er hatte einen Mann gefunden, einen jungen badischen Infanteristen, der ihm an der Ähnlichkeit mit einem Göttinger Studienkameraden aufgefallen war. Er war in der Tat ein Bruder dieses jungen Studenten der Philosophie, und der Bruder war längst gefallen, als die Freiwilligen-Regimenter, und darunter auch das göttingische, ohne Sinn und Verstand in den

Tod gejagt worden waren, in Flandern, in der Nähe eines Ortes namens Langemarck.
Und so vergingen die beiden Feiertage, und das Wort Frieden kam nur in hebräischen Gebeten vor. Denn die deutschen Juden bildeten damals noch einen unablöslichen Teil des deutschen Bürgertums, sie waren brave und gehorsame Untertanen, die nur dachten, was zu denken erlaubt war, und deren Beamte oder Seelsorger nur die erlaubten und gewünschten Meinungen verkündeten. Damals aber war gerade der Armeeführer von Falkenhayn seines Postens enthoben worden, wie vorher der Generaloberst Graf Moltke, und ganz Deutschland erwartete das Heil von den Generälen von Hindenburg und Ludendorff – und mit ihm die deutschen Juden. Darum auch tat der Feldrabbiner vielleicht gut daran, für sie und in ihrer Gesinnung zu predigen, denn es war eine alte Erfahrung, daß einen verlorenen Krieg ein Teil der bürgerlichen Bevölkerung besonders hart zu verlieren pflegte, nämlich das Judentum des besiegten Landes.
Und siehe: heute, Rosch Haschanah 1935, haben die deutschen Juden das Siegel auf ihre Taten und Leiden empfangen, ihre Vorsicht und Einmütigkeit, ihre Opfer an Gut, Blut und Einsicht. Nicht sie allein, ein Riesenteil des deutschen Volkes vielmehr, sie aber besonders nachdrücklich. Sie sind eine wehrlose Minderheit geworden, der niemand hilft, und die Bitterkeit der Erinnerungen kann sich nicht messen mit der Bitterkeit ihrer Gegenwart und einer höchst ungewissen, vielleicht verhängnisvollen Zukunft.

Heute Spanien, morgen welches Land?

1937

Als wir den Juden in der deutschen Republik immer wieder zuriefen: der deutsche Militarist ist es, der sich vorbereitet, eure Stellung zu zerschlagen, weil ihr ihm im Wege seid – da hörten sie nicht zu. Als wir ihnen weiter sagten: er wird euch ohne Gnade vernichten – da lachten viele. Als wir fortfuhren zu beschreiben, bis zu welchem Grade dem abgesetzten Kriegssoldaten Gesittung, Anstand und Menschlichkeit fremd, ja widerlich sei, da hielten die Angeredeten uns für Hetzer. Und als, nach dem Sturz der Republik, der Pöbel in Amt und Würden gegen Juden, Frieden und Kultur losschlug, da wiederholten die friedfertigen Männer und Frauen Europas die gleiche starrsinnige Abkehr von der Wirklichkeit und glaubten, wenn sie nur wegsähen, nur keine Notiz nähmen, dann würde das Übel stehenbleiben.

Das Übel ist nicht stehengeblieben, es ist fortgeschritten, es hat die teuflischste Gestalt angenommen: des Abenteurers im Sold fremder Generäle, der mit dem Maschinengewehr vom Flugzeug aus fliehende Frauen und Kinder aufs Korn nimmt; des Bombenwerfers, der offene Städte bis zu den Kellern einstampft. Überall in der Welt gibt es solche Städte, überall in der Welt fliehen Menschen ins Freie, wenn der Bomber über ihren Dächern dröhnt. Überall kann ein deutscher Militarist Dienste nehmen, wenn es ihm sein Herr und Führer erlaubt, mehr noch, wenn er ihn hinschickt. Heute Spanien – morgen welches Land immer. Was sind denn Basken? Sind Basken Verbrecher? Besitzen sie Reichtümer unvergleichlicher Art? Oder was unterscheidet sie von Euch, Männer und Frauen, zu denen dieser Aufruf redet? Basken sind Menschen wie Ihr. Sie lieben ihre Freiheit, wie Ihr. Sie wollen nicht von fremden Generälen getötet werden, wie Ihr. Und sie sind das Opfer derselben Kräfte, die nach Euren Häuptern zielen. In allen Ländern der Welt befeindet Euch die gleiche Kraft, die heute Spanien zertrampelt. Die Armut der Juden schützt sie nicht, und der Reichtum sichert sie nicht – in Polen wie in Amerika werden dieselben Angriffe gegen sie gerichtet, und von den gleichen Kräften, die gegen das spanische Volk, die baskische Nation losgelassen wurden. Selbstbestimmung war das Verbrechen, welches das spanische Volk beging. Es wollte nicht mehr unterdrückt werden von den beiden Ständen, die es historisch beherrschten und welche sein Elend verewigt hätten: den Großgrundbesitzern und den Kirchenfürsten. Eine demokratische Republik wurde daraufhin verleumdet, wie sonst nur wir Juden verleumdet werden, und von denselben Leuten. Darum helft Bilbao retten! Setzt Eure Ehre darein, den Schwachen beizustehen und die Verfolgten zu stärken. Als unsere Väter aus Spanien vertrieben wurden, vertrieb sie Adel und Geistlichkeit, und sie weinten über die verlorene Heimat. Eine alte Rechnung ist darum noch keine vergessene. Juden, gedenkt der großen Tage der spanischen Freiheit und helft, indem Ihr den Basken beispringt, dem spanischen Volke, das sich selbst befreit!

Welch ein Unterschied!

Aus einer Botschaft an die Sowjetregierung

1939

Was für mich und alle geistig Schaffenden die Opferung der Tschechoslowakei, die Opferung Spaniens und die deutschen Pogrome bedeuteten, kann ich kaum andeuten. Der Glaube an eine Welt stürzte zusammen. Darum erscheint uns der Anbruch eines neuen Fünfjahrplanes in der UdSSR um so gewichtiger. Sie wissen ja, daß der deutsche Faschismus sich auch die Idee angeeignet hat, die den planmäßigen Einsatz aller Kräfte eines Landes zu einheitlichem Zwecke voraussieht. Aber welch ein Unterschied zwischen diesen chimärischen Reden über einen »Vierjahresplan« und dem Ihren! Der deutsche Faschismus vernichtet mit seinem »Vierjahresplan« die hohe Zivilisation und Kultur der deutschen Republik. Und das Endziel, dem er alle Kräfte des Reiches unterordnet, ist die Absicht, zu zerstören. Im Innern zerstört er alle Werte der Persönlichkeit, der Humanität und des menschlichen Lebens, die das deutsche Volk bislang hervorbrachte; nach außen drängt er auf die versuchte Zerstörung der westlichen Welt durch einen Eroberungskrieg. Die UdSSR dagegen hat in den letzten Jahren immer wieder bewiesen, wie ernst sie die Aufgabe des Aufbaus nahm und nimmt, und mit welcher kraftvollen Mäßigung sie den Provokationen standhält, die im Osten wie im Westen gegen sie gerichtet werden. Und ununterbrochen hebt sie dabei das Lebensniveau der ungeheuren Massen, die sie seit 1917 zu führen und zu betreuen die Aufgabe erhielt. Wer dieses Ausgangsniveau im Auge behält, der kann nur mit Bewunderung der Gesamtanstrengung zusehen, die sich bei Ihnen vollzieht und die nach vorwärts gerichtet ist und nach aufwärts; die den Massen dient, nicht aber sie mißbraucht, die der Hoffnung entgegenstrebt und nicht in die Verzweiflung eines Angriffskrieges mündet.

Warum die Welt schweigt

Um 1937

Immer drängender hört und liest man seit dem Jahre 33 die Frage: warum die Welt schweige. Bertold Jacob und Balder Olden, um nur zwei Sachverständige zu nennen, haben sie erst jüngst wieder formuliert und eine Antwort nicht gegeben – vielleicht aus Gründen tieferer Wirkung, um Nachdenken zu erzwingen. Aber seit ich überzeugt bin, daß Gruppen (und Kinder) nur das denken, was sie gern denken, glaube ich nicht mehr an die Wirkung von Fragen, auf die der Gefragte selber antworten soll. Immer weniger läßt sich die Einsicht umgehen, daß Denkinhalte bieten muß, positive, leicht übersehbare, wer Massengedanken bewegen will. Das sei also hier versucht.
Wiederholt sei die Frage, warum die Welt zu den deutschen Greueln schweige, während doch ihre Wirklichkeit so gut bewiesen ist wie die, daß elektrischer Strom unsere Glühlampen zum Strahlen bringt und nicht Propaganda und Hetze. Die Morde, Folterungen, Verstümmelungen, die Zerstörungen von Eigentum, die Diffamierung bestimmter Menschengruppen, die Verbrennung von Büchern, die Vernichtung von Kunstwerken, die Absetzung der gesamten deutschen Vergangenheit, soweit sie Kultur des Humanismus ist, also des Geistes und Gefühls – alles das macht nicht einmal den Amtsschimmel traben, geschweige, daß wirkliches Mitgefühl gezeigt wird. Ein paar hunderttausend Flüchtlinge werden wie Aussätzige mit sich allein gelassen. In diesen drei Jahren ist es der Welt, dieser großen Elefantenkuh, nicht gelungen, Pässe für die Emigranten zu kalben. Mittlerweile werden die Veranstalter von Pogromen, die Besitzer von Konzentrationslagern mit nachgewiesenem Folterkodex und Polizeikellern gleicher Observanz, behandelt wie einst der Zar: eine rechtmäßige Regierung darf mit ihren Untertanen machen, was sie will. Sie darf Verträge brechen, nicht nur Friedensverträge, die sie als rechtens Besiegter unterzeichnete, nachdem ein Waffenstillstand sie vor den handgreiflichen Folgen der militärischen Niederlage geschützt

hatte. Sie darf in ihrem Lande mit Zuchthaus bestrafen, wer die historische Wahrheit ausspricht, daß die deutsche Regierung mit der österreichischen und der zaristischen die Hauptschuld am Kriegsausbruch trägt. Sie darf alles, auch außerhalb der Grenzen, die sie vorläufig und notdürftig anerkennt. Morde, Entführungen, eine intensive und schmutzig-geschickte Hetze anstiften, die bald hier, bald dort (eben in Palästina) blutige Früchte trägt: alles darf sie, und die Emigranten dürfen nichts. Wir wissen ja, daß sie jetzt stark ist, wenngleich nicht halb so stark, wie sie tut. Daß sie vor der entschlossenen Phalanx der Kulturvölker jedesmal zurückgewichen ist, Rechtens, denn in ihrem Innern, wie einst in dem des zaristischen Regimes, arbeitet, was ihr den Untergang bringen wird. Aber 33 war sie schwach, und 34 war sie schwach, und dennoch tat die Welt nichts. Das muß seinen tiefen Grund haben.

Ich mache mir nicht den Spaß, in meinem Gedächtnis unter A die Spalte Afghanengreuel aufzuschlagen. Es gibt eine Anzahl berühmter Balladen von Kipling, die sich damit beschäftigen: mir harmlosen Scherzen vergangener Afghanen-Khane. Da hatte sich ein Gegner des Khans auf einen Baum gerettet, und der König ließ ihn da oben, nur stellte er drunter ein Pikett mit Lanzen auf. Fiel der müde Mann endlich runter, so spießte er sich selbst. Ein anderes hieß: »The King's mercy«. Da sollte ein Gegner des Königs gesteinigt werden, so, daß sein Kopf geschont wurde und er also unter dem Steinhaufen lebte. Die Gnade des Khans bestand darin, daß er endlich der Wache erlaubte, ihn zu erschießen. So Kipling. Wenn ich nicht sehr irre, präludierten diese Gedichte einem berühmten Kolonialkriege, der mit der Einnahme von Kabul durch die Engländer endete. Zufällig, so behaupteten damalige Kritiker, lag Afghanistan auf der Straße des englischen Imperialismus.

Die Kritiker der Gegenwart behaupten, seither sei das Herz der Welt träge geworden. Andere finden sich mit der Tatsache ab, große Staatsmänner fehlten, Entschlußfreude, Mut zum Einsatz vorhandener Machtmittel. Alle Welt ist entsetzt über die vielen Beratungen, bei denen nichts herauskommt. Versuchen wir, ruhig zu sagen, warum dieses Bild der Gegenwart entsteht. Wir wissen, daß jede Unschlüssigkeit, jeder Mangel an Aktionslust aus streng determinierten Quellen stammt, die aber im Unterbewußten fließen, im Bezirk des Verdrängten.

Eine solche unterirdische Furcht zieht heute um die ganze Erde. Sie teilt die Welt in zwei Lager, denn sie heißt: Angst vor dem Kommunismus. Auf der einen Seite stehen die Menschen, welche diese Angst nicht haben, auf der anderen Seite diejenigen, die sie haben. Alle diejenigen nun, welche diese Angst haben, können nicht einschreiten gegen jemanden, der den Glauben zu verbreiten verstand, er sei der Retter vor dem, was diese Angst verursacht, und er habe das Mittel dagegen. Nur als Folge der Anwendung dieses Mittels, versichert er der Welt, gebe es deutsche Emigranten – Sozialisten, Juden, Katholiken, Intellektuelle. Jeder einzelne, den er über die Grenze trieb, ist Bazillenträger und verbreitet die Pest des Kommunismus: das hat er der Welt beigebracht.
Wir sind weit davon entfernt, Herrn Hitler und seine Propaganda zu überschätzen. Dieser Lehrgang und Leergang der Welt begann 1918; man bittet, das wohl zu beachten. Erst war es der vaterländische Unterricht des Herrn Ludendorff und die Presse der Schwerindustrie, die in Deutschland den Kreuzzug gegen das bolschewistische Ungeheuer vorbereiteten. Dann erstand jener Dr. Stadler und seine »Liga gegen den Bolschewismus«, die ihre freiwilligen Hilfskorps in der Presse der Entente-Länder nicht erst zu suchen brauchte: durch den Frieden von Brest-Litowsk und das Ausspringen des Leninschen Rußlands aus der Kriegsfront waren sie um einen Verbündeten gekommen, ein Ausfall, den sie bis zum Jahre 35 Rußland kaum verziehen. Und hinzu trat die Sozialdemokratie der ganzen Welt, als dieses Rußland, seinem Programm getreu, mit der Diktatur des Proletariats Ernst machte und jene Volksherrschaft errichtete, die sie auf vielen sozialistischen Kongressen angekündigt hatte. All das häufte eine ungeheure Affektmenge gegen alles auf, was mit Rußland und seinen Ideen in Zusammenhang stand oder gebracht wurde. Eine solche gestaute Lawine von Haß und Angst hängt noch heute über der Welt: von ihr profitiert Herr Hitler und das Dritte Reich. Jeder einzelne Emigrant in Argentinien, in Frankreich, überall, lebt unter dem Druck dieser unerledigten Gewalt. Das kapitalistische System hatte kein Interesse, diese Lawine abzutragen. Man kann nicht verlangen, daß es sich kampflos an seinen Gegner auslieferte, zumal es die abgründige Ungerechtigkeit sehr wohl ahnt, die aus der historisch gewordenen Besitzordnung spricht.

Die Massen quellen empor und wollen leben: Arbeit haben, ein bißchen Freude, das Gefühl, gleichberechtigt zu sein, teilzuhaben an der Kultur, deren Last sie tragen, Zukunftsraum vor sich zu sehen für ihre Kinder. Daß Haß und Angst auf ihren Drang antworten, da Besitz kurzsichtig macht, ist die große Chance des Hitlertums; daher verbreitet es noch heute jene albernen antibolschewistischen Märchen und Albdrucke von 1918. Immer noch spielt es Klavier auf Vorstellungsreihen, die von zahllosen Plakaten jener Zeit geprägt worden waren, in allen westlichen Sprachen. Erinnert euch einmal jener Scheußlichkeiten, zu deren Herstellung weder Goebbels noch sein Ministerium notwendig waren und die der Gefreite meint, wenn er sich in die Pose Wilhelms II. wirft, um wieder einmal die Völker Europas zu retten. Da sitzt ein Weib mit starrenden Augen, die Leiche ihres Kindes auf dem Schoß, und »Bolschewismus ist Hunger und Tod, niemals aber Frieden«, schreit der Text. Ein riesenhafter Tod mit einer Sense, von Fledermäusen umflattert, führt durch ein undefinierbares Gestrüpp: »So führt Euch Spartakus! Brüder rettet unsere Revolution!« Ein Gorilla mit glühenden Augen in einem Wolkenhimmel unterstreicht die Parole: »Die Heimat ist in Gefahr«, und gleich darunter: »Gebt für die Osthilfe«, wobei Bolschewismus mit »polnischen Banden« klug verkoppelt wird. »Bolschewismus heißt: die Welt im Blut ersäufen« – und eine riesige Hyäne blickt über einen Blutsumpf, aus dem ein Arm und ein verhungertes Gesicht tauchen. Struppige Kosakenköpfe, Mörder mit dem bluttriefenden Messer zwischen den Zähnen und dazwischen der deutsche Michel, der besorgt mit einem russischen Gefangenen den folgenden klassischen Dialog führt: »Du, Ruski, Bolschewismus – was ist das eigentlich?« – »Bolschewismus is sich sähr große Gleichheit: hat keiner was zu fressen!«
Möge sich der Leser von diesen Albernheiten nicht anöden lassen; ihnen und ihren amerikanischen und italienischen, britischen oder polnischen Abwandlungen verdankt Herr Hitler, verdankten die deutschen Generäle der Republik das Wohlwollen der Welt. Lügen sitzen. Wahrheiten kriechen mühsam in die Gehirne.
Noch heute glauben nur wenige außerhalb Rußlands und der kommunistischen Partei, daß die Oktoberrevolution zum Beispiel so gut wie unblutig verlief (wie ja noch heute die phanta-

stischsten Zahlen über die Blutopfer umlaufen, die die Französische Revolution kostete). Fünfzehn Jahre Pressearbeit haben ihre Pflicht getan. Auf der anderen Seite hat der deutsche Nationalismus seit 1919 den Glanz um sich verbreiten dürfen, den der Schutz des Privatbesitzes verleiht. Daß Verstaatlichung der Produktionsmittel und Aufhebung des Privatbesitzes nicht dasselbe sind, bedarf heute noch ebensosehr der öffentlichen Darlegung wie die Erinnerung daran, daß nationalistische Parteien und Gruppen den Besitz so lange schützen, bis sie ihn im unvermeidlichen Krieg verpulvern. Dies tat Napoleon III., wie es Napoleon I. getan hatte. Dies tat Ludendorff, wie es Hitler tun wird, wenn man ihn nicht daran hindert. Aber die Verpulverung des Besitzes in Kriegen ist durch Herkommen und Zerstörungstrieb geheiligt, die Verteilung der Produktionsmittel, des vom Krieg übriggelassenen Restes des Volksvermögens, ist eine Neuerung, gegen die Angst und Leidenschaft, Interesse und ungelenkes Denken sprechen.

»Der Bolschewismus ist die Krankheit der besiegten Heere«, antwortete Marschall Foch kühl und erfahren dem armen Erzberger, als er Deutschland mildere Waffenstillstandsbedingungen erhandeln wollte, mit dem bolschewistischen Gespenst drohend. Umgekehrt aber weiß heute in Europa die aufgeschreckte Welt, daß, wer im kommenden Kriege auch besiegt werde, der Neuaufteilung aller Produktionsmittel nicht entgehen könne. Wer völlig verarmt ist (der vergangene Krieg kostete Amerika und Europa insgesamt siebenhundertzweiundsiebzig Goldmilliarden, nach der Kaufkraft von 1914 berechnet), muß seine Verhältnisse neu ordnen, um irgendwie zu überwintern, sich zurechtzufinden, wieder anzufangen, aus Ungerechtigkeit in gerechtere Zustände aufzusteigen. Daher ängstet sich Europa vor jedem Kriege. Daher vermeidet es, Tatsachen zur Kenntnis zu nehmen, die zu einem solchen Kriege führen könnten. Daher ächtet es lieber die Emigranten als die Hitlerei. Daher verzichtet es lieber auf den Schutz seiner bedrohten Gesittung als auf den des »Friedens«. Darum gibt es lieber den deutschen Nationalisten Zeit, aufzurüsten, als der deutschen Opposition Kraft und Gelegenheit, den Krieg zu vermeiden und den Sturz des Regimes herbeizuführen, der allein den Frieden retten kann. Daher schweigt es, daher hilft es nicht und bietet lieber den Anblick eines gelähmten Kontinents, der,

wir wissen es genau, von Kräften strotzt und niemals ein größeres Potential zum Niederringen seines entschlossensten Feindes besaß.
Eines muß der Leser gemerkt haben: dieser Aufsatz plädiert weder für den Kommunismus noch gegen ihn. Nur für den Abbau der Wahngebilde plädiert er, die von den Interessenten des Trustkapitals um ihn gewoben wurden. Über Wirtschaft, Horatio, kann man später diskutieren. Planung vom Reichtum her ist ebenso versucht worden wie Planung aus der Armut. Zu Ende sein müßte nur die Planlosigkeit; daß man sich lähmen läßt, weil der deutsche Kapitalismus nach dem Satze handelte: er wisse wohl, Herr Hitler werde ihm vieles nehmen, der Kommunismus aber alles. Den kleinen Unterschied, den er vergaß, wollen wir nachtragen: daß nämlich Herr Hitler nicht ihm, sondern dem deutschen Volke alles nehmen wird, der radikalste Kommunismus aber demselben Volke nur zurückzugeben wünschte, was die Kunst des Monopolkapitals und seiner Gesellschaft diesem Volke schon zu Zeiten Wilhelms I. genommen hatte. Soll um dieser kleinen, aber mächtigen Gruppe willen die Welt weiter gelähmt bleiben dürfen? Wir sind nicht dieser Meinung. Es gibt jetzt in Spanien und in Frankreich Gelegenheiten, sich das Zusammenarbeiten der linken Gruppen anzusehen; und die neue russische Verfassung, ein historisches Ereignis von mächtiger Tragweite, leitet in die neue Form der Demokratie über, die Lenin immer wollte. Wir sind der Überzeugung, daß Wahrheit, Glück und Gerechtigkeit dabei auf ihre Kosten kommen werden. Versuchen wir inzwischen, die Atmosphäre des Mißtrauens zu entgiften, die zwischen rechts und links heute schwelt, in Sachen des Privateigentums und der menschlichen Freiheit. Klärt den Schauplatz der Innenpolitik vom Schutt der Agitationen, und vielleicht wird das Herz der Welt beweisen, daß es durch den Weltkrieg nicht stumpfer geworden ist; und sogar wacher, bei all denen, die mit uns darauf schwören, daß nur Gerechtigkeit zum Leben führt, Ungerechtigkeit aber in die Katastrophe.

Gestern, heute, morgen

1932–1938

1

Es hat heute nacht stark geregnet. Das Trommeln der Ablaufrinne hielt mich wach, und in der Stille folgte mein Ohr dem dumpfen Nachhall, mit dem ein Teil des köstlichen Wassers, vom Dach aufgefangen und gesammelt, in die Zisterne hinunterfiel. Auf dem Kamin eine melodische Uhr schlägt jede halbe Stunde. Mitternacht ist längst vorüber, ehe ich einschlafe. Es weht kein Wind, still im prasselnden Regen harrt das Haus aus, das vor bald vier Jahren gebaut wurde und in dem wir eine mäßig große Wohnung gemietet haben. Aber um ihre drei Terrassen erheben sich in wildgrünem Gewirr die Wipfel der Pinien, langnadelige Mittelmeergeschöpfe, Vögel wohnen im Gezweige, wildernde Katzen lauern ihnen auf, und wenn ich morgen früh die hölzernen Gitterläden öffne, wird mich das blendende Licht Palästinas empfangen und ein bleiches Meer, wolkenüberweht, als Horizont aufsteigen. So wohne ich jetzt, dies ist seit vier Jahren meine Umwelt. Unten, mir nicht sichtbar, umrahmt die Hafenstadt allmählich die Ufer ihrer herrlichen Bucht; hier oben entstehen, im kühlenden Anhauch des Meereswindes, Gruppen klotzig häßlicher Häuser, Gebilde, ohne Sinn für die Landschaft und ihren Rhythmus hingesetzt, bleich von Zement und ausladend wie achtlos aufgetürmte Kragenschachteln. Aber die Wohnungen in ihnen entsprechen den Bedürfnissen der Vertriebenen, all der neuen Einwanderer aus Mitteleuropa, die den Berg Karmel bevölkern und zwischen denen wir jetzt wohnen. Es ist wahr, Unruhen begrüßten uns; Wächter mit Gewehren gehen umher, täglich fallen Schüsse und Opfer. Aber nicht die Gegenwart erregt mich heute – rückwärts gewendet vielmehr geht mein Blick, schlägt mein Herz, wandern meine Gedanken. Es ist etwas geschehen, etwas Unwesentliches, ein Kinobesuch, nicht mehr. Aber wie der Tritt einer Ziege genügt, eine Schuttlawine in das Wadi hinabzusenden, das zwischen uns und dem Meere eingeschnitten ist, erobert von Gestrüpp, Alpenveilchen, Narzissen und jeder Art von Dornkraut, so treten Scharen von Erinnerungen vor mein nächtliches Gemüt, überhell, scharf umrissen und in ihrer lautlosen Anwesenheit eindringlich und schwerwiegend wie Träume, aus denen das nächtliche Leben besteht.

2

Ich habe einen Film gesehen, einen älteren deutschen Film. Mit Frau und Kindern saß ich davor; ich besah ihn mir durchs Fernglas, die anderen mit ihren gesunden Augen. Ich hatte Angst vor der Wirkung dieses Films auf die beiden Jungen. Denn er zeigte ihnen für einige Augenblicke ihre engste Heimat: den Bahnhof Eichkamp, Kiefernkronen vor dem hellen Himmel, den Dauerwald-Weg, das »Filmschloß Grunewald«, das Havelufer – alles, was sie mit ihren Fahrrädern oder ihren nackten braunen Beinen durchmessen hatten. Ich gestehe, daß auch ich den Atem anhielt, heftiger als sonst von der weißen Leinwand her aufgestört. – Eichkamp ... das war einmal! Und wenn ich mir jetzt auf dem nackten Kalkboden Palästinas vergegenwärtige, was sich alles an jener Ecke Berlins zusammenfand, welche Beziehungen sich hin- und herwoben, zu welchen Menschen das Gefühl der Nachbarschaft ausstrahlte, kommt etwas zustande, was es nicht mehr gibt: ein Querschnitt dessen, was die Welt unter deutscher Kultur etwa zehn Jahre lang verstand. Jenes Maß geistiger Leistung und Verflechtung offenbart sich, das man nach dem Kriege zögernd wahrnahm, allmählich anerkannte, als europäisches Gesittungsgut grüßte und achtete. Auf geistigen Leistungen ruhte damals Deutschlands Ehre.

3

Die Nachbarn eines Schriftstellers sind in erster Linie Schriftsteller. Nach Dahlem hinüber, dort, wo es eigentlich Kolonie Grunewald war, führte der Weg zu Lion *Feuchtwanger*. Ich

ging ihn oft und bei jedem Wetter. Man konnte dabei denken, die Arbeit überprüfen, Einfälle haben. Zwischen den niedern Häusern Eichkamps hin, ein Stück an der Avus entlang und durch den Tunnel unter ihr und der Eisenbahn hindurch trabte ich oder kam Feuchtwanger; den Rest des Weges umsäumten Gärten und der Kiefernwald. Fünfundzwanzig Minuten zu Fuß – das ist nahe. Dann saßen wir in seinem Arbeitszimmer mit dem überaus langen Schreibtisch – in welchem SA-Heim mag er jetzt Dienst tun? – oder in dem meinen mit den riesigen Glasfenstern, und er las mir vor, was er geschrieben hatte und was ich selbst zu lesen nicht mehr vermochte, und wir sprachen darüber. Unsere Freundschaft war allmählich gewachsen aus der Leidenschaft zur Arbeit, aus Anteilnahme an unseren jeweiligen Bemühungen, aus Freude an dem, was gelang, aus dem unablässigen zähen Kampfe mit der widerspenstigen Materie, der Komposition, dem Satz. In vielem dachten wir gleich, in vielem stritten wir uns, nichts wurde verschwiegen, nichts berührte die Herzlichkeit unserer Begegnungen oder des abendlichen Schwatzens am Telefon. Heute suchen unsere Briefe einander über die ganze Breite des Mittelmeeres, die schnellsten brauchen fünf Tage nach der Provence.
Häufiger bei Feuchtwanger, seltener bei mir, traf Bertolt *Brecht* ein, in seiner Lederjacke, mit Großmutters Brille, stets voll Leben, sarkastischen Späßen, streitsüchtig und klar im Kopfe wie kaum je ein großer Lyriker. Er kam regelmäßig, manchmal unrasiert, um sich immer vorwärtsgewandte Prägungen und Probleme. Das Drama, der Film, die Bühne, die Schauspielkunst und vor allem der Kampf um revolutionäre Erneuerung dieser Formen und Materien erfüllte ihn. Und da Brecht der Begabteste seiner Generation ist, gab es keine Unterhaltung, die so voller Lachen, Streit, geistigem Charme und Menschenkenntnis war wie diese. Jetzt sitzt er in einem dänischen Fischerhäuschen, eine gute Anzahl Breitengrade trennen ihn von Feuchtwanger wie von mir, und wir treffen einander manchmal in Paris oder grüßen uns durch das gedruckte Wort.
Ebenfalls in Dänemark, in Kopenhagen nämlich, arbeitet jetzt Karl *Federn*, der mit seinem Fahrrad und seinen Knickerbokkern aus Halensee herüberkam. Voller Würde begrüßte er Herrn und Hund, welcher ihm die Waden beschnupperte; das Rad lehnte, sicher vor Regen, unterm überstehenden Dach,

und unsere Gespräche verwandelten lange Abende in kurze. Seine tiefgründige Bildung und seine schriftstellerische Kultur, sein Sinn für Repräsentation und gesellschaftliches Beisammensein hatten ihn eine Anzahl von Jahren an die Spitze des deutschen PEN-Clubs geführt, bis der wachsende Nationalismus ihn vertrieb. Außerdem arbeiteten wir im »Schutzverband deutscher Schriftsteller« miteinander, unserer größten Berufsorganisation und -gewerkschaft; und die Interessen der Kollegen, der Schutz ihres geistigen Eigentums, die Tragfähigkeit ihrer Verträge füllten, während die Weingläser auf dem Tisch standen, unser Hin und Her. Unterschiede der politischen Gesinnung kannten wir dabei nicht, ein Schriftsteller wie Gerhard König nahm unsere Hilfe ebenso gern entgegen wie kommunistische oder liberale Kollegen, und an der Frage, ob das ein Fehler war, scheiden sich heute die Zeitalter. Auch Karl Federn las mir vor, bald eine Novelle, einen Essay, ein Stück seiner meisterhaften Biographie Mazarins, und ich freute mich immer, von Generations wegen in der Mitte zu stehen zwischen diesem Federn und jenem Brecht, dem ganz und gar eingebürgerten Wiener Juden und dem ganz und gar modernen Augsburger, der sich nach dem Einbruch des Dritten Reiches zum – Keltoromanen ernannte!
Aus Nikolassee, jenem Villenvorort, der schon etwas weiter abliegt vom Stadtrand, kamen Anrufe und Verabredungen mit Werner *Hegemann*, dem bedeutendsten Außenseiter deutscher Literatur. Wir trafen uns auf dem Wege oder besuchten einander in den Gärten und Häusern, und die Gespräche Hegemanns, sein stiller, unerbittlicher Kritizismus, seine Fragen, sein Vorlesen gehörten zu den stärksten Eindrücken geistigen Deutschtums, die es überhaupt in Berlin gab. Dieser Stadtbaumeister, der die Welt kannte wie keiner von uns, war innenpolitisch der hellhörigste Parteigänger für deutsche Kultur, freien Geistes empfunden und voller Urbanität ausgedrückt. Er war der beste Städter von uns allen. Seine Betrachtung preußischer und deutscher Geschichte, seine kritischen Analysen und blitzenden Dialoge waren unerbittlich auf die Durchsetzung wahrer Bildung gerichtet, ob er nun Bauten, Personen, historische Legenden oder deutsche Prosa kritisierte. Die neuen Machthaber haben ihn ausgebürgert, nachdem sie monatelang die bezaubernde Ironie übersehen hatten, mit der er seine Entlarvte

Geschichte »den Führern der Deutschen, Paul von Hindenburg und Adolf Hitler, in erwartungsvoller Verehrung« gewidmet hatte. Nach langer Mühsal hatte ihm die Columbia-Universität für die nächsten Jahre ein Heim in New York gesichert; da riß ihn der Tod aus unserer geistigen Mitte. Denn der Abstand zwischen der kleinen Stadt und den Hochhäusern der Stadt und den Hochhäusern der Stadt New York war nicht groß genug, das Gefühl guter Nachbarschaft aufzuheben. Jetzt schweigt sein Mund, sind seine klugen Augen erloschen; wir werden ohne ihn fertig werden müssen.

In New York findet sich jetzt auch die Wohnung, in der mein nächster und eigentlicher Nachbar haust, der einstige Abgeordnete Dr. Kurt *Rosenfeld*, Mitsiedler in Eichkamp, unermüdlicher Kämpfer gegen Reaktion und Faschismus. Mindestens viermal an jedem Tage ging ich an seinem Gärtchen vorüber, zwischen Atelier und Wohnhaus hin und her. Manche Nacht, wenn er müde aus seinem Stadtbüro gekommen war, rauchten wir zusammen und stöhnten über die verfahrene Politik der Sozialdemokratie. Ihm verdanke ich, daß ich Deutschland rechtzeitig verließ. Voll unzähmbarer Neugierde, was in Berlin eigentlich geschehe, war ich am 21. Februar 1933 aus Frankreich und der Tschechoslowakei nach Hause zurückgekehrt, während die liebliche »Berliner Börsenzeitung« ihren Lesern gerade vorzauberte, wohin ich bereits geflohen sei. Ohne das Wirkliche zu sehen, das in den Kellern und Kasernen vorging, trieb ich mich in Berlin umher, immer dringlicher gewarnt durch den getreuen Nachbarn, der meinen Leichtsinn und meinen Glauben an die Leute von Eichkamp nicht fassen konnte. Die Leute von Eichkamp haben zwar diesen Glauben immer gerechtfertigt. Aber daß ich schließlich am 14. März in Schnee und Sonne übers Riesengebirge spazierenging zu einer, wie ich glaubte, drei- oder vierwöchigen Erholungspause auf der tschechischen Seite, verdanke ich dem besseren Wissen meines Nachbarn, der selber bis zum letztmöglichen Augenblick in Deutschland blieb. Ungebeugt von Familienleid, das ihn getroffen, hat er, Verkörperer von Gerechtigkeitsgefühl und politischem Wissen, die Arbeit gegen das Weltunheil fortgesetzt, die er in Deutschland nicht erst seit 1919 leistete. Lassen Sie es sich gut gehen, Nachbar und Genosse auf der linken Seite dieser Erde.

Nur ein einziger brauchte die deutsche Heimat nicht zu verlassen. Er wohnte im Schatten eines Wasserturms, jenseits der Heerstraße, in Westend. Der Älteste und der Gelehrteste, Franz *Oppenheimer*, Arzt, Poet, Soziologe, Forscher und Kämpfer um bessere Gesellschaftsformen und klarere Erkenntnisse des Gewordenen. Sein feuriger, lebensprühender Geist war voller Anteil an den neuesten Büchern wie an den ältesten Problemen, und entzückt versprach er mir Material und Hilfe, als ich ihm von meinem Plan erzählte, gelegentlich einen vorgeschichtlichen Roman zu schreiben, der im altägäischen Kulturkreis spielen sollte. Längst hat er die Siebzig überschritten. Wir hören nichts mehr voneinander; aber meine Wünsche gehen herzlich zu ihm hinüber, und manches seiner Bücher steht wieder in meinem Schrank.
Das ist die Skizze einer Nachbarschaft, möglich gewesen in den Tagen jener Weimarer Republik, die einmal in der Kulturgeschichte als eine große Zeit deutschen Geisteslebens, eine arge Zeit politischer Schwäche und mangelnder Mannhaftigkeit gegen freche kleine Gruppen bezeichnet werden wird. Was für einen Vers doch sangen die Kinder auf der Straße in Eichkamp? »Es war einmal und ist nicht mehr, Ein riesengroßer Teddybär . . .« Ach ja, sie hat sich nur als ein Teddybär herausgestellt, die Bärin im Wappen von Berlin; ohne Kraft in den Knochen läßt sie sich jetzt hin und her schlenkern, und nicht anders das ganze deutsche Volk und sein Staat, die beide nicht wußten, was sie sich selbst und der Kultur Europas schuldig waren. Aber vielleicht wird jetzt ein Wunder geschehen, und aus Qual und Gram werden Wille, Fleisch und Bein in dieses Fell hineinfahren und aus dem Spielzeug plötzlich ein Wesen, aus der Attrappe eine lebendige, kraftbewußte Kreatur auferstehen? Alles vor uns ist dunkel. Aber solche Wunder sind nicht unmöglich. Sie sind immer dort geschehen, wo der wilde Wind des Geistes in die blutige Not einer Menschheit hineinfuhr.

4

Was mich und so viele Kameraden zwang, Heimat und Habe aufzugeben, enthüllte sich der Allgemeinheit bald. Es trat nicht ans Licht des Tages, sondern an das einer Nacht, wenn man so sagen darf, der denkwürdigen Nacht des 10. Mai 1933; und zwar in dem törichtesten Exzeß, den ahnungslose Köpfe ersinnen konnten und den seine Urheber jetzt wahrscheinlich gern ungeschehen machen würden, wenn sie nur könnten.

Dank sei der Verehrung des Buches, die durch die griechische Antike wie vor allem durch die jüdische Bibel in die Welt des Westens Eingang fand! Sie erhält jene merkwürdige Feierlichkeit lebendig, die hier gemeint ist. Diese vollzog sich auf dem Platz zwischen Berliner Staatsoper und dem alten Bibliotheksgebäude aus Friedrichs II. Tagen und ließ die Hitlerei der ganzen Kulturwelt befremdlicher erscheinen als vieles, was von den Herren des neuen Deutschlands vorher und nachher praktiziert wurde.

Mir freilich waren schon damals viele ihrer Gesetze, Anordnungen und amtlichen Maßregeln schauerlicher erschienen als gerade dieses Autodafé linksgerichteter Literatur und Wissenschaft von Weltruf. Eine Schreckenskammer des Rückfalls und der Barbarisierung hatte sich aufgetan, ohne Scham und ohne Skrupel. Nun finde ich die Gewohnheit, Morde ungestraft zu lassen, schlimmer, die Seelen der Deutschen nachhaltiger zerstörend als das Heizen öffentlicher Plätze mit guten Büchern; mir erscheint die Austreibung, Einkerkerung, Auspeitschung freiheitlich und geistig gesonnener Menschen um ihrer Gesinnung willen oder aus Gründen ihrer Abstammung entehrender für den deutschen Namen und die Herabwürdigung von Liebes- und Ehebeziehungen unter die Perspektiven der Schweinezucht widerwärtiger und auch gefährlicher für die Welt als gerade jener Scheiterhaufenakt kümmerlicher Beauftragter des Herrn Goebbels. Aber ich gebe mir Rechenschaft darüber, daß für einen Schriftsteller der Umgang mit Büchern seit seinem zehnten Lebensjahr zur Selbstverständlichkeit gehört und daß mir besonders die Verachtung des Buches durch den deutschen Militarismus nur zu geläufig ist; so daß gerade dieser Akt der Barbarei nichts Erregendes mehr hatte, schon als er mir in dem folgenden Privatbericht geschildert wurde:

»Berlin, 14. Mai 1933

... Ich war neulich zur Hexenverbrennung der Bücher, stand eingepfercht von 9 bis 12 Uhr abends, für Dich wäre es körperlich nichts gewesen, aber es hat gelohnt. Umrahmt von einer

Opernhausflanke, Hedwigskirche, einer Kronprinzenpalaisflanke, war ein Scheiterhaufen errichtet von etwa drei Meter Durchmesser, ganz preußisch mit Lineal geschichtet. Das Publikum, meist kleine Leute mit etwas Mittelstandseinschlag, in weitem Bogen, von Schupo und Seilen abgegrenzt. Auf dem freien Platz machten sich SA und Schupos wichtig. Dann gingen Verkäufer herum: ›Bonbons, Schokolade, Zigaretten!‹ – ›Warme Würstchen, warme Würstchen!‹ Wurstmaxe mit vielen Witzen, überall, wo er entlanggging: Lachsalven im Volk. Das Publikum von tierisch zufriedener Blödheit, ganz stumpf, passiv und völlig ahnungslos. Unterhaltungen, wie wir sie nicht schöner erfinden könnten, wurden gezwitschert, Witze gemacht und belacht, die Zeit bis zur Verbrennung gemütlich vertrieben. ›Was verbrennen die eigentlich?‹ – ›Na, jüdische Bücher!‹ – ›Nein, undeutsche, so unsittliche.‹ – ›Sollte man alle nehmen und in die Spree schmeißen!‹ – ›Na, da würde die Spree ja ganz verseucht, erstens wegen der Sperre, wo im Wasser kommen würde, und zweitens, weil die ›Biecher‹ so zersetzend sind. Nee, da müßte man die ganzen Biecher nehmen und den Hausfrauen in die Waschkiche jeben, damit se können die Wäsche mit kochen, da würde man wenigstens Kohlen sparen.‹ Gegen 10 Uhr fing es an zu regnen, schließlich zu gießen, einzelne Schirme wurden entfaltet, ich hatte mir unterwegs von einem Kind einen Kinderschirm geborgt; als ich das winzige Ding öffnete, stürmischer Heiterkeitserfolg. Ich war schadenfroh wegen des nassen Holzes und hörte die einzelnen Meinungen, womit man die Biecher tränken würde, damit sie doch brennten. ›Na, scheen schwarz werden wir ins Gesichte werden, und stinken wird das. Eigentlich war's doch scheener neulich auf dem Tempelhofer Feld.‹ Dann kam ein Zug sehr häßlicher Mädchen, mit roten Nasen, Haarsträhnen und giftigem Gesicht. Sie latschten mit Musikbegleitung ziemlich klitschnaß und bibbernd über den Platz. Nach einer weiteren Stunde ein Zug Studenten, sehr schlapp, sehr häßlich aussehend, mufflig und in zufriedenem Trott, viele, viele, viele, mit Fakkeln; Jungens und Kinder mit Fahnen. Jeder, der an dem preußischen Scheiterhaufen vorbeikam, schmiß seine pechgetränkte Fackel hinein; das Feuer lohte hoch auf, bis zur Höhe des ersten Stockwerks vom Kronprinzenpalais. Bengalische Beleuchtung und gefilmt! Ich schadenfroh über Blamage vorm

Ausland. Dann schleuderten sie in Riesenbögen die Fackeln hoch durch die Luft, die ganze Zeit erklang eine mystisch-düstere Musik in Moll. Jetzt rückten hinten drei Autos an, auf denen stand: ›Möbelfuhre‹. Das waren die Revolutionskarren mit den Opfern. Die Studenten saßen und standen bis aufs Dach dieser Karren, zum Teil in Wichs – bengalisch beleuchtet und gefilmt! Richtig Riesengaudi. Schließlich um Mitternacht, wegen Stimmung, ergriffen sie die Bücher und schmetterten sie einzeln mit Wollust ins Feuer. Die Funken stoben haushoch, und die einzelnen Blätter taumelten brennend durch die Luft, als spotteten sie über diesen Tod. Ich mußte an die heilige Johanna denken: ihr Herz wollte nicht brennen. Dann kam eine Rede von Goebbels mit dröhnendem Lautsprecher: ›Kommilitonen, das Zeitalter des jüdischen Geistes ist nun zu Ende. Vierzehn Jahre habt ihr die Schmach undeutschen Geistes ertragen müssen, habt ihr in Knechtschaft geschmachtet. Heute um Mitternacht nehmen wir die große symbolische Handlung vor, die Befreiung vom jüdischen Geiste. Der jüdische Geist wird verbrannt, und in den Flammen wird der deutsche Geist emporsteigen. Ich übergebe hiermit den Flammen: die Schriften des Juden Magnus Hirschfeld wegen Verbreitung von Unzucht und Entmannung des deutschen Volkes. Ich übergebe den Flammen: die Schriften des Juden Sigmund Freud wegen Unzucht und Verleumdung der deutschen Volksseele. Ich übergebe den Flammen: Heinrich Mann wegen Hochverrats‹ usw. usw. Der arme und harmlose Kästner (Pünktchen und Anton!) wurde auch öffentlich gerichtet, ebenso Theodor Wolff, Georg Bernhard, Kerr, Tucholsky usw. Sie vergaßen: Feuchtwanger und auch Stefan und Arnold Zweig und viele andere, die auf der Liste in einem Universitätsaufruf standen, zu nennen. Aber mir war es doch sehr lieb, daß wir nicht öffentlich aufgerufen wurden, denn mir wurde ordentlich gruslig ums Herz. Dies Volk hätte genauso zufrieden glotzend gestanden, wenn sie die lebendigen Menschen verbrannt hätten. Dann ging alles müde, satt und auf seine Kosten gekommen nach Hause. Als Finale wurde natürlich noch das Horst-Wessel-Lied mit hochgehender Hand angestimmt. Ich als einzige, zwischen Tausenden eingeklemmt, sang weder noch hob den Arm vor den vorbeiziehenden Hakenkreuzfahnen. Ich dachte, es ist mir schnuppe, und wenn die mich lynchen, ich hebe meinen

Arm nicht und singe nicht. Aber mir war nun ganz klargeworden, daß an ein Hierbleiben nicht mehr zu denken war. Daß wir gehen müssen. Wohl oder übel...«

5

Das Grotesk-Komische des Vorgangs vermochte nicht, wie man sieht, der begabten Briefschreiberin sein Schauerliches zu verdecken; und um ihn nicht an der Oberfläche zu belassen, untersucht man, was sich vielleicht an allgemeinen Ortsbestimmungen von ihm ablesen läßt. Was ist eigentlich Barbarei? fragt man sich einmal; welcher Typ Mensch läßt seine Rache symbolisch an Gegenständen aus? Welcher Grad von Selbsttrunkenheit macht so blind und toll, daß man die Wirkung völlig außer acht läßt, die in einer wissenschaftlich und geistig gerichteten Kulturwelt die Vernichtung so hochgezüchteter Geistigkeit notwendig haben mußte?

Man weiß, daß die seefahrenden Völker des Nordens – Nordgermanen nennt sie die Grammatik nach ihrer Sprachgruppe – in die römische Welt einbrachen, hungrig nach Essen, nach Genüssen, nach Reichtum, nach Land. Da sie andere Gegenwerte als Rudern und Segeln, Kämpfen und Sterben nicht zu bieten hatten, blieb ihnen nur, um das Begehrte zu erwerben, Gewalt und Raub – zumal Arbeit ihnen entehrend schien, gut genug für Frauen und Sklaven, und sie jede lang andauernde Anstrengung ablehnten. Wie schlecht erzogene Kinder vermochten sie sich nur dann einer Tätigkeit zu widmen, wenn sie ihnen Rausch und Lust verschaffte – jenen Rausch und jene Lust, die mit dem wilden und kurzen Einsatz aller Körperkräfte zusammenhängen und von der Wissenschaft Funktionsfreude genannt werden: Glück der Muskeln und Organe, des Hauens, Treffens, Rasens. Es war keine kleine Leistung der modernen Welt, diese Wildheit zur Freude an sportlicher Tüchtigkeit, körperlichem Können und leiblicher Schönheit emporzuzüchten. Zwischen diesen Germanen und den hunnischen Reitervölkern war prinzipiell kein Unterschied. Zeigten jene eine große Seetüchtigkeit, so konnten diese ihre überlegene Kavallerietaktik bis nach Gallien tragen, nach Châlons-sur-Marne, wo sie von bereits zivilisierten Franken und Westgoten unter der Führung römischer Legionen und ihres Generals Aetius ihre Marneschlacht erlitten. Sie, wie jene nordgermanischen Seehelden nun, machten sich unsterblich, weil sie unter anderem des Goldes und des Elfenbeins wegen griechische Statuen zerschlugen oder ihren Köpfen die Emailleaugen ausstachen, die sie für Edelsteine hielten. Sie kannten den Wert von Gold, Elfenbein oder Beryll; daß die Form der Statuen, ihre Einmaligkeit und Schönheit einen unvergleichlich höheren Wert verkörperte, begriffen sie damals nicht, kein Ahnen davon sprach noch zu ihren Seelen. Und doch waren sie dazu bestimmt, nach einer Erziehung von tausend Jahren selbst Bildwerke hervorzubringen, die auf ihre Art die griechischen sogar übertrafen.

Die Barbaren der Völkerwanderung also traten als naive Räuber in die Gesittung anderer Völker ein, voll von Kräften und Möglichkeiten; aber die Menschheit hat ihnen noch heute nicht vergessen, daß sie damals eine Welt geistiger Werte zerstörten, nur weil sie kampftüchtiger waren, weniger Seelenkraft und Lebensstrom in höhere menschliche Betätigungen umgesetzt hatten. Der Barbar, der zum Feueranmachen zufällig das einzige Manuskript einer Tragödie des Euripides benutzt, welche von nun an zu den »uns leider nicht erhaltenen Werken des Dichters« gehört – weiß er, was er tut? Im entferntesten nicht – weder was eine Tragödie ist, noch wer Euripides war, noch, was der Vers eines Dichters wiegt. Hätte er den grauhaarigen Mann Euripides in einem erstürmten Hause vorgefunden, er hätte ihn erschlagen, wie jener römische Soldat den Archimedes, oder zum Sklaven gemacht, wie der berberische Moslem den Cervantes, und dabei das beste Gewissen gezeigt, ja kräftig gelacht, wenn jemand versucht hätte, ihn über die Tragweite seines Tuns aufzuklären. Weder ist sein Wissen so erzogen noch seine Phantasie so tragfähig, ihn Achtung vor den Trägern des Geistes zu lehren: er schlägt sie tot, mißhandelt sie, drillt sie den ganzen Tag, belustigt sich an ihren Qualen und bildet sich ein, man werde zum Schluß die Ausrede gelten lassen, er habe nicht gewußt, was er tue. So verhält sich dem lebendigen Menschen gegenüber, wer die Bücher der klaren und mutigen Schriftsteller verbrennt.

Heute nämlich, nach fünfzehnhundert Jahren, stehen wieder Barbarenhorden auf, trunken von der Begierde, sich materielle

Werte durch Anwendung körperlicher Gewalt zu verschaffen. Vier Jahre Krieg hatten genügt, um die Achtung vor Rechten, Gesinnungen, Fleiß und Tüchtigkeit abzuschleifen, die die menschliche Gesittung ihnen angezüchtet hatte. Da sie sich von Anfang an der militärischen Machtzentren bemächtigen durften, die der Weimarer Republik geblieben waren, ließ man sie ungestört, ängstlich zusehend, so groß werden, daß sie sich zunächst einmal mit Gewalt das deutsche Volk unterwerfen konnten. So setzten sie sich in den Genuß seiner Geschicklichkeit, Gesittung, seines Fleißes und des Rufes vor allem, welchen der deutsche Friedensaufbau während der letzten vierzehn Jahre dem deutschen Staatswesen wieder verschafft hatte. Daß man Deutschland wieder achtete und die Untaten des Krieges in Frankreich, Belgien, Polen, Serbien, überall, zu vergessen begann, daran waren, nach dem allgemeinen Urteil, außer den deutschen Republikanern und Sozialisten, den großen deutschen Gelehrten und Künstlern, auch wir deutsch-jüdischen Geistigen erheblich beteiligt.
Und nun, um sich gleich recht einzufühlen, ja keinen Irrtum aufkommen zu lassen, wirft sich das Dritte Reich, trunken von seinem Siege, dem kein Kampf vorherging, auf das, was sich mit Waffen nicht verteidigen kann, auf die jüdische Minderheit, die christlichen Kirchen und die geistigen Werte. Jene werden ausgetrieben, entrechtet, unterdrückt, besudelt, der Willkür von Streichern und Anstreichern preisgegeben oder durch läppische Prozesse erniedrigt; diese werden öffentlich verbrannt, um kundzutun, wie wenig in den Seelen dieser neu heraufquellenden Schicht die Achtung vorhanden war, die Judentum, Rom, Christentum und europäische Neuzeit überallhin getragen zu haben glaubten: die Achtung vor dem Buch. Wieder zerstört man Werte, die man nicht begreift. Wieder wundert man sich über das Aufheben, das die gesund gebliebene Welt von diesem Akte macht, wieder hält man seine Rückbildung für das Recht des Stärkeren und Besseren, für höhere Art und kulturelle Gesundung.
Es ist nur zu klar: diese Art militarisierter Kleinbürger kennt keinen anderen Respekt als den, den scharfes Zuschlagen erzeugt. Der Dünkel, mit dem sie auftreten, fehlt nur noch zu dem Krankheitsbilde, das sich dem Sachkenner bietet: ungezügelte Machtgier, Lustverlangen unter Ablehnung der Arbeit

(arbeiten müssen andere), Begeisterung für körperliche Funktionsfreuden, Bereitwilligkeit, sich die Güter der Welt durch den Einsatz des Lebens in einer Anzahl Kampfhandlungen zu verschaffen, und die Ahnungslosigkeit vor den wahren Werten, die unsereinem das Leben reich und schön machen: alles das ist wieder beisammen. Aber diesmal tritt man nicht mehr naiv auf, sondern hysterisch und darum noch gefährlicher als ehedem. Die Wikinger, Normannen, Dänen brauchten viele Jahrhunderte, bis sie wiedergutmachen konnten, was sie damals angerichtet; aber sie brachten als Entgelt wenigstens unverbrauchten Seelenstoff in die Zivilisation, das unermeßliche Kraftreservoir aus den Einöden der Gletscher. Was aber bringt die ausgelaugte, von hysterischen Reden trunkene Jugend der deutschen Großstädte und Landstriche Neues, Unverbrauchtes mit? Erinnert man sich nicht mehr der Leere, die anderthalb Jahrhunderte lang das Leben der preußischen Garnisonen auszeichnete? Hat man schon die kulturelle Anmaßung vergessen, mit welcher das kitschigste wilhelminische Borussentum auf das Frankreich, Rußland, England des neunzehnten Jahrhunderts herabsah, nur weil die Literaturen und Philosophien dieser drei Reiche hoffnungslos oberhalb dessen lagen, was der preußische Kommißmensch zu erblicken vermochte? Dieser preußische Kommißmensch aber war ein Muster an innerer Sauberkeit, verglichen mit dem Menschentyp, den das Dritte Reich überall hinstellt, wo es an die Welt grenzt: stellen muß, denn es hat nichts anderes. Niemals – man wird versucht, in Superlativen zu schreiben – hat es eine kahlere Mischung von Unvermögen und Selbstlob gegeben als das Geistesleben im Braunen Reich; jeder Schritt führt zur Selbstentlarvung, den die Machthaber in die Welt der Formen und Erlebnisse wagen. Das erste Jahrzehnt des zwanzigsten Jahrhunderts hatte den Deutschen seit sehr langer Zeit wieder vorwärtsgewandte Schöpfer gegeben, die durch Worte, Farben, Plastiken, Töne noch unerschlossene Seelentiefen zum Ausdruck zu bringen suchten, vorwegnehmend-geschmeidig und künstlerisch hochgezüchtet wie die Brüder Mann, ins Neue vordrängend wie Wedekind und Lehmbruck, Kokoschka und Barlach, roh durchbrechend wie Schmidt-Rottluff oder um den Bildaufbau kämpfend wie Rohlfs, Kirchner, Franz Marc, Paul Klee. Der Haß gegen sie konnte sich damals nur laut, aber nicht gewalttätig äußern; es war derselbe Haß gegen die wirkliche Kunst und den Sinn von Kunst und Geist überhaupt, den einst die gleichen, nur französischen Spießbürger gegen Manet, Cézanne, van Gogh betätigten. Kein Propagandaministerum der Welt vermag darüber wegzutäuschen, daß Haß gegen wirkliche Kunst, solange sie zeitgenössisch und lebenswichtig ist, Haß gegen den kritischen und schöpferischen Geist, Haß gegen alles Ungewohnte, Unabgegriffene, Durchbrechend-Neue als Anzeichen der raubbereiten Barbarei verstanden wird, der naiven wie der hysterischen. Wer Bücher verbrennt, verbrennt auch Bibliotheken, bombardiert offene Städte, schießt mit Ferngeschützen oder Fliegerbomben Gotteshäuser ein. Die Drohung, mit der die Fackel in den Bücherstapel fliegt, gilt nicht den Juden Freud, Marx oder Einstein: sie gilt der Kultur, sie gilt den Werten, die die Menschheit mühsam hervorgebracht hat und die der Barbar anhaßt, weil er halt barbarisch ist, unterlegen, roh, infantil. Unentwickelt oder im Rückfall – das gilt hier gleich. Der Historiker Delbrück glaubte, das Eindringen der Barbaren in römisches Gebiet auf die Erschöpfung der Goldbergwerke in Epirus zurückführen zu müssen. Das römische Reich, unfähig, seine Heere mit Gold zu löhnen, besoldete sie durch Übergabe von Land an die Veteranen und machte sie dadurch unbeweglich, an den Boden gebunden, zahlenmäßig beschränkt durch die verfügbaren Ländereien. Die heutige Welt, höher entwickelt als das kaiserliche Rom, kennt diese Schwierigkeit nicht; aber es scheint, daß andere, uns noch rätselhafte Vorgänge ihren Blick trüben, ihr Verständnis für die Zeichen der Zeit lähmen und den Willen zur Abwehr schwächen, der wieder einmal die Güter der Gesittung zu verteidigen hätte. Da wir ein Geschlecht sind, das schon viel erlebt hat, werden wir wohl auch noch schaudernd und staunend Zeuge des Ausgangs sein, den dieser Kampf nimmt – der Kampf zwischen der Gesittung und der Gier nach Macht oder kurz: zwischen dem Buch und dem Brand.

Denn, man irre sich nicht, gehaltvolle Bücher sind schwer zu verbrennen, und es sollen schon einmal Brände durch Bücher erstickt worden sein.

6

Den »jüdischen Geist« also hat man ausgetrieben. Aber was für ein Wesen ward an seine Stelle gesetzt? Wessen Klaue verrät sich hinter der theatralischen Inszenierung, die wir eben beschreibend und zergliedernd den Zeitgenossen in Erinnerung brachten?

In der Bibliothek, die mir die Nazis beschlagnahmten, stand im ersten Regal oben links in schönen Pappbänden das Werk E. T. A. Hoffmanns, eines Dichters und Erzählers, den die Franzosen länger zu schätzen wußten als die Deutschen, die ihn erst wieder neu entdeckten, als wir schon auf den Universitäten studierten. In einem dieser Bände war die Erzählung »Klein Zaches, genannt Zinnober« enthalten – die Geschichte vom unangebrachten Mitleid der Fee Rosabelverde (zu deutsch Rosengrünschön). Den Helden und das Objekt jenes Mitleids bildete ein Kobold oder Erdmännchen, grausig anzusehen. Häßlich, ungezogen und lasterhaft, krebste er bei seiner Mutter umher, der alten Liese, unbeliebt und unverschämt, anmaßend und zu nichts Gutem fähig. Aber das Mitleid mit dem benachteiligten Ding, und noch mehr mit seiner Mutter, überkam nun einmal die Feendame, und was verlieh sie ihm, nach Art der Feen? An seiner Natur konnte sie nichts ändern; nichts an seiner Wildheit, Begehrlichkeit, üblem Haß. Aber sie verlieh ihm unbesonnenerweise die Gabe, durch Propaganda zu täuschen: jede Leistung, jedes Sein oder Können, das sich in seiner Gegenwart entfaltete, sollte von Publikum und Welt den Urhebern nicht, sondern vielmehr ihm zugerechnet werden, ihm, dem Kleinen Zaches, dem schwarzstrubbligen, herumhinkenden, großschnäuzigen Gassenauswurf. Und so geschah's. Ein junger Mann legt ein vorzügliches Examen ab; belobt aber und befördert dafür wird er nicht; er wird vielmehr aus dem Saal getrieben. Gelobt und befördert wird vielmehr sein Mitprüfling Klein Zaches, der inzwischen den schönen roten Namen Zinnober angenommen hat: »Wir gratulieren, Herr Zinnober«, rufen die Examinatoren und das Publikum, die die unwissenden Antworten des Kobolds überhört zu haben scheinen. Ein zweites Mal spielt ein Geiger herrlich im Konzert – der losbrechende Beifall aber überschüttet den krächzenden Zinnober, der sich aus seiner Loge vorbeugt: sein Aufstieg hat schon

begonnen. Ja, schließlich kommt ihm sogar die Liebe eines anderen zugute: Hofrat Zinnober, nicht der echte Liebhaber, soll die schöne und stolze Braut heimführen. So pervers wirkt der Zauber der unvorsichtigen Fee. Wen wundert es dann noch, zu hören, daß Hofrat Zinnober Minister wird, mächtig und voll schlechter Instinkte? Daß er Exzellenz heißt und den Orden des Grünen Tigers trägt, am breiten Bande, das der Hofschneider sorgfältig auf seiner mißgestalteten Figur zu befestigen hat? Wer errät nicht, daß hingegen die eigentlichen Könner und Schöpfer, die er bestohlen und um Sinn und Wert des Lebens gebracht hat, das Land verlassen müssen? Und das geht so lange hin, bis der Zauber gebrochen wird, bis dem Kobold von mächtiger Hand die drei goldenen Haare ausgerauft werden, in denen das Geheimnis seiner Stärke beschlossen ist, das Geschenk der unvorsichtigen Rosengrünschön; bis von dem großmächtigen Dr. Zinnober, Exzellenz, nichts weiter bleibt als ein menschlich gestalteter, fauchender Kater, schwarz, gesträubt und frech, mit Augen, die vor Bosheit funkeln und vor Ohnmacht schielen.
Aber so klingt Zukunftsmusik. Vorläufig regiert er noch, vorläufig beutet er noch aus, mästet er sich, mißt er sich Uniformen an, sperrt seine Feinde noch ein, wie und wo er kann. Und was irgendwo in der Welt geleistet wird, schreibt er sich zu, seiner Rasse, Art und Erlesenheit, seinem Blut und Boden, oder er kopiert es einfach, eignet sich's an und benennt es nach sich: seinen Gruß, seine Finanzmethoden, seine Organisationen, seinen Ständestaat, seine Roheitszeichen (das Galgenkreuz), seinen Rassenzauber, sein All und Jedes. Und die vom Mitleid der Krisenfee Verblendeten glauben ein wirkliches Wesen vor sich zu haben und nicht die Ausgeburt eines genialen, spottvollen Erfinders und Humoristen: Klein Zaches, einen Kobold, Gobblin oder Göbbelchen, vom Schicksal benachteiligt und unfähig, seinem Unglück die Kraft zu innerer Läuterung und eigener Leistung zu entwickeln; und statt dessen stolz darauf, ein »Eroberer« zu sein (lies: Räuber) und aus der Unmoral ein Handwerk zu machen, das die Welt mit Unwahrheiten und boshaften Verleumdungen füttert. Nein, wir haben es nicht mit einem Lebewesen zu tun, sondern mit einem Phantom, das der große E. T. A. Hoffmann aus deutschen Sätzen und Einfällen formte und das weit aus dem Rahmen seines Werkes treten

durfte und aus den Schutthalden, die der große Krieg der weißen Männer in den Seelen hinterließ. Weil nämlich der Genius Europas, der Zauberer Prosper Albanus, wieder einmal abwesend war und dem kleinen, törichten Egoismus jeder alten Liese freien Lauf ließ. Und nun hat er es schwer mit dem Scheuel, und ob er verstehen wird, ihm die drei Goldhaare auszureißen, müssen wir abwarten – wir Vertriebenen.
Aber wenn er fest zupackt und sich vom Kreischen des Kobolds nicht beirren läßt, kann es ihm jederzeit gelingen. Tut er es aber nicht, so gibt es auf Erden bald nur mehr Klein Zaches, ein geschändetes Europa, und auf den Ruinen der alten Gesittung bläht sich, geschmückt mit den Insignien des Grünen Tigers, Klein Zaches Exzellenz, der Große Zinnober, der alles allein erfunden hat und aus sich selbst hervorgebracht, den Beethoven, den Rembrandt, den Dante, den Cervantes, den Herrn Jesus und zuletzt sich selbst. Und da man dann eines anderen Gottes nicht mehr bedarf, wird alle Welt zacheisch und betet ihn in Rom an – wen? Ihn, Klein Zaches, genannt Zinnober.

7

Am 20. Juli 1932, wenige Tage bevor in Deutschland wieder einmal entscheidend gewählt wurde, schrieb ich an den »Manchester Guardian« einen offenen Brief, den die Zeitung am 29. Juli abdruckte. Darin hieß es nach einigen einleitenden Sätzen:
»Worum handelt es sich bei dieser Wahl? Um nichts Geringeres als die Frage, ob die Entwicklung unserer Zivilisation fortschreiten oder für Jahrzehnte unterbrochen werden solle. Ich brauche keinem Franzosen oder Engländer zu sagen, wie unerträglich reifen Menschen jede Art von Bevormundung ist und wie unvereinbar mit schöpferischer Arbeit und menschlicher Würde. Gewiß gibt es Umstände, unter welchen, nach allgemeinem Übereinkommen, ein Zwang hingenommen werden muß, in Ausnahmezuständen, zum Beispiel im Kriege. Infantil aber oder barbarisch ist es, je nach der Art, wie er sich äußert, einen Zwang als Dauerzustand und unfreiwillig hinzunehmen oder ihn anderen aufzuerlegen. Infantilität wie Barbarei bezeichnen Rückfälle in primitive, also vorzeitliche Kultur- und

Seelenhaltungen. Und solche Rückfälle konnte man nach allen langen Kriegen beobachten, in welche ganze Völker oder Klassen verwickelt waren: jedem von ihnen folgte eine Welle erstaunlicher Verbrechen, wie die Kriminalistik nach dem Siebenjährigen Krieg, nach den Napoleonischen Kriegen und nach dem Weltkrieg bewies. Als Folge unseres ersten Weltkrieges, eines von Europa verlorenen Krieges, macht unser Erdteil eine schwere moralische Krise durch, die uns ebenso schlimm erscheinen will wie die ökonomische und der man weniger Aufmerksamkeit zuwendet, obwohl auch sie international bekämpft werden müßte. Es sollte aber erlaubt sein, Männer wie H. G. Wells oder Bernard Shaw auf den Ernst der Sache aufmerksam zu machen, die jetzt in Deutschland zur Entscheidung steht: die Sache der Gesittung. Die moderne Zivilisation, ja die menschliche Gesittung überhaupt hat zum Ziel ihrer Entwicklung eine Gesellschaft aus geistig und wirtschaftlich befreiten Gruppen und Klassen, die das gemeinsame Produkt ihrer Arbeit und die gemeinsame Verantwortung für die politischen und wirtschaftlichen Entscheidungen ihres Landes miteinander teilen, weil sie wissen, daß sie wechselseitig voneinander abhängig sind und daß Unterdrückung und Terror, den eine Gruppe gegen die andere etwa anwendet, zum Schaden und Nachteil für alle ausschlägt. Jeder Einsichtige wird also erkennen, wie sehr die Wohlfahrt eines Staates von der freiwilligen und unerzwungenen Mitarbeit jener Kräfte abhängt, die jetzt in Gefahr sind: der organisierten Arbeiterschaft und jenes freiheitlich gesonnenen Bürgertums, in dessen Reihen auch die deutschen Juden stehen.

In diesem Lichte zeigt sich die nationalsozialistische Bewegung weder als national noch als sozialistisch. Sie ist nicht sozialistisch, weil sie, das italienische Beispiel nachahmend, die Arbeiterschaft unter wohltönenden Worten den Unternehmern ausliefern will. Und sie ist nicht national, weil sie die schöpferische Entwicklung des ganzen Volkes zu ersticken, nämlich zurückzudrosseln wünscht.

Kämen die Nationalsozialisten zur Regierung, so würden diese nicht, wie englische Beobachter vielleicht meinen mögen, der Amtsführung eines konservativen Kabinetts entsprechen, nicht also würden die sogenannten »gesunden deutschen Überlieferungen« zum Ausgleich für einen übertriebenen Interna-

tionalismus zur Geltung kommen. Die Nationalsozialisten sind nicht konservativ. Ihr Ziel ist die Wiedereinsetzung des militaristischen Obrigkeitsstaates in Europa.
Die Demokratie, die sich im neunzehnten Jahrhundert durchsetzte, war fehlerhaft, da sie es unterließ, auch wirtschaftliche Befreiung zu gewährleisten. Sie erlaubte vielmehr die wirtschaftliche Ausbeutung einer Klasse durch die andere. Aber das ist kein Grund, sie durch das Mittelalter zu ersetzen. Sie muß vielmehr erweitert und vertieft werden. Die Demokratie des zwanzigsten Jahrhunderts muß der kämpfenden, gesittungsträchtigen Arbeiterklasse denselben Raum geben, den das Bürgertum für sich im Adelsstaat erkämpfte.
Was ist es denn, das jetzt nach der Herrschaft über das deutsche Volk greift und dank des verlorenen Krieges und der Verarmung breitester Massen des Mittelstandes wie der Arbeiterschaft diesem Ziel sehr nahe gekommen ist? Nichts anderes als die Adelsherrschaft der preußischen und bayerischen Großgrundbesitzer, die mit den Industrie- und Bankherren ein Kampfbündnis geschlossen haben. Sie stehen hinter der nationalsozialistischen Bewegung, sie sind ihre treibende Kraft. Sie streben danach, im Lichte der Öffentlichkeit das fortzusetzen, was sie seit 1919 im geheimen planten und begannen: Deutschlands Wiederaufrüstung, seine militaristische Regeneration. Da sie im Hintergrund bleiben müssen (wenn sie nicht die ungeheure Menge ihrer irregeleiteten Anhänger und Vasallen verlieren wollen), ist es unmöglich für die Redner der nationalsozialistischen Partei, ihre wahren Gedanken zu offenbaren. Deswegen versteht kein Ausländer, was diese Partei und ihre sogenannten »Führer« wirklich denken, was sie wirklich wollen und was sie in ihren Versammlungen sagen. Nur wenn sie sagen, wogegen sie kämpfen, drücken sie sich klar aus. Wenn sie »Marxismus« sagen, meinen und bekämpfen sie die Befreiung und die ungehinderte zivilisatorische Entwicklung der Arbeiterklasse. Und wenn sie »Juden« sagen, meinen und bekämpfen sie die intellektuelle Unabhängigkeit und den Geist der Völkerversöhnung, den Fortschritt schöpferischer Gesittung und die Vertiefung all jener Komponenten, die unsere Gedankenwelt ausmachen, unsere künstlerischen und literarischen Meisterwerke und unsere sozialen Reformen. Denn es gibt nur eine Entwicklungslinie der Gesittung. Sie zielt darauf

ab, immer mehr Individuen und Gruppen in den Vollgenuß der Menschenrechte zu setzen. So befreite das Christentum die Sklaven, die Frauen, die Kinder und die Armen von der Erniedrigung durch den antiken Kapitalismus der Großgrundherren; es gab ihnen Seelen, Anteil an der Verehrung eines Gottes, der auch für sie gestorben war, damit sittliche Würde und einen Anspruch auf Glückseligkeit in jenem Himmelreich, welches das späte Judentum mit seinem Messianismus schon auf Erden begründen wollte. Die Renaissance befreite das Individuum von allen geistigen Bindungen des Glaubens, die Wissenschaft von ihren theologischen Fesseln, den Raum der Erde und ihre Gestalt von flächiger Beschränkung. Die Reformation beseitigte die Vorherrschaft der Kirche in dem großen Gebiet nördlich der Alpen, brachte Freiheit in den Glauben, Kenntnis der Quellen und heiligen Schriften in die Massen und ermunterte Bewegungen, die darauf ausgingen, die Lehren des Urchristentums praktisch anzuwenden. Und die Welle der Revolutionen, die daraufhin über Böhmen, Holland, England und Frankreich hinwegbrauste, unterwusch oder zerstörte überall die Standesvorrechte, löste Klassen und gefesselte Völker vom Joch des Feudalstaates, verteilte in manchen dieser Staaten den Landbesitz der Adligen an die Bauern und das Bürgertum und verkündete Würde und Befreiung jedes als Mensch geborenen Wesens von der Entrechtung und Entwertung durch den mittelalterlichen Adelsstaat und seine als Vollmenschen gewerteten Beherrscher. Es ist aber leicht einzusehen, daß die Unvollständigkeit dieser revolutionären Veränderung im neunzehnten und zwanzigsten Jahrhundert fortgewirkt hat.

Gelingt es der terroristischen Gewalttätigkeit der Nationalsozialisten, die Reste von Freiheit und Kultur in Deutschland zu vernichten, so wird vielleicht der Rand Europas – Frankreich, England, Belgien, Holland, die skandinavischen Staaten und selbst die Tschechoslowakei – für einige Zeit gesittet bleiben. Das Herz Europas jedoch und die Brücke nach dem Osten und Südosten wird in das Feudalsystem zurückfallen und seinen militaristischen Charakter, wenn Deutschland von den Braunhemden unterworfen wird. Die Luft wird sich verdunkeln und erstickende Finsternis sich überall ausbreiten. Und unterliegen in diesem Kampfe die deutschen Republikaner, die noch immer die Tore zu der Zukunft, zu Frieden und Freiheit bewachen, und werden sie durch die Kräfte der kontinentalen Reaktion zerschmettert, so wird die Schande nicht allein die ihre sein. Sie wird auch auf diejenigen fallen, die nicht verstanden, was in Deutschland geschieht, und die uns allein und ohne Hilfe kämpfen ließen.«

8

Noch heute, nach mehr als fünf Jahren, schmunzele ich über die Wirkung, die dieser Brief in der Presse derjenigen Nazigruppen auslöste, die imstande waren, über die deutschen Grenzen hinwegzuschauen und zu -hören. Landes- und Hochverräter war das wenigste, das ich zu lesen bekam. Ob ich denn meine Koffer gepackt hätte, fragten die Herren, und warum der Staatsanwalt sich mit mir noch nicht beschäftige? Wie höflich und verständnisinnig ich ihnen damals antworten ließ! Wie sehr ich sie an ihre eigenen internationalen Bemühungen erinnerte, ihre Wühlereien in Österreich und Böhmen, in der Schweiz, überall. Aber sie haben vorläufig recht behalten, ich mußte eine lange Reise tun, mit Weib und Kind und unter Zurücklassung vieler Manuskripte, ungedruckter und handgeschriebener, vieler Mappen voll Photographien, die die Jugend meiner Frau und meiner Kinder darstellen, und all jener Bücher, Aufzeichnungen und Kleinigkeiten, von denen ich gleich reden werde. In schlaflosen Stunden, wie der, mit welcher ich hier begann, vergegenwärtige ich mir die schönen und begabten Ölbilder und Aquarelle, die ich mir von Jugendgenossen allmählich sammelte und die jetzt vielleicht zerstört sind, die Möbelstücke aus dem siebzehnten und achtzehnten Jahrhundert, die wir uns aus dem Westen und Süden Deutschlands zusammenkauften. Phantastische Vögel und Blumen treten aus Teppichen hervor, aus kaukasischen und chinesischen, mit denen wir unser kleines Haus nach und nach schmückten, als die Früchte meiner Arbeit sich einzustellen begannen, alles mit dem intensiven Einsatz von Können, Begabung und Konzentration erworben, nichts durch Zufall oder Spekulation ergattert. Überlege ich mir, daß die Braunen Herrschaften die Komik der Dinge bis zu einem Steuersteckbrief trieben, den sie meiner Frau und mir nachsandten, nachdem sie uns allen Besitz geraubt, die Arbeitsmöglichkeiten abgeschnitten und mich amtlich mit dem Konzentrationslager bedroht hatten, falls ich in Deutschland erwischt würde, so staune ich über die Beschränktheit solcher Menschen und daß sie es dennoch zu Erfolg bringen können. Freilich nicht auf die Dauer, für längere Fristen, geschweige denn auf die größenwahnsinnigen Prophezeiungen und Jahrtausende, mit denen sie bei ihrem Antritt die Welt überschwemmten. Auf Spaziergängen, die man nach der Arbeit macht, in den langen Pausen des Regens, in denen die Luft voll ist von Erdgerüchen und Vogellaut und ein Mittelmeerfrühling ausbricht, der immer wieder erschüttert: auf solchen Spaziergängen erwägt man, daß der große Napoleon, dieses wirkliche Genie, nur fünfzehn Jahre Diktator war und der kleine, sein Neffe, trotz aller Künste und Tricks, nur zwanzig. Den Blick über das graue und langsam dunkelnde Meer gerichtet, hofft man, es ebensolange auszuhalten wie Victor Hugo auf Guernsey, für den doch erschwerend hinzukam, daß eine Fülle großer Talente und schöpferischer Menschen im Reich dieses zweiten Bonaparte-Kaisers und seiner Staatsstreiche und Plebiszite zurückgeblieben war, es mit ihren herrlichen Talenten vergoldend, während wir, wie meine Nachbarn bewiesen, als Schwarm auswanderten – alles, was Freiheit zum Schaffen brauchte, Anstand, öffentliche Moral und die Mannhaftigkeit des Rechtes, Klein Zaches Klein Zaches nennen zu dürfen. Keiner blieb in Deutschland freiwillig zurück, der nicht an der grausigen Tatsache der Konzentrationslager und ihrer Folterknechte mitschuldig wurde; jeder ist daran mitschuldig geworden, der freiwillig in Deutschland blieb. Und während also Napoleon III. und sein Reich von Gustave Flaubert und George Sand gedeckt wurden, von Gautier und den Goncourts, von Baudelaire und Verlaine, von Manet, Monet, Pissarro, Sisley und Barye, von Berlioz, Bizet, Offenbach, von Pasteur, Gambetta, Hippolyte Taine und Adolphe Thièrs, braucht man die Herren nicht aufzuzählen, die in Deutschland geblieben sind – mit wenigen Ausnahmen wären es Unbekannte für die freie Welt, die diese Zeilen lesen soll. Und so erheitert man sich, während man die Schritte heimwärts lenkt, mit nicht sehr ernst gemeinten Zukunftsmusiken. Da der Schriftsteller das Recht hat, zuerst und zuletzt in den Grenzen des Buches zu denken, sich mit ihm und all den Beziehungen zu beschäftigen, die es in

Bewegung setzt, wenden sich diese lockeren und spaßhaften Gedankenreihen manchmal an unser einstiges Publikum, manchmal aber auch an die deutschen Buchhändler, sie etwa anredend wie folgt:

»Einigen wir uns zunächst darüber, meine Lieben: Ihr hattet euch das Ganze etwas anders gedacht.

Zwischen Schriftstellern und Buchhändlern bestanden ja von jeher Beziehungen, die nicht ohne Verwicklung waren, aber noch weniger denkbar ohne Wohlwollen. Ihr verkauftet, was die Verleger euch lieferten, und die Verleger lieferten, was wir schrieben, sofern es das Publikum wollte. Einige Verleger lieferten sogar, was das Publikum wollen sollte, und ein Dutzend Schriftsteller schrieb über Gegenstände oder in Stilarten, von denen das Publikum zunächst nichts hielt.

Aber siehe da, gerade diese Dinge entwickelten ein zähes Leben, sie überdauerten Bücher des Jahres und gelegentlich Bücher des Jahrzehnts und waren zum Schluß eure getreuesten Stützen, auf die ihr euch immer verlassen konntet. Es war zunächst kurzsichtig von euch, daß ihr in euren deutschtümelnden Spielarten gerade gegen uns Sturm liefet, gegen die Verfasser solcher Bücher. Und als man uns vertrieb, rauschte es selig in gewissen Vollbärten, funkelte beglückt auf glattrasierten Gesichtern und frohlockte: nun seien die goldenen Zeiten des deutschen Buches angebrochen, des wahrhaft deutschen Buches.

Die Ergebenheit, mit der sich viele von euch in den neuen Wortschatz zurückzogen, die devote Hast, mit denen manche Verleger, eure Lieferanten, den Geschmack der neuen Herren durch Umarbeitungen und Neuausgaben zu treffen suchten, sie wurden nur noch überboten durch die Verbeugungen gewisser Kollegen, die mit all ihrer Berühmtheit ganz still in ihrem Winkel hätten sitzen und die Dauer der Braunen Mode hätten abwarten können. Ach, die Armen, sie wußten ja nicht, was uns aus Militärzeiten vertraut war, daß die neuen Herren überhaupt keinen Geschmack hatten, keiner Bücher bedurften, weder alter noch neuer, und Herrn Klein Zaches nebst Trabanten die Domäne ›Jeist‹ mit der ganzen Verachtung überlassen hatten, die sie ihr ein Leben lang zu beweisen pflegten, bis in den Zusammenbruch nämlich. Dann freilich merkten sie, welche Kleinigkeit sie bisher übersahen, riefen nach irgendeinem

Herrn Ebert, der das Volk ›hochreißen‹ sollte aus dem lehmgefüllten Trichter, in den sie, ununterbrochen siegend, dieses geduldige Volk hineinmanövrierten: und dann wunderten sie sich, daß das Hochreißen nicht klappte. Das alles haben wir schon einmal gehabt, und wir warten geduldig auf die uns so wohlbekannten Schlußkapitel. In der Zwischenzeit aber, meine Lieben, wollen wir von etwas anderem reden.

Es ist euch bekannt, daß die neue Inquisition, erst Herrn Göring und jetzt Herrn Himmler untertan, als sie alle meine Sachen beschlagnahmte, die Spielzeuge der Kinder eingeschlossen, in einer Menge Kisten auch die Bibliothek des Schriftstellers A. Z. erbeutete. Das Erbeuten von Bibliotheken war vier Jahre lang geübt worden; mit dem Kram war bekanntermaßen nichts anzufangen. Wie es dazu kam, will ich ein andermal erzählen. Ich hatte bisher anderes zu tun, mein Blick war von gewissen Arbeiten in Anspruch genommen und wird es bald wieder sein. Aber in der Pause unterhält man sich gern mit alten Freunden und pflegt jene Beziehungen gesellschaftlicher Art, die sich zwar gelockert haben, aber wohl nicht ganz abgerissen sind.

Wir sind inzwischen älter geworden, neunhundertneunzig Jahre, vielleicht auch neunhundertfünfundneunzig – was weiß man? –, die Toten reiten schnell, geköpfte Kulturen haben noch immer, wenn sie zukunftsträchtig waren, ihre Henker hinter sich hergezogen, und kurz, wenn auch nicht wir, so doch unsere Bücher... aber reden wir von der Gegenwart. Die Bücher des Schriftstellers A. Z. also sollten für die Dauer des Tausendjährigen Reichs eingespeichert werden. Statt dessen wurden sie, sagen wir höflich, geklaut, und auf Erkundigungen kam der Bescheid: man werde sie, soweit sie dazu geeignet seien, in die Bibliotheken der Hitler-Jugend einstellen, zum anderen Teil einstampfen. Als genauer Kenner des militärischen Jargons darf ich annehmen: der Feldwebel Y oder der Unteroffizier X werde das, was ihm davon erreichbar ist, ›verschärfen‹, wenn nicht gerade, was auch schon vorgekommen sein soll, der Gefreite W oder der Oberleutnant V Dinge, die ihm wichtig erschienen, beiseite bringen, um sie bei gelegener Zeit dem wahren Eigentümer wieder zur Verfügung zu stellen. Denn über das Rechtsgefühl im deutschen Volke müßt ihr eure neuen Herren belehren, nicht mich.

Wenn also nächstens bei euch Verkäufer auftauchen, oder wenn ihr hört, daß irgendwo olle Scharteken lagern, seht sie euch mal an. Ihr könntet zum Beispiel auf ein vollständiges Exemplar von J. W. von Goethes sämtlichen Werken stoßen, Ausgabe letzter Hand, sechzig Bände in etwa dreißig Pappbänden der Zeit. Die Bändchen haben rote Rückenschilder und viele ein schwarzes Querband, auf dem der Name von Felsing eingedruckt ist, wahrscheinlich der erste Besitzer, der um 1829 darauf subskribierte. In einem oder dem anderen Bändchen steht mein Name, dünn mit Bleistift eingetragen. Denn als ich sie erwarb, war ich kaum Abiturient, 1907, wenn ich mich nicht irre, und euer Kollege, der sie mir verschaffte, erhielt sie allmählich abgezahlt, von Stundengeldern oder von kleinen Honoraren; denn ich hatte gerade begonnen zu schreiben. Es wäre schade, wenn eine unwissende Ordonnanz oder ein noch ahnungsloserer Leutnant die Bändchen zerstreut auf den Markt brächte. Unvollständige Exemplare, wir wissen es, sind nicht selten. Dieses hier aber ist komplett, ich sagte es schon – bei Cotta erschienen, als Cotta noch Cotta war, vierzig Bände vom Verfasser selbst herausgegeben und zwanzig von seinen getreuen Nachlaßverwaltern, dazu zwei Inhaltsverzeichnisse, ein handschriftliches in einem grau marmorierten Heftchen und ein gedrucktes, in grünem Leinen, von Musculus besorgt, das aber nicht ganz stimmt; die Seitenzahlen beziehen sich, glaube ich, auf eine etwas andere Ausgabe. Gelbbraune Deckel, meine Teuren, hellgelber Schnitt, ihr könnt die Ausgabe unmöglich verkennen. Kommt sie euch in die Hände, so paßt gut auf, eines schönen Tages werde ich sie suchen.
Ich gehe im Geiste an den beiden großen Wänden meiner Bibliothek entlang und sehe die Abteilungen, die Fächer und die Rücken meiner Lieblinge. Ich kann euch nicht auf all und jedes aufmerksam machen, und eine Menge Bücher sprechen ja auch für sich selbst: die Platon-Ausgaben, zum Beispiel die des Grafen Stolberg mit Stichen der Zeit, die Shakespeare-Ausgaben, von Kleukens wunderbar gedruckt, die vierbändige Kleist-Ausgabe in Ganzleder, von mir selbst besorgt, die Geschichtswissenschaft, würdig vertreten zum Beispiel durch Hans Delbrück, die Übersetzungen romanischer und englischer Meisterwerke, die Pipersche Dostojewskij-Ausgabe ganz vollständig auf Vorkriegspapier, die Tolstoi-Ausgabe in Halbleder, alle

Frühausgaben Georgescher Gedichte, ein kompletter Dehmel in Halbpergament, eine ganze Wand voll Memoiren und Dokumentenwerken über den Krieg, von denen einige, ich gestehe es gern, mir zur Zeit schmerzlich fehlen. Mit der Lessing-Ausgabe laßt euch nicht anführen, sie war niemals vollständig; schön dagegen waren Herders Theologische Schriften in reizenden Halblederbänden der Zeit; die Märchensammlung, Judaica, die Bibeln, französische und englische Literatur und dann natürlich die moderne deutsche, mit einer Menge handschriftlicher Widmungen. Wenn ihr wüßtet, wer sich da verewigt hat, in Ergebenheit, in Kameradschaft, in Dankbarkeit – au Backe! Denn damals war ich noch nicht aus dem Schutzverband deutscher Schriftsteller herausgeflogen, ein Joseph Goebbels existierte noch nicht... Allen diesen Dingen trauere ich nicht sehr nach, denn meine Augen erlauben mir nicht mehr, selber zu lesen, und das Volumen der deutschen Literatur, auch der älteren, ist sehr zusammengeschrumpft. Den Goethe-Schiller-Briefwechsel freilich, den mit Zelter, mit Frau von Stein und dergleichen nimmt man gern einmal zur Hand – rote Lederbände, von Diederichs vor langem herausgebracht; und den Eckermann habe ich mir wieder angeschafft. Aber ich halte meine Bibliothek klein, leicht transportabel, ihr werdet das verstehen.

Aufmerksam machen möchte ich euch nur auf ein schönes Exemplar von Klopstocks Oden, zwei Bände, etwa 1790 in einer herrlichen Antiqua gedruckt und dem Grafen Bernstorff gewidmet, dem Ahnherrn jenes letzten sehr gebildeten deutschen Botschafters in Washington, dessen Andenken bei manchen, die ihn kannten, wohl noch lebendig sein dürfte. Rote Rückenschilder müssen damals modern gewesen sein. Aber nicht ihretwegen bitte ich euch, die Bände vorsichtig anzublättern; darin nämlich liegen, Jahrhunderte überdauert habend, wohl ein Dutzend Scherenschnitte jener Zeit – zarte Gebilde aus Papier, weißem und bemaltem, 1919 kaufte ich diesen Klopstock bei einem eurer Kollegen in Freiburg oder Tübingen und fand sie, als ich meine Lieblingsoden suchte. – Kleine Tempel der Freundschaft, von Weiden übernickt, Körbchen mit Blumen, eine Urne – modische Symbole der Freundschaft und der Liebe, der Trauer und des Andenkens. Und sooft ich auch versucht war, sie hinter Glas und Rahmen meinen Besuchern sichtbar hinzuhängen, als Sinnbild des Zarten, welches das Laute überdauert – ich konnte mich nie entschließen, sie zwischen den Seiten hervorzuholen, in die ein Verehrer deutscher Dichtung sie gelegt. Auf sie, meine Lieben, achtet. Denn es wäre doch sehr hübsch, wenn sie ohne allen Museumsschutz nicht nur den großen Napoleon hinter sich gelassen hätten, den Fürsten Metternich, den Fürsten Bismarck, ganze Serien russischer Kaiser, türkischer Sultane und deutscher Regenten, sondern wenn sie auch das Tausendjährige Reich glücklich überstünden, das mit dem Aufgang des Sonnen-Adolf so vielverheißend begann.

Das Zarte, welches das Brutale überdauert, Papier, das länger lebt als Gewalt – verstehen wir uns? Und so wollen wir hoffen, daß wir eines Tages wieder in gutgehende Buchhandlungen eintreten werden, unter den (von Hunnen abgehackten) Linden, des Kurfürstendamms, der Tauentzienstraße oder des Bahnhofs Zoo, nachdem wir befriedigt die Schaufenster gemustert und unser neuestes Produkt darin bewundert haben, und euren Kollegen fragen, wie das Geschäft gehe und was er uns Neues zeigen könne. Und der Gehilfe oder auch der Chef selbst wird eine ganze Menge Sehenswertes herbeischleppen oder aufschlagen, und vielleicht wird der Druckort dann auch nicht Amsterdam heißen, wohl aber noch den Namen unserer tapferen Verleger aufweisen; und das Abzeichen, das der junge Verkäufer im Knopfloch trägt, wird so oder anders aussehen, aber bestimmt nicht mehr dem Roheitszeichen ähneln, das heute, nicht nur auf den deutschen Briefmarken, die Welt überschattet.«

III

Über den Vorwurf des Antigermanismus

1942

1

Meine Augen machen mich zur Zeit unfähig, irgend etwas zu lesen, und so entgeht mir das Wichtige mit dem Unwichtigen. Gewisse Dinge aber lasse ich mir berichten, so zum Beispiel, daß recht einmütig eine Reihe von Zeitungen den Vorwurf des Antigermanismus gegen Feuchtwangers Roman »Erfolg« erhebt. Dieses Lied kenne ich, und um Stunden auszufüllen, in denen man nicht müßig umhergehen mag, während die Kinder schon schlafen, gebe ich meine Erfahrungen in diesem Punkte zu Papier, ganz offenbar, weil es nicht meine sind, sondern allgemeine. Schon Thomas Mann, anläßlich von »Königliche Hoheit«, hatte sie 1910 zu machen, seit dem »Untertan« 1914 Heinrich Mann, ich seit 1927, Feuchtwanger seit heute. Man wird gestatten, diese Erfahrungen von vier recht verschiedenen Schriftstellern zur Grundlage einer Untersuchung zu machen, und mir erlauben, von meinem Roman auszugehen, weil diese Erfahrungen mich persönlich betreffen, mir vertraut sind und durchgekaut seit einigen Jahren.

Antigermanismus also behaupten die Pächter und Fechter einer gewissen öffentlichen Meinung in unseren Werken zu finden. Wann? Immer dann, wenn wir die herrschende Kaste im Deutschen Reich unserer Zergliederung aussetzen und bescheiden und freundlich den Nachweis erbringen, jeder auf seine Weise, wie wenig sie die Führerrolle auch nur ausfüllt, die der geschichtliche Ablauf ihr anvertraut hat. Immer dann also, wenn die Brüchigkeit von Vertretern dieser herrschenden Schicht nachgewiesen wird, behaupten ihre schreibenden Anwälte, freiwillige oder bestallte, wir beschimpften, schädigten oder kritisierten das deutsche Volk. Als ich in ruhig und vornehm gehaltenen Privatbriefen nach dem Erscheinen meines »Sergeanten« diese Meinungen zum ersten Male unter der Post fand, beantwortete ich sie gern und eingehend, wie der

Schreiber es verdiente. Er hatte mir außer dem Vorwurf, der in der Überschrift dieses Aufsatzes steht, auch vorgehalten, die Juden in meinem Buche kämen zu gut weg, besser als die anderen. Ich, beides in eins fassend, entgegnete ihm etwa wie folgt:

Finden Leser unserer bürgerlich und konservativ gerichteten Schicht in einem Roman eine Fülle von Personen, so sehen sie zunächst nur auf Gestalten, die den höheren Schichten der Gesellschaft entstammen. Sie allein erscheinen ihnen repräsentativ, ihre Bewertung setzen sie für die Bewertung des ganzen Volkes. Kein kleiner Irrtum, wie mir scheint. Einem Künstler, dem Schöpfer eines runden Werkes, ist die gesellschaftliche Schicht, der seine Personen zugeordnet werden, ein Charakteristikum neben anderen. Sie werden Vertreter ihrer Schicht, ihrer Kaste, ihres Geldbeutels. Vertreter des Volkes aber sind für uns immer Gestalten »aus dem Volke«, wie die Sprache sie treffend nennt. Vertreter eines Volkes und »Volk« kann man hier nicht breit genug nehmen: die Arbeitenden aller Stände, bei mir also die Gefreiten, Unteroffiziere, Feldwebel in ihrer Fülle, Verschiedenartigkeit und Anzahl, geben nicht nur den Humus ab für die anderen Gestalten, sie vielmehr verkörpern Volk. So auch in der Masse des Feuchtwangerschen Menschengewimmels, so bei Heinrich und Thomas Mann – überall. Ich weiß nicht, ob die Kritik in anderen Ländern, zum Beispiel Sinclair Lewis gegenüber, die Herren mit hohem Bankkonto als Repräsentanten »des Amerikaners« gelten läßt; Hauptmann, Kipling, Jack London, Zola, Anatole France erfuhren es jedenfalls anders als unsereiner. Dazu kommt zweitens: von Kritikern werden Frauen niemals als Stellvertreter des Volkes zugelassen. Sie sind es aber bei Feuchtwanger, Heinrich Mann, bei allen anderen, auch bei mir – sind es genauso wie unsere männlichen Geschöpfe...

So konnte geschehen, daß man in Romanen wie den meinen – und ich schreibe das nicht ohne Hinblick auf Gestaltungen, die ich trotz gewisser Behinderung in der nächsten Zeit der Öffentlichkeit auszusetzen gedenke – als Vertreter des Deutschtums, des deutschen Volkes, lediglich einen General und seinen Adjutanten sah, und zwar zwei Juden gegenüber, die ebenfalls der gebildeten Schicht entstammen, einem Rechtsanwalt und seinem Schreiber. So also, mit Ausfallserscheinungen des Sehens gleichsam, begründete sich der sonderbare Vorwurf, diese beiden Juden als Gegenspieler dieser beiden Aristokraten zeigten meine Überschätzung des jüdischen Elements, meine geringe Bewertung des deutschen. (Unbefangener sehen in diesem Punkte die Augen des Auslands. Polnische Blätter attackieren mich, weil ich es wagte, deutsche Offiziere hinzustellen, die weder Schufte noch Dummköpfe waren.) Nein, meine Herren, das deutsche Volk, wenn wir es darstellen, bietet uns Vertreter quer durch alle Schichten; wir lassen alle Schichten in ihrer soziologischen Rolle gelten, und wir nehmen Partei für das Volk in seiner unangetasteten, aber immer wieder verschütteten Kernsubstanz gegen diejenigen, die eine Rolle zäh festhalten, der sie nach unserer Überzeugung und dem Urteil der Geschichte nicht gewachsen sind.

Gestattet man nun ein Intermezzo über Juden im Roman? Schildert ein Jude Juden, so verläßt die Beurteiler allzu leicht die Urteilskraft. In meinem Roman zum Beispiel tragen die drei Juden Posnanski, Bertin und Täwje zum Untergang des Sergeanten Paprotkin genauso bei wie alle anderen, ja an verhängnisvollerer Stelle. Wer hatte die Gelegenheit, den Anfang des Verfahrens durch Widerstand zu erschweren? Der Kriegsgerichtsrat Posnanski. Wer konnte durch persönliches Vorsprechen an entscheidender Stelle den Versuch machen, das ins Rollen Gekommene aufzuhalten? Der Schreiber Bertin. Und wer brach durch Weisheit in dem dumpf drängenden Russen den Willen zur Freiheit? Der kluge Täwje. Alles das, von unsereinem weislich eingesetzt und in seiner Enthüllung und charakterologischen Auswirkung für einen späteren Teil des Gesamtwerks aufgespart, übersah fast jeder Leser. So sehr steht heute die Suggestion fest: Juden, indem sie Juden schildern, schmeicheln ihnen. Und nun ist es rührend, hinzuhören, wie betulich vor Judenfreundschaft all diese kritischen Stimmen bedauern, wir, durch unseren Antigermanismus, beeinträchtigten die unbefangene Beurteilung der deutschen Juden, schädigten sie, ermutigten den Antisemitismus, gäben ihm nahezu recht.
Aber, meine Herren, dieser Leim scheint doch ein wenig trokken. Wir jedenfalls kriechen nicht auf ihn, um hilflos mit den Flügeln zu surren. Das überlassen wir denen, die das Ausge-

spiene ihrer Feinde fressen und über sich selbst so zu urteilen verurteilt sind, wie ihre Angreifer wünschen, daß man über Juden denke. Zum Schweigen werden sie uns auf diese Weise gewiß nicht bringen. Vergeblich behaupten sie, man beleidige ein Volk und kritisiere es höhnisch und abschätzig, wenn man seiner regierenden Schicht die brüchigen Stellen, den hallenden oder leisen Mißbrauch ihrer Gewalt, die verhängnisvolle Verführerschaft in der 1914 begonnenen Epoche nachweist. Unabhängig von der Frage, ob es sinnvoll sei, Kriege zu führen, und möglich, sie zu vermeiden, ob es nötig sei, Justiz im modernen Sinne auszuüben oder ein klügeres und einsichtigeres Verfahren zu finden, um die Gesellschaft vor schädlichen oder störenden Einzelnen zu bewahren – unabhängig von dieser prinzipiellen Frage, sagen wir: diese Leute machen Politik, ohne sie zu verstehen, lenken Kriege, und zwar von einem Fehler zum anderen, stellen Gerichte hin mit Zuchthäusern und Schafotten, und ihre Opfer sind jedesmal das Volk – Volk, für das wir Partei nehmen, weil wir selber mittendrin stecken, uns ihm verbunden fühlen, seinesgleichen sind, ihm tief zugeordnet.

Und noch einmal, immer wieder: wir kritisieren die Führer dieser herrschenden Kasten und Schichten, ihr Wirtschaftsgebaren seit 1914, ihre Attentate auf das öffentliche Wohl, die Verantwortung, die sie stolz übernehmen, um sie klein und bescheiden für ihre Nachfolger liegenzulassen, wenn sie sich nach unendlichen Fehlern ins Pensionsleben zurückziehen. Wir hoffen dadurch, den Angehörigen dieser Schicht, dem Nachwuchs, allen den jungen Männern und Frauen, die unsere Schul-, Studien-, Kriegs- und Klassenkameraden sind, neben denen wir im Theater sitzen, in der Eisenbahn, in Gesellschaften, durchsichtig und einsichtig die Fehler der Älteren hinzustellen und sie, wenn wir Glück haben, klüger zu hinterlassen, verständiger, mit mehr Verbundenheitsgefühl für dies Volk, als sie es waren, bevor sie unsere Bücher aufschlugen. Wir hassen den Mißbrauch. Wir hassen die Anmaßung. Wir lachen über die nichtige Wichtigtuerei. Wir beschreiben die fahrlässige, hahnenhafte Aufgeblasenheit, hinter der ein unzureichendes Können und vor allem ein verengter, versteifter, unzulänglicher Mensch steht. Wir attackieren Staatsformen, gesellschaftliche Lebensgebilde, Kriege, Justiz, Politik. Wir empören uns für die Entrechteten und Entmachteten, die niemand angeleitet hat, sich Recht und Macht zu verschaffen, die schlauen Schlingen der Politik, der Wirtschaft, der Justiz zu zerreißen, den Einträufelungen zu begegnen, die der Obrigkeitsstaat in der Schule und in der Kirche beginnen läßt, um sie zu beenden erst, wenn der Staatsbürger, abgebraucht, zerschabt und im Dienst für die Herrschenden kaputtgegangen, in die letzte Grube sinkt.

Dies »Antigermanismus« zu nennen ist ein schöner Trick. Viele werden auf ihn hereinfallen, in denen beunruhigte Gruppenaffekte sprungbereit lauern. Mit der Wahrheit zu tun hat dieser Vorwurf gar nichts. Denn das Volk ist mehr wert als seine herrschende Schicht, als seine Staatsart und gar als diejenigen, die ihm seine Meinungen vorschreiben; es lebt länger, es wägt gerechter, es behält im Bewußtsein, es ist dankbar. Adam Müller und Friedrich Schlegel, Friedrich Gentz und der Fürst Metternich – wo sind sie hin, eure Vorgänger von Anno dazumal? Trotz ihrer glänzenden Gaben entnehmen wir sie der Literaturgeschichte, den Bücherschränken der Seminare oder unseren eigenen. Im Bewußtsein der Deutschen aber erhalten sich, ganz gleich, ob Jude oder nicht, Büchner und Heine, Marx und Lassalle.

Antigermanismus? Sie schreien, das Volk sei verneint, wenn man seine Verführer angreift, ein deutscher Stamm beleidigt, wenn ein Dichter seine Heimat gegen ihre Verunstalter zu schützen unternimmt. Aber diese Heuchelei und geschickte Perfidie nutzt ihnen nichts. Ein vielfacher Renegat überschrieb seine Kritik meines Sergeantenromans: »Ein Literat persifliert den Weltkrieg.« Und prompt echote ein noch nicht einmal Renegat in der »Berliner Börsenzeitung«, ein Buch wie das meine hätte in früheren Zeiten der Henker auf dem Scheiterhaufen verbrannt. Aber es ist nötig, daß ich diese Äußerungen hier aufbewahre, damit sie nicht schon heute, nach knapp drei Jahren, vergessen seien.

»Wer gegen den Wind speit, speit sich ins Gesicht«, sagt ein arabisches Sprichwort, und wir sind wahrhaftig nicht der Wind selbst. Wohl aber sind wir in den Stunden, die uns über unser alltägliches Leben hinausheben, schwacher Hauch von jenem Winde, von dem geschrieben steht: »Ihr wisset nicht, von wannen er weht und wohin er fähret.«

2
1933 erlebt

Was die Vorläufer der Nazis an die Wand malten, heute muß man es ernsthaft erwägen. Seit 1933 werden in der Welt allenthalben Schmähreden laut, wilde Ablehnungen, heftige Parolen des Kriegs und der Unterdrückung, die das Rezept von 1931 zu beherzigen scheinen. Sie gelten dem deutschen Volke in seiner Substanz, indem sie den Nazi als den echten Vertreter des Deutschtums und seiner ewigen Seele auffassen, zum mindesten anprangern. Für die Verbrechen der Nazischichten den deutschen Durchschnitt haftbar zu machen, das ist die seelische Grundlage jenes echten Antigermanismus, der vorläufig in europäischen, amerikanischen und afrikanischen Ländern Herde, Klumpen, Keimhaufen bildet und der, wenn man ihm gestattet, sich auszubreiten und einzuwurzeln, das zukünftige europäische Zusammenleben ebenso verderben kann wie der Antisemitismus das Zusammenleben der Gruppen innerhalb der Staaten.

Wir haben den Mechanismus solcher Angriffe und Anklagen nicht umsonst studiert, wenn wir feststellen, daß die Affektbesessenen der nichtdeutschen Europäer der gleichen Verwechslung frönen wie die affektbesessenen deutschen Nationalisten von 31: die Vertreter der gehobenen Gesellschaftsschichten für die Vertreter des deutschen Volkes zu halten und das schon im Frieden vorzubereiten, was im Kriege Brauch und Sitte ist. Weil im Kriege der Musketier Müller oder Lewy für die alldeutsche Eroberungsgier des Industriellen Müller oder des Gutsbesitzers und Generals von Lewihn geradestehen und ins Gras beißen mußte, waren wir gegen den Krieg, der ein untaugliches Mittel der Gesellschaftsumordnung, aber ein herrliches Ventil onanistischer Selbstbefriedigung ist und darum von den Infantilen vieler Länder, und besonders Deutschland, für unentbehrlich gehalten wird. Der Sadismus und die Lust des Zerstörens in und von zahllosen Individuen kommen nirgendwo besser auf ihre Rechnung und zum Austoben, und das erklärt zwar nicht die Unausrottbarkeit der Kriege – denn sie sind ausrottbar –, sondern den Enthusiasmus, mit dem sie von terrorfreudigen Gruppen begrüßt und den Massen aufgezwungen werden. Aus dem Unbewußten dieser Massen schallt dann ein Echo, denn in ihm gerät ein Resonanzboden in Schwingungen, die freilich schnell erlahmen können. Da wir weit davon entfernt sind, die Wirklichkeitsgrundlagen übersehen zu wollen, die solche Affektstauungen und Anhäufungen verursachen, erwägen wir zunächst die Wirkungen, die der Frühling 1933 für die Beurteilung des deutschen Volkes haben mußte. Die Widerstandslosigkeit, mit der sich ein Sechzigmillionenvolk von der Müllawine des Nazismus zuschütten ließ, die befremdende Ohnmacht einst so mächtig scheinender Gebilde wie Parteien, Gewerkschaften, Stahlhelmbünde, die pathologische Eile, mit der sich geistige Repräsentanten den Nazis erbötig zeigten, mußten wohl einen Guß von Verachtung gegen diejenigen richten, die so repräsentiert wurden. Zumal jene Deutschen und Juden, die aus jahrelanger Beobachtung den Müllcharakter, das Auswurfartige breiter Naziführerschaften kannten, ließen sich von ihrer tiefen Enttäuschung in eine antideutsche Leidenschaft hineinsteigern. Überzeugt davon, daß die russischen, die polnischen, die tschechischen Volksmassen solchen Schießbudenfiguren wie den Herren Hitler, Goebbels, Göring, Ley, Frick und Franck nie auf den Leim gegangen wären, von den französischen und britischen zu schweigen, und in ihrem leidenschaftlichen Gram bestätigt durch das spanische Gegenbeispiel, brachen viele in Siegfried Jacobsohns Leitmotiv aus: »Diesem Volk ist nicht zu helfen.« Und es ist kein Wunder, daß die affektgeplagte und neurotisch leidende Seele unseres armen Kurt Tucholsky von dieser Grundüberzeugung vibrierte, als er seinen Abschiedsbrief an mich schrieb. Daß etwas daran in Unordnung sein mußte, bewies schon allein die Tatsache, daß sowohl das »Schwatzende Korps« wie zionistische Fahnenträger nicht umhinkonnten, sich seiner Thesen enthusiastisch zu bedienen. »Sie wollen euch nicht haben, sie lehnen euch ab«, so reagierten die verletzten Seelen auf den Ausbruch von Streicher-Antisemitismus und Hitler-Schleim, der Deutschland plötzlich repräsentierte. »Sie«, das waren, dem Ursprung nach, nur Klassengenossen der Enttäuschten, das ältere und jüngere Bürgertum, der unsagbare Bildungspofel des deutschen Akademikers. Aber in den Blicken der Verletzten verwandelten sie sich zu Repräsentanten des deutschen Volkes, selbst für einen Tucholsky, der es doch besser wußte. Während für uns das lebendige Deutschtum repräsentiert wurde von einer Skala, die zwischen Heinrich Mann und Bertolt Brecht oszillierte, begingen die Verletzten und Enttäuschten genau den Fehler, den wir bei den Fechtern und Pächtern des Nationalismus so lächerlich fanden.

Hüten wir uns, sie deshalb unsererseits anzugreifen. Wenn heute in zahlreichen Herzen und Köpfen deutscher und östlicher Juden ein heftiger antideutscher Affekt vorzuwalten scheint, so hat das seine guten Gründe. Der scheußliche und ordinäre Antisemitismus, von dem alle Naziäußerungen durchtränkt sind, auch die feingeistigen, muß natürlich eine Empörung hervorrufen gerade bei denen, die sich mit Recht beklagen können: »So wenig kannten sie uns.« Daß nach jahrhundertelangem Konnubium antisemitische Schmutzschriften, in der wehrlosen deutschen Sprache schlecht abgefaßt, zu Massenauflagen gesteigert werden konnten, brachte selbstverständlich einen Affektstrom von Kummer, Gram und Rachsucht hervor. Anpöbelungen gegenüber, die von Gruppe zu Gruppe geschleudert werden, den kühlen Kopf zu bewahren, das verlangt eine gewisse philosophische Haltung und Schulung, die derjenige schwerer aufbringt, der die Realität des deutschen Antisemitismus zu unterschätzen oder zu leugnen geneigt war. Bei den nichtdeutschen Juden aber, besonders den osteuropäischen Amerikas und Südafrikas, sprach jene tiefe Bewunderung des Deutschtums mit, jene dankbare und liebevolle Ergebenheit für Lessing, Herder, Schiller, Goethe, Kant und Nietzsche, die das zerstreute Judentum der ganzen Welt so lange zum besten Verbündeten des echten Deutschtums machten und von dessen Wichtigkeit die Auftraggeber des Nazismus keine Ahnung hatten. Wie heftig verschmähte Liebe in ihr Gegenteil umschlagen kann, weiß man ja. Wie sie geneigt war, dem ganzen Deutschtum Dank und Anbetung zu zollen, weil es diese großen Männer hervorbrachte, darf man ihr nicht verübeln, wenn sie jetzt ebenso allgemein in heftige Verneinung ausbricht; man muß ihr nur zum Bewußtsein bringen, daß sie damit nichts anderes erfüllt als den Wunsch ihrer Feinde. Will aber der Nazi durchaus für den echten Vertreter des deutschen Volkes gehalten werden, so hat der Jude allen Grund und alle Pflicht, genau hinzusehen und wohl zu unterscheiden.

Und dazu kommt, wie überall, ein Stück berechtigter Ablehnung und heftiger Reaktion. Ein Volk wie das deutsche ist nicht nur verantwortlich für das, was es tut, sondern auch für das, was es zuläßt, was es dem Müll erlaubt, mit ihm zu machen. 1933 bot das deutsche Volk unter diesem Blickwinkel wirklich einen kläglichen Anblick. Sein Mangel an Widerstandskraft, die Möglichkeit allein, den Parolen eines Hitler so massenhaft zu erliegen, durfte die Liebhaber des Deutschtums wie die guten Deutschen schamrot machen – freilich nicht einen Antigermanismus hervorbringend, sondern jene melancholische Stimmung, mit der man ein liebenswertes Wesen in die Irre gehen sieht, wohl wissend, welcher Prüfungen es bedürfen werde, um es zum Rückweg zu zwingen, und ganz gewiß, daß sie nicht ausbleiben würden. »Das schnellste Tier, das euch bringt zur Vollkommenheit, sind Leiden«, sagt Meister Ekkehard, und Shakespeare fügt die schwermütige Prophezeiung hinzu, in deren Eintreffen wir jetzt stehen: »O Gertrud, Gertrud, wenn die Leiden kommen, So kommen sie nicht einzeln – in Geschwadern.« Es könnte aber sehr wohl sein, daß diese Leiden den antigermanistischen Keim zersetzen werden, wo er sich im jüdischen Unterbewußten gebildet haben sollte.

3
1939; vor dem Krieg geschrieben

Heute nimmt die seelische Sachlage, die wir beschreiben, den Charakter einer politischen Gefahr an. Es bemächtigt sich nämlich des antideutschen Affekts, der eigentlich streng gegen die Nazis gerichtet sein müßte, der Nationalismus und aggressive Widerwille des französischen, des englischen und des jüdischen Bürgertums. Geht man davon aus, Europa werde ewig in Nationalstaaten zerrissen bleiben, so wäre dawider wenig Triftiges vorzubringen. In der Tat läßt sich das deutsche Volk von seinen Nazis, die noch weit mehr als eine Fassade bedeuten, ohne merkbaren Widerstand in einen Krieg verstricken. In der Tat macht es für den französischen oder englischen Soldaten keinen Unterschied, ob er von der Granate eines überzeugten Nazis fällt oder von der eines Deutschen, in dem potentiell die Möglichkeit liegt, sich zum nichtnazistischen, europäischen Einwohner deutschen Volkstums emporzuentwickeln. Bringen die Hintermänner Hitlers Krieg über Europa, so wird es einer ganz außerordentlichen Selbstdisziplin bedürfen, um nicht den Deutschen und das deutsche Volk für die Untaten des Regimes und seiner Einpeitscher verantwortlich zu machen. Wer lange genug im vorigen Weltkrieg Zeuge sein mußte, wie sich die Repräsentanten des deutschen Heeres, das heißt der deutschen Gesellschaft, ihren Untergebenen gegenüber und gegen die Bewohner der besetzten Gebiete benahmen, gehörte niemals zu den Anklägern des Versailler Vertrages. Weder durfte er sich an Rigorosität mit den Verträgen von Brest-Litowsk und Bukarest vergleichen oder mit jenen alldeutschen Kriegszielen, die nur auf die Verwirklichung warteten, noch durfte man nach viereinhalb Jahren deutschnationalistischen Selbstherrschertums erwarten, daß in einer solchen Atmosphäre etwas anderes als der Wille zur Vergeltung in den Hintergründen der Friedensschließer und Friedensschlüsse phosphoreszieren könnte. Als Herr Ebert, am Brandenburger Tor, die heimkehrenden Truppen mit dem Epitheton »im Felde unbesiegt« begrüßte, machte er sich und die Sozialdemokratie zum fahrlässigen Mitschuldigen einer faustdicken Nationallüge und rechtfertigte so das Diktat von Versailles, das Hermann Müller mit seinem eigenen Füllhalter unterschreiben mußte: ein echter deutscher Mann, verschmähte er nämlich die blau-weiß-rot geschmückte Goldfeder, die Elsaß-Lothringen für den Tag der Befreiung gestiftet hatte.

Wir begreifen, wie hilflos der vom Affekt getriebene Widersacher der ewigen deutschen Lebensunruhe vor der endlosen Kette von Droh- und Gewaltakten steht, die der Nazi seinen Mitbewohnern zufügt. Daß es der Nationalismus der Ententevölker war, der eine deutsche Umgeburt mitverhindern half, steht auf einem anderen Blatt. Teils durch Demütigungen, teils durch Ermunterungen, Lockprämien und Bestätigungen, taten die Bürgertümer Englands und Frankreichs alles, um den deutschen Nationalismus wiederaufzurichten, da sie ja eine andere Form des Volkstums als eine nationalistische entweder nicht verstanden oder nicht wünschten. Seit Lord d'Abernon, dem »Lordprotektor« der Reichswehr, hat es niemals an französischen und englischen Politikern und Militärs gefehlt, die sich Deutschlands als Wall gegen den Bolschewismus bedienen wollten. Der Marschall Foch war tot, der dem armen Erzberger gegenüber, kühl bis ans Herz hinan, die Überzeugung vertrat,

Bolschewismus sei die Krankheit der *besiegten* Heere. Weswegen noch 1938 in München die Herren Vertreter des Westens sich alle Mühe gaben, Herrn Hitler aus der Falle wieder herauszulotsen, in die er sich selbst mit Sturzbächen von Schmutz, Lüge und Verleumdung geschwemmt hatte. Die Angst vor dem Gottseibeiuns Bolschewismus mit der stupiden Geschicklichkeit eines Braunauer Anreißers oder rheinländischen Gassenbuben ausnutzend, konnte Herr Hitler die Differenzen und Unzufriedenheiten übertäuben, die, von Anfang an, eine Trennungslinie zwischen dem Nazismus und den Vertretern des deutschen Wesens in Deutschland und außerhalb seiner zogen. Eine tiefe Wünschbarkeit machte die Vertreter westlicher Nationalismen geneigt, von 33 bis 38 im Nazi den eigentlichen Deutschen zu sehen und ihn dem emigrierten, also internationalistischen, deutschen Geist und Volkstum entgegenzusetzen. Da man erst seit einem Jahr das Gegenteil bemerkt, kann man sich nur schwer daran gewöhnen, den Nazi vom Deutschen zu sondern. Ist es doch auch seelisch viel leichter, den Affekt gegen das breite Ziel »deutsches Volk«, »deutsches Wesen« strömen zu lassen, als sorgfältig zu unterscheiden und seine Empörung gegen den Nazi, den Bewunderten von einst, zu lenken. Darum ist es dem Affekt von Nationalisten wie von gekränkten Emigranten nur möglich, Vergeltungsmaßnahmen oder Schutzvorrichtungen gegen das deutsche Volk auszusinnen und die Möglichkeit einer deutschen Revolution außer acht zu lassen, die, mit deutscher Gründlichkeit, nach den grauenvollen Erfahrungen der Hitlerjahre Innerdeutschland von der Pest der Pinguine oder PGs befreien würde, ob ohne Krieg oder mit ihm.
Und dennoch kann weder eine Mentoren- und Kuratorenrolle des Ententemilitarismus noch die Einsetzung slawischer Staaten an Deutschlands Ostgrenze als Überwachungsposten die Welt von der Gefahr befreien, die der deutsche Militarismus immer wieder darstellt. Sooft man seine Köpfe bisher abschlug, diese Lernäischen Schlangenköpfe, so oft wuchsen sie doppelt wieder nach. Denn um das Doppelte übertraf der Bismarck-Nationalismus den der Wrangel-Zeit und der Hitler-Nationalismus den Wilhelminischen. So daß man es wohl mit einem anderen, gründlich wirksameren Mittel versuchen müßte als dem des antigermanistischen Affekts. Der Nationalismus kann

den Nationalismus nicht besiegen; er vermag nur, ihn durch Widerspruch zu verewigen. Bringt die Hitlerei das schreckliche Unglück eines neuen Weltkrieges über uns, so haben wir uns dafür bei allen Nationalismen zu bedanken, die ihr Heraufkommen und ihre Dauer ermöglichten.

Jeder Affekt von Gruppe zu Gruppe wird dann entmachtet und entgiftet, wenn er sich gegen die wahren Urheber des Übels austoben darf, die ihn zu verantworten haben, nicht gegen Ersatzfiguren. Darum hat zum Beispiel der Antisemitismus in denjenigen Ländern seine Kraft verloren, in denen die Massen, mittels einer echten Revolution, mit ihren Herrenkasten abrechneten, nachdem sie den tollsten Mißbrauch Generationen lang ertragen hatten. Jede echte Abrechnung der deutschen Massen mit den Nazis entlädt einen angestauten Affekt. Dieses wirkt auch auf die Nachbarn, die sich zwar nicht so sehr beklagen dürfen wie das deutsche Volk selbst, deren Lebenszuschnitt aber für Jahre und, schrecklichstenfalls, für Generationen verdorben worden ist durch die Duldung, mit der ihre Regierungen und Nationalisten den deutschen Nationalismus sich mästen ließen, seit 1919. Er aß das beste Mark deutscher Zukunftsbürgschaft, dieser Geier. Seit 1919 mordete er alles, was sich von linken Kräften hervorwagte, ohne daß seine regierenden Gesinnungsgenossen von der gleichen Fakultät jenseits der Grenzpfähle dadurch veranlaßt wurden, Deutschland für gefährlicher zu erkennen und schärfer anzufassen. Wir erinnern an eine Namensliste, die uns ins Herz und Gedächtnis eingebrannt ist: Rosa Luxemburg, Karl Liebknecht, Leo Jogiches, Hugo Haase, Bernhard Schottländer, Matthias Erzberger, Walther Rathenau, Kurt Eisner, Gustav Landauer, Eugen Leviné, Karl Gareis, und setzen sie fort bis zu Erich Mühsams, Theodor Lessings und Carl von Ossietzkys Ermordung, von den namenlosen Hunderttausenden zu schweigen.

Wenn die westlichen Retterkreise den Braunauer Maulhelden und Tölpelhans wieder aus einer Klemme manövrieren, in die er sich, diesmal Polen gegenüber, hineingeschäumt hat, wird die heraufdämmernde deutsche Revolution wieder tief unter den Horizont gescheucht werden und der Innerdeutschland reinigende Ausbruch vertagt sein, wer weiß, auf wie lange. Dann kann der Antigermanismus weiterhin edle französische und englische Seelen und Köpfe verunstalten. Bricht gar der in

die Enge getriebene Nazi-Eber in einen Weltkrieg aus, ohne daß die Geister und Köpfe auf eine zukunfthafte Lösung vorbereitet sind, so mag man an die Folgen gar nicht denken. Diese Vorbereitung also muß heute einsetzen, und wir beginnen sie, selbst auf die Gefahr hin, so vergeblich zu plädieren, wie wir vergeblich seit 1933 das Wesen der Hitlerei ankündigen, unsereiner zum Beispiel in dem Buch »Bilanz der deutschen Judenheit« und schon weit früher, im »Manchester Guardian Weekly« vom 29. Juli 1932. Was wir nicht voraussehen konnten, war die Hilfestellung, die das Nazitum in Europa überall fand.
Heute also sagen wir kurz und bündig, daß, ob nach einem Krieg oder ihn vermeidend, Europa des deutschen Volkes sich nur versichern kann durch die Überwindung der eigenen Nationalismen in der Gründung der Vereinigten Staaten Europas. Das kleine Beispiel der Schweiz und das große Nordamerikas müssen endlich befolgt werden. Nach einem Kriege wird das nicht schwer sein, da kein anderer Weg als dieser aus dem allgemeinen Ruin in eine erträgliche Zukunft führen dürfte. Nicht ein Völkerbund, vorsichtig kastriert, wie die Genfer Liga, sondern eine Verschmelzung der europäischen Staatswesen zu einem echten Bundesstaat, nach Art der USA, kann da helfen. Alle nationalen Kräfte werden benötigt werden, die innere Entfaltung und kulturelle Besonderheit der einzelnen Staaten des Bundes weiterzuführen, so wie sich Texas oder Utah eigene Gesetze gewahrt haben, die sie von Massachusetts oder New England unterscheiden. Verkehrswesen aber, Steuerverfassung und vor allem Heer und Flotte müssen Angelegenheiten des Bundes, wie in Amerika, werden, aufgebaut gerade unter Verwendung derjenigen Elemente im Bunde, die den Willen zur Gemeinsamkeit und zur Zukunft tragen und verbürgen. Dann braucht man nicht, nur dann nicht, vor den Orgien des deutschen Nationalismus zu zittern. Dann braucht man keine Kuratoren und Mentoren, mit Stahlhelm und Gewehr und unter fremder Flagge. Denn der Aufbau des europäischen Heeres könnte und würde die Bürgschaft dafür sein, daß ein nationalistischer Mißbrauch damit nicht getrieben werden kann. Und selbstverständlich müßte man, bevor es soweit kommt, das deutsche Volk, wenn es das will, abrechnen lassen mit seinen Vergewaltigern. Die Vereinigten Staaten von Europa müssen

als eine straffe, von der Notwendigkeit gebotene und geborene Realität in die Erscheinung treten, als eine Quelle der Wohlfahrt und als der Weg aus dem Ruin, dem einzigen, den wir sehen. Wir sind weder Schwärmer noch Phantasten, wir erwarten kein Wunder der Um- und Neugeburt irgendwelcher nationalen Seelen, sondern appellieren an den Rechenstift, der die Schulden, Anleihen und Rüstungsausgaben der einzelnen Staaten addiert, an die dira necessitas. Und freilich auch an den Enthusiasmus und die schöpferischen Kräfte freier europäischer Völker oder der zu befreienden. Wir wissen, was die Massen in Deutschland zur Zeit am meisten entbehren: Freiheit, Gewissen, Recht und die Fähigkeit, anständig handeln zu dürfen. Auf diese zu vertrauen, ihnen Spielraum zu bieten, die blutige Erfahrung der grauenhaften sechs Jahre sich auswirken zu lassen wird niemanden schänden und, wir wagen es zu behaupten, niemanden, der nicht enttäuscht werden will, enttäuschen.

4

1939; im Kriege geschrieben

Die Kalenderleidenschaft der Nazis hat gesiegt, ihr Zahlenaberglaube, ihr Wählen schon einmal hervorgetretener Daten. Fünfundzwanzig Jahre nach den Grenzschlachten, im Osten wie im Westen, donnern die Kanonen wieder, exerzieren die Nazis den Deutschen in die wirkliche Niederlage, den entscheidenden Abgrund. Grimmig und entschlossen sieht der nichtnationalistische Mensch von jenseits der Grenzen dem schauerlichen Schauspiel zu, das die Zerstörung Polens bietet. »Qui mange du pape, en meurt«, sagt das alte Sprichwort, und Polen hatte reichlich vom Nazi gegessen dadurch, daß es einerseits im Besitze preußischen Territoriums blieb – alldeutsch gesehen –, andererseits aber mit »Herrn« Hitler frühzeitig Pakte und Verträge schloß. Niemand, der die Nazis kennt, wird daran zweifeln, daß ihre Kriegführung im Osten nicht weniger barbarisch vorgehen wird als jene Kriegführung in Innerdeutschland gegen Sozialisten, Christen und Juden, die man zu unserem Entsetzen geschehen ließ oder nicht glaubte. Wen wundert es, wenn ein U-Boot, vielleicht aus der spanischen Lauerstellung vertrieben und heimkehrend, einen englischen Liner ebenso skrupellos torpediert wie, unter dem Schutze des Non-Intervention-Committees, spanische Regierungsschiffe? Wer glaubt heute noch Meldungen, Versprechen oder Abmachungen, die den Schutz der Zivilbevölkerung bei Bombenangriffen verbürgen – aus Goebbelsschen Lautsprechern? Und wer gibt dem Nazi heute noch Kredit, den die militärische Leistungsfähigkeit des deutschen Volkes von 1914 einlösen müßte? Ausgepowert in jedem menschenmöglichen Sinn, geht dieses Volk in einen Krieg, dessen Tatsachen und Grundlagen es nur durch List und Mißtrauen erfahren kann. Mit löcheriger Rohstoffbasis, aufgezehrtem Vermögen, zerriebener oder überspannter Nervenkraft und zerpulverter Moral treiben es die Nazihorden über die Grenzen oder an die Grenzwälle. Woran kann es noch glauben? Welche Parole kann es begeistern? Welcher Schwindel kann die ersten sechs Wochen überdauern? Alles ist abgenutzt, was in früheren Kriegen Schwung verlieh. Sechs Jahre lang läßt sich kein Nervensystem der Welt mit Propaganda von Krieg und nationalem Egoismus betrommeln, ohne endlich abzustumpfen.

Der Ernstfall findet Deutschland ohne Bundesgenossen, und die Entwicklung der Kriegsereignisse wird ihm auch keine verschaffen. Das Nazizwischenspiel bezahlt sich teuer. Ein großer Fortschritt aber ist zu verzeichnen, und dankbar erkennen wir ihn an, in Gesellschaft hier der ganzen Kulturwelt. Mit voller Überzeugung hat die englische Propaganda wie die französische den Unterschied begriffen, den wir zwischen den Nazis und dem deutschen Volke immer machten. Durch das Ausstreuen von Flugblättern an den Geist und das Gewissen jener deutschen Massen zu appellieren, die vom Nazismus terrorisiert werden, und Flugblätter statt Bomben über die Zentren des Volkes zu streuen, das ist ein Novum in der Geschichte der Kriegführung, und es verheißt Erfolg. Selbstverständlich aber darf diesmal nicht wieder, wie das vorige Mal, der Erkenntnis aller Deutschen die militärische Niederlage vorenthalten werden, mit der dieser Krieg allein enden kann. Während die volle Kriegskraft des Westens dem deutschen Militarismus auf deutschem Boden schwere Schläge versetzt und noch schwerere verheißt, wird der nationalistische Affekt der Demokratie richtiger gesteuert, als die letzten Vorkriegsmonate erhoffen lie-

ßen. Gegen das Unmenschliche und Entsetzliche der Nazimentalität marschieren die Völker auf, hoffend auf eine gründliche Revolution, die allein den Genius eines großen Volkes in die europäische Gemeinschaft zurückführen kann. Wird der Speer des Amfortas diesmal wirklich die Wunde heilen, die er geschlagen hat? Wird der Krieg die Welt von der Pestluft befreien, die sechs Jahre über Europa brüten durfte? Als im Mai 1933 Freundeskreise in Prag erwarteten, Frankreich und England würden gegen den hitlerischen Nationalismus ihre Truppen marschieren lassen, mußte man den Hoffnungen dieser Freunde entgegentreten. Nicht ein französischer oder britischer Soldat und auch kein deutscher durfte fallen, so sagte ich damals, um die Fehler wiedergutzumachen, die wir selber begangen hatten, wir deutschen Republikaner, als wir die Nazigefahr immer weiter wachsen sahen, ohne ihr mit allen Mitteln zu wehren. Durch Schreiben und Reden hatten wir es getan, aber Schreiben und Reden konnten nicht ausreichen dem Geiste der nackten Gewalt gegenüber, der klar erkannten Unmenschlichkeit und Gesittungsfeindschaft. Damals war das richtig. Inzwischen aber hatte der Westen zu vieles geschehen lassen und angesehen. Wo Vorbeugung am Platze gewesen wäre, blieb nur Hilfe für die Opfer übrig, und sie reichte nicht über die Grenzen. Wer aber Verbrechen geschehen läßt, Überfälle auf Schwächere, Raubzüge und Erpressungen, dem werden die Folgerungen nicht erspart, die sich gleichsam selber ziehen. Unsere Epoche geht in die Hohe Schule der politischen Physik, das Lehrgeld zahlen große Nationen immer durch getötete Hekatomben.
So stellt sich uns die Aufgabe, die entsetzlichen Leiden dieses Krieges derjenigen überwinden zu helfen, denen wir keinen anderen Trost bringen können. Das polnische Volk trägt die furchtbare Last dieser Wochen, seine nichtjüdischen wie seine jüdischen Massen. Helfen wir ihm und seinen Angehörigen in der ganzen Welt, in seiner seelischen Ökonomie ohne Antigermanismus auszukommen, versprechen wir ihm, daß kein Verbrechen keines Nazi und keines Militaristen ungesühnt bleiben darf, das sich jetzt auf polnischem Boden austobt. Fügen wir diese Verbrechen denen hinzu, die bei der kommenden Abrechnung zwischen Deutschen und Nazis geahndet werden müssen. Kein Mörder darf ungerächt gemordet haben, kein Folte-

rer gequält, kein Lügner gelogen, kein Hetzer gehetzt. Die Größe der Untaten und ihre Masse darf nicht abschrecken, denn die Gesittung unseres Erdteils steht auf dem Spiel, solange noch jemand in Deutschland mit verstohlener Freude an die Orgien der Hitlerzeit zurückdenken darf. Dann, und nur dann, sind die sechs Jahre nicht vergebens durchlitten worden.

Ein großes Volk von fünfundsiebzig Millionen ist einmal in die Lage versetzt worden, den vollen Unrat seiner Hefe über die Welt zu ergießen. Mögen alle Völker unserer Erde erkennen, was es mit einer solchen Entblößung auf sich hat. Eine ungeheure Arbeit an den Seelen der Massen hat zu beginnen. Daß sie jetzt schon einsetzt, im Anfang des Krieges, ist der einzige Hoffnungsstrahl, den wir für unser Zeitalter haben dürfen, aber der hellste, und einer, der uns nicht täuschen wird.

Frühling 1242 – Frühling 1942

1942

Unter den Zahlenspielereien, denen sich die Menschen von Alters her mit Leidenschaft hingaben, findet sich auch eine, die in dem Ablauf der Weltgeschichte nach zyklischer Wiederkehr des gleichen sucht. So lieben es beispielsweise Geisteskranke wie Adolf Hitler, ihr Verhalten dem Datum nach rhythmisch einzuteilen und sich nach Vorbildern zu richten – günstigen Vorbedeutungen, wie Geschöpfe seiner Art sie für Aktionen brauchen. Allgemein bemerkt wurde, daß er seine Putsche auf den 9. November verlegte, ein denkwürdiges Revolutionsdatum, und daß er, gleich Napoleon dem I., am 22. Juni den Njemen überschritt und nach Rußland einfiel, um gleichsam dasjenige zum Gelingen zu bringen, was hundertdreißig Jahre vorher dem großen Korsen mißlungen war. Der größere Adolf aus Braunau, sollte das heißen, der würde das schon schaffen. Daß er es nicht schaffte und nicht schaffen wird, hat durch den Mund Losowskis der Sowjetstaat ins Wort, durch die Rote Armee und die Aufopferung der Sowjetbürger und -bürgerinnen in die Tat umgesetzt. Da das russische Volk weder abergläubisch ist noch aus Tagewählern und Astrologen besteht, wird ihm wahrscheinlich gleichgültig sein, was ein geschichtskundiger Freund, ein Liebhaber der Strategie, uns zutrug. Es waren diesen Frühling siebenhundert Jahre verflossen, seit in der Schlacht auf dem Eis des Peipussees Alexander Newski den Vorstoß der Deutschen, des livländischen Schwertbrüderordens, siegreich zum Stehen brachte. Es war dieselbe Gegend, in der sich diesen Frühling die Tragödie der deutschen 16. Armee vollzog – eine Gegend, die niemals unter deutscher Herrschaft stand noch kommen wird, sosehr sie sich auch dem Einfluß der deutschen Kultur offenhielt. Die Zahlenspieler mögen von dieser Wiederkehr nach siebenhundert Jahren ruhig ein Menetekel ablesen; vielleicht wird Eisensteins wundervoller Alexander-Newski-Film anläßlich dieses Jubiläums von der Leinwand her noch einmal anschaulich vorführen, was wir daraus ablasen: daß die Grundkräfte der menschlichen Seele allmählich offenbar geworden sind. Solange die Gier des Imperialismus nach dem Land fremder Völker verlangt, suchen und finden die Führer Massen, um den Eroberer satt zu machen – sei es im eisigen Seewasser, sei's im brennenden Wüstensande. Die Zeit der Ritter und Orden, aller Aristokraten und Faschisten ist vorbei.

Über den Angriffskrieg

1942

Es ist die Eigenschaft des Regens, auf alle Fälle naß zu machen, ob es sich nun um befruchtenden Frühlingsregen handelt oder den zerstörenden Wolkenbruch des Hochsommers. Gleichwohl bleibt selbstverständlich der Unterschied ausschlaggebend, der den Krieg zur Verteidigung des eigenen Bodens, eigenen Lebens und Rhythmus von demjenigen trennt, den ein Eroberer, besser ein Raubstaat, zur Erweiterung seines Machtbereiches führt.

Dem verteidigenden Kriege wohnen gewisse Gegengifte inne, die der kulturabtragenden Erosion des Vorgangs Krieg einen Teil ihrer Gefährlichkeit nehmen. Wer den häuslichen Herd, die Landesgrenzen, die Unversehrtheit der Fluren und Städte mit seinem Blut zu bezahlen bereit ist, weckt in den Überlebenden jenen glimmenden Brand der Bewunderung, des Dankes und der Pflicht, den Gefallenen zu ersetzen, daß aus dieser inneren Bereitschaft ein wahrhaft sittlicher Ausgleich für das Werk des Zerstörungstriebes geleistet wird. Darum hat es einen erschütternden und großartigen Sinn, zu sehen, wie große Demokratien sich lieber in die furchtbarsten Schwierigkeiten und Gefahren begeben, ehe sie einen Präventivkrieg führen, der notwendig ein Angriffskrieg ist.

Sowohl das britische wie das russische Reich haben den Räuber seine Messer schleifen gehört, ohne ihn vorher niederzuschlagen. Bewundern wir darin ein Zeichen menschlicher, gruppenhafter Reife, welche lieber Gefahr läuft an allen Gütern Leibes und Lebens, als daß sie auf das Niveau des Wegelagerers herabstiege, dadurch erst unsern Kulturgrad und Rang hoffnungslos desavouierend.

Dabei übersehen wir nicht, daß in der Geschichte sehr oft wüste Angriffskriege von dem Zierat großer Ideen verschönt und den Historikern schmackhaft gemacht worden sind. Wir ersparen es uns hier, all die Ideen aufzuzählen, die von der pax romana über den Islam bis zum Siebenjährigen Krieg und zum modernen Imperialismus geführt haben. Leider lehrt uns der Kreislauf, in welchem sich unsre Geschichte seit den frühen Pharaonen bewegt, daß es mit diesen Ideen recht faul stehen muß, wenn sie innerhalb von dreitausend Jahren zu nichts andrem führen konnten als zum Bombenkrieg gegen wehrlose Städte rund um Deutschland wie auch zum Gegenschlag der Alliierten, die den eisernen Pferdefuß des Herrn Hitler in Gestalt schwerster Bomben auch auf deutsche Dome und Städte zurückwerfen.

Wir vertrauen nur einer Idee, soweit Krieg und Zerstörung in Frage kommen: »Ein Wahrzeichen nur gilt: für die Heimat kämpfend zu fallen.« Dabei versteht sich von selbst, daß der Dichter, der uns diesen Satz schenkte, das Fallen für die Heimat in der Heimat meinte und nicht dreitausend Kilometer von ihr entfernt, mit Ölquellen, Erzgruben und Machtzuwachs über Myriaden von Sklaven im Hintergrund der Seele.

Wenn es zu einer solchen Zukunft überhaupt noch kommt. Ist es nötig, diese Einschränkung hinzuzufügen? Gegenüber dem Ansturm eines deutschen Militarismus, dem kein Wort so verächtlich ist wie das Wort »Humanitätsduselei« und der die Kräfte eines großen und begabten Volkes auf wahrhaft pathologische Weise in den Dienst primitiver Revanchewünsche stellt, fand sich die Welt der weißen Völker uneinig, zögernd, ohne den Willen, die Entwicklung wahrzuhaben, die sie doch geschehen ließ und mitverantworten mußte. Der Schriftsteller, der die Folgen des Krieges für die Gesittung nicht unseres Erdteils, sondern der Erde notiert, hat heute hinzuzusetzen: diese weißen Völker mußten sich darüber klar sein, daß ihre Wahl sich nur zwischen zwei Polen abspielen konnte: entweder durch tathafte Einigkeit das Wiederaufleben des Krieges in Europa unmöglich zu machen und über unseren Erdteil hinaus die Phalanx der aufrecht gehenden Menschen um den wütenden Stier zu schließen; oder aber alle hier beschriebenen Folgen anzunehmen und den Krieg zu wählen, den unter günstigen Umständen herbeizuführen jene geistig minderwertigen, willensmäßig hypertrophierten Kreise des Militärs aus Leidenschaft in Deutschland entschlossen waren. Ein Drittes gab es nicht, selbst wenn die Wiedereinführung des Krieges ins europäische Wett- und Ränkespiel noch einige Jahre oder ein Jahrzehnt hintangehalten werden konnte.

Auch Wilhelm II., seelisch durchaus gesünder als die heutigen deutschen Machthaber, versicherte der Welt immer wieder, wie heiß er den Frieden liebe; und gleichwohl bildete seine stete Kriegsbereitschaft jenen Hohlraum innerhalb der europäischen Politik, der alle Anstrengungen reiferer Völker vereitelte und zu jenem Einsturz führte, der jetzt schon achtundzwanzig Jahre zurückliegt. Jeder von uns empfindet diesen Zeitraum als kurz, das Ereignis als gestrig, seine Nachwirkungen als heutig. Durch das Hinauszögern der Katastrophe war sie nur noch zerschmetternder geworden; das fünfundzwanzigste Regierungsjubiläum Wilhelms II. war gerade ein Jahr vorüber, als aus dem Friedenskaiser der oberste Kriegsherr heraussprang.
Ihr fochtet gegen den Kaiserismus? Ihr habt ihn heute viel schlimmer vor den Toren. Und nur Selbstmörder, die dem Zerstörungstrieb innerhalb ihrer Person ganz verfallen sind, wiederholen zwanghaft, was sie schon einmal fast vernichtete.

Angriffsgeist und Volkssubstanz

1942

Unabhängig von allen Tagesanlässen, in Fortsetzung von Diskussionen und Gedankenreihen, die uns schon in den Kampfjahren der Weimarer Republik beschäftigten, vereinten und trennten, entstanden die folgenden Überlegungen, die das deutsche Volk und sein Verhältnis zum Gewaltgeist durchleuchten sollten.

Daß ich auf die Beschuldigungen nicht eingehe, die dieses Volk als Ganzes oder zur Hälfte anklagen für die wüsten Ausschreitungen des Militarismus und seines Angriffsgeistes, wird man verstehen. Eine ganze Gruppe deutscher Geistiger und Republikaner, geführt von Carl von Ossietzky und Heinrich Mann, hatte sich längst die größte Mühe gegeben, die Verhältnisse zu klären, die hier obwalten. Einer unserer Fehler mag darin gelegen haben, daß wir uns Pazifisten nannten und unsere Angriffe gegen den Kriegsgeist richteten, statt den Verteidigungskrieg klar und deutlich auszunehmen.

In Wirklichkeit aber liegen die Dinge so, daß die militärischen Tugenden und Fähigkeiten in den letzten zweihundert Jahren der europäischen Geschichte von bestimmten politischen und ökonomischen Herrenschichten aller Völker zur Befriedigung ihrer Machtansprüche und Interessen ausgenutzt und umgezüchtet worden sind, während die Heere der Französischen und Russischen Revolution längst bewiesen hatten, wie schön es sich auch ohne solchen Mißbrauch siegen läßt. Dieser Mißbrauch durch herrschende Klassen ist der entscheidende Punkt.

Ergeben sich die Deutschen diesem Mißbrauch leichter als andere Völker? Oder sind die deutschen herrschenden Klassen skrupelloser in der Ausnutzung deutscher Folgsamkeit und in dem Mißbrauch der soldatischen Eignung, die dem deutschen Volke durch Friedrich »den Großen« und seine Anbeter und Nachfolger angezüchtet wurde? Wir lassen die Antwort auf diese Fragen beiseite.

Es ist eine allgemein geübte Taktik und Technik, Probleme ins Nationale und Nationalistische abschwenken zu lassen, die im Ökonomischen und Internationalen beheimatet sind, dabei aber dem Fragesteller selbst peinlich auf den Leib rükken könnten. Gehen wir nur zum Beispiel auf jenen »großen« Friedrich zurück, mit dem der preußische Militarismus seines Vaters Weltgeltung errang. Wem letzten Endes haben seine Taten ein großes Kolonialreich verschafft, wer ist von ihnen in Indien und auf dem amerikanischen Kontinent zur unbestrittenen Herrin der Meere gediehen? Wer hat mit Hilfsgeldern dafür gesorgt, daß das arme Preußen gegen die drei kontinentalen Großmächte sieben Jahre bluten konnte? War es nicht die konservative großbritannische Oberschicht? Und ist es nicht bekannt, daß der von dem Enthusiasten Thomas Carlyle vergötterte Alte Fritz auf die heftigste Gegnerschaft zahlreicher deutscher Geistiger stieß, soweit es sich um die bedeutenderen seiner schreibenden Zeitgenossen handelte?

Immer hat der deutsche Herrenstaat internationale Verbündete gefunden, die englisch sprachen. Weder wäre es dem Grafen Bismarck noch dem Grafen Brockdorff-Rantzau gelungen, die deutsche Linke so völlig auszumanövrieren, wenn ihnen nicht englische mangelnde Einsicht – oder wohlwissende Staatsmannschaft? – zu Hilfe gekommen wäre, dem einen bei seiner Besiegung Frankreichs und dem Niederwerfen der Kommune durch Gallifet, dem anderen bei den skrupellosen Manövern, die mit der Ermordung von Liebknecht und Luxemburg begannen und sich fortsetzten in der Niederwerfung der Münchener »Räterepublik« und des mitteldeutschen Aufstandes.

Hätte man aber auf uns deutsche Republikaner und Refugiés ein wenig aufmerksamer gehört, als wir vor und nach 1933 um die Bundesgenossenschaft Englands warben, so hätte man uns und sich, dem englischen und dem deutschen Volke allerhand erspart. Aber indes die Russen uns verstanden und ihre eigenen Berichte durch unsere Erkenntnis stützten und vertieften, während sie wußten, wessen man sich von Herrn Göring zu versehen hatte, ließen sich einige britische Aristokraten von diesem kümmerlichen Fresser und Geldraffer hinters Licht führen und einwickeln – warum wohl? Lassen wir diese

Fragen nur anklingen und gehen wir dem Grundproblem zu Leibe, der Verwechslung von Angriffsgeist und deutscher Volkssubstanz.
Selbstverständlich sind wir weit davon entfernt zu leugnen, daß das deutsche Volk durch das Zusammenwirken einer älteren Lehre und einer neuen Errungenschaft auf den tiefsten Grad seelischer und menschlicher Entwürdigung heruntergearbeitet worden ist. Die ältere Lehre, seit Jahrtausenden bekannt und von allen Staatsvölkern geteilt, verkündete, daß Nationen im Kriege all das erlaubt sei, was man Individuen im Frieden als Verbrechen anrechnet; die neue Lehre hieß: Recht sei, was dem deutschen Volke nütze, und verband sich harmonisch mit dem Auserwähltheitsglauben dieses Volkes, auserwählt, da es das Monstrum Adolf Hitler hervorgebracht hatte.
Niemand zweifelt daran, daß eine Lawine von Scham und Grauen über dem besseren Teil des deutschen Volkes zusammenschlagen wird, wenn es das Schauerliche erfahren wird, was in seinem Namen, im Auftrage des deutschen Volkes, in den besetzten Gebieten zwischen dem Atlantik und dem Asowschen Meer ausgeübt werden durfte.
Was sich da entwickelte, konnte und durfte nur geschehen unter den Augen und selbst auf Kosten der westlichen Demokratien, weil es mit dem Bolschewikengespenst operierte, den alten Wahlspruch der Assassinen aus den syrischen Bergen abwandelnd: »Nichts ist wahr, und alles ist erlaubt.«
Und somit wären wir bei jener Perspektive der Welt- und Gegenrevolution angelangt, mit der wir uns im Augenblick nicht beschäftigen wollen. Heute geht es nur um die brennende Frage der zukünftigen deutschen Bewertung. Die gegenwärtig erwachsenen Deutschen werden mit sich selber abrechnen müssen. Was von ihnen überlebt, durch die Grauen der russischen Winter gegangen, in der größten Niederlage der Weltgeschichte zermahlen und zermalmt, das auch nur mit einem Blick zu streifen, hat augenblicklich keinen Sinn. Schuldhafte Opfer und massenhaft geopferte Unschuldige wirbeln da durcheinander, in einem Höllensturz von Leibern und Maschinen, wie ihn kein Rubens gemalt hat, kein Dante dichten wird.
Wir wagen fast zu sagen: für die nächsten paar Jahrhunderte

könnte sich die europäische Geistigkeit mit den Ereignissen auseinandersetzen und alle Hände voll damit zu tun haben – die Hände, die Köpfe, die Gewissen. Und das wird ihre Aufgabe sein, wenn sie sich nicht selber um das Recht bringen will, am europäischen Geiste und am deutschen Wesen mitzuformen.

Liga V –
eine antifaschistische Liga zur Hilfeleistung für die Sowjetunion

1941–1944

Die Schaffung einer Ambulanz für Sowjetrußland

Wenn wir nach langen Vorbereitungen endlich darangehen, mit der Schaffung einer Ambulanz für die UdSSR Ernst zu machen, so wissen wir, daß wir mit diesem Werke auch der Gesundung unseres eigenen politischen Lebens dienen. Es gibt nämlich nichts, was nicht nach allen Seiten Wirkungen elektrischer Art ausstrahlte, positive und negative, wie alles Lebendige, und nur Versicherungsagenten können glauben, das Negative ließe sich auf Erden irgendwie ausschalten. Nein, meine Freunde, täuschen wir uns nicht: Wir werden das Mißtrauen nicht beseitigen, das sich gegen uns aus den Kreisen der Politiker erhebt – weil es eben Politiker sind, deren Phantasie längst verlernt hat, das Für und Wider lebendiger Aktionen in seiner Rundheit gelten zu lassen: Begnügen wir uns mit der Tatsache, daß uns die Menschen des Landes ihr Ja zurufen, zujubeln. Wir haben es gesehen und gehört und hören und sehen es durch den Einlauf der Post: die gute, kräftige, unverbildete Seele Palästinas hat auf uns gewartet. Auf unsern Aufruf, auf unsern Einsatz, unser Beispiel. Zum großen Glück verlangte sie, diese Seele, schon lange danach zu beweisen, daß sie auch dankbar sein könnte für Hilfe in der Not und daß sie einen Sinn habe für Größe – für die beispiellose Größe der englischen Standhaftigkeit wie für die der russischen Kraft zum Opfer, zum Angriff, zum Sieg. Allen Menschen dieses Landes aber sind die Russen die nächsten Europäer: hier stimmt die Geographie mit den Tatsachen unserer Geschichte überein. Darum rufen wir euch zu: Helft uns, Bewohner von Tel Aviv, Bewohner des Landes, setzt euch ein für unsere Sammlung, baut mit an der Ambulanz für die Rote Armee.

Cinema Esther Pantomime

Im Oktober vorigen Jahres beschlossen einige Haifaer Antifaschisten, die Tradition wieder aufzunehmen, die der Verfasser durch öffentliche Reden gegen Hitler und seine Naziverbrecher seit 34 begründet hatte. Sie führte 38 zu einer großen spanischen Ausstellung, an der sich der spanische Generalkonsul beteiligte. Ein Erfolg, der den Achsenkonsulaten und ihren Non-Intervention-Freunden ärgerlich in die Nase stieg. Daß britische Schiffe straflos von »unbekannten Piraten« torpediert, schwere Achsen-Batterien nahe Gibraltar eingebaut, die demokratischen Städte Madrid, Barcelona, Valencia, Guernica mit Bomben überschüttet wurden, ging Palästina ja nichts an. Und daß die Sowjets die Faschisten in Spanien wissend und voll bekämpften, konnten nur wir glauben, Einfältige, welche der PKP auf den Leim gingen und eher Mitleid als Furcht erregten.
Die Erwachsenen, die »reifen Menschen«, die »Söhne der Freien« betrachteten Herrn Mussolini und Herrn Hitler voller Ehrfurcht. Was für wundervolle Erfolge hatten sie doch aufzuweisen, diese Großen! Wie gut paßten faschistische Methoden nach Palästina! Wollte man die Fellachen etwa für vollgültige Menschen halten? Hatten die Neueinwanderer aus Mitteleuropa vielleicht das Recht, Sitz und Stimme im Jischuw zu beanspruchen? Kam es darauf an, sie wirklich und brüderlich zu erfassen, einzuordnen, aufzurichten, in der einzigen Sprache anzureden, in welcher sie geistige Inhalte mitdenken konnten? Was wollten diese Trümmer einer geschlagenen Legion? Man brauchte nicht sie, ihre Erfahrungen und Ratschläge, sondern ihr Geld.
Wehe den Besiegten! Politische Mitarbeit nur für diejenigen, welche hebräisch für ihre Geschäfte inserieren, in Versammlungen mitreden, leitende Posten bekleiden konnten. Daß es sich dabei auch um jene neuen Institutionen handelte, welche oft mit den Geldern begründet wurden, die für die Ansiedlung deutscher Juden und ihrer Jugend in Erez Israel gesammelt wurden, um jene großen Summen, die die ganze Welt reichlich

spendete, ging ja diese Opfer Hitlers nichts an. In Festzügen zu Purim konnte man gegen die Verbrennung deutscher Bücher geschmackvoll und lustig demonstrieren, solange die fremden Konsulate es gestatteten. Ins Hebräische übersetzt wurden diese Bücher nicht. Die Jugend mußte vor ihnen bewahrt werden. Wer sie lesen wollte, konnte sie ja deutsch, englisch, russisch, tschechisch, polnisch oder ungarisch kaufen. Wo stand geschrieben, daß nur derjenige Demokratie beanspruchen durfte, der auch bereit war, sie in der eigenen Gemeinschaft gelten zu lassen, anzuwenden?

Aber siehe da, die Zeit lief anders, als die Bewunderer der politischen Gewalt erwartet hatten. Vom Überfall auf Polen bis zu dem auf Rußland wiederholte sich die Geschichte des vorigen Weltkrieges – und wir hatten es vorhergesagt. Wieder war Amerika in den Krieg eingetreten. Wieder zeigte die Demokratie ihr unzerstörbares Reservoir an lebendiger Kraft, und Sowjetrußland gar bewies, daß es stählerne Zähne und Muskeln entwickelt hatte und daß Spanien nur eine kleine Probe gewesen war, der jetzt der blutige Ernst folgte. Die Massen Palästinas, nicht nur die »Russen«, horchten auf und zitterten vor Freude.

Die ältere Generation der Neueinwanderer wollte in ihrer Muttersprache angeredet, begeistert, zur Tat entflammt werden. Eine Einheit wie noch nie verband alt und jung zum Sturze des widerlichsten Feindes, der je das Blut jüdischer und von Millionen nichtjüdischer Menschen vergossen hatte. Zu Ende war es mit der geschickten Isolierung, welche aus den Juden eine Schießscheibe zum Einüben der Angriffstechnik hatte schaffen können.

Allgemeine politische, menschliche, kulturelle Aufgaben riefen auch Palästina zur Teilnahme und Tat auf. Wir, die zuerst Getroffenen, durften uns wieder an die Spitze stellen. Wir hatten geschwiegen, um die Hebraisierung des Aufbaus nicht zu stören. Jetzt wäre es ein Verbrechen an unserer Sache und ein kapitaler Irrtum gewesen, wenn wir uns weiter zurückgehalten hätten. In den geschlossenen Mitgliederversammlungen einer neuen »Liga V für Rußlandhilfe« stellten wir uns den Massen zur Verfügung. Sie begriffen uns. Winzige Kreise der hebräischen Sprachfanatiker versuchten in Haifa, ein Werk zu stören, das auch ihnen, ihnen erst recht, die Tore der Zukunft offen-

hielt. Oder war jemand so blind zu glauben, in einem Achseneuropa, einer Achsenwelt würde es für jüdische Menschen noch die Möglichkeit gegeben haben, Geist zu bilden und Gesittung zu entwickeln? War nicht klar verkündet worden, daß für »minderwertige Rassen« nur in Madagaskar oder irgendwo sonst eine Existenz als Arbeitssklaven beabsichtigt wurde? Wog dieser Drohung gegenüber nicht der vorübergehende Nachteil federleicht, daß die erwachsene Generation mit ihren Sprachen mehr in die Öffentlichkeit trat, als es die Vorkämpfer des Hebräischen für wünschenswert hielten? Niemand störte die Hebraisierung der Jugend. Beeinträchtigt wurde nur die ehrgeizige Errichtung einer Fassade, die die Welt glauben machen sollte, bei uns sei das Unmögliche bereits Tatsache geworden. Was andere kleine Völker erst in drei oder vier Generationen zuwege brachten, wir schufen es in ebenso vielen Jahren. Und hinter der Maske der Sprachbesorgnis – was entblößte sich da? Der alte, liebe Hang zum Faschismus und jener Haß gegen die russische Revolution, den die Besiegten von 1917 und 18 tief im Busen hegten.
Aber eine neue Zeit ist angebrochen, die keinen Raum mehr für alte Rechnungen hat. Wo es ums nackte Leben, den ganzen Einsatz der Zukunft geht, haben weder Sprachenfragen noch der Ehrgeiz Raum, eine Fassade als vollendeten Bau auszugeben. Kein Reflektor, kein Scheinwerfer kann eine Sprache, die zur Verständigung mit erwachsenen Menschen nötig ist, als Nationalhymne oder Nationalflagge anstrahlen. Sprechen ist in erster Linie ein Ausdruck der Erregung und ein Werkzeug der Mitteilung, weder Putz noch Fanfare.
Wir sprachen im Estherkino deutsch, weil wir unsere Menschen in seelischen Zentren anzurühren hatten, weder weil es die Sprache Goethes noch gar das Gurgeln und Brüllen des Hitler ist. Wir taten es zwei Stunden lang ungestört, und nur, weil unsere Ordner nicht länger vor den Toren des Kinos nutzlos aushielten, weil sie, auch sie, unsere Redner hören wollten, konnten die Rollkommandos anmarschieren und, mit Mauersteinen und Brechstangen, Türen aus Glas und Holz einschlagen, in den Saal dringen, die hebräischen, antifaschistischen Plakate und Spruchbänder zerfetzen, die ihnen allein zum Opfer fielen. Nur sie hatten die Folgen ihres frechen Überfalls zu tragen und zu büßen, als die Krankenwagen und

Polizeikräfte sie wegschafften. Wir aber hatten wieder das Amt, die armen Opfer jener Hintermänner zu beklagen, junge, irregeleitete Menschen, welche von jenen jämmerlichen Politikastern vorgeschickt und hinterher im Tel Aviver Stadtrat gesegnet wurden.
Wir wissen nicht, wie diese Stadtväter und ihre Oberhäupter mit dem Aufmarsch solcher Banden zusammenhängen. Aber wir beklagen die schöne Stadt Tel Aviv, deren Einwohner, soweit sie um den Dizengoffplatz wohnen, uns zujubelten, dankten, zum Wiederkommen aufforderten, als wir uns am Ende der Saalschlacht entfernten. Für all das haben wir Zeugen. Und sie verstanden uns richtig, als wir, in unserer Rede auf den herrlichen Film »Pimpernell Smith« anspielend, ihnen zuriefen, in deutscher Sprache: »Wir Antifaschisten aus Deutschland sind zwar geschlagen, aber nicht besiegt. Wir kommen wieder – wir sind schon da.«
Was sind Faschisten? Kurzsichtige Naturen, die vom Strom des Geschehens der Völker-Geschichte nichts verstehen, gar nichts ahnen. Um den Vorteil eines Augenblicks zu erhaschen, lassen sie sich vom Schein blenden, den täuschenden Glanz des Erfolges für das Urlicht von Ideen haltend. Aber noch nie sind Räuber, welche allen Vorteil in die Taschen ihrer Bande scheffelten, Wegbereiter der Zukunft gewesen. Wer nicht bereit ist, selbstlos zu dienen, bleibt Spreu im Wind. Die Mühlen Gottes, von denen der Volksmund weiß, kennen das Geheimnis besser und halten sich bereit, es zu erfüllen.

Die Antinationalisten

Wir können den heutigen Tag nicht vorübergehen lassen, ohne unsere Gefühle zu ihm in Worte zu fassen. Es müssen Worte des Grauens und der Dankbarkeit sein – des Grauens, weil an diesem Tage eine wahre Sintflut von Elend, Zerstörung und Tod über die ganze Menschheit hereinbrach, zu der wir doch unserem Gefühl nach als gleiche Bestandteile gehören; der Dankbarkeit aber, weil heute vor drei Jahren die Maske fiel, welche die Bestialität der Hitlerei eine Zeitlang gut oder schlecht verborgen hatte. Gegen drei Gruppen von Menschen hatte der Nationalsozialismus während seines Aufstiegs zur

Macht und während der Ausübung dieser Macht immerfort seine rednerischen Blitze geschleudert. Gegen Juden, Intellektuelle und Bolschewiken. Damit hatte er geglaubt, ein Weltspiel spielen und gewinnen zu können. So felsenfest verließ sich Hitler auf die Wirkung seiner Parolen, daß er den Grafen Ciano Esel und Sohn eines Esels schimpfte, als der ihm vor drei Jahren die Warnung seines Schwiegervaters überbrachte, England werde den Überfall auf Polen nicht dulden, sondern mit Frankreich den Krieg wählen. Für uns Juden aber, uns Intellektuellen und Sozialisten hatte diese Entscheidung des Verrückten von Berchtesgaden etwas von dem großen Aufatmen, mit dem ein Blitz die Schwüle eines Gewittertages durchreißt. Stellt Euch vor, verehrte Anwesende, dieser Mensch wäre normal genug gewesen, um sich mit dem zu begnügen, was er im Überfall auf Österreich und die Tschechoslowakei erbeutet hatte! In der Welt, die er dann mit seiner Propaganda und seinen Intrigen vergiftet hätte, wäre für uns kaum noch ein Lebensraum gewesen, um dieses Wort einmal zu benutzen.
Nur nach Sowjetrußland wäre diese Pest nicht gedrungen. Aber die Sowjetunion, dies große friedliche Riesenreich, hätte uns kaum helfen können. Mit den ungeheuren Aufgaben beschäftigt, die der sozialistische Aufbau ihr stellte, ununterbrochen angespannt, um Jahrhunderte der Vernachlässigung in ebenso vielen Fünfjahrplänen von ihren Völkern abzuwenden, hätte sie zwar immer auf dem Quivive gestanden, wäre aber nicht in der Lage gewesen, gegen die faschistische Pest anzukämpfen, bevor nicht, wie im spanischen Bürgerkrieg, in den vom Faschismus unterjochten Völkern selbst der Hilfeschrei erschollen wäre. Inzwischen hätte es in der ganzen westlichen Welt kaum einen Gedanken gegeben, der, öffentlich ausgesprochen, nicht von den Nazis verfälscht worden wäre. Wir haben ja gesehen, was alles sie an sich gezogen, mit ihren Stempeln versehen und für anständige Menschen unbrauchbar gemacht haben – alles, was andere Gruppen und Gesinnungen erfanden, um fortschrittliche Gedanken in Symbole umzusetzen: die rote Fahne, den Ersten Mai, das österreichische Schutzbundlied, die Gottlosenbewegung, alles. Für den Juden aber vollends hätte es auf der Erde keinen Winkel gegeben, außer vielleicht in Birobidshan, wo er hätte ruhig und ungehetzt leben können. Haben wir doch gesehen, wie zwischen 36 und 38 der Faschismus un-

sere arabischen Nachbarn mißbrauchen und ins Unglück stürzen konnte, dabei aber fast tausend jüdische Opfer zur Strecke bringend. Nein, für uns war es gut und schlecht, aber vor allem gut, daß der Bursche, seinen Auftraggebern gehorsam, zum Krieg schritt. Daß er ihn nicht in seiner Gewalt haben würde, wußten wir vorher. Und ebenso, daß er entsetzliches Elend überall hinbringen würde, wohin er seine erstklassig ausgerüsteten, glänzend trainierten Massen schleuderte.

Die Welt ist so beschaffen, daß man den Teufel nur durch den Beelzebub austreiben kann. Nur durch die heftigste Militarisierung und die Errichtung schlagkräftigster Heere würde man, auch das wußten wir, die neue Drohung der deutschen Kriegsmaschine von der Kultur der Welt abwenden können. Nun ahnten wir Intellektuellen einiges mehr vom Gesetz der Dinge als der durchschnittliche Zeigenosse. Der arme Stefan Zweig hatte es mir gegenüber im Jahre 32 formuliert: »Zwischen uns und der Barbarei steht doch nur die Rote Armee«, hatte er gesagt, als ich ihn vor genau zehn Jahren in Salzburg besuchte, weil ich auf den Rat meiner Freunde eines großen nazifeindlichen Artikels im »Manchester Guardian« wegen meine Wohnung und mein Atelier für ein paar Wochen meiden sollte. Nun sehen Sie, meine Damen und Herren, wie sich dieser Satz einer Prophezeiung gleich erfüllt hat.

Zum Glück ist die Rote Armee nicht allein geblieben. Wie sich ihr in Spanien internationale Brigaden anschlossen, von denen heute noch Überreste unter unseren Ligafreunden sich befinden, so sind ihr jetzt in gigantischem Ausmaß Mitkämpfer erwachsen, die sich bewaffnet haben, obwohl sie ihrer ganzen Gesinnung nach das Mittel des Krieges ablehnten. Ich brauche sie nicht aufzuzählen, all die großen und kleinen Söhne und Töchter der Demokratie, denen in diesem Meer von Blut, Stahl und Zerstörung der Sieg zufallen wird, wohlverdient, nicht geschenkt – auch wenn, wie ich meine, der deutsche Zusammenbruch schneller kommen wird, als diejenigen glauben, die dieses neue Kriegsjahr, das vierte und letzte, von Anfang bis zu Ende mit Kämpfen erfüllt sehen. Das deutsche Volk, das unglücklichste von allen – denn welche Last von Scham und Grauen, von Schuld und Sühne wird es durch die nächsten Jahrzehnte schleppen müssen! –, dieses deutsche Volk wird sich seiner Natur nach erst empören, wenn dem Mann ohne

Waffenrock überhaupt kein anderer Ausweg bleiben wird als Tod durch die Bombe oder Angriff auf die SS und dem Mann im Waffenrock trotz aller Anfangssiege die Fortsetzung des Kampfes als sinnlose Schlächterei erscheint. So war's im vorigen Kriege, und so wird es diesmal wieder geschehen. Damit es aber geschehe, liebe Freunde, laßt uns alles tun, um uns den Vorkämpfern unserer Freiheit dankbar zu zeigen.
Setzen wir uns jetzt ein für unsere Sammlungen, um sie der Roten Armee zur Verfügung zu stellen – Materialien oder eine Ambulanz, Beiträge zu Bombern oder zu Tanks.
Wir, die arbeitenden Massen Palästinas, sind nicht reich an materiellen Schätzen, aber wir können, wenn wir sofort das Unsere tun, vielleicht an irgendeiner Stelle irgendwelchen Gruppen eine Erleichterung bringen, so wie man einem kämpfenden Soldaten durch ein Glas Wasser oder eine Zigarette zu Hilfe kommt. Und wir können das Bürgertum dieses Landes einladen und auffordern, sich der breiten Welle der Demokratie anzuschließen, die durch unsere Bewegung geht und von ihr getragen wird. Als der faschistische Spuk behauptete, er sei die Form der Zukunft, da lachten wir – wir und der Rotarmist, der es besser wußte. Heut aber sind die Pforten der Zukunft bereits sichtbar, und sie werden antifaschistisch, demokratisch und progressiv sein. Und so wenden wir uns an unsere russischen Gäste und drücken ihnen die Hand und senden diesen Händedruck dem Genossen Stalin und dem letzten Hilfsarbeiter in den Werkstätten der Roten Armee, den Tankschützen und den Heizern der Schwarzmeerflotte und sagen ihnen, es ist unser Glück, daß ihr lebt und siegt, und wir wollen nicht versäumen, uns eurer würdig zu zeigen und der Leiden all der Märtyrer, wie wir es bisher getan haben, so morgen und immerdar. Es leben die Nationen der Sowjetunion, es lebe die Rote Armee und die Zukunft derer, die niemanden unterjochen wollen, niemanden ausbeuten und niemanden verleumden.

Zum 1. April 1943

Vor zehn Jahren, am 1. April 1933 offenbarte der Nazismus zum erstenmal der ganzen Welt seine wirkliche scheußliche Physiognomie. Beim Brand des Reichstages am 27. Februar

versteckte er sie noch hinter dem Schreckgespenst des Kommunismus. Nicht Herr Göring hatte den Reichstag angezündet, hieß es da, sondern Dimitroff und Thälmann. Am 1. April aber warf man die Schminke beiseite und proklamierte den Bürgerkrieg gegen die Zivilisation, die Aufklärung und die Französische Revolution. Wollten die schlauen Nazis ausprobieren, was man der Welt bieten durfte? Der antijüdische Boykott, würde er diese Welt aufrufen und ihr klarmachen, daß Nazitum eine Kriegserklärung gegen die bürgerlichen Freiheiten aller Nichtnazis der Erde ankündigte? Nicht einmal alle Juden verstanden, was damals in Deutschland vor sich ging; man hört noch heute gelegentlich Stimmen, die auch den Juden an dieser antisemitischen Orgie schuld geben, nämlich uns antifaschistischen Juden, die den deutschen Militarismus und seine grauenhafte Borniertheit unermüdlich angegriffen hatten.
Heute weiß alle Welt, daß Faschismus und Bestialität voneinander nicht zu trennen sind und daß das deutsche Volk bloß das erste nur zu gelehrige Versuchstier war, an welchem man diese Form des Bürgerkrieges ausprobierte. Tausende von Deutschen aus allen Lagern protestierten auf stumme Weise durch die Tat, indem sie sich nun erst recht an ihre jüdischen Bekannten oder an jüdische Firmen wandten; Tausende von Juden auch begriffen, daß sie die Signalflagge für den Wind waren, der kommen würde, um die bürgerliche Gesittung Europas wegzufegen. Diese wanderten aus, eine neue Heimat zu suchen oder, wenn sie infolge der Goebbels-Propaganda oder anderer Abstoßungsgefühle mit Vorbehalten empfangen wurden, wenigstens einen Unterschlupf zu finden. Nur die deutschen Antifaschisten, die linksgerichteten Politiker und Schriftsteller von einst, sahen die Wahrheit, und Sowjet-Rußland sah sie. Der alte zaristische Trick von vor fünfzig Jahren, von Lenin gründlichst durchschaut, wurde aufs neue aufgebügelt und einstudiert, und er, der bei den ungebildeten Russen die Revolution nicht hatte verhindern können, sollte jetzt bei den gebildeten Deutschen bessere Dienste leisten. Jetzt steht die deutsche Revolution vor den Toren, der Nazihaß gegen die freiheitliche Kultur und Gesittung hat die ganze Welt angezündet, jetzt werden die Sturmzeichen vom 1. April allgemein verstanden.
In dieser Frage gibt es heute keinen Unterschied mehr zwischen

Glaubensbekenntnissen, Abstammungen oder politischen Parteien. Ein Wahrzeichen nur gilt: der Faschismus muß niedergeschlagen und ausgerottet werden in jeder Form, mit allen Wurzeln, in allen Ländern, unter allen Himmeln. Wer immer als Minderheit mit Gewalt seinen Landsleuten eine politische Entscheidung aufzwingen will, darf sein Schicksal jetzt als besiegelt erkennen. Mit anti-jüdischem Boykott fingen die Nazis an, um mit der Ausplünderung von ganz Europa enden zu können. Dies ist die Lehre des 1. April. Preisen wir uns glücklich, daß sie so relativ schnell von der Kulturwelt begriffen worden ist.

Zum 1. Mai 1943

Als vor über fünfzig Jahren der 1. Mai zum Weltfeiertag des Proletariats erklärt wurde, wußten die Gründer bestimmt, daß sie damit einen welthistorischen Schritt verkündeten: die Vereinigung von Geist und Macht. Die ganze menschliche Geschichte, soweit sie aus geschriebenen Berichten besteht, demonstriert das Auseinanderfallen dieser beiden Pole des Zusammenlebens, Geist und Macht. Immer stand die Macht zur Verfügung irgendeiner herrschenden Gruppe, immer bemühte sich der Geist, dieser herrschenden Gruppe klarzumachen, daß es für alle Beteiligten, auch für sie selbst, klüger wäre und der menschlichen Gesittung förderlicher, die Unterdrückung der Unterdrückten in freiwillige Mitarbeit zu verwandeln. Immer fanden sich Schwärmer, welche glaubten, es sei schon Zeit, auf die Einsicht der herrschenden Klasse zu vertrauen und zu rechnen und diese Einsicht anzurufen, welche bei den Herrschenden im Nachgeben bestehen müßte, da hinter den Beherrschten ja die unausweichliche und unleugbare Not des Lebens schob und preßte. Und immer griff die herrschende Klasse in den Köcher ihrer Macht und bediente sich ihrer zur Unterdrükkung der Beherrschten so sehr, daß der Schrecken vor Blut und Terror diesen Beherrschten tief in die Glieder fuhr und die Geschichte der Befreiung der werktätigen Massen eine Geschichte aktiver Schreckenstaten und passiven Heroismus war von den ersten Christenverfolgungen bis zum heutigen Tage, wo Herr Hitler das Unterdrücken, Ausmorden und Zerstampfen wehrloser und entrechteter Menschengruppen so weit getrieben hat, daß nur ein Mussolini oder Horthy mit ihm Arm in Arm aufzutreten wagt.

Aber für den Schriftsteller Karl Marx genügten schon die Erlebnisse, die sich aus dem Ablauf der Französischen Revolution ergaben, zu der fundamentalen Erkenntnis, daß die Befreiung der Arbeiterklasse nur von ihr selber errungen werden könnte, und zwar dadurch, daß durch Zusammenfassung und Organisation der Millionen Machtloser eine neue Macht entstünde, die sich des Terrors der Aristokratien und ihrer Söldnerscharen zu erwehren vermöchte. Immer war die Forderung nach Befreiung der Massen von der Verzweiflung diktiert, immer fehlte ihnen zum Leben alles, was menschliches Leben erst schöpferisch und produktiv macht, immer blieb es dem Geist vorbehalten aufzuschreien: so kann es nicht weiter gehen. Aber alle seine Schreie nützten weder ihm noch den Unterdrückten – bis zu dem Tage, wo den Massen zum Bewußtsein kam, daß sie durch ihre Zusammenfassung und Entschlossenheit imstande wären, dem Geist Macht zu geben, das heißt, sich selber aus der Niederlage zu erheben, die ihnen immer wieder die rücksichtslose Machtanwendung irgendwelcher privilegierter Stände zugefügt. So kam es, daß am 1. Mai Arbeiterkolonnen in Feierkleidern auf den Straßen erschienen und demonstrierten: sie seien da und beanspruchten ihr Lebensrecht, als Klasse und als Einzelwesen.

Als die Faschisten bauernschlau und tölpelhaft die europäische Arbeiterklasse zu fangen versuchten, stahlen sie sich allerlei Symbole zusammen und glaubten, damit etwas von der Seele der Klasse selber einzufangen; indem sie dem deutschen Arbeiter einredeten, sie gäben ihm Würde und Ehre, glaubten sie, seinen Lebensstandard beliebig senken zu können, seine Selbstbestimmung und sein Menschenrecht auf Mitbestimmung in der Gesellschaft zugunsten beliebiger Trinker und Schwätzer umzufälschen, aus den reduzierten Arbeitslöhnen Millionenvermögen für die Göringe, Goebbels oder Leys zu horten und die Internationalität des Arbeiters ersetzen zu können durch die Aussicht, jedem Deutschgeborenen Scharen von Sklaven zur Verfügung zu stellen, die er befehligen durfte, wie ihm von seinen Herren befohlen wurde. Unter diesen Bedingungen billigte der deutsche Faschismus seiner Arbeiterschaft

die hohle Puppe eines 1. Mai zu, beklebt mit Phrasen und nationalistisch verschimpfiert.
Denn der 1. Mai ist das Symbol internationaler Verbundenheit oder gar keiner. Er steht im Zeichen des Teufels und läßt sich von keiner Kirchlichkeit darum betrügen. Er nämlich ist der Sohn jener Walpurgisnächte, in denen die Auferstehung des Lichtes und die Wiederkehr der Sonne gefeiert wurden, und die nach dem Sieg jeder beliebigen Orthodoxie, im Bunde mit jeder beliebigen gepanzerten Schwertträgerschaft aus dem Geist- und Lichtbringer, dem echten Luziferus, den geschwänzten und gehörnten Teufel machte, »das nordische Phantom mit Schweif und Klauen«. Mit welchem Gelächter wir in diesen letzten zwanzig Jahren die Wiederkehr des gleichen Vorgangs erlebten, als man aus dem entschlossenen Sozialismus Lenins das Bolschewistengespenst zurechtmalte und -frisierte, kann man sich danach selbst vorstellen. Der ungeheuere Drang des Menschen, selbst zu denken, sich seiner Lage bewußt zu werden und ihre Gründe und Ursachen zu erkennen – auch diese menschliche Errungenschaft, die größte unserer Zeit, konnte vom Faschismus gestohlen werden, der den Zweifel, die Skepsis, das Freigeisttum aufs tiefste zu kompromittieren suchte dadurch, daß er sie für sich selbst in Anspruch nahm. Der Faschist als freier Geist! Der Hitlersche Diktatortyp im Besitze der Symbole, welche bislang nur den wirklich fortgeschrittenen und erleuchteten Köpfen unserer Geschichte zukamen! Sicherlich ist niemals das Geistige tiefer erniedrigt und plumper verfälscht worden.
Aber zu unserem Glück sind die Beine der Lügen um so kürzer, je dicker sich diese Lügen vollgefressen haben. Wenn dieses Jahr die Bombengeschwader über Deutschland hinbrausen, wenn die roten Flieger nicht über dem Roten Platz, sondern über Königsberg oder Breslau demonstrieren und die Geschwader der Demokratien gleichzeitig von Westen her in die Werkstätten ihre Bomben schleudern, Norddeutschlands, der Ruhr oder des Rheins, so zerstören sie damit die geistigen Ketten, in denen die arbeitende Menschheit wieder einmal gefangen werden sollte, zugleich mit den stählernen, deren Glieder Tanks, Kanonen und U-Boote sind. Die roten Banner der Flammen, die in Essen oder in Turin zum Himmel lodern, zerstören zwar die Werke der arbeitenden Hände und des schaffenden

Geistes, aber nur die Zerschmetterung des Faschismus verbürgt erneutes Schöpfertum und wirklichen Aufbau von Gesittungen, die das Leben lebenswert machen. Und gleichzeitig befreien sie uns arbeitende Menschen vom Druck der Sklaverei, der uns bedroht und einen Großteil der Erde heute gefangenhält. Schöpferische Freiheit muß international sein wie die menschliche Gesittung. Der 1. Mai wird eines Tages auch den deutschen Arbeitern mit denen aller befreiten Länder wieder zugute kommen, das Bündnis zwischen Macht und Geist nie wieder aufgelöst werden. Das verbürgt der Sieg des Antifaschismus am 1. Mai.

Gruß an die Liga V, zum 22. Juni 1943

Liebe Freunde!
Heute weiß alle Welt, daß dieser Tag, der 22. Juni, einmal gefeiert werden wird wie eine Wintersonnenwende der menschlichen Entwicklung. Als Churchill und England nach Dünkirchen allein standen, unerschütterlich und beladen mit der Verantwortung für europäische Freiheit und Gesittung, da war tiefster Winter, Nacht über der Welt. Und ohne nach rechts und links zu schauen, stand das Empire seinen Mann, verkörpert in diesem einmaligen Winston Churchill. Als aber dann, trunken von den eigenen Fehlern und Erfolgen, der Fenriswolf, das Naziungeheuer, sich gegen Rußland warf, da war die Nacht bereits beendet, die Sonne der Kultur hatte wieder Kraft gewonnen, und Churchill fühlte das in der historischen Botschaft, die er damals auf die Welt niedersausen ließ. Seither steht das russische Gestirn in unablässigem Anstieg, senkt sich die falsche und irreführende Leuchte des Faschismus in steilem Bogen aufwärts. Daß wir das Glück hatten, zu sehen, wie sich der Nazi in den Krieg stürzte, gehört zu den Wundern der Geschichte. Daß aber dieser Krieg zum Bündnis aller vorwärtsgewandten Völker führen mußte, das ahnten nur wir wenigen Geistigen, die der Überzeugung waren, daß im zwanzigsten Jahrhundert das Rad der Geschichte nicht mehr so wild und bösartig nach rückwärts gedreht werden könnte, wie »Hörr Hitler« es versuchte. Heute nun atmen wir in dem gleichen Rhythmus wie der größte Teil der freien Menschen. Dank für

die Kämpfer, die im Polareis, im russischen Winter und in der afrikanischen Wüste wie auf allen Meeren, in allen Lüften unsere Sache verfochten haben und verfechten! Unsere Sache, nämlich die aller Verfolgten, aller Vertriebenen, aller Unterdrückten, aller derer, die um Myriaden von Altersgenossen trauern, von Kindern, Jugendfreunden, Elternpaaren.
Wir von der Liga V drückten unsere Trauer nicht durch Fasten aus, sondern durch Taten. Indem wir der Roten Armee Teile unseres Arbeitsertrags übermittelten und davon Ambulanzen, Arzneimittel, Vorräte schickten, handelten wir vernünftig und männlich und halfen ihr und uns. Ihr symbolisch, denn unsere Gaben müssen in dem Materialmeer verschwinden, das ein modernes kriegführendes Heer täglich braucht. Uns aber praktisch, indem wir uns zusammenschlossen zu einem Bündnis, das nichts Egoistisches an sich hat, nicht Hilfe verlangt, sondern Hilfe bringt und uns dadurch zu einem gesunden Selbstgefühl verhilft und zu dem Bewußtsein, daß Geben seliger ist als Nehmen, vor allem aber erwachsener, reifer, sachlicher. Und indem wir hier in Palästina dies unser Werk fortsetzen, verbinden wir uns über die Grenzen unseres Landes hinaus mit all denen, die auch in der Neuen Zeit nicht das Symbol passiven Geholfenwerdens suchen, sondern praktischer Arbeit, redlichen Aufbaus. In diesem Sinne: weiter an die Arbeit!

Aufruf der Liga V

Wieder steht die Rote Armee in schwerem Kampfe mit den faschistischen Eindringlingen in der vordersten Front dieses Entscheidungsjahres. Aber welch anderes Zeichen schwebt diesmal über den Köpfen der Feinde und vor den Augen der Rotarmisten! Was ein leidenschaftlich zu erringendes Ziel im Gründungsjahr der Liga war, wird heute von allen Menschen dieser Zeit mit Händen gegriffen: der Sieg, der Endsieg ist im Werden! In den drei Hauptquartieren der Angreiferstaaten können sie es lesen, die Generalscliquen und ihre Hintermänner: Angreifertum hat kurze Beine, und die verspottete Demokratie, trotz ihrer langsamen Anfangsschritte, hat sie längst in allem und jedem nicht nur eingeholt, sondern überflügelt. Es gibt keine afrikanische Front mehr, es wird eine europäische Front entstehen, wie Churchill sagte, noch ehe die Herbstblätter gefallen sind. Der Name Rommel bedeutet nichts mehr, der Name Montgomery hat ihn für unser Land ausgelöscht. Nicht mehr Haifa spielt als gebombte Stadt in den Berichten der Achse eine Rolle, sondern Palermo, Messina, Düsseldorf und Köln. Darum rufen wir unsere Landsleute auf, welche Sprache sie auch immer als die ihre gebrauchen: Stellt euch in die Reihen derjenigen ein, ihr Nichtkämpfer, die sich mit den Kriegern der russischen Ebene verbinden und verbünden. Unsere Ambulanzen werden diesmal den Opfern der Schlachten Hilfe bringen, unsere Verbandstoffe und Medikamente die Stelle unserer Arme und Hände vertreten, das vergossene Blut und Leben der antifaschistischen Kämpfer und der schamlos hingemordeten Opfer wird gerächt werden, und die Zeit der Wiedergutmachung erleuchtet schon mit ihren Flammenzeichen den Horizont, von dem die Nacht des Faschismus endgültig vertrieben wird.

Darum, Landsleute und Kameraden, versäumt diese Tage des Endeinsatzes nicht! Nicht nur unsere Kinder, wir selbst werden noch Jahre fruchtbarer Arbeit und Bemühung erleben – eine Epoche, in der nicht der Räuber, sondern der Werktätige die Güter genießen wird, die ökonomischen wie die geistigen, die sein Kopf und seine Hände erzeugen; kein Hitler mehr, kein Göring, Mussolini oder Tojo werden den Arbeitsertrag der kommenden Dezennien einheimsen, das geistige Klima des zwanzigsten Jahrhunderts bestimmen, Rad und Uhr der Weltgeschichte zurückdrehen. Darum gedenkt der Bomben, die die Royal Air Force von uns abgewendet hat, die amerikanischen Bombengeschwader, vor allem aber das kämpfende russische Volk, und helft uns, die Leiden des Winters zu lindern, indem ihr nach Kräften zu der Sammelaktion beisteuert, zu der wir euch heute einladen.

Es lebe die demokratische Front aller freien Menschen und Gruppen, Nationen und Völker! Es lebe die Rote Armee, die mit dem ganzen russischen Volke wie ein Atlas die Last der Felsblöcke getragen hat, mit denen der Faschismus alles freie Wachstum ersticken wollte, alles Gegenwärtige und Zukunftsträchtige zudecken und alle diejenigen versklaven, die nicht zu den militaristischen Herren- und Henkersklassen gehören. Die Nacht geht zu Ende, der Tag bricht an, er soll uns nicht geschenkt werden, wir wollen ihn uns verdienen.

Wer im antifaschistischen Kampfe lebt, wird hellhörig. Er fühlt auf die weitesten Entfernungen, wenn sich irgendwo in der Front schwache Stellen bilden könnten oder wo im trüben gefischt werden soll mit Parolen, die uns heilig sind. Dies beweist wieder einmal der Schritt, mit dem das Jüdische Antifaschistische Komitee in Moskau seine Unzufriedenheit mit der Liga V äußert, wie sie sich in den letzten beiden Jahren entwickelt hat. Und wir danken unseren Moskauer Freunden für ihre offene Kritik. Eine kleine Gruppe antifaschistischer Männer und Frauen in Haifa hatte bereits 1938 die Notwendigkeit erkannt, dem Weltfaschismus auch hier entgegenzutreten, während jener Unruhen, in denen Faschisten und Nazis die Gelegenheit witterten, im Kampf der örtlichen Nationalismen Beute zu machen und Vorkehrungen zu treffen für später. Damals bildete das unglückliche spanische Volk mit seinen reichen Bodenschätzen und seiner kämpfenden demokratischen Regierung den Kriegsschauplatz, auf dem man seine Kräfte abtastete, seine Waffen erprobte. In einer wirkungsvollen Ausstellung, »Für das kämpfende Spanien«, veranschaulichten palästinensische linksgerichtete Statistiker, Politiker und Künstler an vielen Wänden gemieteter Räumlichkeiten die Werte, für welche das spanische Volk und seine Regierung kämpften und welche der Faschismus einheimischer und fremder Generäle an sich zu reißen trachtete.

Diese selben Menschen waren es, die im Verlaufe des Jahres 1941 zusammenkamen, um ihre unverbrüchlich antifaschistische Gesinnung in einer Hilfsaktion auszudrücken, die der Roten Armee und den Sowjetvölkern Dank und Verbundenheit beweisen sollte in ihrem Kampf gegen den Weltfeind, der damals, von seinen Erfolgen trunken, auf den Endsieg rechnete. Überzeugt von seiner falschen Rechnung, der Tatsache gewiß, daß es nicht lohnte, in einer faschistischen Welt zu leben, und überzeugt davon, daß sich das Rad der Geschichte nicht werde zurückdrehen lassen, wandten wir uns an die werktätige Bevölkerung Haifas, von der wir wußten, daß sie uns verstehen würde, in welcher Sprache wir auch immer zu ihr sprechen würden. Wir wollten, erklärten wir in einer Massenversammlung im größten Kinoraum der Stadt, unseren Verbündeten

eine wenn auch kleine Hilfe leisten, um unseren Dank für die Rettung zu bekunden, die sie Millionen von Opfern brachten, darunter auch Millionen von Juden. Und ferner wollten wir in einem Lande, welches sich nur zu sehr darauf verlegt hatte, von der Welt außerhalb Hilfe und Verständnis zu fordern und im Aufbau eines allzu lange vernachlässigten Gebietes von jenseits aller Meere unterstützt zu werden, bei diesem Anlaß unsere Fähigkeit und unsern Willen beweisen, auch einmal zu geben, Dank abzustatten, und in der Stunde nicht müßig bleiben, in welcher der Weltfeind aller Gerechtigkeit und Freiheit auf den Schlachtfeldern Libyens wie der Kalmückensteppe und des Kaukasus zum Kampfe gestellt war, furchtbar blutete, den ersten zermalmenden Schlag erhielt. Dies fand im Herbst 1941 statt, im Oktober reichten wir die Statuten der Liga V der Regierung zur Genehmigung ein. Unsre Gründung umfaßte Gruppen aus allen Glaubensbekenntnissen und Abstammungen unseres vielgestaltigen Landes, unserer internationalen Hafenstadt.
Dies ist kurz und in Wahrheit die Gründung der Liga V. Wie sie sich entwickelte und unter den Einfluß derjenigen Gruppen kam, die sich im nächsten Jahre ihrer bemächtigten, ist eine Geschichte für sich. Wir, die Gründer, hielten es für unsre Pflicht, dieser Entwicklung innerhalb der Liga entgegenzutreten, ohne dem Hauptzweck zu schaden, um dessentwillen wir sie gründeten: der Hilfe für die Rote Armee und der gegenseitigen Annäherung unserer Gesinnungsgenossen, Stammesgenossen in der Sowjetunion und in Palästina. Darum schwiegen wir der Öffentlichkeit gegenüber, solange der praktische Zweck der Sowjethilfe von der Liga V nicht angetastet wurde. Es wurde uns manchmal nicht leicht gemacht. Heute aber, wo diese Liga fast nichts mehr mit unserer Gründung gemein hat, sehen wir uns verpflichtet zu sprechen. Wir tun es schonungsvoll, eingedenk der Tatsache, daß unsere Probleme weder groß noch wichtig sind, an dem Weltmaßstab gemessen, in welchem sich die Ereignisse jetzt vollziehen. Aber wir haben die schwer arbeitenden Menschen Palästinas zu uns gerufen und nicht unerhebliche Teile ihres Arbeitsertrages für diese Liga V erhalten, ihren Enthusiasmus, ihre Verbundenheit mit uns und ihren antifaschistischen Einsatz: ihnen sind wir Rechenschaft schuldig.

Warum siegt die Rote Armee?

1943

Zu den Späßen, die man sich jederzeit machen soll, gehört die Vorlesung eines Aufsatzes, den das Märzheft 1940 von »Readers Digest« der Vergessenheit entrissen hat: »Warum Rußland nicht kämpfen kann.« Ich nenne weder den Verfasser noch den ursprünglichen Erscheinungsort dieses Kunstwerks – Du sollst nicht beschämen. Aber nicht etwa ironisch, sondern in vollem Ernste wird in diesem Elaborat menschlichen Geistes nach den Erfahrungen des finnischen Krieges das Thema der Überschrift abgehandelt – und vielleicht sollte man sich einmal das Vergnügen machen, bei anderer Gelegenheit den Fall ausführlicher zu betrachten – man kann auch davon etwas lernen. Lassen wir es heute dabei, daß die Rote Armee kämpfen kann, und fragen wir lieber, warum sie das kann.

Die Rote Armee kann kämpfen und siegen, weil sie eine Revolutionsarmee ist. Schon darüber erhebt sich Streit, denn den äußeren Anschein einer Revolutionsarmee hat die Rote Armee wirklich abgestreift, als sie die politischen Kommissare abschaffte und sich auch äußerlich dadurch als streng militärischen Organismus zu erkennen gab. Sie konnte diesen äußeren Anschein abstreifen, weil ihre innere Wesenheit um so fester mit der Zentralaufgabe verknüpft ist, die sie darstellt, je länger der Krieg dauert: den Faschismus zu zerschlagen und auszurotten, in den Boden zu stampfen. Diese Aufgabe ist keine äußere, sie wird nicht von militärischer Disziplin allein gelöst. Sie ist die tätige Ausprägung des Ideals, von dem die Sowjetvölker leben: die tätige Ausprägung, ich wiederhole es, des Ideals der Befreiung der werktätigen Massen, der schöpferischen Jugend, all der siebzig Sowjetvölker zu ihrem eigenen Leben der Förderung und Entwicklung ihres Volkstums zum Dienste und im Dienste der Menschheit. Die Rote Armee ist die Fortsetzung jener Stoßkraft, welche die russische Revolution zum Siege geführt hat: die Wiedereinsetzung des russischen Menschen in seine Lebensrechte – in Rußland. Diese Worte sind rein geo-

graphisch zu verstehen, nicht nationalistisch. Kein Chauvinismus verbirgt sich hinter ihnen. In den führenden Zeitschriften der Sowjetunion wie im geistigen Unterricht innerhalb der Roten Armee wird keinerlei Vorrecht etwa des Großrussentums gegenüber Kleinrussen, Weißrussen, Tscherkessen, Kirgisen oder Juden gelehrt oder begründet. Keine Spur von Chauvinismus nationaler Art findet sich im Lehrgebäude oder der Praktik des Staatswesens, das durch Lenin und seine Mitarbeiter und Nachfolger errichtet wurde. Es basiert auf der Befreiung des Menschen durch den Menschen. Es stellt die Schätze des gesamten Kulturganges und der gesamten Naturanlagen innerhalb der sowjetischen Grenzen allen den Bürgern zur Verfügung, die in diesen Grenzen geboren wurden. Es fügt den Unterschieden ihrer Art, Abstammung oder Gesichtsbildung keinen Unterschied des Wertes hinzu. Versenkt sich der russische Mensch in die Vergangenheit seines Stammes, so fördert er keine Romantik zutage, sondern die Realitäten, mit denen er und seine Ahnen geboren wurden. Macht er sich mit den Errungenschaften der Gegenwart und den Perspektiven der Zukunft vertraut, so knüpft er an den Genuß dieser Lebensgüter keine andere Bedingung als die menschliche: daran weiterzuarbeiten, ohne sie zur Ausbeutung von Mitmenschen zu mißbrauchen. Verschiedenheit des Seins führt nicht zu Verschiedenheiten der Bewertung. Der Mensch ist voller schöpferischer Möglichkeiten, und der Erdball hat ein ungeheueres Verlangen und Bedürfnis nach diesen Eigenschaften und Taten, er lechzt nach Entfaltung, nach Recht, Geist und Glück für alle.
Dafür ist gut kämpfen. Für diese große und unleugbare Perspektive ist es recht, sich der Disziplin einer Partei zu unterwerfen, die durch ihre Geschichte und Zusammensetzung bewiesen hat, daß sie nichts weiter sein will als die Avantgarde aller und für alle. Harte Maßregeln mögen im Verlaufe dieser Entfaltung notwendig gewesen sein oder noch werden – der Mensch ist nicht aus Butter gemacht, er ist ein hartnäckiges, von seinen Affekten geplagtes und in die Irre getriebenes Wesen. Dennoch bleibt entscheidend die Sprache der Tatsachen, daß Ernst gemacht wird und nicht Worte gemacht werden, daß Befreiung gebracht wird und nicht Unterjochung, daß es nirgendwo heißt »Steh auf, damit ich mich setze«, daß vielmehr bewiesen wird, es sei Raum genug auf der Erde für alle, sich zu

setzen. Ist es, dies vorausgesetzt, ein Wunder, daß die Völker Rußlands eine unwiderstehliche Schlagkraft, Stoßkraft, Siegeskraft entfalten – und wäre nicht vielmehr das Gegenteil ein Wunder? In den Vereinigten Staaten lernte ich den herrlichen Sänger Paul Robeson kennen, dessen unvergleichlich menschliche Stimme dank der menschlichen Technik dem ganzen Erdball Erquickung bringt, Erlösung vom Kummer, Selbstvergessenheit weg von der besessenen Qual des Ichs. »Meine Kinder«, sagte er, »gehen in Moskau zur Schule, denn es sind Negerkinder«, und auf dem Gesicht dieses großen Künstlers lag das melancholische Lächeln, Abglanz der Geschichte seiner Abstammung, seiner Rasse. Als unsere Kinder nach Palästina kamen, lernten sie alsbald, daß sie Jeckenkinder wären.

In Deutschland freilich hätten sie noch Schlimmeres erfahren. Die Verbindung von Faschismus und Barbarei nämlich ist ebenso unlösbar wie die von Sozialismus und Humanität. Ursprünglich, wie Franz Oppenheimer dargelegt hat, gehörte der Auserwähltheitsdünkel zu den Mitteln erobernder Reitervölker, die in die europäische Zivilisation aus Zentralasien einbrachen, nachdem die Gletscher, Folgen der letzten Eiszeit, ihnen den Weg aus Zentralasien nach Europa freigegeben hatten. Ihre bessere Bewaffnung und raubtierartige Kriegstechnik sicherte ihnen damals den Sieg, denn Technik war ein Privileg, Metallbearbeitung ein ungeheures Geheimnis. Bis zu dieser Mentalität muß man zurückgehen, will man verstehen, was heute wirklich geschieht. Die Aristokratien haben, sehr widerstrebend, in ihren Verband kleine Gruppen von Nichtaristokraten aufgenommen, als sich das Leben differenzierte und immer neue Organisationsmöglichkeiten schuf, die geeignet waren, Macht zu sichern, zu verbreitern, neue Macht zu erobern. Zu den Naturschätzen der Erde gehörte und gehört für diese Aristokratien auch die Kraft und Klugheit der Menschenmassen. Sie unten zu halten, im Stande von Rohstoffen, die man ausbeuten kann, ist ein Wesenszug des Faschismus; dazu hat er seit den Tagen der römischen Kaiser die Technik der Diktatur seiner herrschenden Klasse ausgearbeitet und vorbehalten. Auch wenn er jetzt Vertreter des Kleinbürgertums in die höchsten Spitzen der Staaten- und Machtapparate lanciert, tut er es nur, weil durch die Organisation der Erde die Massen so ungeheuer angewachsen sind, die man beherrschen und ausbeuten kann, daß es sich lohnt, Millionen von Kleinbürgern mit relativ bescheidenen Teilen von Macht und Einfluß auszustatten. Die eigenen wirklichen Massen des werktätigen Volkes speist er mit Ehre ab, die nichts kostet und ihn nicht ärmer macht; seine Angestellten, begeistert vom Aristokratenwahn, liefern ihm Religionsersatz, Opium fürs Volk.

Sein wirkliches Gesicht aber enthüllt er, wenn er den Weg des Menschen rückwärts zu schrauben versucht, diejenigen Errungenschaften auszutilgen, die uns von der Tierreihe entfernen, aus den Eiszeiten erlösen, dem Ideal des Menschentums näherbringen. Den Sinn für Wahrhaftigkeit auszurotten durch immer geschicktere Lügen, das menschliche Mitgefühl zu ersetzen durch Auserwähltheitswahn, seelische Entwicklung zurückzustoßen in Dumpfheit und Analphabetentum und das aufstrebende Leben ganzer Völker zu zerbrechen durch immer wilder gehäuften Terror: das ist das Wesen des Faschismus von Anbeginn bis zum heutigen Tage. Ob man die Anhänger des Spartacus an einen Wald von Kreuzen band, Christen in lebendige Fackeln verwandelte, Hunderttausende von Ketzern und Juden auf Scheiterhaufen lebendig verbrannte oder ob man die gleichen Menschenschichten durch Maschinengewehre niedermähen läßt, mit Giftgas erstickt, mit Kraftstrom ermordet oder von Tanks zerwalzen läßt, das ist nur ein Unterschied der Technik, nicht der Gesinnung. Auch wenn man dazu durchs Radio süße Gesänge flötet, bleibt man der bestialische Sprößling der Eiszeit – man schändet die Technik wie die Kunst und den Geist, und das alles vergeblich.

Denn der Auserwähltheitswahn welcher Rasse und Klasse auch immer ist ein Anachronismus, der sich mit keinem Mittel halten läßt. Man kann den Strom der Menschheit zurückdämmen, seinen Gesang verlangsamen: aufhalten kann man ihn nicht. Kein Vespasian und kein Titus vermochten es, kein Diokletian und kein Torquemada, kein Zar und kein Hohenzoller. Und wenn sich eine neue Auslese des Menschen bildet, so nur durch den Dienst am Menschen und für ihn. Daher war es für uns kein Kunststück, unerschütterlich zu unserer Überzeugung zu stehen, auch als Hitler vor Moskau stand und Mussolini sich bereits ein weißes Reitpferd nach Tripolis schicken ließ, um in Alexandria einzuziehen. Das humanistische Ideal, eingebettet in die Form der Demokratie, sichert den Sieg. Die Befreiung der Massen zu menschenwürdigerem Leben, das ist die Aufgabe des zwanzigsten Jahrhunderts, die es nicht erst vom achtzehnten und neunzehnten geerbt hat, sondern von Anbeginn. Wer das erkennt, marschiert in die Zukunft, wer das leugnet, in den Abgrund.

Lehren besetzter Länder

Um 1944

Man kann aus jedem Ereignis Lehren ziehen, sei es auch noch so unvermeidlich und seit langem erwartet worden. So gibt uns die Besetzung *Ungarns* durch die Nazis die Gelegenheit, zu bekräftigen, was man freilich nicht gerne noch einmal hätte von den Ereignissen ablesen mögen: daß es auf dem Wege nach unten kein Halten gibt. Was auch immer die klugen Leute, deren Klasse sich zur Führung der Staatsgeschäfte berufen glaubt, im letzten Jahrzehnt versucht haben mögen, um das Abrutschen zu verhindern: sie hätten sich, wenn sie das wirklich gewollt hätten, nicht erst auf die schiefe Ebene begeben dürfen. Aus dem Beispiel Österreichs hätte man entnehmen können, daß blutigen Kampf um die Macht nicht vermeiden kann, wer die Zivilisation und die Heimat vor der Barbarei, dem Krieg und der physischen Vernichtung und Vergeltung bewahren will. Von Renner und Bauer glitt Österreich zu Dollfuß und Schuschnigg und Seyß-Inquart und Baldur von Schirach und Gott weiß welchem kommandierenden General der deutschen Reichswehr.

Von Horthy führt der Weg, immer der gleiche, zu Gömbös und der SS-Verwaltung und wiederum zu wer weiß welchem General der deutschen Wehrmacht. Von Herrn Pétain glitt Frankreich herab zu Laval und nun zu den Generälen von Rundstedt und Rommel. Und wo immer es noch Länder gibt, die einen halben Faschismus oder einen bodenständigen kultivieren möchten nach der Art von Herrn Franco, aber auch nach Gebieten in anderen Teilen des Mittelmeeres: vielleicht, daß sie aufmerken und lernen. Die linken Bewegungen innerhalb der Politik lassen sich auf demokratischem Wege in Etappen einteilen, welche möglicherweise durch die Macht politischer Reife lenkbar sind. Massen geben sich leicht zufrieden mit der teilweisen Erfüllung gemachter Versprechungen, der teilweisen Stillung ihrer vielen vorhandenen Nöte. Herrschende Cliquen reaktionärer Militaristen aber stehen immer wieder vor Krisen, denen sie nicht gewachsen sind – und dann finden sich immer noch reaktionärere, welche glauben, durch noch größeren Terror und noch radikalere Ausraubung produktiver Volksschichten ein Heilmittel und bestenfalls eine Galgenfrist für sich herauszuwirtschaften. Aber als Herr Horthy 1919 auf scheußliche Weise die ungarische Freiheit erdrosselte, stand das »mene tekel« schon an der Wand. Und es bleibt nur erstaunlich, daß im Jahre 1933 innerhalb Ungarns so wenige Leute begriffen, daß es nun früher oder später auch ihnen an den Kragen gehen werde.

Man kann das Niveau kleinerer oder größerer Völker in langsamen Etappen heben und mit Kultur durchsetzen, wenn man die menschlichen Grundrechte – Freiheit der Zustimmung und Sicherheit der Grundbedürfnisse – erst einmal entscheidend stabilisiert hat. Der gute Wille des menschlichen Durchschnitts ist sehr groß, er wartet geduldig ab, daß sich die Lebensumstände schrittweise bessern – vorausgesetzt, daß ihm Kontrolle über die Organe zugebilligt bleibt, welche die Leitung des Staates, das heißt seiner eigensten Angelegenheiten, in Händen haben. Wo dies aber nicht der Fall ist, wo nur das egoistische Interesse herrschender Gruppen und ihre Gier nach immer mehr Raub das Tempo und die Art öffentlicher Anordnungen bestimmten, tendiert die Entwicklung unaufhaltsam in den Abgrund, dem der reaktionäre »Wille zur Macht« zusteuert. Daran kann kein Nietzsche etwas ändern, und kein noch so erlesener Stil in Vers oder Prosa marktet davon etwas ab, denn es handelt sich um die Anwendung jener politischen Physik, welche als Ergebnis unserer Epoche in den Geistern der Denker und der Massen aufdämmern sollte. Ziehen wir also aus dem, was Ungarn jetzt erlebt, die folgenden Schlüsse.

Erstens: Es gibt keine Scheinfreiheiten im Leben der Staaten, nur das Entweder-Oder voller Freiheiten oder vollständiger Versklavung. Zweitens: Alle politische Macht geht, wie schon die Französische Revolution bewies, vom Volke aus, und zwar so, daß wirklich die ganze Bevölkerung eines geographischen Gebildes an dieser Machtausübung teilhaben muß – entweder sofort und tatsächlich oder der Möglichkeit und Entwicklung im Rahmen einer kontrollierten Verfassung nach. Und drittens: Keine Bevölkerung darf gestatten, daß sich militärische Machtmittel in den Händen unkontrollierter, vom Massenwillen nicht getragener Gruppen oder Stände befinden – immer kommt der Zeitpunkt, wo sie gegen die vitalen Lebensäußerungen und Bedürfnisse dieser Bevölkerung selbst gebraucht werden. Denn immer finden sich geistig defekte »Führer« und Auserwählte, die bereit sind, um der nächsten tausend Jahre willen die Gegenwart aufs Spiel zu setzen und statt der Wirklichkeit von heute die Illusionen eines Morgen und Übermorgen einzutauschen, die, dem Wesen nach, niemals eintreten können, weil sie von irrealen Voraussetzungen aus in ungesunde Hirne emporgespiegelt werden. So geschah es in Spanien, vorher schon in Österreich, noch früher in Ungarn. Und wer weiß, welche Balkanstaaten vor der Entscheidung stehen, welchen Weg sie gehen wollen, gehen müssen. Zum Glück fehlt es nicht an Lehrmeistern und Ratgebern in dieser vom Sturm einer Weltkrise durchschüttelten Gegenwart. Und der Wert der Demokratie hat sich in diesen furchtbaren Jahren allerwärts auf dieser Erde schon so erprobt, daß es nicht zu schwer sein sollte, in letzter Stunde Vernunft anzunehmen, auszuüben, durchzuführen. Wir haben viel Unheil gesehen, aber auch erschütternde Wunder und großartige Beispiele von einzelnen und von Massen; laßt uns wünschen und hoffen, daß der Weg in den Abgrund nun genugsam beschritten worden ist.

Das Nachkriegsrätsel

1942–1944

1

Es handelt sich nicht um Rache

Wenn einer Ihrer Verwandten von einer schweren Krankheit befallen wurde, ist sicherlich Ihre erste Frage immer gewesen: Kommt er durch? Erst die zweite lautet dann: Wie werde ich ihn wiedersehen, welche Veränderungen wird die Krankheit in ihm hinterlassen?

Ohne Zweifel muß das deutsche Volk als Verwandter all der anderen Völker auf der Erde gelten dürfen; der fürchterliche Anfall des Hitlertums und der Naziherrschaft aber als eine Krankheit, die dieses Volk bis an den Rand der Vernichtung bringt. Obzwar in gewissen Haßdebatten auch von der physischen Vernichtung dieser achtzig Millionen die Rede war – wir fanden dergleichen bekämpft in unseres Freundes Rudolf Olden letztem Büchlein »Is Germany a hopeless case?« –, lassen wir diese schwelgerische Ausweitung enttäuschter Liebesgefühle hier beiseite. Was jedoch die psychische Vernichtung anlangt, die moralische auf alle Fälle, so hat in der neueren Geschichte kein Volk eine so furchtbare Infektion durchgemacht wie das deutsche. Seit ihrem Auftreten, unmittelbar nach dem vorigen Weltkriege, injizierte die Propaganda der Alldeutschen der deutschen Jugend das fürchterliche Gift des Auserwähltheitsdünkels, des aus Nietzsche fälschend herausdestillierten Übermenschentums, der Herrenrasse. Da dieser pestartige Selbstbetrug durch Nazitum und Naziherrschaft im Verlauf von zwanzig Jahren dem gesamten deutschen Nachwuchs zur Atmosphäre wurde, mußte er sich selbstverständlich zu Fieber und Delirium steigern, als der Prophet Adolf Hitler seine Gläubigen von Erfolg zu Erfolg führte. Bricht diese ganze aufgetürmte Herrlichkeit krachend zusammen, so reißt sie für die meisten Deutschen, die jetzt in der Mitte des Lebens stehen, alle Werte ein, die man ihnen zehn Jahre lang mit allen Mitteln einer gerissenen Propagandatechnik eingehämmert hat. An den Werten der anderen Kulturen nahmen sie nur soweit Anteil, als diese ins Bild der Goebbelsschen Weltperspektive paßten. Als einziges Kennzeichen für wahr und falsch, gut und schlecht, sinnvoll und sinnlos hatte man ihnen das Signum des Erfolges gegeben. Wohl noch nie stand die geistige Struktur eines Regimes so ausschließlich unter der Herrschaft des unmittelbaren groben Sichdurchsetzens, Vorwärtskommens, Siegens. Wendet sich jetzt dieser einzige Prüfstein, der Ausgang, gegen sie, so muß die Folge ein Höllensturz sein, der alles einreißt, woran sie sich zwanzig Jahre lang halten durften. Das Bild eines Menschen, der aus schwerstem Fieber in eine Untertemperatur stürzt und in eisigem Frost erwacht, dürfte für einen großen Teil des deutschen Volkes mehr sein als nur ein Bild.

Wie im Privatleben wird man auch im Völkerleben die Frage, wie es zu dieser fürchterlichen Krankheit kommen konnte, der Erörterung der Ärzte überlassen, solange die unmittelbaren Folgen der Krankheit die Völkerfamilie in Atem halten. War ihr Ursprung psychisch, oder stammte er aus dem Volkskörper, der ja ein ökonomisches Ganzes ist, aus dem Wirtschaftsleben, wie die Sprache sich bedeutungsvoll ausdrückt? Wie dem auch sei, zunächst einmal ist in der Behandlung dieses durch die totale Niederlage Geretteten, aber schwer Geschwächten zweierlei geboten. Erstens eine feste Hand und zweitens die Anwendung dieser festen Hand nach der richtigen Richtung. Daß man eine feste Hand auch nach der falschen Richtung anwenden kann, zeigt uns die beklagenswerte Geschichte der Weimarer Republik, die im Innern stets nach der falschen Seite scharf zuschlug und ihrerseits von außen, von den Nachbarstaaten, immer nach der falschen Seite scharf behandelt wurde. Ihre nationalistischen Regierungen wurden gestreichelt, ihre sozialistischen und demokratischen gepeitscht und gedemütigt. Daß sie das gleiche auch innerhalb der deutschen Grenzen tat, kann dann nicht verwundern. So bleibt das Faktum bestehen, daß innerhalb ihres Ablaufes alle Reformer und sozialistischen Führer im Reich und in den Provinzen ermordet wurden, während keinem Nationalisten ein Haar gekrümmt wurde und der geisteskranke Herr Hitler mit seinem gefälligen Liebling Heß während der Festungshaft Gelegenheit hatte, seinen neuen

Koran abzufassen. Während das vorige Mal der deutsche Adel und seine Verbündeten an den Höfen, in den Banken, der Industrie und dem Grundbesitz von den Siegern in die Lage versetzt wurden, die Basis für eine zukünftige Revanche schon in den ersten Nachkriegsjahren zu legen, stieß damals die deutsche Linke auf all das Mißtrauen und all die Verachtung, die man so verhungerten, schlechtgekleideten, durch den Tod von zwei Millionen Menschen verzweifelten und empörten Aufrührern von Seite der Sieger her entgegenbrachte.
Das muß sich diesmal geändert haben. Es muß unter den siegreichen Völkern das Bewußtsein immer stärker zur Geltung kommen, daß sich ein gemeineuropäisches Schicksal vollzogen hat, an welchem Schuld und Unschuld in verschiedensten Abstufungen getragen werden muß – von den Deutschen am meisten, mitgetragen aber von allen. Selbst Amerika weiß heute, daß es auf den Schlachtfeldern dieser Jahre die Fehler büßt, die sein Isolationismus ihm zuzog, sein Bruch mit Wilsons großherzigem und praktisch und richtig gedachtem Friedenswerk. Vielleicht nicht so allgemein, aber nicht minder unleugbar ist die Erkenntnis, daß im vorigen Kriegs- und Nachkriegsleben die richtige Einsicht bei Karl Liebknecht und Rosa Luxemburg war, sowohl als sie 1915 einen demokratischen, annexionslosen Frieden unter Verzicht auf Elsaß-Lothringen verlangten, als auch während ihrer letzten Lebensjahre, in denen sie die radikale Entmachtung der zu Krieg und Bürgerkrieg treibenden nationalistischen deutschen Schichten für den einzigen Ausweg erklärten, der Deutschland und Europa zu wahrem Wiederaufbau führen könnte. Diese Thesen waren in den Programmen ihrer Parteien nur als Nebenwerte enthalten. Aber wie im Falle des großen russischen Beispiels hätte das praktische Leben aus den Formeln der Programme eine solide wirklichkeitsdichte (reality proof) Erfahrung herausdestilliert, wenn man ihnen Gelegenheit gegeben hätte, diese Wirklichkeit zu formen. Statt dessen wehte in Europa ein Nachkriegswind, der ihre Mörder begünstigte, so wie 1933 nicht die Opfer der Konzentrationslager und Judenaustreibungen die Sympathie leitender Kreise Europas fühlten, sondern die Veranstalter dieser Nazibelustigungen.
Aus alledem geht hervor, daß die europäischen Völker mit dem Sturze des Hitlerregimes die Wahl haben werden, welchem

Teile des deutschen Volkes sie diesmal ihr Interesse beim Wiederaufbau Europas zuwenden wollen. Dem vergifteten und giftverbreitenden oder dem genesungsfähigen, wenn auch mitschuldigen und schwer verstörten. Davon wird noch weiterhin zu reden sein.

2
Eine alte Rechnung

Zwischen den Deutschen und ihren Nachbarn im Osten wie im Westen gab es alte Rechnungen zu begleichen, als man in Versailles Frieden schloß. Um von der ältesten zuerst zu reden: sie spielte zwischen den Preußen und Österreichern auf der einen, den west- und südslawischen Völkern auf der anderen Seite. Sie wurde gut oder schlecht geregelt, je nach dem Standpunkt des Beurteilers: Hatten die germanischen Ausbreiter sich bis zum Ende des neunzehnten Jahrhunderts über slawische Grundbevölkerungen gelagert, um ihren Landhunger zu stillen, so wurde 1918 zu Gebietsabtrennungen gegriffen, die den Besiegten unerträglich dünkten. Dabei rächte sich sofort jener Fehler, der dem Völkerbund von Genf den Todeskeim einimpfte: Daß man zwar Minoritäten im Innern neugeschaffener Volkskörper schützte, an der Entgiftung der europäischen Atmosphäre aber kein Interesse nahm, um das Prinzip der Souveränität rein zu erhalten. Was innerhalb der einzelnen Familienmitglieder vorging, hatte am Familientisch Europas weder Sitz noch Stimme. So konnten sich die uralten Kampfinstinkte und Haßgefühle konservieren, die sich an den Ostgrenzen des ehemaligen deutschen Kaiserreichs seit Karl dem Großen zwischen den deutschen Eroberern und ihren polnischen, wendischen, tschechischen und serbischen Opfern eingenistet hatten.

Diese Geschichte jedoch unter der Perspektive ausschließlich nationaler Verschiedenheiten zu betrachten, heißt sie einseitig betrachten. Außer den Unterschieden der Abstammung, der Sprachen und des Glaubens spielte der Unterschied zwischen dem kleinen Bauern und dem Großgrundbesitzer wesentlich in diesen Zwist mit hinein. Da Grundbesitz im Mittelalter die Grundlage der Wehrverfassung war – der freie Bauer mußte sich selbst, der ritterbürtige Gutsbesitzer außerdem noch eine

Anzahl reitender oder zu Fuß fechtender Knappen und Knechte zum Heerbann stellen –, begünstigten die Souveräne überall die Ausbreitung von Latifundien, die sich immer in deutschen Händen befanden, auch wenn die Grundbevölkerung rein slawisch war und blieb. Erst in neuerer Zeit begann man diese Unterworfenen auch zu germanisieren, sie in die Reihen der »siegreichen Kultur« aufsteigen zu lassen; am längsten war den Bauern in Lettland das Erlernen des Deutschen verboten. Dabei war von einer Aussiedlung oder Vertreibung der Grundbevölkerung aus ihrer Heimat nie die Rede gewesen; diesen Zug brachte erst Herr Hitler aus den Broschüren mit, die er im Wiener Obdachlosenasyl gelesen hatte. Sowohl die preußischen wie die österreichischen Herrscher hatten die Arbeitskraft ihrer slawischen Untertanen immer in Ehren gehalten; sie wußten, daß erst der Mensch den Bodenschätzen ihren Wert verleiht. Sollte freilich aus jedem deutschen Kleinbürger und Piefke ein Edelmensch und Rassenträger gemacht werden, so mußte man ihn zum Gutsbesitzer erheben. Dies war feudale Tradition. Erst von diesem Augenblicke an durfte in den Hirnen der Tagträumer und Programmschwätzer jene verbrecherische Verdrehtheit spuken, die in den letzten zehn Jahren so zahllose Menschen unglücklich gemacht hat, indem sie die Einheit zwischen den Bewohnern und ihrer Heimat leugnete und zerriß. Daß eine solche Maßregel ein Bumerang ist, vermochte ihre Veranstalter nur damit nicht zu stören, weil sie ihrerseits den Wert und die Wichtigkeit von Menschenkraft sehr wohl kannten. Ihr Ziel war, möglichst viele auslandsdeutsche Männer für das Heer, möglichst viele Frauen und Kinder für die Kriegswerkstätten zu gewinnen, sie alle aber rettungslos in Sieg oder Niederlage zu verstricken.

Denn die Veranstalter dieser »Großen« Zeit Nr. 2 waren die geschlagenen Generäle aus der Großen Zeit Nr. 1, ihre Nachfolger, Nachahmer und Anbeter. Es ist der Geist Ludendorffs, mit dem man es zu tun hat. Er erscheint hinter der kümmerlichen und widerlichen Figur des Braunauer Anreißers. Dessen ordinäre Stimme, seine menschenkundigen Tricks verdecken nur zu leicht, daß der wahre Erfinder des totalen Krieges, des abergläubischen Antisemitismus, des totschlagbereiten Demokratenhasses jener General Ludendorff war, der noch im Frühling 1918 dem neuzugründenden polnischen Staate seinen west-

lichen Industriebezirk entreißen wollte, einen hundert Kilometer breiten Streifen längs der preußischen Grenze annektierend. Und dieser selbe General erfuhr erst im Jahre 1917 bei einer Reise auf den Balkan, daß es im österreichischen Heer neun Kommandosprachen gab, davon fünf slawische.
Was folgt aus diesen Fakten, wenn jetzt die deutsche Niederlage dem uralten Problem eine neue Facette schleift? Daß die Angelegenheit hoffnungslos aussieht? Und daß, wenn es von Karl dem Großen an zwischen Slawen und Deutschen hin und her gezerrt worden ist, das Tau des europäischen Friedens, daß es jetzt weitergezerrt werden wird, zuungunsten diesmal der deutschen Ausbreitung? Nachdem die Alldeutschen aus Weichsel und Njemen deutsche Flüsse machen wollten, sollen jetzt aus Oder und Elbe wieder slawische werden? Schon aus diesem Grunde sehen wir die vereinigten Demokratien Europas als notwendige Bestandteile der Welt nach dem Kriege aus den Trümmern und rauchenden Ruinen entstehen, mit denen sich die Alldeutschen und ihr Hitler an allen Fronten unsterblich gemacht haben. Man sage nicht, daß nach diesem Kriege der deutsche Großgrundbesitz östlich der Elbe verschwunden sein werde, der ja zum Sturz der Weimarer Republik das Entscheidende beitragen durfte. Man verlasse sich auch nicht auf noch so weitgehende Entwaffnungen und Entindustrialisierungen des deutschen Volkes. Bleibt in ihm der Kern lebendig, aus welchem der Baum der Vergeltung und des »Wiederaufstiegs« gezüchtet werden kann, so verlasse man sich auf die Gesetze der politischen Physik, welche Druck mit Gegendruck erwidern und auf jeden Stoß den Gegenstoß reimen. Das deutsche Bürgertum hat immer kundgetan, was in seiner Seele vorging, indem es seine eigenen Inhalte in die Seelen von Nachbargruppen projizierte und dort mit Anklagegeschrei anprangerte: seinen Revanchedurst bei den Franzosen, seine Weltherrschaft bei den Juden, seinen Wunsch zum Unterbieten bei den Slawen, seinen Handelsneid bei den Briten. Will man nach diesem Kriege ein Europa stiften, in welchem sich für einige Jahrzehnte oder gar Generationen ruhig und schöpferisch arbeiten läßt, so muß man zweierlei beachten: erstens die deutsche Substanz, wie sie sich darstellt, wenn sie sich gehenläßt, und zweitens die Schaffung eines Staatenlebens, in welches sowenig Giftstoffe wie möglich aus der Vergangenheit hinübergenommen werden.

Was freilich aus Deutschland herausschlagen wird, wenn es den vollen Umfang seiner militärischen und wirtschaftlichen und die volle grauenhafte Tiefe seiner geistigen und moralischen Niederlage erfährt, wirklich erfährt – das kann heute niemand auszuloten trachten. Erinnern wir uns daran, welch ein vorwärtsgewandtes, geistig lebendiges Staatswesen die Weimarer Republik darstellte und daß sie in gewisser Weise auf unserem ganzen Kontinent eine avantgardistische Rolle spielte, zumindest westlich von der Sowjetunion. Und bedenken wir, daß zu diesem berechtigten Gefühl der Fortgeschrittenheit zehn Jahre lang die scheußlichste Schmeichelei und Selbstvergötterung getreten ist, deren sich ein großes Volk nur schuldig machen kann. Wer immer mit Nachkriegsdeutschland zu tun haben wird, das muß er bedenken. Als Frankreich sich vom Sturze des zweiten Kaiserreichs zu erholen begann, war es das Wissen und der Kampf gegen das Schlechteingerichtete des Lebens, was ihm Trost und Kraft verlieh – Pasteur, Emile Zola, Clemenceau, seine bürgerlichen und sozialistischen Organisatoren und Befreier. Das Deutschland von heute aber hat Männer dieser Art in die Emigration getrieben oder getötet. Auf wen kann es sich stützen?

Und doch vergessen wir nicht, daß aus den Massen, den verzweifelten, aber zur Zukunft entschlossenen Massen, erstaunliche Ereignisse herauszubrechen vermögen. Wer hätte, der die Russen des vorigen Weltkrieges und der darauffolgenden Dekaden mit einem prüfenden Blicke, aber nur mit diesem, betrachtete – wer hätte aus diesem von inneren Krisen und äußerer Armut geschüttelten Staatswesen das heutige Rußland emporsteigen sehen, den großartigen Kämpfer für all das, was ihm seine Revolution schon gebracht hatte, der Faschismus aber wieder nehmen wollte? War es ganz so töricht, wie es der Welt heute scheint, als sich der Hitler im Juni 1941 gegen die Sowjets wandte, sicher, sie in drei Monaten über den Haufen zu werfen? Nur uns, die wir in engem Kontakt mit allem lebten, was menschlichen Fortschritt und Völkeraufbau anlangt, war das Ergebnis dieses Abenteuers erwartet und vertraut. Revolutionen befreien Völker zu sich selbst, zu all ihren besten Möglichkeiten, zu einer oft unerwarteten Größe. Darum ist auch in Sachen Deutschland das letzte Wort noch nicht gesprochen, die letzte Hoffnung noch nicht begraben. Im Gegenteil: aus den Katakomben erstand ein unbesieglicher Glaube. Aus den Ruinen des deutschen Staates und Wesens von heute kann, nicht für morgen, aber für den Tag nach morgen, wieder ein Gemeinwesen erstehen, dem man vergessen und vergeben darf, was es der Menschheit Grausiges antat.

3
Theorie und Praxis

Heute, da die Deutschen bereits die Wucht der zuschlagenden Vergeltung für Hitlers und ihre eigenen Wahnsinnstaten zu spüren bekommen, ist es gut, sich über Theorie und Praxis der Gesinnung zu einigen, mit der man an das Europa des Nachkriegs herantreten will. Wie immer, wo gesunde Verhältnisse obwalten, ist die Praxis gegründet auf theoretischen Überzeugungen. Man muß sich klar darüber werden, ob man mit Vansittart die Wurzel des Übels im deutschen Charakter sieht oder mit Stalin in den Umständen und Bedingungen, die den deutschen Faschismus hervorbrachten; im ersten Falle teilt man die Hitlersche Rassentheorie in etwas abgewandelter Form und muß dann als logische Folge die Hitlerschen Ausrottungsgedanken mitdenken, wenn auch mit umgekehrten Vorzeichen. Im andern Falle, der auch der unsere ist, nimmt man eine eher medizinische Haltung zu dem ganzen furchtbaren Unheil ein, das der Faschismus bewirkt hat. Chirurgische Regel ist, so tief als möglich ins gesunde Fleisch hineinzuschneiden, um auf keinen Fall etwas Krankes stehenzulassen, das für spätere Rückfälle verantwortlich wäre. Es wird sich also darum handeln, nicht nur, was selbstverständlich ist, alle diejenigen Deutschen unschädlich zu machen, die sich als auserwähltes Volk benommen und auf prähistorische Weise andersartige Menschen ausgerottet haben, sondern auch alle diejenigen aus dem europäischen Kulturverlauf auszuschalten, denen nur diese Gesinnung nachweisbar ist, nicht aber auch die Praxis, die von ihr ausstrahlte. Eine Fülle von Oberlehrern, Redakteuren, Geistlichen, Schriftstellern und Rundfunkleuten muß zu der Erkenntnis gebracht werden, daß man für Irrwege, die man andere einschlagen ließ, geradezustehen hat.

Nach dem vorigen Krieg versicherten mir bürgerlich-jüdische

Redakteure treuherzig, sie seien Esel gewesen, als sie die alldeutsche Kriegspolitik unterstützten. Da man sie ihr Handwerk weiter treiben ließ, enthielten ihre Blätter bereits Anfang 1919 genau die gleichen ungeprüften und vergifteten Meldungen, diesmal gegen den inneren Feind gerichtet, die sogenannten Spartakisten, und kosteten Hunderten von Arbeitern Leben und Gesundheit. Diesmal dürfen sich solche Späße nicht wiederholen. Zu diesem Zwecke werden den besetzenden Militärmächten beratende Sachverständige an die Seite gegeben werden – nicht Angehörige der Siegerstaaten, sondern solche der deutschen Emigration, soweit sie aus politischen und geistigen Gründen emigrierten. Man merke sich doch endlich, daß *wir* Herrn Hitler und seine Raubgesellen bereits durchschauten und bekämpften, als Dutzende europäischer Staatsmänner immer noch dachten, die Weimarer Republik sei ein zu linkes Gebilde und müsse durch die Unterstützung aller nationalistischen Tendenzen der Nachbarstaaten und im eigenen Innern im Zaum gehalten werden. Niemand kennt die deutsche Seele, das heißt den konkreten deutschen Menschen so genau wie wir, die wir mit ihm gelebt haben, wie Mitglieder einer Familie zusammen leben. Niemand wie wir versteht, in den Mienen, im Unterton, im Verschwiegenen dieser Menschen zu lesen. Bei der Vielgestaltigkeit der deutschen Staaten und Provinzen würde es nichts nutzen, einen holsteinischen Emigranten etwa als Beirat einem in Bayern zu fungierenden Verwaltungssitz beizuordnen – es muß ein münchnerischer Emigrant nach München, ein schlesischer nach Schlesien, ein Kieler oder Hamburger an die Waterkant delegiert werden.
Erscheint dies zu schwierig? Scheut man vor dem Gedanken zurück, so kompliziert zu verfahren? Nun, billiger ist die Grundlegung der Zukunft nicht zu haben. Die vorigen Entwaffnungskommissionen wurden düpiert, was sehr einfach war: Nationalisten lassen sich von Nationalisten gern düpieren – sofern man sich auf das Unbewußte versteht, das hier mitspielt. Dem antifaschistischen Emigranten dagegen – nicht entflohenen Unternehmern oder verhinderten deutschen Nationalisten zionistischer Prägung – gelingt es wahrscheinlich, die psychologische und soziologische Sonde zu sein, die den Untergrund auslotet, mit welchem die Besatzungsbehörde es zu tun hat.

Diese Besatzungsbehörde muß zuallererst das Vertrauen der von den Nazis befreiten Gegenden gewinnen, muß klarstellen, daß es sich bei ihren Maßregeln nicht um Rache handelt, sondern um die Vorbereitung eines besseren Zusammenlebens, um bleibende Fundierung der europäischen Zivilisation. Daß die Last auf dem deutschen Volke schwer sein wird nach dem ungeheuren Gewicht der Kollektivverbrechen, die die Angreifer diesmal begehen durften, daß aber das erste überfallene Opfer dieser Angreifer die linken deutschen Republikaner selber waren, denen Europa nicht zu Hilfe kam, als es noch Zeit dazu war. Und daß, wenn unsereiner im Jahre 1932 um der Kultur willen an die englische öffentliche Meinung appellierte, die das republikanische Deutschland – das andere Deutschland – gern hinter sich gesehen hätte, das nationalistische Europa uns nicht verstand und nicht stützte. So daß die europäischen Nationalisten sich an die eigene Brust zu schlagen haben, was die Einsichtigen unter ihnen sehr wohl wissen. Nicht um Wohlwollen oder Übelwollen für das deutsche Volk handelt es sich, wenn der Sieg erfochten sein wird, sondern um die Grundlegung einer Gesittung, die den zukünftigen Generationen der vom Krieg verheerten Erde die Möglichkeiten sichert, an eine bleibende Kultur zu glauben und an ihr weiterzuarbeiten. Was die Atlantikcharta verspricht, in praktische gesetzgeberische Formen zu gießen, so daß es den gegenwärtigen und kommenden Generationen lohnt, an den Wiederaufbau zu gehen, nicht aber sich der Verzweiflung hinzugeben und der dumpfen Gleichgültigkeit gegen die Aufgaben, die dem Menschen nun einmal gesetzt sind. Die Schätze des Erdballs wollen gefördert und der Menschheit dienstbar gemacht werden. Zu diesen Schätzen gehört nicht zuletzt der Reichtum menschlicher Anlagen und Begabungen.

Wie die Sowjetunion unterschiedslos von der Fülle Gebrauch macht, die in ihren siebzig Völkern eingebettet ist, so werden auch die vereinigten Demokratien Europas und die großen Imperien der angelsächsischen, der französischen und der slawischen Nationen ihre eigenen Völker zur Entwicklung und Mitarbeit aufrufen – ebenso aber auch ihre deutschen Mitbürger, soweit sie vertrauenswürdig und zukunftsträchtig befunden werden. Dies ist möglich und unumgänglich, soll der Faschismus als solcher fallen und verschwinden. In Moskau, Los

Angeles, New York, London, der Schweiz, Schweden und auch in Palästina finden sich Gruppen ehemaliger deutscher Bürger aus allen Berufen, deren verbindende Gesinnung schon vor dem Einbruch der Hitlerei bewiesen war. Diese werden, gehärtet durch die Erfahrungen der Emigration und durch das Mitleiden all der Zerstörung, die sie früh kommen sahen, die geeigneten Werkzeuge sein, fern von allen Klassenvorurteilen die Scharen der Überläufer aus dem Lager der besiegten Nationalisten und Faschisten zu prüfen und zu sieben. Nur wer sie zur Mitarbeit aufruft und praktisch heranzieht, wird imstande sein, die Grundsteine für das Kommende richtig zu legen.

4
Demokratie und Reife

Laßt uns hoffen, daß das Ende des Krieges nicht dazu benutzt wird, einen jener Tricks zu spielen, welche den Menschen so sehr geläufig sind: nämlich ein X für ein U zu machen, eine Angelegenheit in Gestalt oder unter dem Namen einer anderen zu bekämpfen. Bekämpft wird seit einem sehr frühen Zeitpunkt der Weg der Völker zur Demokratie, der Umbau aller jener Staatswesen, die aus antikischen Epochen noch Elemente ihrer politischen Wesenheit bewahrt haben. Die in ihnen herrschenden Gruppen und Klassen bekämpfen von sich aus mit allem Grund den Drang der arbeitenden Massen nach der Leitung ihrer eigenen Geschicke; »Gegen Demokraten helfen nur Soldaten«, dichtete die preußische Reaktion daraufhin. Wenn aber nun auch die Soldaten aufhören, gegen Demokraten zu helfen, dann müssen Hitlers und Mussolinis herbei, um den Eltern und Kindern der Soldaten den für die herrschende Klasse richtigen Dreh zu geben, und gelegentlich finden sich Demokratien, welche den Dreh- und Drahtziehern, den Schwert- und Scharfmachern durch unverantwortliche Schlaffheit und Lauheit den Weg ebnen. Es ist wahr, das liegt an der Verfälschung der Demokratie durch jenen schlauen Bonapartismus, den Napoleon III. und sein Schüler Bismarck mit glänzendem Erfolge handhabten: das Prinzip der Parteienbildung nach freier Wahl durch den einzelnen zu einer Aufspaltung der ehemals beherrschten Massen zu benutzen und so viele Parteien entstehen zu lassen, nach so viel Schattierungen und Haarspaltereien getrennt, daß eine einigermaßen gewitzte Regierung sich jederzeit und für alle Maßregeln eine Mehrheit schaffen konnte.

Nach diesem Krieg werden die Probleme, welche zu lösen sind, sich ungeheuer vereinfacht und vergröbert haben dank der Tatsache, daß Faschismus und Krieg die Kulturkruste der Menschheit weitestgehend abgeschliffen haben. In Zeiten gesättigter Kultur und einer reichen Speisekarte durfte sich die bürgerliche Welt nach Unterschieden differenzieren, die jetzt weit über unserem Horizont liegen, so wie in reichlichen Zeiten danach gefragt werden konnte, ob man das Ei an der oberen oder unteren Seite köpfen dürfe oder müsse. Heute aber oder nach dem Krieg wird die Frage sein wie jetzt im Kriege, wer überhaupt ein Ei bekommen könne. Der Unterschied wird nicht mehr wie bei Swift zwischen big endiends und small endiends gezogen werden, sondern wie bei Heinrich Heine zwischen Hungrigen und Satten. Hoffen wir, daß man diesen Unterschied nicht wird verschleiern wollen dadurch, daß die Satten statt der Parole: Gegen die Hungrigen oder gegen das niedere Volk, die man sich nicht mehr leisten kann, jene andere Parole ausgeben, die wir vom Faschismus her kennen: Gegen das jüdische Volk, nur daß man diesmal statt »Juden« und »jüdisch«: »Deutsche« und »deutsch« schreiben könnte und das deutsche Volk zum Sündenbock für das internationale faschistische System ausruft, den sozialen Gegensatz in einen nationalen umschminkt, die Sünden des feudalistischen Kapitalismus der deutschen Seele zur Last legt.

Echte Demokratie wird sich gegen diese Heraufbeschwörung verhängnisvoller Irrtümer wappnen müssen. Demokratische Willensbildung verlangt Reife, und es ist ihr Geheimnis, daß sie diese Reife auch erzeugt, aber nur dadurch, daß man der klareren Erkenntnis auch das Recht gibt, unklarere Stufen an der Störung dieses politischen Reifeprozesses zu hindern. Eine solche Hinderung muß dann wirksam werden, wenn politische Gruppen an die Gewalt appellieren, um andere von diesem Reifungsprozeß, der nur durch politische Betätigung eintritt, ihrerseits auszuschließen. Als faschistische Parteien unter der Losung »Gegen den Bolschewismus!« die Erlaubnis erhielten, sich Parteiheere anzuschaffen, verstießen die Staatswesen, die ihnen dergleichen gestatteten, gegen einen elementaren Grundsatz der Menschenrechte selbst: unreife Leute daran zu hindern, kulturvernichtend aufzutreten. Minderjährige dürfen nicht die Erlaubnis bekommen, Werke zu zerstören, die sie nicht zu handhaben verstehen. Aber während man beispielsweise Kinder daran hindert, Wecker mit Gewalt aufzubrechen, damit sie nicht die Morgenstunde anzeigen und zur Schule mahnen, hat man in der deutschen Republik oder in Italien den Faschisten derartiges erlaubt. Niemand gab ihnen die richtige Antwort, als sie argumentierten: Ihr als Demokraten müßt uns gestatten, uns, die wir Nichtdemokraten sind, eure Anhänger niederzuknüppeln – sonst seid ihr keine richtigen Demokraten. Also bilden wir uns Parteiheere und erobern mit Gewalt die Macht im Staate, die wir brauchen, um unsere Ziele durchzusetzen. Unsere Absicht ist, die Herrschaft der herrschenden Klasse zu sichern; wir wollen die beherrschten Massen – die minderwertigen Rassen – am Aufstieg hindern, und zwar für immer; wagt ja nicht, eure Machtmittel gegen uns einzusetzen, denn das wäre undemokratisch. Wir allein sind reif, denn wir allein wissen das politische Mittel der Macht rücksichtslos anzuwenden; ihr seid vermorscht und wißt es auch, und darum nehmen wir euch die Last der Herrschaft ab und schicken euch in den Abgrund.

Bis zum Jahre 39 und mit Ausnahme der Sowjetunion weigerten sich die Demokratien einzusehen, daß gegen einen Stock in der Hand eines Minderjährigen nur ein größerer Stock in der Hand eines Erwachsenen als Beweismittel funktioniert.

Nach diesem Kriege muß und wird der Beweis für erbracht gelten, daß die arbeitenden Schichten der großen Imperien mit dem Sturz des Faschismus ihre eigene Befreiung von jeder Art aristokratischer Gängelung erobert haben mit viel mehr Blut und Leben, als jemals dazu nötig gewesen wäre.

IV

Das Aufatmen von 1945

1945

1

Der Schluß des europäischen Krieges sieht die Mitlebenden in einer eigentümlichen Verfassung. Am Armistice Day 1918 gab es auf beiden Fronten wohl niemanden, der nicht jubelte und glaubte, daß der Krieg nun vorüber sei und eine bessere Zeit anbrechen müsse – eine Zeit, des ungeheuren Elends würdig, welches dieser Krieg über die Erde gebracht. Heute empfindet die Welt zwar das gleiche Aufatmen, aber sie ist weit entfernt von dem Glauben, nun wäre und müsse alles gut werden. Und dabei läßt sich der Ausgang des vorigen Krieges und das Elend, welches er mit sich brachte, mit dem diesmaligen in keiner Weise vergleichen, weder was den Grad der Zerschmetterung anlangt, mit welchem der Angreifer aus dem Kriege hervorgeht, noch den Grad der Zerstörung aller Werte des Lebens und der Gesittung, den diesmal die Angreifer auf ihr Konto zu nehmen haben. Das Aufatmen müßte um so tiefer, das Glück um so größer sein, diese Epoche der Raserei und Zerstörung hinter sich gebracht zu haben. Und doch ist das nicht der Fall. Die Menschen atmen auf, aber nur so, wie jemand, der eine Last absetzt, die er nach ein paar Minuten weiterzutragen haben wird. Was liegt da vor?

2

Nicht daran liegt es, daß der Krieg im Fernen Osten weitergeht. Die Bewußtseinsspannung des Menschen hat sich immerhin in diesem Jahrhundert schon ausgedehnt, verglichen mit früheren Zeiten; aber nur sehr wenige von uns vermögen den chinesischen Raum und seine Schicksale in unser Gefühlsleben mit einzubeziehen – das bewies sich schon, als 1931 die faschistisch politische Epoche mit dem Einbruch der Japaner in die Mandschurei anhob, ohne daß der Völkerbund in Genf das Gefühl bekundete, dort beginne ein Erdbeben, das auch den Genfer Palast zum Einsturz bringen werde. Der primitive Mensch bezog auf sich nur die Ereignisse der nächsten Nachbarschaft. Die antiken Perser und Hellenen blieben mit ihrem Verbundenheitsgefühl innerhalb ihrer Kulturreiche – außerhalb jedes von diesen wohnten die Barbaren, worunter sie sich auch gegenseitig verstanden. Das Imperium Romanum und die mittelalterliche Christenheit umspannte gefühlsmäßig schon weitere Teile der damals bekannten Erde. Für uns läuft die Grenze des Mitschwingens so, daß sie etwa die Hälfte der Erdkugel einbezieht, die westliche also. Daher bleibt uns das Leiden des chinesischen Volkes, der schwierige Zustand Indiens und dergleichen fremder, als wir möchten; und vielleicht hat das Angreifertum der Japaner als positive Frucht mit sich gebracht, daß unser Verbundenheitsgefühl mit den Menschen mongolischer und indischer Sprachen wächst. Aber für den unbefangenen Zeitgenossen hat der Krieg im Fernen Osten, so fürchterlich real er ist, etwas weniger Wirkliches als der jetzt beendete europäische. Und nicht also darauf bezieht sich das Gefühl, daß wir nach kurzer Atempause die Last weiterzutragen haben. Um es zu erklären, steigen wir unverzagt in die tieferen Schichten unserer Gesellschaftsstruktur hinunter und wissen wohl, warum.

3

Der vorige Weltkrieg gebar als seine Frucht den Sieg der russischen Revolution, für die schon hundert Jahre gekämpft worden war. Der westliche Kapitalismus, gerade erst in seinen Reifezustand einzutreten im Begriff, erkannte das und war sofort bestrebt, diese Frucht des Krieges abzukapseln. Der »cordon sanitaire«, von dem Marschall Stalin jüngst so unbefangen sprach, wurde damals geboren. Ihm wurde das schwache Revolutionsdeutschland von Liebknecht und Luxemburg zum Opfer gebracht, er brachte General Weygand nach Polen und all den weißgardistischen Führern von Koltschak bis Mussolini die Unterstützung kapitalistischer Gruppen. Verhängnisvollerweise, wie sich später zeigte, brachte man diesem »cordon sanitaire« auch die Weimarer Republik zum Opfer, als sich in »Hörr Hitler« ein geeigneteres Werkzeug für diese Zwecke anbot. Man setzte den Fehler fort, den wir deutsche Republikaner seit 1919 den Westmächten vergeblich zu verdeutlichen suchten: den deutschen Militarismus, die deutsche Feudalaristokratie und den deutschen Industrialismus mit dem eigenen, von Demokratie und Kulturgefühl bereits gereiften und gebändigten Kapitalismus auf eine und die gleiche Gesittungsstufe zu stellen.

Wir schrieben damals und ließen es drucken, daß zwischen dem englischen Liberalismus und der französischen Demokratie ein Bündnis mit der russischen Revolution nicht nur möglich sei, sondern am Horizont stehe; mit dem deutschen Militarismus war ein solches Bündnis dem Wesen nach unmöglich. Und gleichwohl bestand die Politik der Appeasement-Epoche in nichts anderem als diesem Versuch. Was half es uns, immer wieder zu sagen, das bolschewistische Gespenst existiere nicht, es sei mit seiner Liga gegen den Bolschewismus eine psychologische Waffe der geschlagenen Generäle von 1918. Die Psychologie des sich bedroht fühlenden europäischen Bürgertums gehorchte den Erfindungen des deutschen Militarismus bis zu den Tagen, da es zu spät war, den Tagen von Godesberg und München. Und so kam es, wie Ludendorff geplant hatte: nach einer Atempause von fünfundzwanzig Jahren sollte der Weltkrieg Nr. 1 durch den Weltkrieg Nr. 2 korrigiert werden. Nun, und das wurde er ja wohl auch, wenn auch nicht in der von den Generälen, wohl aber von uns vorausgesagten Weise: diesmal erwies sich das Bündnis zwischen dem russischen Proletariat und der westlichen Demokratie in seiner vollen Zerschmetterungskraft; der deutsche Mammutkapitalismus und seine militärische Kampfmaschine wurden so zerschlagen, wie der begabte und geschulte Stratege Ludendorff es am 8. August 1918 erkannt und völlig durchgefühlt hatte. Er war klug genug, den Weltkrieg verloren zu geben und die Chancen des deutschen Kapitalismus vor der Niederlage zu bewahren. Seine Epigonen, die Herren Haushofer, Mutschmann, Epp, Röhm aber, stur und unbegabt, wie sie waren, vermochten nichts Eiligeres zu tun, als den braunen Acheron des deutschen Kleinbürgertums zu bewegen, alle mäßigenden Kräfte der deutschen Arbeiterschaft, des deutschen Bürgertums und der kriegsfeindlichen

Parteien zu zerschlagen, auszutreiben, umzubringen und die Welt in das Unheil zu stürzen, aus welchem sie jetzt auftaucht. Dies ist das Aufatmen von 1945.

– 4

Und nun stehen die Fronten, wie sie 1918 standen, als das russische Proletariat und die ungeheuren Massen der russischen Analphabeten aus dem Kriege ausgeschieden waren. Aber in den siebenundzwanzig Jahren, die inzwischen verflossen sind – und welche Jahre! Kriegsjahre, doppelt zählende Jahre! –, haben alle Beteiligten zu unserm Glück sehr viel gelernt, auch übereinander. Die objektiven Probleme haben sich nicht verändert, aber sie sind auf ihre wahren Größen reduziert worden – unbeträchtliche Größen, verglichen mit den Dimensionen der wahren Aufgaben, die am Pfahle stecken. Die ganze menschliche Gesittung muß neu aufgebaut, aus der Orgie der Zerstörung muß die schöpferische Freude an der Arbeit wieder freigelegt werden. Die Leitlinie der Atlantikcharta muß verwirklicht, das Chaos, das die Nazis in Europa angerichtet haben, in Ordnung verwandelt werden. Nicht in jene »Ruhe und Ordnung« des Generals von Hindenburg, an welcher die Weimarer Republik zugrunde gegangen ist, sondern in jene gerechte und organische Ordnung, wie sie von den slawischen Völkerschaften überall angestrebt wird, die sich in Frankreich durchsetzt und die hoffentlich zu den Vereinigten Demokratien Europas führen wird. Die Erde muß für freiheitliebende Menschen wieder zum Arbeitsplatz werden. Lebensfreude ohne allzu schweren Druck der Atmosphäre muß die Brust der Generationen wieder mit frohem Atem füllen, die Hindernisse der Sprachen und Nationalismen müssen überwunden werden durch jene verbindende Gesinnung, die 1918 nur zum Schein, von den revanchebrütenden Generälen als Camouflage geduldet, unsern Erdteil durchflutete. Man muß gelernt haben, politische Wirklichkeit zu verlangen, zu unterscheiden, überall mit den Fingern abzutasten. Es darf keine Gespenster mehr über den Gräbern der geopferten Millionen geben, ohne daß man sie mit wissenschaftlicher Analyse anstrahlt und vertreibt. Weder das des Bolschewistenschrecks noch das des Judenhasses, noch das der plutokratischen Weltverschwörung, noch das des Antigermanismus. Ohne solche Gespenster und ihre Ausnutzung lassen sich die nächsten Jahrzehnte hoffentlich zum friedlichen Aufbau einer Gesellschaftsordnung benutzen, welche den Keim zu neuen Kriegen rechtzeitig erkennt und zum mindesten isoliert, vielleicht zerstört. Immer mehr muß von Gesellschaft und immer weniger von Nationalitäten geredet werden, gerade weil die natürliche Gestalt der Völker sich dort, wo sie einander berühren, auf selbstverständliche, unaggressive Weise voneinander abgrenzt. Und besser als abgrenzen ist: einander ergänzen, sich miteinander vertragen.

5

Denn die wichtigste Aufgabe dämmert jetzt über unseren Horizonten auf: Es ist die der Erkenntnis der wahren Ursachen von Unglück, Krieg und Zerstörung, aber nicht so, wie sie die wohlwollenden Geistlichen aller Bekenntnisse formuliert haben, sondern so, wie sie in den vorausschauenden Werken von Marx und Engels seit drei Generationen niedergelegt sind. Dieses Gedankengut unsern Erfahrungen entsprechend in die Massen zu tragen, das großangelegte Bildungswerk des schöpferischen Sozialismus in praktische Politik umzusetzen: das ist die Last, die auf unsere Generation drückt, wartet und die uns zu gleicher Zeit auszeichnet und erhebt.

Einwand gegen ein Buch

1945

Der Leser wird sehen, daß ich, der Rezensent, gegen dieses Buch einen Einwand habe; ich werde mit ihm nicht hinterm Berge halten. Zuerst aber muß ich meine Pflicht erfüllen und den Enthusiasmus beschreiben und begründen, mit dem ich dieses Werk in mich aufgenommen habe. Man kennt Leopold Schwarzschild als den Herausgeber des »Neuen Tagebuchs«, einer schroff gegen Hitler gerichteten Wochenschrift der deutschen Emigration. Seine antifaschistische Haltung war wesentlich bestimmt von seiner Liebe zur Kultur unserer demokratisch-kapitalistischen Epoche. Gegen die Diktaturen jeder Art äußerte er eine abgestufte Abneigung. Sie war wahrscheinlich gegen die des Proletariats ebenso heftig wie gegen die des wildbarbarischen deutschen Kleinbürgers, sprach sich aber mehr in der Atmosphäre seiner Stellungnahmen aus als in direkten Angriffen. Jedenfalls warnte er in seiner Zeitschrift die Öffentlichkeit unermüdlich vor den Folgen der Appeasement-Politik, immer und immer wieder zur kollektiven Sicherheit des einen und unteilbaren Friedens auffordernd, die Bewaffnung der Reichswehr und ihre Kriegsentschlossenheit Woche für Woche aufzeigend und die entsetzliche Kulturzerstörung sehend und sagend, mit der die Nazi-Epoche enden müßte. Er war durchaus nicht sicher, wie wir es waren, daß es den Faschisten nicht gelingen könnte, das Rad der Geschichte und der Kultur auf ihre irrsinnige Art zurückzudrehen, aber seine Pflicht als Warner erfüllte er bis zum letzten Augenblick, und das, zusamt seiner kulturfrohen Redaktionsführung, machte sein Blatt wertvoll. Wie vergeblich seine und seiner Kollegen vom linkeren Flügel der Emigration Warnung und Arbeit gewesen, sahen wir und sah er erschüttert, als man, trotz allwöchentlicher Aufsätze 1938 in München den letzten Schritt zur Ermutigung des deutschen Revanche- und Eroberungskrieges tat, indem man, Rußland brüskierend, die lebendige, kampfentschlossene Tschechoslowakei der Zerstückelung preisgab. Kurz vor dem

Einbruch der Deutschen muß er nach Amerika gerettet worden sein, und dort hat er jetzt oder vor einem Jahr das Buch veröffentlicht, in dem er den Weg beschreibt und analysiert, den wir alle, die ganze Erde unter immer wachsenden Lasten zurückgelegt haben, den Weg von Versailles nach Pearl Harbour.
Die Lektüre dieses Buches ist ein außerordentlicher Genuß. Die glänzenden Eigenschaften Schwarzschilds als Durchleuchter und Darsteller politischer Zusammenhänge und Entwicklungen haben hier eine ebenso gründliche wie glänzende Ausdrucksform politischer Journalistik geschaffen. Seine Sachkenntnis hat in Amerika nur noch gewonnen, denn der Beginn seines Buches, seiner Analyse von Präsident Wilsons Antrieben, Entschlüssen und Taten, gibt neue Lichter und wesentliche Aufschlüsse für die letzte Phase des ersten Weltkriegs und die verhängnisvollen Irrungen und Fehler, die in der Beurteilung des deutschen Militarismus und der deutschen politischen Parteien gemacht wurden – Fehler, von denen wir alle, wir deutschen linken Republikaner wußten, daß sie das Grab der Weimarer Republik und früher oder später den Revanchekrieg bedeuten würden. Mit meisterhafter Hand tastet er den Fäden nach, die die westlichen Demokratien von Irrtum zu Irrtum führten, und mit einem grausamen Vergnügen reiht er, mit Quellenangaben überall bei der Hand, einen falschen Schritt der englischen und französischen Ideologen, Pazifisten und Menschheitsgläubigen an den andern, der zur Wiederaufrüstung Deutschlands und zur Entwaffnung seiner früheren Besieger führte. Nirgendwo werden wir ein solches Röntgenbild unsrer Epoche finden, nachgezeichnet mit der vorsichtigsten und unerbittlichsten Feder. Und die Klarheit dieser Darstellung, ihre Überzeugungskraft und die Eleganz ihres Ausdrucks zusamt der untadeligen Beherrschung des Materials legen ein erschütterndes Zeugnis ab von der Höhe der intellektuellen Kultur, die einmal das Niveau der deutschen Republik kennzeichnete. Selbstverständlich endet dann das Buch mit einem Blick auf die Epoche nach Pearl Harbour, die den Sturz der bislang so erfolgreichen faschistischen Mächte mit sich brachte.
Aber nun kommt unser Aber. Im Grunde genommen versteht man nach der Blickart des Verfassers kaum, wieso die Demokratien zu diesem triumphalen Ende gelangen konnten, sie, die doch deutlicherweise von einem Irrtum in der Beurteilung der

Weltlage zum andern getrieben wurden. Und der Grund liegt, scheint mir, in der Tatsache, daß Schwarzschilds Buch ganz und gar von individualistischen Perspektiven beherrscht wird. Für ihn sind politische Parteien vollkommen ausgedrückt durch die Analyse ihrer Beamten und Minister. Nirgendwo vermag er auf die Grundkräfte hinzudeuten, die von diesen Führern und Ministern irregeleitet oder falsch eingesetzt wurden. In seinem Buche sind die Labour Party oder die Konservativen Englands festgelegt durch ihre Exponenten Ramsay Macdonald oder Baldwin, Lansbury oder Eden. Für das deutsche Volk hat er keine andere Einschätzung als diejenige, die mit den Namen Max von Baden, Friedrich Ebert oder Hitler verbunden ist. Daß die Macht Sowjetrußlands in diesem Buche schließlich wie ein Deus ex machina erscheint, daß das englische Volk von Dünkirchen bis El Alamein und das französische von de Gaulle und vor allem von dem Maquis viel tiefer und mächtiger repräsentiert wird als von seinen vergangenen Politikern, muß sich der Leser immer wieder selber sagen, weil sonst das Bild der Tage, die wir alle durchlebt haben, nicht wiedererkannt werden würde.
Und was die Deutschen anlangt, so brauchen wir nur kopfschüttelnd festzustellen, daß im Register dieses Buches Namen wie »Spartakus«, Rosa Luxemburg, Kurt Eisner, Gustav Landauer völlig fehlen und daß Karl Liebknecht nur an einer einzigen, bedeutungslosen Stelle erwähnt wird. Wie in Frankreich, der Tschechoslowakei und Jugoslawien, in Griechenland und überall sonst noch die eigentliche politische Kraft von dem unbekannten, namenlosen, opfermutigen Massenwesen ausging, das bleibt für Schwarzschilds Buch der Ergänzung durch den Leser überlassen. Und so muß das Weltbild dieser glänzenden Gestaltung unterkellert werden durch eine Darstellung der gigantischen anonymen Kräfte, die von Versailles bis Pearl Harbour westlich der russischen Grenze im Dunkel bleiben mußten. Auf diese Weise wird das Buch – gegen seinen Willen, möchte ich beinahe sagen – zu einer Fanfare für unsere heutige Welt. Gebt acht, ruft es den führenden Schichten zu, daß ihr diesen Fehler nicht noch einmal macht! Daß ihr die gewandten Wortführer der Parteien nicht verwechselt mit den Massen der Menschen in den Städten, Dörfern und Häusern!
Der Untergrund, meine Herren, hat bewiesen, daß er nicht nur ein geduldiges Fundament ist, sondern eine jederzeit zum Aus-

bruch fähige vulkanische Kraft und daß diese Kraft es ist, die mit ihren Forderungen und wahrhaft bescheidenen Ansprüchen an Freiheit, Wohlergehen und Arbeitsmöglichkeiten das wahre Substrat unseres gesellschaftlichen Lebens ist – die eigentliche Kraft oder die eigentliche Macht, gegen welche der Faschismus aufstand und die ihn zerschmetterte. Für den, der das weiß, ist Schwarzschilds Buch eine Hohe Schule für die Beurteilung dessen, was wir jetzt durchmachen und was unser aller Leben bestimmt, Schritt für Schritt. Wer aber ohne diese Voraussetzungen dem Verfasser zuhört, der auf fast naive Weise die herrschenden Klassen und ihren Kapitalismus und Feudalismus von 1919 bis 1933 für die rechtmäßigen Inhaber der politischen und ökonomischen Macht hält, der wird eine Welt in ideologischem Dämmerzustand sehen, wo in Wirklichkeit die Angst vor dem Bolschewismus und die Sorge um das arbeitslose Einkommen Triebkraft und Aufschluß hergaben.

Wer siegte in diesem Kriege?

1945

Wer während dieser fast sechs Jahre niemals daran gezweifelt hat, daß der Faschismus in diesem Kriege seiner schicksalhaften Niederlage entgegentreibe, sieht keinen Anlaß zu Übermut und Jubel, wenn jetzt die geschichtsnotwendige Erkenntnis, der historische Sachverhalt, sich in Wirklichkeit umsetzt. Dankbar um sich blicken und aufatmen aber wird auch er und Anlaß finden, aus dem Erlebten Folgerungen zu ziehen, bevor er wieder an seine Arbeit geht.

Wer also ist eigentlich der Sieger in diesem Kriege? Und sofort erhebt sich die Vorfrage, wer denn wohl der Besiegte sei. Denn eine weltgeschichtliche Auseinandersetzung wie die unsere zeitigt auf Fragen dieser Art Antworten, die ins Wesen der Dinge führen, wenn sie richtig sind. Was veranlaßte so kluge und gebildete Völker wie die Italiener, die Deutschen und die Japaner, sich so tief in ihr Unglück zu verstricken? In erster Linie doch der Genieglaube. Eine Art Religion erfüllte sie mit der Überzeugung ihrer eigenen Auserwähltheit und der potenzierten Auserwähltheit ihrer Führer und der Auserwählten dieser Führer. Und der Anfang der Ereignisse schien ihnen recht zu geben. Seit 1933 welch ein Aufstieg und mit wie leichten Mitteln errungen! Dieser Genieglaube und der Glaube an die Möglichkeit einer Führerauslese von oben zerplatzt unter der Wucht der Tatsachen. Mussolinis römisches Imperium, das ostasiatische Großreich der Japaner, der größenwahnsinnige Lebensraum der Nazis von der atlantischen Küste bis zur Wolga und vom Nordkap bis El Alamein – die schrumpfen zusammen, das darf man wohl sagen! Die Nachfahren Hitlers werden sich zwischen Oder und Rhein einrichten müssen, als Erben der größten Serie von Fehlschlägen, Niederlagen, Irreführungen und Verbrechen, die je ein gebildetes Volk sich aufgeladen hat – nach dem Führerprinzip und in Gefolgschaftstreue. Die großen Männer, die Sachverständigen, der geniale Blick der Auslese – all das hat in diesen Trümmerhaufen hineingeführt, und dort wird man es belassen. Dort auch mögen es all die Nachläufer und Erfolgsanbeter aus dem Müll buddeln, die so lange den Erfolg der Faschisten möglich machten dadurch, daß sie sich vor ihm duckten und verbeugten, noch bevor er mit Waffengewalt das Risiko des Ernstfalles auf sich genommen hatte. Wäre man Mussolini und Hitler im Beginn ihrer Laufbahn entgegengetreten, so hätte man sich und uns allen die ungeheure Blutorgie erspart, die Verwandlung der schönsten Stadtlandschaften Europas in fürchterliche Trümmerfelder. Leider aber standen nach jedem Teilerfolg der Faschisten, errungen gegen Unbewaffnete oder Schlechtverteidigte, die Kompromißler auf, um sich von ihnen belügen zu lassen, die Angsthasen und Beschwichtiger, und verdoppelten den Erfolg der Angreifer durch ihre Feigheit.

Bis es ernst wurde. Bis der gemeine Mann mobilisiert werden mußte, weil die Wahnsinnigen glaubten, ohne großes Wagnis die Welt in die Tasche stecken zu können. Sie hatten ihre Völker, diese gelehrigen, geduldigen und tüchtigen Menschen, ein Jahrzehnt lang vorbereiten und drillen dürfen, allen Widerstand vertrieben oder zerbrochen, die Fähigkeit zur Kritik ausgejätet und aus ihnen sieggewohnte Heere geschaffen, noch bevor die angegriffene und verhöhnte Gegnerschaft erfaßt hatte, was es hieß, Zeitgenosse des Faschismus zu sein, und wozu diese Zeitgenossenschaft verpflichtete: zur Verteidigung der Kultur. Und dann dauerte es noch Jahre, bevor auf unserer Seite ebenso viele und ebenso gute und bessere Waffen, Flugzeuge, Produktionsstätten da waren wie auf der der Angreifer. Aber nun marschierten Mr. Smith und Jean Perrier und Ben Whistler im Westen auf, und Grischa Paprotkin, Pjotr Uraltschik, Jefrem Kugelsohn und Jan Perzynsky im Osten, und zwischen ihnen schrumpfte, erst vom Süden her und dann von allen Richtungen der Windrose eingedrückt, der Erfolg des Faschismus unaufhaltsam ein, sein Großraum, sein Siegerkranz und sein Platz an der Sonne.

Der Mann auf der Straße und die Frau im Labor, am Morseapparat und im Fabrikkittel kämpften auch auf der Goebbels-Seite, erfüllt von Propaganda und überzeugt von ihrer Sache. Was gab, fragen wir, den Unseren die Überlegenheit, den Sieg?

Auf unserer Seite marschierte und kämpfte alles mit, was menschliche Gesittung seit der Antike in den Seelen entwikkelt hatte: die Zehn Gebote vom Sinai, die Caritas und das Humanitätsideal des Christentums, die Erklärung der Menschenrechte von 1789, jeder politische Freiheitskampf kleiner Völker und Gruppen des neunzehnten Jahrhunderts von Missolúnghi bis Sarajevo und die ganze proletarische Aufwärtsbewegung, die 1905 in Petersburg ihre große Schlacht schlug und schon 1917 dem Autokratismus aller Zaren ein Ende machte. Und seit 1933 gesellte sich dazu das Recht auf eigenes Leben, das von den totalitären Anmaßungen auf der ganzen Erde eingeengt, beschnitten, in Folgsamkeit und Unterwürfigkeit umgefälscht werden sollte. Mit dem Freiheitsbedürfnis des Mannes auf der Straße und der Frau im Hause hatten sie nicht gerechnet, die Herren der Fabriken und der Regimenter. Sie vermochten alle Schrecken ihrer Folterlager, ihrer Bombenangriffe und ihrer Tankeinbrüche loszulassen – aber in die menschliche Substanz, in die Seelen der Millionen vermochten sie nicht einzubrechen. Diese vielmehr nahmen den Willen der Männer auf sich, in denen sie die gleiche Überzeugung und die gleiche Kraft potenziert und verdichtet am Werke fühlten, denen sie ihre ganze Lebensfreude und Todbereitschaft zur Verfügung stellten, freiwillig, unscheinbar, von innen her und leuchtend im Glanze jenes wortlosen Opfermutes, der an die Zukunft glaubte, weil er eine Bürgschaft für diese empfangen hatte aus dem Verlauf der letzten Jahrzehnte. Stalingrad wurde möglich, El Alamein und die Wiedereroberung des ganzen unterjochten Europas, weil im Untergrund, unterhalb der Schritte der Eroberer, die schöpferische Substanz unserer Epoche nicht aufhörte, Helden hervorzubringen, männliche, weibliche, kindliche, an denen Raubgier und Anmaßung der Faschisten zerschellen mußten. Sie konnten die Ukraine oder Polen in ein Todeslager verwandeln, jedes vierte Haus in London unbewohnbar machen, Holland überschwemmen, Tausende von braven Seeleuten im eisigen Ozean ertränken, aber einen Zweifel an unserem Endsieg aufkommen lassen, das konnten sie nicht, allen ihren Organisationen und Rundfunksendern zum Trotz.

Der Anbruch einer neuen Epoche wird durch das Ende des Krieges gesetzt sein, auch wenn nur Schwärmer glauben können,

diese neue Epoche müsse sofort Wirklichkeit werden, greifbarer Alltag, ohne beständige Anstrengung zu seiner Verwirklichung. Der Mensch will nicht mehr Rohmaterial sein bei der Produktion der Güter, die seine schöpferische Arbeitskraft hervorbringt. Als die Faschisten all die unterjochten Völker in solches Rohmaterial verwandeln wollten, um aus dem gelernten Arbeiter des zwanzigsten Jahrhunderts Sklavenmassen zu schaffen, gruben sie sich selbst das Grab und beschworen das Ende herauf, das jetzt über ihnen zusammenschlägt. Denn der Mensch, trotz der Teilung des Arbeitsprozesses in Dutzende von Handgriffen an Maschinen, ist kein Rohstoff. Man kann ihn nicht mit einem Lebensminimum abfinden gleich dem Öl und Treibstoff dieser Maschine. Er bleibt immer und wird immer mehr Mitschöpfer und Miterzeuger der Gesittung, die den Milliarden Menschen dieser Zeit das Leben erst lebenswert macht.
Die Arbeitslosigkeit lehrte, daß der Mensch die Arbeit braucht, nicht nur, um nicht zu verhungern, sondern um sich gleichzeitig richtig leben zu fühlen. Der Widerstand der Namenlosen lehrt, daß ohne Freiheit zum Atmen und zum Denken, ohne Mitarbeit am Aufbau der Gesellschaft kein Erwachsener mehr sein Brot empfangen, kein Kind mehr Lesen und Schreiben lernen will. Der Unhold, der sich jetzt irgendwo, vielleicht in Todesnebeln verbirgt, wollte »den Völkern das Glück des Analphabetentums« bringen. Kein irrsinnigeres Wort hat er gesprochen, wenn jetzt der Hammer des Schicksals auf ihn niedersaust.
Und so lernen wir aus diesem Ende, daß der Motor der Geschichte keinen Rücklauf hat, auch wenn historische Vorgänge derartiges glauben machen könnten. Es wurden Gesittungen zerstört, und wenn sie sich gegen die Usurpatoren nicht verteidigen konnten, die sich ihrer bemächtigten, so wurden sie dafür zermalmt und wissen jetzt, warum. Wer wirklichkeitstreu ist, wer sich nicht von Wunschgebilden in trunkene Masse verwandeln läßt, der kann nicht für immer gebrochen werden. Und wer sich mit dem bescheidet, was in den eigenen Grenzen erreichbar ist, aber auch nicht mit weniger, der wird einen nüchternen, aber beglückenden Alltag aufbauen können und nicht zugrunde gehen wie jene Auserwählten und Herrenmenschen, für die die Erde bald keinen Schlupfwinkel mehr haben

wird und kein Dach gegen die Vernichtung. Widersinnige, widergeschichtliche Machthaberschaft – wird sie nochmals ihr Haupt erheben irgendwo?
»Und es verliefen sich die Wasser der Flut, und die Erde zeugte neues Leben.«

Krieges Ende?

1949

Der aufmerksame Leser sei so freundlich, das Fragezeichen ernst zu nehmen, welches die Überschrift dieser Ausführungen abschließt. Es hat die Aufgabe, ihn und uns vor selbstgefälligen Täuschungen zu bewahren. Andererseits hat die Überschrift selbst Sinn und Zweck, wenn wir sie als Aufforderung betrachten, als Aufruf zum Einsatz aller Kräfte, die wir zur Rettung unserer Existenzen und des Sinnes zur Verfügung haben, den wir der Kultur und unserer menschlichen Schöpferfreude zu geben wünschen.

Es könnte nämlich sein, daß wir Zeitgenossen zweier Weltkriege und unendlicher Greuel an einer Wende der Epochen stehen, obwohl wir keineswegs geneigt sind, uns für eine besonders ausgezeichnete Ära der Menschengeschichte zu halten. Diese Wende könnte darin bestehen, daß sich die Erkenntnis endlich durchsetzt, ein wie untaugliches Mittel zur Lösung historischer Knoten das Schwert darstellt. So untauglich erwies es sich immer, und dennoch konnte ein rumänischer Gelehrter während des vorigen Weltkrieges, des vorläufig letzten, die Behauptung aufstellen: Seit Thutmosis III., also seit mehr als dreitausend Jahren, sei etwa alle vierundzwanzig Monate irgendwo auf der Erde ein »ewiger Friede« geschlossen worden.

Nehmen wir an, daß er recht habe, so folgt daraus erstens die grundsätzliche Sehnsucht der Menschen, ihr Leben in Frieden zu Ende zu bringen, zweitens die Hoffnung, es könnte diesmal gelingen, und drittens die Erkenntnis, irgendwo und irgendwie sei in unsere Kultur und also in unser Wesen ein Explosivstoff eingebaut, der diese Hoffnung immer wieder zunichte machte.

Was nun, fragt der Leser, und mit Recht, setzt uns instand, diesmal, heute am 2. Oktober 1949, die Möglichkeit zu erwägen, es könnte mit dem Krieg ein Ende haben in unseren Tagen, in dieser Zeit? Was scheidet unsere Generation von den früheren? Warum wagen wir zu hoffen, die Zeit der Kriegsfurie sei erfüllt und eine neue Wendung unserer Lebensstraße durch die Geschichte eröffne uns Ausblicke auf ein Zeitalter, in welchem menschliche Konflikte anders gelöst werden könnten als mit der Waffe?

Erinnern wir uns, um dies wohl einzuschätzen, daß es einmal in Afrika und Europa üblich war, schwierige Rechtsfälle nicht durch Richterspruch oder den Entscheid einer Volksversammlung zu schlichten, sondern durch ein Gottesurteil, eine Anrufung höherer Mächte. Man zwang einen Menschen, glühendes Eisen anzufassen, warf ihn in ein Wasser oder schüttelte einen Topf mit Steinchen, deren eines schwarz war, und davon machte man die Befriedigung des Rechtsgefühls abhängig und die Lösung strittiger Ansprüche im Zusammenleben der Gesellschaft. Diese Epoche, so sicher sie einmal unsere gesamte Vergangenheit regierte, ist verschwunden bis auf einen einzigen Rest – ersetzt worden durch Methoden der Rechtsfindung, wie sie im weisen China schon vor mehr als fünftausend Jahren geübt wurden. Und doch vollzog sich diese Ablösung schrittweise, allmählich, und wir selber erlebten als junge Menschen noch die Veranstaltung von Zweikämpfen mit schweren Waffen und tödlichem Ausgang, ausgefochten von Herren in Uniform oder schwarzem Gehrock.

Nun, Freunde, jener einzige, eben von mir erwähnte Punkt des Gottesurteils mit Hilfe der Waffen war bis vor kurzem der Krieg. Noch im ersten Weltkrieg ließen sich alle modernen Heere von Feldgeistlichen segnen, erflehten alle Kriegführenden in Feldgottesdiensten die Hilfe Gottes, des Allgütigen und Allgerechten, versprachen die Segnungen der Religion jedem sterbenden Soldaten den unmittelbaren Aufstieg in seinen Himmel, ins Licht der göttlichen Gnade.

Inzwischen hat sich einiges geändert. Wir sprechen nicht mehr vom Gott der Schlachten, sondern vom Streit um Märkte, Rohstoffe, billige Arbeitskräfte. Das tapferste Kriegsheer der Geschichte, die Rote Armee, erfocht ihre Siege ohne Aussichten auf ein Jenseits und ohne Sterbesakramente. Dafür war sie und ist sie erfüllt vom Glauben an ein Diesseits, an die Möglichkeit, uns vergänglichen Menschen auf der Erdkruste ein sinnvolles und glückliches Leben zu erkämpfen dadurch, daß man Angreifer mit harten Schlägen in ihre Grenzen zurückjagt und ihnen

das Gesetz der Niederlage aufzwingt, das sie anderen bereiten wollten.
Einmal muß ja wohl der Tag angebrochen sein, da im bürgerlichen Leben das letzte Gottesurteil durch vernünftigen Richterspruch abgelöst wurde. Einmal kann auch im Leben der Völker der Tag anbrechen, an welchem Schiedssprüche einer von allen anerkannten Institution, zum Beispiel der UN, die ungeheure Sinnlosigkeit der Kriegsentscheidungen überflüssig machen. Nirgendwo steht geschrieben, daß dieser Augenblick nicht heute gekommen sei.
Nicht weil wir mehr gelitten hätten als hundert Generationen vor uns, halten wir dies für möglich – das Maß der Leiden war für alle Geschlechter gleich schaurig. Wir halten vielmehr diesen Augenblick für möglich, weil zum erstenmal innerhalb der weißhäutigen Menschheit eine Friedensmacht dasteht, bereit zu jeder Abwehr und abgeneigt jedem Angriff. Wir halten es für möglich, weil diese Macht auf die Gestaltung des Diesseits gerichtet ist, und zwar eines Diesseits, welches allen tätigen Mitlebenden ihren Anteil am Glück, am Ertrag der allgemeinen Arbeit zu sichern bestrebt ist, und weil schließlich auch auf der anderen Hälfte der Erde Kräfte der Völker wachgerüttelt worden sind, nicht nur durch Leiden, sondern auch durch die Aussicht auf erfolgreichen Ausgang des Kampfes um den Frieden. Der Mensch ist bereit, alles Schwere auf sich zu nehmen, solange er in seinem Tun einen Sinn sieht. Er ist nicht bereit, auf lange Sicht, auf geschichtliche Zeitabschnitte gesehen, sich sinnlos hinzuopfern, sich, Kind und Kindeskind einem Moloch darzubringen.
Der Kapitalismus ward als dieser Moloch entlarvt, wo immer er zum Mittel des Krieges greift. Er kann sich im Frieden an vielen Stellen der Erde vielleicht noch längere Zeit im Abklingen erhalten. Vielleicht erleben wir die denkwürdige Wende, in welcher ihm der Selbsterhaltungstrieb den Verzicht auf das Mittel des Krieges abzwingt. Je entschlossener wir ihm einprägen, daß er uns mit den Drohungen seiner Atombomben nicht bange machen kann, desto deutlicher machen wir ihm den geschichtlichen Zwang zu diesem Verzicht.
Darum stellten wir das Fragezeichen an die Spitze unserer Ausführungen. »Wir heißen euch hoffen«, dichtete jener Goethe, dessen zweihundertsten Geburtstag wir vor kurzem feierten.

Urteilsspruch

1945

Ein Volk ist verantwortlich auch für das, was es mit sich anstellen läßt, sagt die Geschichte. Sie hat kaum je Ausnahmen von dieser Regel zugelassen und wird es auch diesmal nicht tun. Denn was unter der Perspektive von Staaten und Grenzen oft wie ein unverdientes Unglück aussieht, nimmt ein ganz anderes Relief an, wenn man den Maßstab von Klassenschichtungen und Klassenkämpfen anlegt. Dann erkennt man oft, daß sich als nationales Unglück maskiert hat, was im Grunde schuldhaft unterlassener Klassenkampf war, die Weigerung eines reifen Volkes, sich zur Wehr zu setzen, wenn seine Oberschicht es mit schmuckhaften Lügen bösartiger Selbstvergottung und verdummender Aufhetzung gegen Nachbarvölker in Kriege stürzte, um die inneren Krisen außenpolitisch abzureagieren. Da die deutschen Agrarverhältnisse seit dem großen Bauernkrieg nach gründlicher Neuaufteilung des Bodens verlangten – was war einfacher, als die Eroberung der Ukraine zu betreiben, um der deutschen Brust den Raum zum Atmen zu verschaffen?

Und da der Deutsche seit Jahrhunderten den Traum hegte, irgend jemandes Vorgesetzter zu sein, um den vorbildlichen Unteroffizier und Volksschullehrer im Erdmaßstab zu verwirklichen, für den er sich innerlich berufen fühlt: um diesen Traum zu erfüllen, brauchte man nur andere Gruppen und Völker, Nichtdeutsche, in Sklaven zu verwandeln, um den Volksgenossen mit ausgiebiger Rente zu Höchstleistungen auf dem Rücken anderer anzuspornen.

Selten hat eine herrschende Schicht so gut verstanden, die Affekte und Lebenslügen eines Volkes einzuspannen und auszubeuten, wie es das deutsche erlebt hat. Und dabei waren keinem Volke Aufklärung und Warnungen von seinen eigenen Klassikern, in seiner eigenen Sprache, so deutlich gemacht worden wie den Deutschen, von Lessing und Heine, von Marx und Engels. Aber die deutsche Geschichte, nicht erst seit den Bauernkriegen, weist den tragischen Zug auf, daß alle aktiven, freiheitliebenden, mit Initiative und Lebensimpuls erfüllten Individuen und Jugendscharen, je unknechtischer, um so gründlicher, entweder in Kriegen nach außen verbraucht oder in die Auswanderung getrieben wurden, um Länder jenseits der deutschen Grenzen mit ihrem wertvollen Bürgerwesen zu befruchten.

Den Opfern von Ravensbrück

1948

Die Brüderschaft, welche sich auf gemeinsame Taten gründet, hat es leicht, in den Seelen aktiv zu bleiben: Taten verwandeln sich in lustvolle Erinnerungen. Wie schwer hat es dagegen jene andere Brüderschaft, Schwesternschaft, die sich auf gemeinsame Leiden gründet, auf das Märtyrertum unter der Bestialität des Menschenfeindes.

Die menschliche Natur neigt dazu, überstandene Leiden zu vergessen, und die Bestie im Menschen zögert nicht, aus dieser löblichen Eigenschaft Nutzen ziehen zu wollen. »Laß uns endlich einen Strich unter das Vergangene machen«, rät sie allen Schwachen. »Ausgezeichnet«, antworten wir, »sobald die Greuel gesühnt sind, die Gerechtigkeit wiederhergestellt, ein Rückfall ausgeschlossen ist. Früher nicht, liebe Bestie! Und sei sicher, diesmal werden wir dich am Zuschlagen verhindern und dir Maulkorb und Fesseln anlegen, schneller als deinen Auftraggebern lieb sein wird.«

Laßt uns den Mördern nach diesem Kriege das Risiko des Mordens unverlöschbar einprägen! Nur so erfüllen wir das Testament der Gemordeten und den Willen aller derer, die in ihrem Überleben Pflicht und Recht zum Weiterbau an unserer Gesittung ablesen, das heißt am Aufrechterhalten eines schöpferischen Friedens.

Vorspruch

1959

Von jenen Ortschaften, die heute Mahnstätten faschistischer Schande sind, spielten die im Westen wie im Osten gelegenen, etwa Bergen-Belsen und Oświecim (Auschwitz), kulturell kaum je eine Rolle. Dagegen stellt der Buchenwald bei Weimar, in dem sich die Ermordungsstätte der Sechsundfünfzigtausend ausbreitete, eine Ausnahme dar.

Der Blick auf ein Fliegerfoto zeigt: sie ward eingeschnitten in den stillen Buchenwald auf dem Rücken jenes Ettersbergs, der mit unseren Klassikern intim verknüpft war, sich in den Briefen von Goethe und Wieland, Schiller und Karl August immer wieder erwähnt findet, ein Ort der Spazierritte, der Pirschgänge, dichterischer Einfälle, holder Muße.

Dorthin, genau dorthin verpflanzten Beratungen, ich weiß nicht welchen Klüngels von Verworfenen, die Errichtung und Anlage jener furchtbaren Veranstaltung, die, sieben Kilometer nördlich von Weimar, fast ein Jahrzehnt unser Deutschland mit einem Brandmal versah, desgleichen es trotz aller Zuchthäuser in Europa noch nicht gegeben hatte.

Andere Worte als die meinen werden in diesem Buche vom Ausmaß der Greuel berichten, die sich hier vollzogen, unbemerkt von den Bewohnern Weimars, wie diese behaupteten. Zu den Kniffen jedes faschistischen Systems gehört die Angst, die es im ganzen Volke verbreitet, solange es diktatorische Macht genießt: wegblicken, vor sich selbst ableugnen, was in geflüsterten Bruchstücken oder Beichten im verdunkelten und verriegelten Schlafzimmer von Mund zu Ohr geht und was, im Herzen verschlossen, dieses von Monat zu Monat schwächt, bisher unbekannte Krankheiten hervorbringend. Und dabei hatten die Einwohner Weimars oft genug Gelegenheit, auf Lastwagen herangeführte »Sträflinge« mit geschorenen Köpfen, viele den gelben Judenstern auf der Brust, vorüberfahren zu sehen, zu Arbeitsplätzen am Rande ihrer berühmten Stadt – und sahen nichts, wußten nichts, glaubten nichts. Hier offenbart sich ein Rätsel der modernen Zeit, genau im Kreuzungspunkt ihrer berühmtesten Ausstrahlungen. Der Geist von Weimar wurde verkörpert: literarisch durch unsere Klassiker, als Musik durch den wahrhaft schöpferischen Klavierpädagogen und Komponisten Franz Liszt, als philosophisches Denken durch jene Frauen, welche die Namen Schopenhauers und Nietzsches trugen und deren Erbe verwalteten. Aber alle Tradition, die von diesem Leuchtfeuer humanistischer Kultur hätte ausgehen sollen, taugte zu nichts. Das Lager Buchenwald, dicht neben Weimar, existierte auf einem anderen Stern, nicht auf jener Erde, welche die Weimarer Republik getragen hatte und vorher das Kaiserreich. JEDEM DAS SEINE, liest man in geschmiedeten Buchstaben im Eingang zu jener militaristisch geordneten, dressierten und verwalteten Hölle. Wenn von hier jedem das Seine ausginge – welches Schicksal wartete dann auf jene eifrigen Bedienten des Dritten Reiches, all die Globkes, Bräutigams, Seebohms und Oberländers, welche heute schon wieder, vierzehn Jahre nach dem endlichen Selbstmord ihrer Bannerträger und Häuptlinge, in einem deutschen Staatsapparat am Steuer sitzen!

Jetzt erhebt sich inmitten dieses Buchenwald-Komplexes das Ehrenmal, dem dieses Buch gewidmet ist. Auf dem Boden der Deutschen Demokratischen Republik führen Straßen zu dem hohen Wachtturm, der es überragt, und zu den von ausgezeichneten Künstlern geschaffenen Gedenkstätten. Sie tragen die Namen all der Völker, deren Angehörige in großer Zahl als Opfer zwischen diesen Stacheldrähten zusammengepfercht wurden und litten und umkamen, bis sich ihre Überlebenden zum Widerstand aufrafften und von den siegreichen Heeren befreit wurden, welche der Hitlerbarbarei ein Ende setzten. Die holde Landschaft der Thüringer Vorhügel leitet die Besucher durch die Pracht grüner Wälder hin zu den hier abgebildeten Baulichkeiten des Schmachlagers, und die Krone des Ehrenturmes weist hinauf zu jenen weißen Wolken, deren Feuchte von den um dieses Buchenwald geweinten Tränen stammen könnte.

Jetzt aber geht von Buchenwald und seinem Widerspiel Weimar die unbedingte Aufforderung aus, jeden Ansatz dessen zu zertreten, was noch einmal zu ähnlichen Beschmutzungen unserer geistigen Welt, aller geschaffenen Güter führen könnte.

Uns genügt nicht, wachsam zu sein – wir wissen uns verpflichtet, Tag und Nacht schlagbereit zu leben, auszuspähen und niederzuwerfen, was das Grauen wiederholen könnte, das einmal von Deutschen am deutschen Volke und seinen Nachbarn verbrochen wurde. Zwanzig Jahre nach dem Aufbruch Hitlerscher Heere zum Massenmord jenseits der Grenzen, der nach den Gesetzen politischer Physik zurückschlagen mußte auf unsere eigenen Städte und Bewohnerscharen, verwirklichen wir die menschliche Vernunft in leidenschaftlicher Eintracht mit den Völkern unseres sozialistischen Lagers und begrüßen das Keimen und Reifen jeder Einsicht und Zusammenarbeit auch innerhalb anderer Gesellschaftsformen, welche aus dem zweiten Teil des zwanzigsten Jahrhunderts die Bürgschaft erstehen lassen für ein glücklicheres Aufwachsen schöpferischer Generationen.

Ein Brief, der nicht abgesandt wurde

1951

An
S. E. Herrn François-Poncet
Französischer Hochkommissar bei der Bundesregierung
auf dem Petersberg

Exzellenz!
Erlauben Sie mir, diesen Brief mit einer kleinen Reminiszenz aus dem Januar 1932 zu beginnen. Sie vertraten damals bei der Weimarer Republik die französische Regierung und hatten die Freundlichkeit, meine Frau und mich zum Frühstück bei sich zu sehen. Vom Tische aufgestanden, gingen wir an den Fenstern Ihres Speisesaales entlang, in der einst so schönen französischen Botschaft am Pariser Platz, rauchend und von Malerei plaudernd. Und als wir so aufs Brandenburger Tor hinaussahen, sagten Sie unvermittelt: »Übrigens möchte ich Sie darauf aufmerksam machen, Herr Zweig: Hitler kommt.« – »Wenn Hitler kommt«, antwortete ich unerschrocken, »so wird sich, Exzellenz, wiederholen, was wir schon einmal erlebt haben, in München Herbst 1923: Herr Severing wird auf einen Knopf drücken, die Schutzpolizei wird feuern wie damals die Reichswehr, und der ganze Spuk wird platzen.« Darauf entgegneten Sie bedächtig: »Ich fürchte, Herr Zweig, ich muß Sie enttäuschen, Herr Severing wird auf keinen Knopf drücken.« – Ich blickte überrascht in Ihr Gesicht, dann auf den schönen Pariser Platz hinaus und erwog, wer wohl besser den politischen Charakter der preußisch-sozialdemokratischen Regierung Braun–Severing einschätzen könne, der geschulte Diplomat oder ein freier Schriftsteller, der Vertrauensmann des »Comité des Forges« oder jemand, den seine verfallenden Augen und seine dadurch stets schwieriger werdende Arbeit vom öffentlichen Leben immer mehr abkapselten. Als wir nach Hause fuhren, berichtete ich meiner Frau Ihre Warnung und schlug ihr vor, die Kunstreise nach Paris zu verschieben und lieber mit

mir einer Einladung unserer Freunde in Haifa zu folgen. Wir mußten endlich Palästina in Augenschein nehmen, selber urteilen, ob wir dort mit den Kindern und meiner Arbeit fruchtbar würden überwintern können. Gesagt, getan! Anfang Februar landeten wir als Forschungsreisende in der prächtigen Haifabucht, verzaubert von der Schönheit der Landschaft am letzten Tage der Regenzeit, und nach einigen Wochen war beschlossen, wenn in Deutschland wirklich reaktionäre Kräfte ausbrechen sollten, eine Wohnung auf dem Berge Karmel zu mieten, auf welchen heftig gebaut wurde.
Für diese Warnung bin ich Ihnen immer dankbar geblieben, Exzellenz, obwohl ich ja unter keinen Umständen anders gehandelt hätte, wenn mich der Verkauf der Weimarer Republik an das noch rückschrittlichere Lager des kurzsichtigen europäischen Kapitals überrascht hätte. Jedenfalls schrieb ich Ihnen damals irgendwann eine Ansichtskarte, die Sie vielleicht nie erhalten haben. Warum ich Ihnen und mir diese Erinnerung wachrufe? Diesmal möchte ich mich revanchieren. Heute kann ich Ihnen etwas verraten, was Sie kaum richtig einschätzen dürften, wie Sie damals mich über den wahren Charakter der deutschen Situation aufklärten. Es arbeitet in den Tiefen des deutschen Volkes, soweit es in der Bundesrepublik beheimatet ist. Der von L. D. Trotzki seinerzeit erfundene Zustand »weder Krieg noch Frieden«, der sich schon nach Brest-Litowsk als falsch erwies, füllt die Menschen mit ungeduldiger Verachtung, besonders die heranwachsenden, welche glaubten, es müsse nach dem Niederschmettern der Hitlerei eine bekömmliche Atmosphäre auf unserem Erdteil zu spüren sein. Jeder Versuch wird freudig begrüßt, der widerwärtigen Spaltung Deutschlands ein Ende zu machen, besonders seit dem verständigen und menschlichen Brief, mit dem Ministerpräsident Grotewohl Ihren Bundeskanzler Herrn Dr. Adenauer einlud, am runden Tisch Gespräche zu beginnen zwischen Deutschen, Gleichberechtigten, um dem kummervollen Zustand ein Ende zu bereiten, der sich seit 1945 in Deutschland einfressen durfte. Es ist leicht zu sehen, daß dieselben Kräfte, welche im Jahre 1932 keinen Widerstand gegen die braune Barbarei wünschten und herbeiführten, sich heute gegen alles stemmen, was den heillosen Zustand unserer Nachkriegswelt beenden könnte. Zum Unterschied von damals läuft ihnen heute die Masse der

Deutschen nicht nach. Sie revoltiert mit allen friedensmäßigen Kräften gegen einen Kurs, der ihr ein neues, noch katastrophaleres Kriegsunglück bringen müßte, und wünscht, wie ehemals die Arbeiterschaft Deutschlands und Frankreichs, mit den Landsleuten jenseits der trennenden Grenze so schnell wie möglich in Austausch zu treten, von ihnen zu wissen, zu kaufen und zu lernen. Je später die Stauung eines solchen natürlichen Dranges beseitigt wird, das wissen Sie so gut wie jeder Naturfreund, desto heftiger kann der Durchbruch der gestauten Kräfte in der Umgebung des neuen Strombettes Schaden anrichten – was wir beide nicht wollen. Es wäre daher Ihrer politischen Klugheit würdig, Exzellenz, wenn Sie Herrn Dr. Adenauer bei seinem nächsten Besuch auf dem Petersberg mitteilten und Ihre beiden englischsprechenden Kollegen ebenfalls überzeugen könnten, daß das Jahr 1951 gut anfinge, wenn eine einsichtige Antwort des Herrn Bundeskanzlers in der Presse zu lesen wäre, die ein paritätisch geführtes Gespräch über die Zukunft der innerdeutschen Beziehungen möglich machte.
Bislang deuteten Sie die Gelassenheit der Sowjetunion vielleicht wie der bedauernswerte Winston Churchill als Schwäche der militärischen Bereitschaft. Ihre Außenminister leisteten sich's also, Noten der UdSSR lange liegenzulassen, spät zu beantworten. Herr Dr. Adenauer macht sich dieses Beispiel in Verkleinerung zu eigen, was uns wohl schmeicheln könnte, denn wer heute militärisch gebrechlich dasteht, weiß die Welt, und daß die USA weit mehr als zwei Jahre brauchen werden, um hinter ihre Angreiferpolitik den ausreichenden militärischen Druck zu setzen, ist auch bekannt. Wäre es daher nicht sinnvoll und ein besserer Auftakt für die zweite Jahrhunderthälfte, wenn die Botschafter der vier Großmächte sich alsbald zusammenfänden, um den Fall Deutschland seinem natürlichen und für alle Zeitgenossen produktiven Ende entgegenzuführen? Und wenn schon vorher Herr Konrad Adenauer und fünf geeignete Kollegen sich mit sechs politischen Vertretern unserer DDR zusammenfänden, deren Wortführer Otto Grotewohl wäre – ein Wortführer von Rang. Denn Ihre politische Erfahrung, Exzellenz, wird ja wohl das Urteil bestätigen, das ich mir seit zwei Jahren gebildet habe: daß es noch keinen deutschen Ministerpräsidenten gegeben hat, der an geistigem Rang und menschlicher Zuverlässigkeit den Repräsentanten der

DDR erreichte, einschließlich des Generals Caprivi und des allzu geschmeidigen Bernhard von Bülow. Und freilich vertraten diese beiden Herren die Kaste der preußischen Junker und ihrer wirtschaftlichen Einpeitscher, während Otto Grotewohl wie auch Präsident Wilhelm Pieck die deutsche Arbeiterklasse verkörpern und damit die solideste Substanz unserer Nation, ihr Kernholz, wie sich Bismarck einmal ausdrückte, als es um die Bewaffnung der Landwehr ging. So spricht aus Grotewohl die deutsche Substanz, aus Ihrem Dr. Adenauer aber nur jene zahlenmäßig schwache, politisch höchst gebrechliche Oberschicht, welche in dem selben Sinne oben schwimmt wie die Schlacke auf dem glühenden Eisen im Hochofen. Es wäre also klug, wenn Sie drei Machthaber auf dem Petersberg aufhörten, Herrn Adenauer seinen Besorgnissen zu überlassen, und ihm vielmehr den Weg freigäben, den alle Volksschichten der Bundesrepublik ihm weisen möchten. Den Namen seines Vorgängers, Dr. Dorten, wollen wir ihm dabei taktvoll verschweigen, nicht wahr?
Mit dem aufrichtigen Wunsche eines uns allen bekömmlichen, zum Aufatmen bringenden Neujahrs 1951

Ihr ergebener
Arnold Zweig

Aufruf zur Vernunft

1949

Zum Frieden aufrufen? Muß man das wirklich – in einer Zeit wie der unseren?
Die Kunst, Erfahrungen zu machen und zu nutzen, hätte in den letzten paar tausend Jahren recht wohl schon Eigentum der Völker, wo nicht der Klassen werden können oder sollen. Dann würden diejenigen hinweggelacht werden, die sich erdreisten, vor uns, den Söhnen und Töchtern der kriegsgeschütteltesten Generation seit dem ersten Napoleon, noch einmal das Wort »Feldzug« in den Mund zu nehmen.
Wir sagen nichts zum Lobe des Friedens, er lobt sich selbst. Der Mensch birgt in sich einen Liebestrieb, Aufbautrieb ebenso wie einen Zerstörungs- und Todestrieb, ohne welch letzteren unsere Geschichte nicht so schrecklich nach Blut und Verwesung röche. Aber während dieser Todestrieb ununterbrochen von den herrschenden Klassen für ihre selbstischen Zwecke ausgenutzt werden konnte, blieb der andere schwach, ohne eine wirklichere Macht hinter sich als die Bitte des Apostels Paulus: »Kindlein, liebet einander.« Daher konnte es jederzeit Hysteriker geben, Schwarmpropheten und Zungenredner, die im Auftrage kleiner und mächtiger Kreise, bevorrechtigter und privilegierter Familien und Gruppen die Massen ihrer Völker in Mordschlachten gegeneinander hetzten. Sagen wir es immer wieder: für die vier- bis sechstausend Menschenleben, mit denen das französische revolutionäre Volk von 1789 bis 1792 Jahrhunderte der Qual, Knechtschaft und Ausbeutung vergalt, bluteten in den Kriegen, welche die Herrschenden des Auslandes anzettelten, um die alte Unordnung wiederherzustellen, bislang mehr als dreißig Millionen, die besten und blühendsten Jugenden aller Völker unseres Kulturkreises. Und das soll so weitergehen? Immer noch soll es geistig abnormale Agenten geben, die durch mehr oder weniger geschickte Manipulationen, den Vorwand der Friedensstiftung im Maule, wie ihn als letzter Liebling der Götter Adolf Hitler aus dem seinen schäu-

men ließ, das längst geächtete Verbrechen des Krieges anstiften könnten?

Im Ernst gesprochen: wer uns heute noch vom Kriege redet, ist der Geisteskrankheit dringend verdächtig. Er gehört vor eine Untersuchungskommission, der in Europa oder Amerika ein halb Dutzend Namen anerkannter Fachleute ohne weiteres zur Verfügung stünden. Und wenn man nun diese manisch-depressiv Kranken auf einer der schönsten Inseln der südlichen Hemisphäre isolierte und ihnen eine in Gold gefaßte Villeggiatur und Ferienruhe bis ans Lebensende verordnete – käme die schaffende Menschheit dabei nicht lächerlich billig weg?

Ebensoviel billiger wird es werden für uns alle, die da schreiben oder lesen, wenn wir den Frieden verteidigen, Beauftragte der Menschheit, mit jeder Waffe in der Hand, die zur Verteidigung taugt. Immer wieder und immer wieder: den anderen geht es um die Wiederherstellung von Privilegien, um das Abschöpfen des Rahms von aller Menschenarbeit, um die Fortführung des Kampfes, der 1815 verlorenging, 1917 wiederaufgenommen wurde, 1918 zum Waffenstillstand führte, 1939 aufs neue entzündet wurde und diesmal mit der erklärten Niederlage der Privilegien einen vorläufigen Abschluß fand. Nicht die werktätigen Völker sind es, die am gegenwärtigen Zustande rütteln. Überall versuchen, in wessen Namen auch immer, die Rahmabschöpfer neue Werkzeuge zu finden und Pakte zu schließen, um den weiteren Aufstieg bisher entrechteter oder neu in Sklaverei versetzter Asiaten und Europäer drunten zu halten. Endlich aber scheinen die unübersehbaren Scharen dieser Opfer zum Bewußtsein ihrer Stellung, ihrer Rechte und ihrer Helfer gekommen zu sein. Endlich jubeln sie millionenfach unseren Freunden und Kameraden zu, die sich jetzt in New York und morgen in Paris als Kernstück der Friedensfront ins Licht des Tages stellen, des heutigen, des morgigen, des der Zukunft.

Aber deshalb hören wir nicht auf, wachsam zu sein. Tausend Ruinenstädte von Rotterdam bis Stalingrad beweisen: der totale Krieg ist möglich. Hundert Ruinenstädte aber von Aachen bis Breslau und Wien zeigen den Rückschlag des totalen Krieges auf den Angreifer. Laßt die neuen Aggressoren in ihren schmuckhaften Automobilen nur umherfahren zwischen diesen Städten, nur aussteigen, ein paar Schritte gehen, sich umschauen! Der Krieg der Atombombe würde der totalste Krieg werden, sein Rückschlag auf die Orte, von denen aus er losgelassen, der totalste sein, den die Geschichte kennt; und was kennt sie besser als Zerstörung? Dennoch aber sind wir ruhig, denn der Motor der Geschichte besitzt keinen Rückwärtsgang. Und je ruhiger wir bleiben, desto sicherer wird es uns gelingen, den Frieden zu erhalten, ohne den wir alle nicht leben können. Als das Christentum seinen Siegeszug innerhalb der heidnischen Antike antrat, gehörte ihm die Zukunft, weil es den Zugang zu den Menschenrechten Sklaven und Frauen erschloß, den Kindern und Kriegsgefangenen, den Besitzlosen und Unterworfenen. Dem Sozialismus gehört, in seiner unverfälschten Form, wie sie vorläufig von den Sowjets verkörpert und weitergebildet wird, die Zukunft von morgen: auch sie erweitern den Bereich der Menschenrechte, verbürgen den Schaffenden, was ihnen gebührt. Und weil sie der Gegenwart und Zukunft so sicher sind, vermögen sie auf so wundervolle Weise die Ruhe zu bewahren gegenüber den Anwürfen und Nadelstichen, welche sie reizen sollen. Und diese Ruhe schon kann als Bürgschaft für den Frieden gelten, wenn es überhaupt eine solche Bürgschaft gibt. Der Frieden aber seinerseits bürgt dafür, daß auch für unsere Kinder und Enkel das Leben wieder einmal so lebenswert sein wird, wie es für uns war, bevor die herrschenden Klassen von 1914 den Weg antraten – in ihren eigenen Untergang.

Ein neues Valmy...

1949

1

Was in diesen frühsommerlichen Apriltagen zwischen Ostern und dem 1. Mai sich in Paris entfaltete, ausgelöst durch Tatkraft und Verantwortungsbewußtsein des Atomphysikers Joliot-Curie, gehört nach der Erinnerung nicht nur der Teilnehmer zu dem folgenvollsten Ereignis dieser Nachkriegszeit, die sich immer noch nicht in einen Frieden verwandeln will oder verwandeln kann: der erste Friedenskongreß, welcher ohne die Mitwirkung von Regierungen und Parlamenten einberufen und durchgeführt wurde und dennoch in seiner Machtentfaltung ein Drittel der Erdbevölkerung vertrat. Unter dem zauberischen Licht von Paris, seiner perlhellen Morgenfrühe und Nachmittagsdämmerung, versammelten sich in jenem Konzertsaal zwischen Champs-Élysées und Avenue Friedland die frei gewählten Abgeordneten von zweiundsiebzig Nationen und Gruppen; die Farben der wichtigsten von ihnen hingen hinter der Vorsitzendentribüne eindrucksvoll nebeneinander, so als ob es während des vorangegangenen Weltkrieges zwei feindliche Machtverbände nicht gegeben hätte. Auf diesem Kongreß nämlich war die Saat aufgegangen, die im Jahre 1948 ausgestreut worden war, als die tschechische und die polnische Republik – die eine in Dobřis bei Prag, die andere in Wroclaw-Breslau – Zusammenkünfte der Intellektuellen einberufen hatte, um den Ausgleich zwischen Siegern und Besiegten auf der Basis der gemeinsamen Verbundenheit einzuleiten, welche die freiheitliebenden Völker mit den großen zum Frieden rüstenden Völkern und Stämmen der UdSSR verbindet. Dort war von Intellektuellen der Volksdemokratien, das heißt der Arbeiterstaaten, eine Tribüne errichtet worden, von welcher sie die Gemeinschaft miteinander verkündeten; dort auch ward das Trennende unterstrichen, das sie aus dem ehemaligen Kampfbund mit Engländern und Amerikanern gegen Hitler hinausgedrängt hatte: die Grundfrage, Ausbeutung des Menschen durch den Menschen oder nicht.

Und nun wissen wir nicht, welches Beispiel wir benutzen sollen, um klarzumachen, aus wie tiefen Schichten der Abscheu vor dieser Ausbeutung hervorbrach und wie grundsätzlich sie alle anderen, einst trennenden Fragen zum Verdunsten brachte. Es gibt in der Geschichte der Menschheit Epochen, in denen bei allen wichtigen Verrichtungen lebendige Kinder den Göttern geopfert wurden, ein Brauch, den wir von den Indianerstämmen des Nordens (von Jack London beschrieben) bis zu den Ausgrabungen in Jericho nachweisen können, bei welchen der Archäologe Garstang in den Fundamenten eines von ihm aufgedeckten Hauses eine Urne mit dem Skelett eines Kindes fand; friesische Berichte wie biblische enthalten Mitteilungen über diese Abwehr des bösen Willens der Dämonen oder Götter von dem Werk der Menschen – den Deichen, Stadtmauern oder Toren. Dieser einst allgemeine Brauch ist verschwunden und erscheint allen Erdbewohnern heute gleichmäßig hassenswert. So nun wird später in einer sozialistischen Welt das kapitalistische System dastehen mit seiner mörderischen Auspumpung des werktätigen Menschen, dem gleichzeitig das erzeugte Werk selbst unerreichbar ist, dem der Produktionsapparat als fremdes Eigentum gegenübersteht, der durch diesen Einsatz seiner Lebenskraft dennoch nicht davor geschützt ist, über Nacht vor verschlossenen Fabriktoren zu stehen und sich um eine Arbeitslosenunterstützung bewerben zu müssen. Die Bejahung dieses Systems und seine Verneinung trennt heute die Gruppen der Menschen wie früher die Frage, ob Christus der Erlöser und Prophet Gottes sei oder Mohammed, und gleichzeitig trennt sie die Tatsache, daß im kapitalistischen System der Krieg als Mittel zur Beseitigung aller Schwierigkeiten zum Weltsystem gehört wie die Umdrehung der Erde um ihre eigene Achse – während die Gegner der Ausbeutung sich gleichzeitig für die Überzeugung einsetzen, daß der Krieg ein ebenso untaugliches Mittel zur Förderung menschlicher Geschicke sei wie jene Kinder- oder jedes Menschenopfer.

Die Grundeinheit von Frieden und sinnvoll gerichteter Arbeit und Ertragsverteilung: das war der Grundbaß in der Melodie dieser vier oder fünf Tage, die der Kongreß währte. Er unterstrich als Kontrapunkt alle Reden, die in sieben oder neun Sprachen gehalten wurden, und gipfelte schließlich in einer wundervollen, von Aragon stilisierten und vorgetragenen Entschließung, noch mehr aber in der Tatsache, daß von diesem Kongreß der Intellektuellen und Werktätigen von zweiundsiebzig Völkergruppen, in denen alle Rassen, Hautfarben, Religionen und Kirchen der Erde vertreten schienen, ein zur Weiterarbeit bestimmtes Komitee eingesetzt wurde, das der imposanten Willensentfaltung dieses Kongresses Dauer und Fortwirkung zu geben bestimmt ist. Alle vertretenen Gruppen, die sich hier in Paris, der alten Stadt der Freiheit, Gleichheit und Brüderlichkeit, versammelt hatten und neben die Sowjetunion traten, jene Angegriffene des Weltimperialismus, die Opfer bewaffneter Aggressionen in Indonesien, Vietnam, Malaysia, Spanien oder Griechenland – sie alle sahen im angloamerikanischen Imperialismus ihrer Gegner jene Koalition, welche um das sozialistische Drittel der Erde Hunderte von bewaffneten Stützpunkten errichtet hat und im Schatten der Atombombe bereit ist, die Vereinten Nationen ebenso aufzuspalten wie Europa oder die Stadt Berlin. Dieser Kongreß erklärte sich – und mit Recht – ebenso berufen dazu, das Ergebnis des letzten antifaschistischen Krieges zu erhalten und vor der Aushöhlung zu schützen, wie die Sowjetunion 1936 versucht hatte, dem Genfer Völkerbund Lebenskraft zu geben durch die Parole von der Unteilbarkeit des Friedens. Diesmal aber hatten sich die den Kongreß beschickenden Gruppen nicht mit Regierungen und Parlamenten zufriedengegeben, von deren Beschlüssen die Verfinsterung der Welt zwischen 1926 und 1946 Zeuge ist. Sie bekannten sich zu der Erkenntnis, daß nur der Appell an die Völker selbst geeignet ist, den Frieden zu sichern, und vollzogen diesen Appell. Ja, um ihn als Dauerzustand einzusetzen, haben sie dieses Komitee geschaffen, das sich von nun an mit sechshundert Millionen Menschen zur Wahrung der Beschlüsse bereitstellt, die von der Vollversammlung der Vereinten Nationen und von ihren Sonderausschüssen gefaßt werden, um den Frieden zu erhalten, dieses kostbare Gut, das so viele Generationen hindurch auf ohnmächtige Weise, als Lippendienst gleichsam, gepriesen worden ist, aber – wie ein rumänischer Historiker ausrechnete – nur so, daß seit 1500 v. Chr. etwa alle zwei Jahre irgendwo auf der Erde ein ewiger Friede geschlossen wurde, um einen Krieg zu beenden.

2

Wie sehr alle anderen Spaltungen der Menschengruppen auf diesem Kongreß als überwindbar erschienen, selbst die althergebrachten, zeigt eine kleine Tatsache, die unser Freund Dompastor Dr. Kleinschmidt berichtete. Zum ersten Mal seit dem Konzil zu Nizäa, sagte er, saßen auf dieser Tagung Geistliche, Kleriker sämtlicher christlichen Richtungen zusammen, um das Bekenntnis ihrer Kirche gegen den Krieg und zur Aufrechterhaltung des Friedens abzulegen – der Archimandrit der griechisch-orthodoxen Kirche, der Metropolit der griechisch-katholischen, die Vertreter des römisch-katholischen Klerus, des lutherisch-reformierten, des calvinistischen und anderer Abschattungen des christlichen Glaubens. Und der römisch-katholische Abbé Bouiller war es, der verlangte, daß man auch den Eroberungskrieg anprangere, welchen sein Vaterland Frankreich gegen die Freiheitsbewegung in Vietnam, einst Tongking, gerade führt. Ebensowenig hatte die englische und amerikanische Geistlichkeit gezögert, den Imperialismus ihrer Staaten in das Verwerfliche der Gegenwart einzubeziehen. Hier brach also die lebendige Wurzel des Christentums wieder einmal mit einem Schößling durch die Decke, die sich durch jahrtausendlange Anpassung an allerlei herrschende Klassen gebildet hatte. Und was in den Vertretern von Gewerkschaften und Bauern aus Kanada, aus Schottland, aus Frankreich und Deutschland und vor allem aus Italien als Ausfluß des lebendigen, klassenbewußten Sozialismus zu Worte kam, ward durch jenen Beschluß der Kleriker untermauert, der sich gleichzeitig nach rückwärts und nach vorwärts wandte und der Überzeugung Ausdruck gab, wie sie im Neuen Testament klassisch formuliert wurde: »Du kannst nicht gleichzeitig Gott dienen und dem Mammon.«

3

Den über siebenhundert Delegierten dieser Versammlung war es von Anfang an klar, daß der Kongreß nur Sinn hat, wenn er den Beginn einer tätigen, zur Verhinderung jedes Krieges entschlossenen Alltagspolitik der vertretenen Millionen bilden

werde. Dieses Bekenntnis zur kommenden Tat, zur ununterbrochenen Kontrolle der politischen Machenschaften fand einen ebenso großartigen wie hinreißend bunten Ausdruck, als am Sonntag eine halbe Million Menschen in das Stadion Buffalo strömte, um diese Überzeugung durch den Aufmarsch freiwillig zusammenkommender Massen zu unterstreichen. Aus allen Teilen Frankreichs waren Friedenszüge eingetroffen, geschmückte Lokomotiven und Autobusse, auf den Straßen von Paris marschierten die Gruppen nach der Porte d'Orléans und in das riesengroße Oval des Stadions hinein und wieder heraus mit Sprechchören der Entschlossenheit, kein Opfer zu scheuen, um den Krieg zu verhindern, den auch der Atlantikpakt als seinen Zweck nicht zu proklamieren wagte. An den Tribünen der Intellektuellen vorüber zogen die Legionen der Frauen und Jugendlichen, welche ja beide zu den prädestinierten Kriegsopfern gehören, die Abordnungen der kämpfenden Kolonialvölker, soweit die französische Regierung sie zugelassen hatte, und die deutschen Delegierten gleichberechtigt zwischen ihnen allen – verstärkt durch die vierzehn Abgeordneten der Saar, die von der Kongreßleitung ohne Zögern uns Deutschen zugerechnet wurden, gleich als gäbe es keine offizielle französische Spaltungspolitik. Ja, der Kongreß hatte wohl verstanden, daß ein Unterschied bestand zwischen den Völkern Amerikas und Englands und der Politik, welche ihre Regierungen zur Zeit betrieben, und sie hatten es mit Beifall aufgenommen, als der Verfasser dieses Aufsatzes vor dem Rückschlag des totalen Krieges warnte, der unvermeidlich sei, wie die Ruinen der deutschen Großstädte bewiesen, und der nicht auf sich warten lassen werde, als Rückschlag des totalsten aller Kriege, der Atombombe, auch die Hochhausstraßen der USA in ausgestorbene, verlassene »Götterburgen« zu verwandeln, wie der Dichter Vincent Stephen Benét es in seiner erschütternden Kurzgeschichte »An den Wassern Babylons« dargestellt hatte.
Und als dieser Massenaufmarsch, diese Versammlung der Hunderttausende durch einen ebenso ordentlichen wie heiteren Abmarsch beendet wurde, als Hunderte von Kindern ihre Luftballons in die Luft ließen, wie auch am nächsten Tage, als in der Salle Pleyel die Marseillaise spontan angestimmt wurde, da hatte man das Gefühl, an einer Schicksalswende zu stehen oder stehen zu können, wie damals, als gegen den Einbruch der

feudalen Heere die Marseillaise zum erstenmal die Scharen des französischen levée en masse ins Feld schickte. Damals kam es zu einer ersten Artillerieschlacht, vor welcher, ohne Infanterieangriff und ohne Einsatz der Kavallerie, das einstige Heer Friedrichs »des Großen« zurückweichen mußte, zur Kanonade von Valmy. Den gleichen Eindruck hatten wir diesmal, als von dem Aufmarsch der zum Frieden von Grund auf entschlossenen Massen der Werktätigen und Intellektuellen die Straßen von Paris erdröhnten. Und die Worte kamen uns in den Sinn, mit denen der Zuschauer Johann Wolfgang von Goethe in der »Kampagne in Frankreich« seinen Zeltgenossen – Offizieren – das Ereignis des Tages ins gebührende Licht rückte: »Von hier und heute geht eine neue Epoche der Weltgeschichte aus und ihr könnt sagen, ihr seid dabeigewesen.«
Und nun, und das weiß jeder, wird es darauf ankommen, diesem Anfang, diesem Valmy, genau dieselben entschlossenen, vor Tat und Selbsteinsatz nicht zurückschreckenden Folgen zu geben wie die Freiwilligenheere der Französischen Revolution von 1792, wie jenem ersten Valmy.

Die Stimme der Vergangenheit nicht überhören

Offener Brief an Pierre Mendès-France

1954

Sehr verehrter Herr Ministerpräsident!
Sie verkörpern mit Ihrem Namen die Gestalten zweier französischer Schriftsteller, von denen der eine, als ich jung war, Geschichte der Literatur von gestern darstellte, während der andere, unser großer Anatole France, für uns den französischen Geist von heute und immer repräsentiert. Erlauben Sie darum einem deutschen Schriftsteller, der Frankreich liebt und seit den Erlebnissen des ersten Weltkrieges vor Verdun für den Frieden kämpft und gegen den Krieg, Sie heute öffentlich anzureden. Beinahe möchte ich mir den Spaß erlauben, neben das Foto, welches Sie mit béret de chasseur und Pfeife zeigt, das meine zu setzen – wir tragen die gleiche Tracht und rauchten, wenn ich mich in Frankreich aufhielt, höchstwahrscheinlich den gleichen Tabak, in Pfeifen, die einander recht ähnlich sehen. Hätten wir uns also vor 1939 irgendwo an der Côte des Maures getroffen oder auf Deck eines der Passagierschiffe der Messageries maritimes, so wäre vielleicht zwischen zwei Brillenträgern, trotz meiner weißen Haare, sehr bald ein fröhlicher Kontakt entstanden, und die Warnung, die ich heute an Sie richten muß, hätte etwas weniger Abruptes und gesellschaftlich Erstaunliches gehabt, als sie jetzt haben mag, wo das bedruckte Papier sie zu Ihnen hinträgt. Aber da wir sicher beide Liebhaber der Geschichte sind und beide unablässig das Bündnis von Gewalt und Dummheit bekämpft haben, das vom Namen Adolf Hitlers symbolisiert wird, darf ich nicht den Versuch unterlassen, Ihnen darzustellen, wie ein deutscher Schriftsteller 1954 die politische und moralische Situation seines Volkes, seiner Nachbarländer und Europas sieht – in der Hoffnung, bei Ihnen Verständnis und Folgerungen daraus zu erreichen.
Unser deutsches Volk lebt ungefähr zwei Menschenalter hinter

der Entwicklung des französischen her. Ihre bürgerliche Revolution von 1789 fand ihr deutsches Widerspiel 1848 – und welch mißglücktes Widerspiel, da uns Deutschen ja alle Voraussetzungen für das Gelingen einer solchen Revolution fehlten. Und nun lassen Sie mich, statt noch mehr Parallelen aufzuzeigen, Ihnen meine Meinung aussprechen, daß 1954 im Kampf gegen die Wiederbewaffnung Deutschlands ein französisches Vorbild sich aufdrängt, das 1894 stattfand und zunächst kaum etwas Verwandtes mit unserer augenblicklichen Krise zu haben scheint: der Prozeß gegen Alfred Dreyfus und seine Verurteilung als Verräter auf Grund gefälschter Papiere. Wenn ich jetzt also frage, wer damals das Recht hatte, für Frankreich zu sprechen: die Herren vom Kriegsgericht in Rennes und die Ankläger des jüdischen Artilleriehauptmanns oder seine Verteidiger, so stimmen Sie mir sofort zu. Für Frankreich standen damals einige Männer wie Picquart, Scheurer-Kestner, vor allem Emile Zola; gegen Frankreich aber agitierten die Leute, welche sich seine eingesetzten Sachwalter nannten, von Cavaignac bis zum Präsidenten Emile Loubet. Und das, was damals an Antisemitismus als Hintergrund des Prozesses mitspielte, der ja um die Unantastbarkeit der damaligen französischen Militärkaste ging, tritt heute als jener noch viel wildere Antikommunismus und Antibolschewismus auf, den unser Thomas Mann nicht umsonst »die Grundtorheit unserer Epoche« nannte. Was aus der Grundtorheit von 1890 durch die borussischen Trampeltiere nach der Niederlage von 1918 bis zum Jahre 1938 gezüchtet wurde, das wissen Sie und haben es bekämpft wie wir alle – es hat den Namen Adolf Hitler zum Symbol für selbstmörderische Maßlosigkeiten gemacht. Und Maßlosigkeit haben Ihre französischen Soziologen uns Deutschen immer und mit Recht nachgesagt.

Wenn daher heute Konrad Adenauer in echt deutscher Maßlosigkeit einer neuen Militärkaste zur Wiedergeburt verhelfen will, nachdem sie aus zwei fulminanten Niederlagen nichts gelernt zu haben geruht, so appellieren wir an Frankreichs Sinn für Maß und Verstand und erbitten von Ihnen: Verschieben Sie die Ratifizierung der Pariser und Londoner Abmachungen, wie die neue Note der Sowjetunion es notwendig macht, bis nach einer Konferenz der kollektiven Sicherheit, welche allein ein friedlich beieinander lebendes Europa schaffen kann. Nicht

Herr Adenauer spricht im Namen Deutschlands, so sehr dies auch im Augenblick noch den Anschein hat, sondern wir, die gesamtdeutschen Friedenskämpfer, die soeben in Stockholm dasselbe verläßliche Bild eines kommenden Deutschlands gegeben haben, wie wir seit 1949 das gleiche versuchten in jenen unvergeßlichen Tagen der *Salle Pleyel* und des *Stade Buffalo*, an denen teilzunehmen eine meiner schönsten Erinnerungen seit meiner Rückkehr aus Palästina darstellt. Damals bezeichnete den Höhepunkt der Tagung nicht das Absingen des (völlig falsch interpretierten) Deutschlandliedes, sondern die Marseillaise, mitten aus der Versammlung angestimmt und von uns allen begeistert mitgesungen.
1894 begann ein Kampf des wahren Frankreichs gegen das offizielle, der zehn Jahre dauerte und in dem die Stimme der Wahrheit siegte, die von Schriftstellern der verschiedensten Art, aber des gleichen Mutes und Ranges vorwärtsgetragen wurde – eine Reihe, die mit Georges Clemenceau beginnt, Anatole France in sich begreift und in Emile Zola ihre Krönung findet. Für diesen Tag und diese Stunde könnte ich Ihnen ebenfalls Schriftsteller unserer ersten Garde aufzählen, beginnend mit Ihrem Landsmann Joliot-Curie, die seit 1948 aus dem furchtbaren zweiten Weltkrieg die gleichen Folgerungen ziehen, die wir, Teilnehmer des ersten, schon aus dem Zusammenbruch von 1918 zogen. Aber hinter Herrn Adenauer stehen dieselben klerikal-chauvinistischen Kräfte, die vor sechzig Jahren das Verrätergeschrei gegen Dreyfus finanzierten, und wiederum schieben sie, diesmal in Deutschland, eine Garde geschlagener Generäle vor – nur, daß ihr Verrätergeschrei heute den deutschen Kommunisten, Intellektuellen, tatbereiten Christen gilt. Aber das deutsche Volk hat aus seinen Niederlagen gelernt, und wenn unsere Jugend heute sich weigert, das Arbeitskleid, das viele von ihnen noch nicht einmal anziehen dürfen, wieder mit dem Waffenrock zu vertauschen oder, wie er heute heißt, dem battledress, so lassen Sie mich bitten: Helfen Sie dem französischen Volke am Selbstmord vorüber, an jenem dritten Weltkrieg, der von unserem geliebten Europa nur eine Atomwüste hinterlassen würde! Klerikale Industrielle, geschlagene Generäle und dem Augenblick dienende Staatsmänner dürfen den Prozeß nicht aufhalten, der mit der Ausrottung des Angriffskrieges enden soll! Möge endlich das Schlachtgeschrei

aufhören, das seit 1793 die Jugend Europas in die verfrühtesten Gräber stürzt! Erinnern wir uns immer, daß nicht nur Paris, Trier, London, Worms und Speyer Europa repräsentieren, sondern ebensosehr die Namen Warschau, Leningrad, Kiew und Moskau. Und helfen Sie uns also, jene gesamteuropäische Konferenz zustande zu bringen, die auch von unseren großen asiatischen Kameraden, den Muttervölkern unserer Kultur, von China und Indien begrüßt wird, indem Sie die Ratifizierung dieser verfrühten Verträge verschieben.

Wenn wir im »Journal des Goncourts« lesen, wie Théophile Gautier Kultur und Dichtung des Fernen Ostens nach Frankreich zu bringen sich freute, so ernten wir heute, hundert Jahre später, kulturell und politisch die Früchte jener ersten Annäherung der zum Schöpfertum bereiten Menschheit. Und wenn die Stimme des deutschen Volkes heute vor allem von uns Schriftstellern verlautbart wird: wir setzen mutatis mutandis die Arbeit fort, die damals unsere französischen Kollegen und Vorbilder dem europäischen Geiste einverleibten. Eine gesamtmenschliche Kultur umspannt den Erdball. Was das Christentum vor zweitausend Jahren begann, wird heute vom Sozialismus verwirklicht, und keiner von uns ist zu gering oder zu groß, um dabei mitzuhelfen. Wenn wir der deutschen Jugend den Waffenrock ersparen können und an die Stelle der immer besiegten Adler Picassos Friedenstaube setzen, so liquidieren wir das schauerliche Hitlertum und öffnen unseren Kindern und Enkeln, ja sogar uns selbst, eine Ära, in der die schöpferische Arbeit auf allen Gebieten des Lebens zur Parole und Fanfare eines wirklich menschlichen Fortschritts wird. Möge die bleiche Novembersonne, welche eben die Wolken teilt und durch die gelichteten Wipfel des Gartens mein Arbeitszimmer erhellt, als gutes Vorzeichen gelten!

Mit der Bitte, uns bei der Bestätigung dieses Vorzeichens zu helfen, wendet sich an Sie, sehr verehrter Herr Ministerpräsident, der deutsche Schriftsteller

Berlin, den 21. November 1954 Arnold Zweig

Nicht nur Kränze niederlegen

1952

Um eine helle und besonnte Landschaft recht zu betrachten, tut man gut, selber in den Schatten zu treten. Um den Friedensschritt der Sowjetregierung seinem vollen Gewicht nach abzuwägen, greifen wir auf Tatsachen zurück, die sich vor neun Jahren abspielten. Wir meinen die Schlacht um den Kursker Frontvorsprung vom Juli und August 1943 und den darauffolgenden Gegenstoß der Roten Armee, der zur Befreiung eines Teils der Ukraine führte und zur Vertreibung der Hitlertruppen aus den Städten Belgorod und Orel. Dreiundzwanzig Monate hatten die Deutschen Zeit gehabt, sich dort zu befestigen; fünf Tage nach Beginn des Angriffs sollte ihre Infanterie in der Stadt Kursk neue Verpflegung empfangen und sie zu diesem Zweck vorher erobern. Nichts von alledem ergab sich am Ende des Schlachtmonats; hundertdreißigtausend junge und ältere Männer der Wehrmacht wurden für immer in den ukrainischen Boden eingegraben; wieviel russische Kämpfer sich ihnen zugesellten, kann ich von hier aus nicht ermitteln. Nehmen wir an, es sei noch einhalbmal soviel. Dann erhebt die Sowjetregierung heute ihre Stimme, verstärkt durch die Wucht von zweihunderttausend Toten, und alle rufen: »Frieden!« Vielleicht sagt es Herr Generalfeldmarschall von Manstein nicht, der damals die deutschen Truppen befehligte, das heißt in den Tod schickte. Vielleicht auch sagt es Herr Konrad Adenauer nicht, der sich nicht nur auf Eisenhower reimt, sondern auch mit ihm gemeinsam das amerikanische Trustkapital vertritt.

Wenn wir die Stimme der toten Helden vernehmen, die auf die selbstverständlichste Art der Welt nach Frieden verlangen, so umgibt uns gleichzeitig die reinste Luft auf Erden, die der praktischen, vorwärtsschreitenden menschlichen Vernunft, als deren Vertreterin die Sowjetregierung spricht, solange es überhaupt eine Sowjetregierung gibt.

Wer nun hat, solange er existiert, die Beseitigung des Angriffs-

krieges zur Richtschnur der Politik gemacht? Wer hat das Friedenschließen zum Gegenstand seiner ersten, an die ganze Welt gerichteten Botschaft gemacht und denselben Geist in diesen Wochen proklamiert? Winter 1917 war es die erste Regierung der Volkskommissare, heute ist es die Regierung der Union der Sozialistischen Sowjetrepubliken, damals ward sie geführt von Lenin, heut von Stalin – und wahrhaft unverrückbar aus demselben Zentrum wirkte sie damals und wirkt sie heute. Und nicht umsonst verwiesen wir zu Beginn auf die Siege im Kursker Bogen, auf die zerschlagene Legende von der Unbesiegbarkeit der Hitlerarmeen im Sommer. Der Geist des Sieges und der militärischen Macht ist es, der zum Frieden drängt. Er braucht keinen neuen Kriegsruhm, ebensowenig wie er auf die Unterjochung benachbarter oder fremder Völker abzielt. Niemand verbürgt sich für die Wahrheit einer solchen Erkenntnis besser als ein Schriftsteller wie ich, der zwei Weltkriege miterlebt hat und aus dem ersten den Impuls und die Kraft zur Gestaltung der Kriegsgrundlagen und Kriegsmenschen empfing, ohne auch nur die leiseste Spur von Kriegsbegeisterung oder Rechtfertigung des Angreifers in die Niederschrift eines einzigen Satzes einmünden zu lassen. Nur wer den Typ des soldatischen Menschen recht erkennt und mit ihm vertraut ist, weiß, daß nichts so sehr verschwendet wird wie die soldatische Tugend von Männern und Frauen im Angriffskrieg. Für die Verteidigung der Heimat, für die Erkämpfung des Friedens sind jene berühmten Spartaner bei Thermopylae gefallen.
Darum sind es die Sieger von Orel und Kursk, die heute als Verbündete des deutschen Volkes den Friedensvertrag für die damaligen Feinde ununterbrochen anstreben. Darum sind sie es, die gesamtdeutsche Wahlen vorbereiten lassen wollen von den Vertretern des deutschen Volkes rechts und links der Elbe. Deshalb drängen sie auf die Festsetzung eines Termins für diesen Friedensschluß und den Abzug der Besatzungstruppen ein Jahr danach. Und darum erstreben sie die Einberufung einer deutschen Nationalversammlung und die Einsetzung einer deutschen Regierung durch eben jene freien, direkten, geheimen und allgemeinen deutschen Wahlen, vor denen die Gegenseite so heillos zurückschreckt. Und mit Recht, denn die Völker lernen aus ihren furchtbaren Erlebnissen, und erst ein einziges Mal haben die Anstifter von Angriffskriegen und aller damit

verbundenen Unmenschlichkeiten die Rechnung dafür selber bezahlen müssen – und auch sie nur zum kleinsten Teil, in jenen Nürnberger Prozessen, deren großen Vorgang ihre jüngsten Nachfolger entwerten und verleugnen möchten.
Groß ist die Macht der Propaganda und der Lüge – aber sie hat kurze Beine, sagt das Volk, und einen stinkenden Atem. Die Macht des Friedens und die Macht der Wahrheit siegen auf lange Sicht: davon zeugt der Aufstieg der Sowjetunion seit 1917, davon zeugen heute die blühenden Felder und Wiesen, die wiederaufgebauten Städte und Dörfer der Landschaft im Kursker Bogen und überall dort, wo der Angriffskrieg zurückgeschlagen worden ist. Nicht nur Kränze wollen wir niederlegen an den Gräbern der Befreier vom Joch des Faschismus – all unsere Kräfte wollen wir einsetzen dafür, daß sich die Vertreter der beiden Lager, in welche unser Zeitalter gespalten ist, nicht mehr auf Schlachtfeldern treffen und messen, sondern nur noch am Verhandlungstisch. Die sinnlose Erfindung, die in Brest-Litowsk zu der Formel führte »Weder Krieg noch Frieden«, wird heute wieder vorgebracht. Seit 1945 heißt sie »kalter Krieg«, in Korea sogar heißer, fürchterlich gesteigerter, mit Napalmbomben und Bakterien geführter. Und wie Lenin 1918, so drängen heute seine Nachfolger und Schüler darauf, daß den Völkern der Friede wiedergegeben werde, den sie anstreben, solange wir überhaupt die Stimme von Völkern vernehmen. Darum setzen wir uns, alle Werktätigen und Geistesschaffenden, dafür ein, daß die Vorgeschichte der Menschheit endlich ende, in der zur Lösung weltanschaulicher und wirtschaftlicher Streitigkeiten Blut verspritzt wurde statt Geist, die Granate entschied statt logischer Beweise. Wir Menschen von 1952 arbeiten mit allen Kräften der Gehirne und der Hände darauf hin, daß endlich eine menschenwürdige Geschichtsepoche anfange, in der statt Gewalt, Zerstörungstrieb und Ausbeutung das Dreigestirn Vernunft, Arbeit und Lebensfreude unsere Erde beherrsche, wie es jetzt durch das Weltfriedenslager der überwiegende Teil der Menschheit tatkräftig verlangt.

Warnung vor Wunderwaffen

1953

Gestatten Sie mir, Ihre Aufmerksamkeit in Anspruch zu nehmen, um Ihnen eine Beobachtung mitzuteilen, die während der letzten fünfundsiebzig Jahre viermal gemacht wurde. Der Zweck meines Briefes ist, uns alle davor zu behüten, daß es zu einer fünften Wiederholung dieser Beobachtung kommen könnte, weil es dem Menschen schwer wird, aus Erfahrungen zu lernen.

Der Vorgang, um den es sich handelt, spielt sich folgendermaßen ab: Ein Staatswesen, gegründet auf eine zahlreiche, technisch und industriell hochentwickelte Bevölkerung, schafft sich eine in ihrer Wirkung noch nie dagewesene Waffe, glaubt sich im Besitz dieser Zerstörungskräfte des Sieges sicher, wenn es zum Angriff gegen Nachbarvölker schreitet und politische Entscheidungen statt am Verhandlungstische auf dem sogenannten »Feld der Ehre« zu erzwingen sucht. Dann tut die Wunderwaffe kurze Zeit hindurch ihre Wirkung – aber die Abwehrkräfte der angegriffenen Nachbarnationen bringen alle moralischen Tugenden und Potenzen freiheitliebender, ihrer nationalen Würde bewußter Gemeinschaften ins Spiel – und der Angreifer geht für kürzere oder längere Zeit zugrunde. Die Wunderwaffe hat ihn in den Abgrund gelockt.

Der erste, welcher diese Erfahrungen im vergangenen Jahrhundert machte, war der Bonapartismus Napoleons III. Die französische Nation, ihm zur Dienstbarkeit verführt durch Plebiszit und die erneuerte Kaiserwürde, gilt als die stärkste, bestgeführte des Kontinents und besitzt das weitesttragende Infanteriegewehr, das Chassepot, und in Gestalt der Mitrailleuse die Vorform unserer heutigen Maschinengewehre. Gestützt auf diese überlegene Bewaffnung, tritt der Bonapartismus als Schiedsrichter in Europa auf. Er widersetzt sich als solcher dem demokratischen Einigungsdrang der deutschen Staaten und Stämme, der seit 1813 von ihren Fürstenhöfen niedergehalten wird. Aber nun, nach Ausschaltung Österreichs, ist er reif zum

Zusammenschmelzen – und als Folge der bonapartistischen »Revanche pour Sadowa«-Parole, was etwa Wiedergutmachung der Schlacht von Königgrätz bedeutet, entwickelt sich der deutsch-französische Feldzug von 1870 zum deutschen Sieg bei Sedan und zum Wegfegen Napoleons III. und seines ganzen antidemokratischen Systems.

In den darauffolgenden vierzig Jahren tritt an die Stelle des vernichteten Bonapartismus der Weltmachtswunsch des hohenzollernschen Kaiserreichs. Die deutsche Wirtschaft hat in Übereinstimmung mit dem Generalstab des Kriegsheeres jetzt ihrerseits eine Wunderwaffe entwickelt, die »dicke Berta«, einen Mörser, dessen Geschoß 42 Zentimeter Durchmesser besitzt und dem kein Betonpanzer eines Sperrforts widerstehen soll. Den schützenden Festungsring um Paris in sechs Wochen durchbrochen zu haben und das »degenerierte Frankreich« in die Knie zu zwingen, ist man sicher. Daß dessen russischer Verbündeter innerhalb dieser Frist militärisch noch mit seinem Aufmarsch beschäftigt sein werde – diese Überzeugung bestätigte den Glauben an den Blitzkrieg und -sieg im Westen. Wie dann die Schlacht an der Marne zur ersten und entscheidenden Niederlage des Angreifers im Jahre 1914 führte, da die Empörung des demokratisch und national gleicherweise tüchtigen französischen Volkes alle Schlieffen-Pläne durchkreuzte, das ist uns Älteren noch in lebhaftester Erinnerung und wird den Jüngeren durch den Geschichtsunterricht vermittelt. Der Feldzug entbrennt zum ersten Weltkrieg.

Nicht ebenso allgemein bekannt dürfte die Tatsache sein, daß im Jahre 1917 eine neue Wunderwaffe die schon sehr beeinträchtigten Hoffnungen der deutschen Aggressoren auf einen Friedensschluß belebte, der auch einige ihrer Annexionsabsichten – zum Beispiel auf das lothringische Erzbecken – durchsetzen würde. Es handelt sich um das sogenannte Paris-Geschütz – eine Langrohrwaffe, die, durch Zufall auf einem Schießplatz der Firma Krupp entwickelt, die Bevölkerung der französischen Hauptstadt durch militärisch völlig sinnlose Zerstörungen demoralisieren sollte. Zum ersten Male ließ man Explosionsgranaten in die Stratosphäre aufsteigen und dann auf 160 Kilometer entfernte Pariser Kirchen, Frauen und Kinder herabstürzen, namentlich am Karfreitag 1918. Allen Sachverständigen der militärischen Lage galt der erste Weltkrieg für

die Mittelmächte, die Angreifer, damals bereits als verloren. Die Annexionisten setzten aber für ihren »Siegfrieden« auch diese Wunderwaffe ein, ohne zu erreichen, daß sich die französische Regierung dem längst erfolgten Friedensschluß von Brest-Litowsk etwa noch nachträglich anschloß.
Daß der Welteroberer Adolf Hitler ununterbrochen neue Wunderwaffen ins Feld führte, um das deutsche Volk seinen Auftraggebern gefügig zu erhalten, das weiß die heute lebende Generation nur zu genau. Von der magnetischen Mine bis zu den Raketengeschossen, welche den Schall an Geschwindigkeit übertrafen, spielte das technische Genie des deutschen Volkes dem Eroberer von Lebensraum Erfindungen in die Hände, die diesem Phantasten den Sieg zu verbürgen schienen. Daß die Kriegstechnik der Sowjetunion und ihrer Verbündeten sich von diesen Wunderwaffen keinen Augenblick verblüffen ließ, davon sprechen die Ruinen der deutschen Städte, die Leichenfelder deutscher Jugend, die Nürnberger Prozesse und schließlich das Potsdamer Abkommen. Die Stoßkraft freier, fortschrittlicher Völker im Verteidigen ihrer Heimat macht immer wieder die technischen Wunder des Angreifers zuschanden.
Die Anhänger der augenblicklich mit Kriegsgedanken umgehenden »Verteidiger der freien Welt« werden nun argumentieren: Der Einsatz der Atomkraft zur Massenvernichtung habe in Hiroshima Ergebnisse erzielt und werde solche auch in einem neuen Kriegsfalle beweisen, die sich mit denen vergangener Kriegsmittel in keiner Weise vergleichen ließen. Seien wir heute weit davon entfernt, auf eine Erörterung der Besonderheiten des Falles Hiroshima einzugehen. Hinweisen müssen wir nur darauf, daß die Massenvernichtungskraft dieser fünften Wunderwaffe bei weitem überwogen wird durch die Massenwehrkraft unserer mehr als achthundert Millionen Kämpfer umfassenden Friedensfront. Die auf Abwehr fremder Einmischungen gerichtete Entschlossenheit der mit planmäßigem Aufbau neuer Gesellschaftsformen beschäftigten Völker läßt sich nicht brechen. Wer mit Atomkanonen droht und spielt, mache sich den Rückschlag klar, der ihn erwartet. Die vier Erfahrungen, die wir hier aufzählten, und die Unbesiegbarkeit des koreanisch-chinesischen Volksheeres sollten uns davor bewahren, uns, unsere Kinder und Enkel, den Zusammenbruch einer neuen Aggression erleben zu müssen. Napo-

leon III., Wilhelm II., Erich Ludendorff und Adolf Hitler, diese Namen sollten hinreichen, ihr Blut- und Brandgeruch sollte abschreckend genug wirken. Mögen sich alle von den Argumenten frei machen, welche in unserer letzten Geschichtsphase seit Gründung des deutschen Kaiserreiches unser Volk von Unglück zu Unglück geführt haben, damit endlich eine Epoche anbreche, in der sich die deutsche schöpferische Einfallskraft und Arbeitsgeduld zum Besten unseres eigenen Volkes und unseres noch sehr zu verbessernden Gemeinwohls auswirken möge. Immer wieder haben sich deutsche Jugendliche für fremde Ideale töten lassen: laßt sie nun endlich einmal an sich selbst denken, für sich selber leben.

Die Festungen meiner Jugend

Um 1945

1

Wer hätte je geglaubt, daß sie noch einmal in einem modernen Kriegsbericht auftauchen würden, die unbefestigten und die befestigten Städte, in denen meine Kindheit und Jugend sich abspielte? Aber der Dämon der Geschichte läßt seiner nicht spotten. Der vorige Krieg warf Deutschland auf den Stand vor der Reichsgründung zurück, weil das Unrecht, der Friedensbruch, die Abschleifung der Kulturkruste durch die Ereignisse von 1914 zwischen Sarajevo und der Kriegserklärung noch immerhin im Maßstab dessen blieben, was das neunzehnte Jahrhundert an politischen Verschwörungen und Überfällen schon erlebt hatte. Diesmal aber – welch ein Abstand! Bis in die Steinzeit muß man zurückgreifen, um die Vernichtung unserer Zivilisation zu verstehen, die 1933 mit der Einrichtung der Konzentrationslager und der Austreibung aller Ideale von Humanität, Gerechtigkeit und Wahrheitsliebe aus der deutschen Öffentlichkeit einsetzte. Soweit sich dann auch der deutsche Machtraum und Macht-Traum ausweitete: wir wußten, das Gummiseil würde zurückschnellen und furchtbar in die Mitte der deutschen Existenz zurückschlagen. Und da diesmal die vernünftigen Schachspieler der Strategie fehlten, welche damals zwischen dem 8. August und dem 20. September 1918 erkannten, daß die Partie verloren war, da vielmehr die Dilettanten, Wunschdenker und Verbrecher unkontrollierte Herren der deutschen Lebensräume und Kraftreserven bleiben, stürzt sich der Krieg, den sie gewollt und gerufen, in die Mitte der deutschen Provinzen und wird erst zum Halten kommen, wenn kein Widerstand mehr zu besiegen ist.

Und jeder einzelne von uns spürt dies an der Zerstörung seiner Jugendwelt. Die kleine Festung Glogau, in der ich geboren wurde, lag mit ihren grauen und roten Mauern überaus friedlich an beiden Ufern der Oder, und wenn sie von Soldaten wimmelte, war dies nur der natürliche Ausdruck des preußischen Staates, dessen Wachstum durch Krieg und wieder Krieg uns in der Geschichtsstunde als der natürliche Prozeß geschildert wurde, mit welchem ein Staat seinen Weg macht. Die Wälle, Kasematten, Schanzen und Gräben erfüllten uns Jungen mit der Romantik des Soldatenspiels, und da sie uns verboten waren, gehörte es zu den mit Herzklopfen bestandenen Abenteuern, wenn wir in der Nähe des Breslauer oder des Preußischen Tores am Nachmittag zu den großen Schilfstauden hinunterrutschten, die an den Wallgräben wuchsen, und uns fingerdicke Halme abbrachen, welche von braunsamtenen Kolben gekrönt waren. Und die Oderbrücke, in deren Nähe ich geboren wurde – welch ein abenteuerliches Gebälk trug sie in der Mitte, weil sie doch aufgezogen werden mußte, um die Flußdampfer durchzulassen, die auf dem breiten ruhig strömenden Oderfluß Reihen von Schleppkähnen stromauf zogen, damit sie, in Oberschlesien mit Kohle beladen, nach Stettin zurückkehren konnten, wo die großen Schiffe auf den schwarzen Brennstoff warteten. Sie war ein Jugendparadies, diese Stadt Glogau mit ihren hellen Jesuitenkirchen aus dem Barock und dem gotischen Dom jenseits des Flusses, der, aus Ziegeln aufgeführt, uns durch seine Strebepfeiler und Bögen fesselte und der ein Altarbild von Lukas Cranach enthielt, von dessen Reiz wir nichts verstanden. Aber grüne Wiesen lagen umher, Felder voll Kartoffeln und Hafer und nicht allzu weit entfernt Kiefernforste, in denen wir unsere Schulferien verbrachten. Und diese niederschlesischen Menschen, wie freundlich und betulich erschienen sie uns, wenn die Mutter uns auf den Markt mitnahm, wo die Bauernfrauen der Umgebung in ihrem gemütlichen Schlesisch Eier, Hühner oder Butter anpriesen! Das war die Gegenwart, angstlos und friedlich, und daß im Schloßgarten, nahe dem Stromufer, ein Hungerturm stand, in welchem Gefangene zu Tode gebracht wurden dadurch, daß man ihnen immer weniger Brot durch eine Öffnung im Deckengewölbe herunterließ – das war Mittelalter, gruseliges Inferno, niemals wiederkehrend. Ach, wir ahnten damals nicht, daß die moderne Gesellschaft auf tönernen Füßen errichtet war, dort, wo das Volk von der wirklichen Lenkung seiner Geschicke durch das »geschichtliche Wachstum der Staatsgewalt« von wirklicher Selbstregierung ausgeschlossen war.

2

Das zweite Jahrzehnt meiner Jugend führte mich von Glogau, jener rundgebauten Stadt, die damals stolz darauf war, niemals ihre Juden ausgetrieben zu haben, in die langgestreckte nagelneue Kolonialstadt Kattowitz, welche nie hatte daran denken können, die ihrigen auszutreiben. Kattowitz war ursprünglich ein Eisenhammer, gelegen zwischen den Erzgruben der Grafen von Donnersmarck und den Wäldern der Fürsten von Pleß und der Herren von Thiele-Winkler. Bevölkert wurde Kattowitz der Mehrheit nach von polnisch sprechenden, katholischen Arbeitern, deren Sprache aber, das sogenannte Wasserpolnisch, stark von tschechischen und deutschen Elementen durchsetzt war, von jüdischen Kaufleuten und von einer deutschen, meist protestantischen Beamtenschicht. Als ich die Stadt kennenlernte, bestand sie im wesentlichen aus drei langen Straßenzügen, die parallel der Eisenbahn nach Süden und Norden wiesen, und vielen kurzen Querstraßen von Osten nach Westen, die aus der Gegend der Gruben- und Bruchfelder nach der waldreichen und hügeligen, besonders reizvollen Südlandschaft hinführten, nach welcher allein sich die Stadt ausdehnen konnte. Das tat sie auch reichlich während der nächsten zehn Jahre, versah sich mit Schmuckplätzen und wohlgebauten Schulgebäuden, einer anständigen Synagoge, einem modernen Theaterbau und verbreiterte ihre Bahnanlagen zu einem wichtigen Knotenpunkt, auf den sie um so stolzer war, als ein neuer großer Bahnhof auch architektonisch seine Wichtigkeit ausdrückte. Sie empfand sich gelegen mitten zwischen Wien und Berlin, den beiden Zentren mitteleuropäischen Geistes gleich nahe, und ignorierte alles, was zwischen ihnen noch an wichtigen Plätzen an der Eisenbahn lag, zum Beispiel die Provinzialhauptstadt Breslau. In der Tat kamen die Wiener und Berliner Zeitungen und Zeitschriften ziemlich gleichzeitig nach Kattowitz, und der Einfluß von Karl Kraus kreuzte sich mit dem Maximilian Hardens und Siegfried Jacobsohns in unseren Gehirnen. Wir waren eine ziemlich große Gruppe junger Leute von Begabung, geistiger Wachheit und sehr guter Schulung, an welcher besonders die Brüder Jakob und Franz Hacks und der Dichter Bruno Arndt (Karl Bittermann) beteiligt waren – alle drei Nichtjuden aus dem Rheinland und aus Schlesien, indes unter uns das jüdische Element dem nichtjüdischen an Zahl und auch an Wucht überlegen blieb. Der Maler und Dichter Ludwig Meidner, der Dichter Arnold Ulitz, der bei Langemarck gefallene Dichter und Philologe Rudolf Clemens bildeten die Kerntruppe einer Zeitschrift, die wir, schon Studenten, alle zwei Monate in Kattowitz erscheinen ließen und um die sich mehrere junge Begabungen philosophischer und wissenschaftlicher Art verdient machten. Unser geistiges Rendezvous fand statt in der kleinen Buchhandlung unseres Freundes Georg Hirsch – vor nicht langer Zeit in einem Lager in Polen umgekommen –, und wenn der furchtbare Zusammenbruch vollendet sein wird, werden die nach Palästina Geretteten Ausschau halten, wer von den damaligen »Gästen« noch am Tische des Lebens weiterspeist...

3

Im dritten Jahrzehnt meines Lebens aber geschah es, daß von den Städten, die jetzt den Heeresbericht füllen, drei eine wichtige Rolle spielten: Breslau, Frankfurt und Küstrin. Meine ersten Semester studierte ich in der schönen alten Kirchen- und Oderstadt Breslau und lernte Architektur und Mittelalter sehen und empfinden. Von der frühen Backsteingotik des mächtig aufgetürmten Domes bis zum geschwungenen und reichen Barock der Bischofspaläste auf der Dominsel – welch ein ununterbrochener Niederschlag kulturellen Werdens im Austausch zwischen Westen und Osten! Was für eine Schulung ging für einen angehenden Erzähler und Prosaisten allein von der Fassade und den gegliederten Massen des Rathauses aus, das die Größe einer alten Handelsstadt würdig repräsentierte. Ja, in Breslau begann ich zu schreiben. Es wurde ein Roman »Die Versuchungen des Johannes Grimm«, und als ich nach dem ersten Semester meinen Freunden in den Ferien das erste Kapitel vorlas, waren sie baff: keiner hatte mir zugetraut, daß ich eine so plastische, jeder Wirklichkeit selbständig gegenübertretende Erzählung zuwege bringen würde. Leider ging mir nach dem fünften Kapitel der Atem aus, aber da das Manuskript mit der Hälfte aller meiner Arbeiten in Deutschland blieb, als ich das den Nazis verfallene Land verließ, bleibt das ja

wohl gleichgültig. Wichtiger als meine Arbeit war es mir damals, zu leben. Die langen Straßenzüge, die vom Universitätsviertel in die neuere Stadt hinaufführten, die Dominsel mit ihren Kirchen, die Oderbrücken mit ihrer Uferlandschaft und der Kunstschule an ihrem Quai – all das zog mich an, wenn ich nach treulich gehörten Kollegs zum Mittagstisch oder zum Schwimmbad pilgerte. Die Stadt Breslau war ein Haupttor des Austausches zwischen der polnischen und der deutschen Welt, und der Einfluß von München und Dresden kreuzte sich dort mit dem von Warschau und selbst von Budapest. Der Breslauer neigte zu Minderwertigkeitsgefühlen und dazu, sie zu überkompensieren, einen zu scharfen Akzent auf das zu legen, was er darstellte – Ferdinand Lassalle, Alfred Kerr und Emil Ludwig zeugen davon. Und doch war der Kunstfleiß dieser Bevölkerung, ihre Freude an geistigem und gestalterischem Leben durchaus aller Ehren wert, und das Breslauer Theater, die Breslauer Sinfoniekonzerte und Kammermusikabende gaben meinem hungrigen Gemüt reiche fruchtbare Nahrung.
Von der intensiven Beziehung zwischen sozialistischem und jüdischem Leben in Breslau merkte ich damals wenig, reichlich beschäftigt mit Studium und Leben. Erst im Jahre 1919, als ich dort aus meinen Schriften vorlas, lernte ich einen jungen Redakteur der sozialistischen führenden Zeitung kennen, Bernhard Schottländer, und erhoffte aus dieser Begegnung einen dauernden Kontakt. Aber knapp ein Jahr darauf kam der Körper dieses Bernhard Schottländer die Oder hinabgeschwommen, erschossen von Freikorps während des Kapp-Putsches. Er hatte ein Bändchen Hölderlin in der Tasche, als man ihn herausfischte; die Banden, die ihn und andere Häftlinge töteten, trugen den Namen jenes Hauptmanns Aulock, der sich inzwischen während der Schlacht um die Normandie durch die völlig sinnlose Verteidigung von Saint-Malo einen Weltnamen gemacht hat. Aber für uns alle und für die Kultur wäre es besser gewesen, Bernhard Schottländer und nicht Oberst Aulock hätte internationale Bedeutung erworben.

4

Und während nun die Rote Armee das alte Breslau mit seinen Brücken und hinausgeschobenen Forts umzingelt und mit jener strategischen Meisterschaft, die Churchill schon am alten russischen Generalstab rühmte, die modernsten Kriegsmittel erfolgreich paart – während dieser letzten Phase der Eroberung Schlesiens tauchen noch drei Silhouetten auf von Städten, die mir unvergeßlich bleiben werden, auch wenn sie sich mittlerweile in Trümmerhaufen verwandeln sollten. Das erste ist die Lagerfestung Küstrin, in der ich zum erstenmal mit einer Kompanie aus deutschen Arbeitern, Kleinbürgern, Angestellten und Studenten im Gleichschritt durch die Straßen zog, in grauer plumper Uniform und voll Überzeugung, daß es notwendig sei, diesen Krieg nicht von außen zu sehen, sondern mitten drin zu stecken und umgeformt zu werden durch die innige Berührung mit der Mühsal des Lebens, den Sorgen und Hoffnungen der Massen, dem Geruch und Licht der Landschaft und der Straßen. Küstrin war uns historisch vertraut aus der Geschichte Friedrichs II., den wir einst den Großen nannten. Hier hatte sein Vater ihm die Jugendseele zerbrochen, indem er ihn zwang, der Hinrichtung seines Jugendfreundes beizuwohnen, des Leutnants Katte; von hier aus hatte die preußische Jugenderziehung das königliche Vorbild der Grausamkeit voll Bewunderung zweihundert Jahre weitergegeben, jahraus, jahrein die Geschichtsstunden damit füllend. Aus grauen Häusern und Backsteinbauten weitläufig aufgebaut, äußerst sauber und ebenso häßlich, lag Küstrin im Dreieck zweier großer Flüsse, deren Uferlandschaften durch den Ordnungssinn der preußischen Beamten und die Arbeitsamkeit und Geschicklichkeit des ansässigen Menschenschlages in jenes fruchtbare Siedlungsland verwandelt wurden, das menschliche Arbeit ebenso Jahr für Jahr lohnte, wie die Geschichtsstunde den Aufbau der jungen Seelen verdarb. In der Umgebung Küstrins aber, in die wir bald hinausverlegt wurden, um im Sande Schanzen zu bauen und Schützengräben auszuheben, atmete alles die glorreiche Vergangenheit Preußens aus der Zeit dieses Friedrich, der, von Natur ein begabter Musiker und Literat, dank der Erziehung durch seinen brutalen Vater ein noch begabterer Feldherr wurde, da er vor Blutvergießen nicht mehr zurückzuscheuen brauchte. Dort lagen, inmitten schöner Parks, Herrenhäuser wie das Schloß Tamsel, in welchem der junge König verkehrt hatte, vor allem aber inmitten großer Kraut- und Kartoffeläcker der Ort Zorndorf, bei welchem jene berühmte Reiterschlacht geschlagen wurde, in der der General von Seydlitz die Russen besiegte. Inzwischen ist ein Nachfahr von ihm bei Stalingrad zu den Russen übergegangen und hat damit bewiesen, daß sich in der Familie Seydlitz Zivilcourage, Mut gegen Vorgesetzte und die selbständige Beurteilung einer militärischen Situation vom Ahn auf den Enkel fortgepflanzt hat.

War Küstrin mit den Seydlitz' verbunden, so Frankfurt an der Oder mit den Kleists. Der größte Dramatiker der deutschen Literatur Heinrich von Kleist ward dort geboren, verbrachte da seine Jugend, empfing seine dauernde Prägung in den engen Straßen und Häusern der Oderfestung, wo sein Vater Gouverneur war, indes ein Vorfahre, Ewald von Kleist, den junkerlichen Namen schon mit literarischem Ruhm umglänzt hatte. Ein Kleist-Museum ward dort eingerichtet, und als ich meine Einleitung zu seinen Werken verfaßte, arbeitete ich dort, Handschriften und Erstausgaben durchsehend, um mich mit der Atmosphäre zu sättigen, in der seine und seiner treuen Schwester Ulrike Jugenderlebnisse sich abgespielt hatten. Das war das beste Preußentum, welches dieser märkische Boden hervorgebracht hat, niemals sind begabtere junge Menschen in dieser nüchternen, vom Militär geprägten Welt aufgewachsen, dazu erzogen, alles an eine Sache zu setzen, stets über den eigenen Schatten hinwegzusteigen und dem Charakter und Antrieb zu gehorchen, der mit kantischer Strenge von Geist und Gaben Besitz ergriffen hatte.

Und dann, etwas mehr als zehn Jahre danach, stieg ich an einem sonnigen Vorfrühlingsmorgen am Fuß des Riesengebirges aus einem Eisenbahnzug, um über den Kamm des Gebirges die Grenzen Preußens und Deutschlands zu überschreiten und das Land zu verlassen, das inzwischen von seinen herrschenden Klassen und Schichten mit Hilfe einer falsch ausgelegten Demokratie und Legalität den Marschbataillonen der Nazipartei ausgeliefert worden war, unter der Führung jenes ostelbischen Marschalls und böhmischen Gefreiten, die sich miteinander in die Ehre teilen werden, das glorreiche bürgerliche Zeitalter der deutschen Republik zu Grabe getragen zu haben. Von Hain im

Riesengebirge stiegen wir in behaglichem Schlenderschritt die schneebedeckte Bergstraße empor, die Sonne blitzte auf den Wipfeln der hohen Fichten, die Grenzstation revidierte geübt und ohne Hast unsere beiden Koffer, Handgepäck für ein paar Wochen, und dann lud man sie auf Schlitten und fuhr sie empor zu jenem Bergort, der Spindlerbaude heißt und der damals schon der tschechoslowakischen Regierung unterstand, im März 1933 ein freies demokratisches wahrhaftes Staatswesen. »Deutschland ist schön«, sagte auf dem Wege meine Begleiterin, indem sie die Abhänge hinunterdeutete, auf die Wälder und Skiwiesen, an denen wir vorüberstapften. »Die Welt ist schön«, antwortete ich, und ich wußte damals nicht, daß dies ein Abschiedsgruß war, der die erste Hälfte meines Lebens umfaßte und abschloß und eine neue Epoche eröffnete, in der neue Landschaften, Menschen und Aufgaben auf mich warteten. Ja, die Welt ist schön, aber wir werden noch einiges zu tun haben, um sie so heimatlich zu gestalten, wie einst jenes Schlesien war, das nun vom Krieg überzogen wird.

Zum Aufstand des Warschauer Ghettos

1962

Als 1938 die polnische Regierung Beck nach den schauerlichen Münchener Abmachungen zwischen französisch-englischen und Nazikapitalisten den Panzern der Roten Armee den Durchmarsch durch polnisches Gebiet verwehrte, so daß die sowjetische Regierung zum Schutze der ČSSR den französischen Vertragsverpflichteten die Hand nicht reichen konnte, sah der Häuptling der braunen Verbrecher, Reichskanzler Hitler, das Tor zum Ausbruch in den zweiten Weltkrieg offen.
Sein erster Vorstoß galt Polen, die Stadt Warschau sollte nach seinen Vorstellungen ausradiert werden. So begann die Ausrottung der polnischen Intelligenz und, unter ausdrücklichem Freudengeheul der Nazis, die Ausrottung der polnischen Juden. Zunächst im Ghetto eingepfercht, wurden sie erst einmal ausgehungert, dann nach Auschwitz deportiert, bis schließlich ihr Rest sich erhob und lieber kämpfend unterging.
Mir ist kein Buch bekannt, stark genug, Namen und Taten der Märtyrer und Helden unseren Nachkriegsgenerationen vor Augen zu führen, die endlich, von der braunen Schlammflut befreit, ein neues antifaschistisches Leben aufbauen konnten.
Wer des Ghettos vergißt und seines Aufstandes, wird selbst vergessen werden. So soll es sein!

Gefährliche Nachbarschaft entgiftet

1960

Lassen Sie mich, verehrte Freunde, mit einer persönlichen Erinnerung beginnen. Im Sommer 1948 kehrte ich nach Europa zurück aus dem palästinensischen Mandatsgebiet des Völkerbundes, unmittelbar nachdem es sich in den Staat Israel verwandelt hatte. Meine Geschwister hatten sich inzwischen in Argentinien niedergelassen, und meine Schwester Ruth hatte in einem ihrer letzten Briefe, die mich in Haifa erreichten, darum gebeten, falls ich nach Deutschland zurückkehrte, von der polnischen Regierung die Erlaubnis zu bekommen, die Gräber unserer Eltern aufzusuchen und zu photographieren, die sich auf dem jüdischen Friedhof in Kattowitz/Oberschlesien befanden. Meine Eltern hatten das Glück gehabt, wie man sich heute ausdrücken muß, ihr Leben noch vor dem Jahre 1933 zu beenden. Ihre Gräber waren durch würdige Grabsteine aus Porphyr gekennzeichnet worden.

Und siehe da, diese Grabsteine waren verschwunden, als ich 1949 von den Goethe-Feierlichkeiten in Warschau über Krakau nach Kattowitz fuhr, um den Wunsch meiner Geschwister zu erfüllen und auch aus dem eigenen Gefühl die letzte Ruhestätte meiner Eltern aufzusuchen. Vor zehn Jahren war die Stadt Kattowitz in die Hände der Nazis gefallen. Verglichen mit all den Greueln, die sich in jenem Teile Polnisch-Schlesiens danach abspielten – wir brauchen nur die Namen Oświęcim-Auschwitz und Klein-Dombrowka-Birkenau zu nennen! –, bedeutete es nichts, daß diese Grabsteine verschwunden waren. Wahrscheinlich hatte man sie zu Schotter zerschlagen, um die Straßen für Panzer gangbarer zu machen, jene Panzer, die als Auftakt des zweiten Weltkrieges am 1. September 1939 die Landschaften Polens überrannten. Wie sich das abspielte, berichtet der ausgezeichnete Roman »September« von Jerzy Putrament, der auch deutschen Lesern in einer vortrefflichen Übersetzung zugänglich ist. Zehn Jahre später fand ich den jüdischen Friedhof in Katowice in völliger Ordnung mit sorgfältig gepflegten Gräberreihen, nur die meinigen konnte ich nicht ermitteln. Die ehemalige Jüdische Gemeinde von Kattowitz war verschwunden. Wo und wie dieses Verschwinden organisiert wurde, hatte ich beim Besuch von Birkenau und Auschwitz zur Kenntnis genommen, in Augenschein, zutiefst entsetzt von dem Rücksturz in eine Barbarei, die mit dem deutschen Namen aufs schrecklichste verbunden ist und geschichtlich in ehernen Lettern verbunden bleibt.

Schwer atmend stellen wir fest, daß die Lage Deutschlands inmitten Europas alle seine Nachbarn teuer zu stehen kam. Das begann vor hundert Jahren mit Dänemark und dem damaligen Habsburger Reich, 1914 setzte es sich fort für Belgien und Frankreich, 1939 traf es mit voller Wucht das polnische Volk. Man kann die Toten nicht zählen, die auf den Schlachtfeldern seit 1864/66 verbluten mußten, weil das furchtbare Kräftereservoir, das man den deutschen Militarismus nennt, nach allen Seiten um sich griff, schlug, raubte. Daß dabei auch dem deutschen Volke mehrere Generationen hindurch die beste Männerjugend entrissen wurde, die weibliche Jugend ohne Lebenskameraden bleiben mußte, kann dabei nur am Rande bemerkt werden: ließ sich doch das deutsche Volk immer wieder von einer Herrenkaste nach der anderen als Ausführende mörderischer Einbrüche in Uniformen stecken, soldatisch ausbilden, in sogenannte Feindesländer werfen.

Als schließlich im Jahre 1945 die Niederlage deutscher Heere und die Trümmer deutscher Städte als Rückschlag teutonischer Siegeszüge und Feldherrnkünste über unser Volk hereinbrachen, schien die Möglichkeit gegeben, diese furchtbare und verheerende, ja selbstmörderische Richtung der deutschen Geschichte ein für allemal umzulenken. Den Weg dazu zeigten die Potsdamer Beschlüsse, deren Text sich jeder Deutsche einprägen sollte. Aber leider wurden diese Beschlüsse nur im kleineren Teile des von den Siegern gespaltenen Deutschland verwirklicht. Nur dort, wo die sowjetische Besatzungsmacht die Grundlagen legte für einen deutschen Staat des friedlichen Aufbaus, ohne Großgrundbesitz und monopolistische Rüstungsindustrie, entstand als gute und schöpferische Nachbarschaft ein neues Deutschland, unsere Deutsche Demokratische Republik. Sie ist unser Staat und auf dem Wege zum Sozialismus eng verbunden mit seinen Nachbarn zu Lande und zu

Wasser. Der teutonische und rassistische Hochmut, der ein Jahrhundert lang die Geschichte Europas mit Blut schrieb, hier ist er ausgerottet. Kein Keimchen davon bedroht noch einmal die Jugend der Welt mit Tod und Verderben, und unsere polnischen Nachbarn: ruhig und sicher können sie fortfahren im Wiederaufbau alles dessen, was in ihren Grenzen zerstört wurde. Denn die Macht des sozialistischen Lagers, in dessen Mitte der sowjetische Riese wacht und arbeitet, hat sicherlich warnende Kraft nicht nur über die Elbe hinaus.

Die gesamte Bevölkerung der Erde lechzt nach Entspannung, nach dem Aufhören des Geheuls der Sirenen, welche eine nochmalige Kriegsdrohung ankündigen. Zum erstenmal in der deutschen Geschichte empört sich die Jugend dagegen, wieder auf Schlachtfeldern verwesen zu sollen. Durch die Existenz der DDR wurde die Nachbarschaft entgiftet, die unser Mitteleuropa immer abwechselnd befruchtete und verwüstete. Heute stehen wir am Beginn einer neuen weltgeschichtlichen Epoche, welche das politische Mittel Krieg in abgelebte Jahrhunderte verweisen wird, weil zugleich mit der Technik des Menschen auch seine Einsicht in das gewachsen ist, was der Existenz von Menschen auf der Erde Sinn verleiht.

Gruß an Polen

1964

Die Bevölkerung des polnischen Staatsgebietes hat jahrhundertelang alle Leiden erdulden müssen, die durch den Streit ihrer Nachbarmächte hervorgerufen wurden. Unsere Geschichtsbücher verzeichnen drei Teilungen Polens; aber für uns war das nur Geschichtsereignis, für die Menschen, die auf diesen Landstrichen siedelten, waren es echtere Bedrängnisse als Wetterkatastrophen jeder Art. Heute nun haben sich die polnischen Menschen, Städter oder Landbewohner, zu einem freiheitlichen Staatswesen zusammengetan und den leuchtenden Schild des Sozialismus über ihren Köpfen erhoben. Mögen sie von der Tatsache Sicherheit und Beruhigung ablesen, daß ihre benachbarte Demokratische Republik von der Ostsee bis zu den Quellen der Oder aufrichtige Freundschaft und unveränderbare Zusammenarbeit gewährleistet. Das geistige Leben Polens in Graphik und Literatur, in Film und Theater strahlt ununterbrochen die Schöpferfreude eines Menschenschlages aus, der die Überflutung auch durch die braunen Barbarenscharen überlebte und der sich heute jener Freiheit erfreut, die er sich selber erkämpft hat.

Botschaft nach Helsinki

1955

Wie in den Zeiten großer geistiger Auseinandersetzungen früherer Jahrhunderte scheiden sich auch jetzt, quer durch alle Völker und Staaten, die Menschen in zwei Überzeugungen grundsätzlicher Art und Kraft. Wie einst die Frage nach dem Heil der Seele und der Auferstehung des Fleisches nach dem Tode, trennt die Bewohner unseres Erdballs heute das Entweder-Oder: Bist du für die Anwendung des Vorbeugungs- und Angriffskrieges als erlaubtes politisches Mittel oder bist du gegen solch einen Mißbrauch des Menschen durch den Menschen? Weder Sprachen noch Hautfarben halten die Bewohner des Planeten Erde heute so auseinander wie die Stellung zu diesem Problem. Es gibt in der Tat auch nichts Dringlicheres im Zeitalter der Atombombe und des Bakterienkrieges als Klarheit über diesen Punkt. Immer mehr Wissenschaftler unterstreichen, daß ihre Erkenntnis die Furchtbarkeit der Gefahr für die Bevölkerung der betroffenen Gebiete Tag für Tag drohender aufleuchten läßt und daß man keinerlei Grüppchen von »Eingeweihten« mit solchen kosmischen Urkräften spielen lassen darf – am wenigsten Generäle.

Möge das Treffen von Helsinki denen klarmachen, die dort zusammenkommen, daß sie von keinerlei versteckter politischer Bewegung mißbraucht werden sollen, sondern daß es sich bei unserer Friedensfront ganz einfach um eine Organisation handelt, welche unsere Zeitgenossen vor dem Selbstmord bewahren will, den jede Kriegsentfesselung heute bedeutet.

V

Eine Existenzfrage der Nation

1958

Die Verteidigung des Friedens ist identisch mit der Verteidigung der Kultur. Nie wieder darf deutsches Territorium Ausgangspunkt eines Krieges werden. Eine atomwaffenfreie Zone soll aus Mitteleuropa ein Gebiet des Friedens machen. In der Deutschen Demokratischen Republik ruft die Regierung dazu das Volk zum Volksentscheid. Diese Existenzfrage unserer Nation muß in ganz Deutschland durch alle Männer, Frauen und Jugendlichen, durch das Volk entschieden werden. Dafür seine Stimme zu erheben, ist jeder aufgerufen.

Der Schlüssel unseres Tuns

1950

Noch immer spuken im größeren Teil des gespaltenen Deutschlands Verschwörer und Flüsterer, welche die Folgen der Niederlage, der wohlverdienten, des zweiten Weltkriegs durch einen dritten wegwischen möchten – Atombewaffner, Ostbefreier, Rückeroberer. Aber soweit wir wissen, bleiben sie Grüppchen, wenn auch an wichtigen Stellen des Adenauer-Staates horstende. In ihren unbelehrbaren Gehirnen regiert nun einmal als ultima ratio regis der Krieg.

Wir deutschen Schriftsteller haben im Kampf gegen dieses Verbrechen eine lange Tradition, auch wenn es immer Dichterfürsten gegeben hat, die begeisterte Kriegsgedichte vom Stapel ließen. Aber von Grimmelshausen und Andreas Gryphius bis zu Bertolt Brecht und allen meinen Altersgenossen und -genossinnen sind wir von der Überzeugung durchdrungen, daß unsere Existenz und der Sinn des Schrifttums überhaupt mit dem Frieden steht und fällt. Je fürchterlicher die Kriegsmittel wurden und je mehr Opfer jeder Krieg kostete, desto heftiger versuchten Literatoren den Völkern und der Menschheit klarzumachen, dies müsse das letzte Blutbad gewesen sein. Nach dem ersten Weltkrieg war die sozialistische Erkenntnis, daß die Ursachen des Krieges im Kapitalismus wurzelten, unter den deutschen Geistigen nicht so allgemein verbreitet wie unter den russischen Kollegen. Aber in der Zeit der Weimarer Republik und besonders nach dem Heraufkommen des Hitlerfaschismus schlossen sich mehr und mehr Kopfarbeiter den deutschen Werktätigen an, die im Untergrund oder in der Emigration den Kampf gegen Hitler aufgenommen hatten. Daß Hitler Krieg bedeute, daß dieser Trommler dazu in die Macht gehißt wurde, um dem deutschen Imperialismus noch einmal eine Chance zu geben und der Reichswehr zum Revanchekrieg zu verhelfen, das sahen die meisten fortschrittlichen Männer und Frauen, die imstande waren, Gedanken in deutscher Sprache klar auszudrücken.

Nach der Niederschlagung des Faschismus sammelte sich in der DDR alles, was in Emigration oder Untergrundbewegung den Gedanken jenes hitlerfeindlichen Deutschlands schriftstellerisch verkörperte. Ob Anna Seghers, Abusch oder Uhse, die aus Mexiko kamen, Brecht und Stefan Heym aus den USA, Becher, Weinert und Wolf, die aus der Sowjetunion zurückkehrten, oder ich, der ich in Palästina die braune Verfinsterung überdauerte – wir alle setzten unser Leben und Schaffen ein, um das friedliche Aufbauwerk der Sowjetunion und unserer volksdemokratischen Verbündeten zu stützen und weiterzutreiben. Heute herrscht zwischen Oder und Elbe nur noch ein vorwärtsgerichteter Wille. Die faschistische Pest ist ausgerottet und wird ihr Haupt nicht mehr erheben. Die deutsche Jugend hat gezeigt, daß von Nachwirkungen der schwarzen Jahre unter Hitler, Goebbels und von Schirach nicht mehr die Rede sein kann. Die Stellung der Frau hob sich gegen alle früheren deutschen Gewohnheiten aufs wohltuendste, ihre Mitarbeit in politischen und kulturellen Fragen vollzieht sich in den vordersten Reihen, und die Zusammenarbeit der fünf antifaschistisch-demokratischen Parteien unter der Führung der SED beweist, daß die grundsätzliche Änderung der Verhältnisse nach dem Sieg der Roten Armee sogar mit eingewurzelten Philistergewohnheiten der Deutschen fertig wird. Daß wir wieder gute Bücher drucken, gute Musik machen, an vielen Bühnen sehenswertes Theater spielen, beweist auch, daß selbst die wohlverdienteste Niederlage das deutsche Kunstschaffen nicht töten konnte, wie wir auch in Plastik, Malerei und Graphik wieder unter Beweis stellen, daß es einen Sinn hatte, die Deutsche Akademie der Künste zu gründen. Und nun wollen wir einem jungen deutschen Nachwuchs Anleitung und Gelegenheit geben, ein neues Weltgefühl in Kunstwerken auszudrükken, das Weltgefühl einer Jugend, die schon in der Schule lernt, was Frieden und gute Nachbarschaft unter den Völkern für unersetzliche Werte sind.
Und meine schriftstellerische Arbeit hängt eng zusammen mit all den Tatsachen, von denen wir bisher sprachen. Als ich nach Deutschland zurückkehrte, bedeutete es mir Voraussetzung, nur in einem Lande leben zu wollen, das die Zerklüftung der sozialistischen Arbeiterbewegung überwunden hatte, damit kein neuer Faschismus die letzten Lebensjahrzehnte eines

Schriftstellers unterbrechen würde, der ein halb Dutzend angefangener Arbeiten mitbrachte und noch ebenso viele Entwürfe und Pläne im Kopfe trug. Wie gern hätte ich mich schon 1948 in ein stilles Arbeitszimmer mit Schreibtisch und meine Augen ersetzender Sekretärin zurückgezogen! Doch die Verpflichtung zur Arbeit im kulturpolitischen Leben kommt der schriftstellerischen Konzentration nun einmal nicht entgegen. Denn wir haben uns die Zeit unserer irdischen Existenz nicht ausgesucht, und so bleibt uns immer nur die Aufgabe, weiterzumachen und die Freude am Leben unseren Kindern und jungen Freunden als Erbteil zu übermitteln.

Der Lesende reist im Geiste, die Phantasie leiht ihm Flügel, und wenn uns das Überschreiten von Grenzen und das Eintauchen in fremde Klimate vorläufig noch Schwierigkeiten bereitet, ergänzt doch die Erfahrung jeden Tag das Spiel zwischen Sehnsucht und Erfüllung in unseren Herzen. Überall ist noch viel Zerstörtes wieder aufzubauen, Straßen, Häuser, menschliche Gewohnheiten und Charaktere, Genuß am Glück des Kleinen wie an der Eroberung des Weltalls beschwingt unsere Jahre, und so haben wir im Vergleich mit den Bürgern vergangener Jahrhunderte wohl das Recht, mit Ulrich von Hutten auszurufen:

> »O Jahrhundert! O Wissenschaften!
> Es ist eine Lust, zu leben.«

Rede vor dem Kulturbundkongreß

1949

Ich denke, wir haben das Recht, diesen Kongreß als ein Ganzes zu nehmen und die Reden, die Sie gehört haben, mit der meinen zu kombinieren. Die Ausführungen unseres Freundes Becher über das Thema Frieden und Krieg gestatten mir, sofort eine Etage tiefer in das Problem einzudringen und die Frage des Friedens erst einmal von der Frage des Krieges her zu beleuchten, mit der ich mich teils berufsmäßig, teils aus Leidenschaft seit einigen zwanzig Jahren ausführlich beschäftigt habe. Thomas Mann, von Becher zitiert, nannte den Antibolschewismus die »Grundtorheit unserer Epoche« und stellte diesen Sachverhalt als eine Gegebenheit hin. Wir aber müssen nun fragen: Wie kommt es, daß unser zwanzigstes Jahrhundert eine solche Torheit begeht, und was bedeutet diese Torheit des Antibolschewismus, gesehen vom Grundproblem unseres Lebens, gesehen vom Grundproblem des zwanzigsten Jahrhunderts, vom Kampfe des absteigenden Großkapitals gegen das aufsteigende werktätige Volk um die Macht? Denn von diesem Gesichtspunkt aus müssen Sie alle Fragen, die das heutige Leben bewegen, betrachten, um sie vollkommen zu verstehen. Es handelt sich bei diesem Antibolschewismus um ein Symptom, das kaum überschätzt werden kann, wenn wir *Krieg* und *Frieden* nach diesen beiden Weltkriegen betrachten.

Der zum Abstieg verurteilte Kapitalismus kämpft um seine Macht, wie jeder absteigende Herrscher jemals um die Macht gekämpft hat. Es liegt ihm daran, seine Stellung zu behaupten, sich, seinen Kindern und Enkeln die Privilegien zu sichern, die er im Verlaufe der geschichtlichen Entwicklung aus dem Feudalismus gezogen und auf seine gigantische Weise mit Hilfe des werktätigen Volkes entwickelt hat. Antibolschewismus erinnert mich immer an Oscar Wildes Aphorismus: »Die Wut des neunzehnten Jahrhunderts ist die Wut Calibans, der sein Gesicht im Spiegel sieht; die Wut des zwanzigsten

Jahrhunderts ist die Wut Calibans, der sein Gesicht nicht im Spiegel sieht.« – Was bedeutet das?
Im neunzehnten Jahrhundert herrschte das aufsteigende Bürgertum auch in allen geschmacklichen Dingen, also Lebensdingen. Als zum Beispiel in einer großen Möbelausstellung für Arbeiterhäuser im Jahre 1920 Professor Tessenow seine meisterhaft einfachen Stücke zeigte, mußte die Ausstellungsleitung zu unserer großen Enttäuschung erklären: Die Arbeiter kaufen diese Dinge nicht, sie werden gekauft von Schriftstellern, ehemaligen Offizieren, jungverheirateten Studenten und Ingenieuren; die Arbeiter möchten am liebsten die Möbel haben, die sie bei den Großeltern und Eltern ihrer Werkherren gesehen und bewundert haben, als sie selber noch kleine Kinder waren. – Das war sehr gut bemerkt, denn Geschmack bildet sich nicht auf Kommando. Wenn man durch Jahrhunderte vom Verständnis der Kulturgüter ferngehalten wurde, kann man es sich nicht von heute auf morgen selber aneignen, auch wenn es einem geboten wird. Alles Schöne will gelernt sein. Die gehässige und wilde Kampfeswut des Kapitalismus gegen den Aufstieg der Arbeiterklasse ist das Gesicht Calibans, der sich im Spiegel sieht.
Heute, im zwanzigsten Jahrhundert, nach der siegreichen Oktoberrevolution und dem großen Erziehungswerk der Sowjetunion an den arbeitenden Massen der ganzen Welt, ist es schon so weit, daß Caliban sein Gesicht nicht mehr im Spiegel sieht. Die Arbeiterschaft und die werktätigen Menschen haben gelernt, was zu ihnen paßt, was für sie und an sich schön ist, was für sie geschaffen wurde und was sie sich von den Kulturgütern der Welt aneignen können, weil es ihrer seelischen Skala, ihrer Lebensfreude und ihrer Zukunft entspricht. Dies ist der Grund für die antibolschewistische Wut des heutigen Kapitalismus. Er hat nicht mehr das Gefühl, daß er das absolute Ideal mit allen seinen Werturteilen für die aufsteigenden werktätigen Massen ist, sondern er sieht, daß er auch dieses Terrain verliert wie schon so viele andere. Die Daseinsberechtigung der kapitalistischen Schicht im neunzehnten Jahrhundert bestand darin, daß sie glaubte – und es alle anderen glauben machte –, es sei unmöglich, die komplizierte moderne Wirtschaft und Lebensform zu meistern ohne eine Schicht von Dirigenten – vom Kapitalismus erzogen und ihn selber tragend. Heute hat der

Kapitalismus begriffen, daß diese Suggestion nicht mehr aufrechterhalten werden kann, sie ist nicht mehr durchsetzbar. Ein Sechstel der Erde funktioniert großartig ohne diese Angestellten des Kapitalismus. Man kann Wüsten bewässern, die der Kapitalismus vom »lieben Gott« übernahm und liegenließ, die plötzlich der sozialistische Mensch sich nicht mehr gefallen lassen will, weil sie ihm an der Stelle, wohin sie der »liebe Gott« gesetzt hat, nicht mehr passen, so daß er anfängt, sie zu bewässern, indem er drei Ströme umleitet, eine Leistung, die, auch in kleinstem Ausmaße, seit dem frühesten Mittelalter nicht mehr geschehen ist. Der Kapitalismus war schon sehr stolz, den Suezkanal wiederherzustellen, den der Perser Darius und ägyptische Pharaonen mit ihren Tausenden von Sklaven vorher auch schon gebaut hatten.

Jetzt sind wir in der Endphase des Kampfes zwischen den aufsteigenden werktätigen Menschen und den absteigenden, den Profitabschöpfern. Aber Sie müssen sich gefallen lassen, daß ich Ihnen sage: zur Selbstgefälligkeit haben wir keinen Grund. Selbst wenn wir achthundert Millionen Menschen auf unserer Seite haben, selbst wenn der Verstand uns sagt, daß ein siegreicher Krieg gegen uns aussichtlos ist und wir die glückliche Generation sind, die das Absterben dieser Art von Krisenlösung, dieser Art von Lebens- und Todesform erlebt, so würden wir uns die Sache zu leicht machen. Wir würden uns in eine gewisse Selbstgefälligkeit hineinmanövrieren, die sehr verhängnisvoll wäre, wenn wir nicht begreifen, daß die Dinge in einer viel tieferen Schicht entschieden werden als im Bewußtsein einzelner Menschen.

Es gibt vielleicht einzelne Kriegshetzer oder Kriegstreiber. Aber als Schicht genommen, gibt es nur »unschuldige Kapitalisten, die die Kultur verteidigen«. Sie sind weit davon entfernt, sich getroffen zu fühlen, wenn man sie »Kriegsvorbereiter« nennt. Sie sind weit davon entfernt, zu erwägen, daß sie Verbrecher sind, wenn sie den Krieg als Möglichkeit zulassen. Sie sind subjektiv unschuldig, objektiv sind sie Sprengstoff. Darum müssen wir, wenn wir die Dinge an der Wurzel packen wollen – und wir wollen sie an der Wurzel packen –, uns nicht selber irreführen, wie wir es nach dem ersten Weltkrieg getan haben, mit dem Glauben daran, Argumente, Aufzählungen von getöteten Millionen, der Hinweis auf so viele zerstörte

Großstädte seien genug, um die Menschen davon abzuhalten, noch einmal eine solche Katastrophe über ihre Zivilisation und ihre geliebte Kultur ergehen zu lassen. Man macht heute vielleicht keinen Krieg mehr, aber man »schlittert in den Krieg hinein«.

Solange der Mensch einer einflußreichen Schicht in einem hochkapitalistischen Land das Gefühl hat, er könne sich auf das Funktionieren des kapitalistisch-gesellschaftlichen Mechanismus verlassen, besteht die Gefahr, daß er in seine Überlegungen die Möglichkeit des Angriffskrieges eingliedert. Diese Überlegung hegen wir nicht mehr, sie wird von einem Sechstel der Erde, ja von einem noch größeren Teil der Menschheit heute als vollkommen unmöglich abgelehnt. Wenn es auch von uns aus zu keinem Krieg kommen könnte, falls wir nicht etwa angegriffen und überfallen werden, so besteht doch durchaus im Kalkül der anderen Seite diese Möglichkeit. Die andere Seite tut so, als könne sie vermeiden, einen Krieg zu entfesseln, solange sie ihn nicht bewußt will. Sie behauptet, nur Stützpunkte zu errichten in der Absicht, den Frieden zu sichern, sie schließt nur Pakte gegen einen »geplanten Angriff« vom Mond oder Mars gegen die Kultur.

Wir dürfen uns diese Mentalität nicht gefallen lassen, aber wir dürfen sie auch nicht als nichtexistent ansehen. Sie müssen folgendes bedenken: Der moderne Imperialismus hat seit vier Jahrhunderten Menschen ausgerottet – Inder, Chinesen, Malaien, Afrikaner und Indios –, der Nazi-Imperialismus hat dann auch weiße Völker ausgerottet: einen großen Teil der Bewohner von Osteuropa. In ihrem Bewußtsein, auch in dem der Nazis, war zunächst nicht der Wille zum Verbrechen. Zunächst herrschte in ihm der Gedanke der Verteidigung der Kultur, die Rettung des höheren Typus Mensch vor der Bedrohung durch den Untermenschen. In diesem Sinne hat der moderne Imperialismus immer Legionen von aufrichtigen, von Kulturwillen erfüllten Dienern in die Welt geschickt, die alle bewußt nur das Beste ihrer Pfleglinge oder – sagen wir einmal: ihrer farbigen Mitmenschen wollten und die zur gleichen Zeit imstande waren, das durchschnittliche Lebensalter der Menschen in Bengalen auf das dreiundzwanzigste Lebensjahr zurückzudrücken. Ein bengalischer Landarbeiter mußte von einer Ration leben, die, wie englische Wissenschaftler feststellten, für die Ernährung einer Ratte nicht genügte. Dies geschah in voller »Unschuld«, genauso »unschuldig«, wie die Agenten des Herrn Himmler waren, als sie die Todesfelder in Auschwitz und Birkenau errichteten.

Mit dieser Art von Unschuld muß man aufräumen; denn ohne diese Legionen von gutgläubigen Angestellten können die kapitalistischen Herren nicht agieren; ohne sie sind sie außerstande, ihre Welt noch weiter zusammenzuhalten. Sie leben davon, daß es noch Millionen von Werktätigen und Angestellten gibt, die nicht ihre eigenen Gedanken, die Gedanken der Werktätigen, denken, sondern die Gedanken der ehemaligen Aristokratie, der heutigen Plutokratie, der kapitalistischen Herrenschicht.

Damit aufzuräumen wird die Aufgabe der Kulturschaffenden sein, und einige von uns haben mit diesem Aufräumen ja schon begonnen. Wenn wir aber heute im Kampf um den Frieden stehen, so glauben wir nicht, daß wir als einzelne schon etwas ausrichten könnten, indem wir diese Aufklärung verbreiten, indem wir den Menschen im Kapitalismus klarmachen, was sie eigentlich tun, wenn sie sich weiterhin als willige Diener dieser Herrenschicht mißbrauchen lassen. Wir haben ein anderes Mittel, um auf diese unsere früheren Schulkameraden, so möchte ich sie nennen, zu wirken. Wir müssen ihnen zeigen, daß sie ihren eigenen Untergang vorbereiten, wenn sie sich der Kriegsfront anschließen, daß sie sich, ihre Kinder und Enkel aber retten, wenn sie den Widerstand unterstützen, den wir proklamieren, den entschlossenen Widerstand gegen jeden möglichen aggressiven Krieg irgendwo auf der Erde.

Was uns nun heute als Kämpfer für den Frieden, als entschlossene Bekämpfer jeder neuen Kriegsmöglichkeit auf der Erde – und nicht nur in Europa – zum Sprechen veranlaßt, ist: die Untergründe der Kriegswirtschaft, die Untergründe des Kriegsbetreibens müssen vor aller Welt und immer wieder ins helle Bewußtsein der Menschen gehoben werden, so daß schließlich nicht einmal die amerikanischen Generäle sich einreden können, sie kämpften für die Verteidigung der Kultur, wenn sie dafür kämpfen, daß alle Ölfelder in den Besitz der amerikanischen Öltrusts kommen, ob das nun in Baku sei, in Rumänien oder im Mittleren Osten. Mit dieser offenen Proklamation können sie aber nicht in den Krieg gehen, denn ihre eigenen werktätigen Massen würden ihnen das Mitgehen verweigern. Wollen statt ihrer die westdeutschen beschäftigungslosen Hunderttausende wirklich auf diesen Leim kriechen?

Und nun sind wir am Kernpunkt unserer heutigen Darlegung. Auf diese werktätigen Schichten in allen Ländern der Erde müssen wir einwirken, wir müssen ihnen klarmachen, daß sie ihren eigenen Untergang betreiben, wenn sie sich von den kriegstreiberischen Absichten ihrer beherrschenden Klasse, die vorgibt, die Kultur verteidigen zu wollen, einkalkulieren lassen. Der Kampf, der sich von Amerika aus als Antibolschewismus zeigt, ist im Grunde genommen der Kampf der herrschenden Klasse gegen die eigene werktätige Bevölkerung. Wir wären sehr schlechte Marxisten, sehr schlechte Interpreten der Menschheitsgeschichte, wenn wir nicht immer wieder darauf hindeuteten und sogar mit dem Zaunpfahl darauf hinwiesen, daß die Vorbedingung für die Ablenkung von Krisen das Hinaustragen der Krisen auf fremde Gebiete ist. Das, was der Marshallplan mit den Heringen oder Bücklingen, mit Orangen und mit bunten Krawatten macht, wie es unser Freund Becher so schön geschildert hat: »bunte Krawatten mit Goethe-Köpfen«, das macht er später mit der Ausfuhr von Granaten und Atombomben. Wir haben kein Interesse daran, die amerikanischen Werktätigen in ihrer inneren Unentschiedenheit dem herrschenden System gegenüber zu belassen. Wir sind daran interessiert, sie in dem Wissen zu bestärken, daß sie Selbstmord begehen, wenn sie sich zum Mord an anderen anstiften lassen.

Das ist unsere, der Kulturschaffenden, Rolle in der heutigen Situation. Wir müssen es immer wieder sagen, nicht nur beweisen, sondern trommeln. Es handelt sich im angelsächsischen Bewußtsein wirklich um eine Rote Armee, längst gelandet in Amerika und England, die aber weder Uniform trägt noch russisch spricht; es sind vielmehr die amerikanischen, irischen, polnischen, italienischen und jüdischen Arbeiter in Amerika selbst, und es ist der Indio in Südamerika, der jetzt langsam zu begreifen beginnt, daß auch für ihn das Wort Mensch geprägt worden ist.

Das ist die heutige Situation. Die Unterschicht, die ich Ihnen hier gezeigt habe, ist noch lange nicht vollkommen erhellt und beleuchtet. Wir werden noch viel zu tun haben, um am Einzelnen, zum Beispiel an unseren griechischen Freiheitskämpfern und Freunden, zu zeigen, in Romanen zu demonstrieren, in Dramen darzustellen, wie es kommt, daß der aggressive Imperialist, um die eigenen Werktätigen im Zaume zu halten, nicht zögert, erst einmal die fremden Werktätigen auszurotten. Wir müssen immer wieder hinweisen auf die notwendige Auseinandersetzung zwischen denen, die sich nicht mehr ausbeuten lassen wollen, und denen, die am Ausbeuten als ihrem Grundanspruch festhalten möchten. Wir sind dazu da, den Menschen vorzuführen, was in den nächsten Generationen ihr Lebensrecht sein wird.

Die Krisen der bürgerlichen Kultur

1950

1

Das neue Jahrhundert, das zwanzigste unserer Zeitrechnung, beginnt in rosigem Nebel: mit außerordentlichem Schwung schickt sich das Bürgertum an, überall dort in Führung zu gehen, wo ihm das neunzehnte Jahrhundert noch Schranken gesetzt hatte, vor allem in der Politik. Seine wirtschaftliche Expansion läßt die Großstädte wachsen, überall auf der westlichen Hemisphäre vollbringen die Wirtschaftsführer, Ingenieure und Arbeitermassen Wunder der Technik: riesige Schiffe beweisen, wie die Dome des Mittelalters, die Leistungsfähigkeit des Gemeingeistes, nur, daß es noch keinen Spiritualismus gibt, der den kirchlichen ersetzt. Papst Leo XIII. fährt mit der Enzyklika de Pascendi dem Sozialismus der Arbeiterorganisationen nach wie ein Kinderwagen einem Traktor, wobei wir nicht vergessen wollen, daß, als dieser Kinderwagen in den ersten dreihundert Jahren dieser Zeit entstand, er bereits die Prinzipien darstellen sollte (und verriet), die mit der Arbeiterbewegung im neunzehnten Jahrhundert neu geboren werden mußten. Die Schriftsteller Karl Marx und Friedrich Engels haben ihre gemeinsame geistige Arbeit in die Zukunft hineingeworfen wie ein Leitseil, an dem entlang man dem rosigen Nebel und seinen Tücken entgehen sollte. Doch niemand aus dem Bürgertum nimmt ihre Gedanken so ernst, wie sie sie seit dem Kommunistischen Manifest ausgesprochen hatten. Überall wird verdient, mehr oder weniger, werden unendliche Scharen von Kindern gezeugt, beginnen die Frauen sich eine Persönlichkeit zu erarbeiten und durch selbständige Leistung den Zwang zur Gebärmaschine oder zum Verdorren abzuwerfen. Da ein weltweit gespannter Handel alle Produkte der Erde auf alle Märkte führt und die Chemie aus Steinkohlenteer Ersatzmittel zu zaubern beginnt, richtet sich der Mensch auch auf die Bezwingung der Luft ein: David Schwarz aus Odessa, Santos

Dumont in Paris und der Major von Parseval in Berlin bemühen sich um ein lenkbares Luftschiff, und den stählernen Kolossen der Kriegsschiffe gesellen sich tastend Typen von Unterseebooten bei. Die Großmächte rüsten, um Nachbarn davon abzuhalten, in ihre Sektoren der aufgeteilten Weltmärkte einzubrechen, aber niemand denkt, daß ein Krieg zwischen ihnen möglich und nötig sei. Manchmal rasselt ein Kaiser mit dem Säbel, an der Peripherie der Kulturwelt befreien sich die Nationen des Balkans von der Last des türkischen Joches, welches zerbröckelt. Als Italien sich auf Nordafrika stürzt, um ebenfalls am türkischen Erbe zu schmarotzen, hat es die Mißbilligung dieser Kulturwelt einzustecken. Da der Geist des Marxismus zu einem sterilen Glauben der Opportunisten an »zwangsläufige Entwicklung« verdünnt und verfälscht worden ist, grollt die europäische Arbeiterschaft gleich dem fortschrittlichen Bürgertum, aber beide begnügen sich mit Karikaturen und ausgezeichneten Witzblättern; südlich der Alpen aber hat der Anfang des neunzehnten Jahrhunderts mit Proudhon und Bakunin noch uneingeschränkte Herrschaft über die Gemüter, und wenn sie zu Taten übergehen, vergeuden sie kostbare Menschenleben und dokumentieren nur die Schwäche ihrer Ideologien. Selbst ein so tapferer Kämpfer wie Emile Zola weiß nichts Besseres, der doch erfolgreich ins Herz des kapitalistischen Militarismus vorstieß, um einen Unschuldigen zu retten; er stirbt 1902.

2

Nach kurzem, nicht sehr geschicktem Vorstoß in Zolas Bahnen, einem Naturalismus ohne Form und Gerippe, in welchem sie die Aufgabe dichterischer Wirklichkeitsgestaltung selbst mißversteht, flieht die gesamte westlich-europäische Literatur in den rosigen Nebel neuer Romantik, klangvoller Verse, rhythmisch gestraffter Prosa. In Paris und London, Wien, München und Berlin, in Brüssel und vor allem in Rom rauscht es von farbigen Gewändern, vom Prunk einer nachahmerischen Renaissance, von der Schminke dekorativer Gefühle: »Den Erben laß verschwenden / An Adler, Lamm und Pfau / Das Salböl aus den Händen / Der toten alten Frau.« Hinter den

Bergen flammt der Sonnenuntergang des in Geistesgestörtheit verstorbenen Gewaltanbeters Friedrich Nietzsche; seine Prosa, an intellektueller Schlagkraft und künstlerischer Wucht einsam dastehend, illuminiert alle Köpfe. Ein deutscher Schriftsteller, dreißigjährig, wirft zwei glänzend geschriebene Romane in unsere Literatur und verhöhnt das Bürgertum Berlins und Münchens, welches sich seiner Sendung unwürdig erweist, da es den Geist in allen Formen prostituiert und nur an massenhaftes Geldverdienen denkt, ohne zu fragen, welchen Sinn dieses Anschwellen der Städte habe, diese Häufung von Vermögen, dieser Verzicht auf gesellschaftsbildende Führung. Er heißt Heinrich Mann und wird für einen Nachahmer des brillanten d'Annunzio gehalten, der später dem Faschismus voranreiten wird. Manns jüngerer Bruder Thomas gestaltet derweil in Rom aus leidvollem Humor, nordischer Musik und schönster Andacht zum Gewesenen die Geschichte einer Lübecker Patrizierfamilie und wird damit eine deutsche Literaturmode hervorrufen, ohne daß die Mitläufer ahnen, daß es sich hier um ein wundervolles Requiem handelt, einen kritiklosen Grabgesang: denn in der Ironisierung der Achtundvierziger Revolution geht der junge Th. M. in gleichem Schritt und Tritt neben Hermann Sudermann und den deutschen Professoren. Um 1907 erläßt der Dichterfürst Stefan George, in dessen Lyrik Blut, Dolch und Ahnenbilder als Obertöne schwingen, einen Vierzeiler gegen die russische Revolution, die er ein Strohfeuer nennt. Der Dichter Rilke hat in Geschichten vom lieben Gott gerade das heilige zaristische Rußland vergoldet wie eine Ikone, die deutsche Sozialdemokratie läßt sich von ihren Kautskys den Marxismus erklären und »entgiften«, und in England stellt der begabteste Dichter und Erzähler Rudyard Kipling seine bezaubernde Feder zur Verherrlichung des britischen Imperialismus an und seines Regimes in Irland und Indien, das gerade die durchschnittliche Lebenszeit eines bengalischen Landmanns auf dreiundzwanzig Jahre herabgewirtschaftet hat. Aber die begeisterten Leser seiner Bücher in aller Welt kümmern sich um diese Tatsache nicht, noch achten sie auf die amerikanischen Schriftsteller Frank Norris, Jack London, Theodore Dreiser und Upton Sinclair, welche alle vier eine Stoßrichtung des europäischen Vormarschs gegen das entfesseln wollen, was hinter dem rosigen Nebel brütet und wirkt: die eigentümliche kapitalistische Wirtschaftsweise einschließlich ihres Glanzes, ihres Wohlstands und ihrer still schwelenden Krisen. Im zweiten Jahrzehnt des zwanzigsten Jahrhunderts glaubt noch immer niemand an die Möglichkeit europäischer Kriege; niemand sieht, daß die als vereinzelte Abenteuer zurückgebliebener Nationen aufgefaßten Kriege um das Erbe der Türkei nur Generalproben eines Weltkampfes sind, der losbrechen muß, sobald noch eines der alten Imperien ins Wanken gerät, wie eben erst das türkische. Inzwischen hat der Flugdrang des Menschen überraschend das Luftschiff verlassen, das Flugzeug geschaffen, wurde im Film ein neues Mittel zur Massenformung entdeckt, haben die Imperien der Zaren und der Habsburger ihre Brüchigkeit bewiesen. Unter Führung eines gewissen Uljanow, später als Lenin weltbekannt, ist den Lehren von Marx und Engels eine Erneuerung und Verdeutlichung beschieden gewesen, hat sich gezeigt, daß die brutale Verteidigung der Besitzverhältnisse einer zu allem entschlossenen Schicht von Privilegierten in dem rosigen Nebel lauerte, der den Jahrhundertanfang so anmutig verklärte. Der Sprung auf Tripolis und die Anstachelung der Balkankriege beenden jene Generalproben für das, was kommen sollte, und die Plumpheit des preußischen Junkertums, die tänzerische Gleichgültigkeit österreichischer Aristokraten machen es den deutschen »Wirtschaftsführern« leicht, einen Weltkrieg um die Märkte und Rohstoffe des Mittleren Ostens vom Zaune zu brechen, als in der überhitzten Atmosphäre des Balkans der Schuß von Sarajevo fällt. Noch immer sieht in der europäischen Bürgerlichkeit niemand, daß ein Machtkampf begonnen hat, von dessen Art und Weise nur die russischen Revolutionäre eine Vorstellung, eine Erfahrung besaßen, und daß früher oder später derjenige stirbt, der, wie einst am Tische des Papstes, bei den Gastmählern des aggressiven Kapitalismus mitgespeist hat.

3

Auf der Höhe des ersten Weltkrieges begreifen Minderheiten der europäischen Arbeiterschaft, daß das Gerede vom Erbfeind jenseits der Grenzen nur tarnen sollte, was innerhalb der eigenen Nation vor sich gehen würde, wenn die werktätigen Massen den privilegierten Schichten einmal den Gehorsam kündigten. Kurz vor 1914 haben junge Schriftsteller sich zunächst einmal gegen den Gewaltgeist gewandt, der schon nach der Französischen Revolution die heraufkommende Demokratie niederwerfen wollte. Daß freilich der Verfall jeder echten verbindenden Erkenntnis und Gesinnung so weit nach außen treten würde, daß aus den geliebten europäischen Großstädten Trümmerfelder werden würden, sah auch am Ende des ersten Weltkrieges nur die russische Intelligenz, verkörpert in der Bolschewistischen Partei, als sie die Zeit für gekommen hielt, die Untauglichkeit des politischen Mittels »Krieg« durch eine unbedingte Bereitschaft zur friedlichen Lösung aller strittigen Fragen zu beweisen. Wo immer der Geist der bürgerlichen Freiheit auf diesen Vorschlag einging, mißverstand er sich und seine Gegner: er verwarf *jegliche* Gewaltanwendung, anstatt das Recht der wirtschaftlich beraubten und ausgebeuteten Massen auf Abwehr der privilegierten Angreifer zunächst einmal zuzugestehen wie jede andere Notwehr auch. Nazis nannten sich inzwischen die braunen und schwarzen Armeen des Bandenführers Hitler, des fleischgewordenen Bürgerkriegs, den die deutschen Privilegierten auf den Thron setzten, »um den Bürgerkrieg zu vermeiden«. Alles, was seit 1920 Europas und Amerikas Lust und Glanz gebildet hatte, entpuppte sich als Tarnung, wie 1818 das Biedermeier mit allem Zauber an Musik, Lyrik und Hausrat den Willen der Feudalherren hatte tarnen müssen, unter den Metternichs und Bismarcks die Macht wieder an sich zu reißen.

Wie immer den Geist der eigenen Klasse mit dem Weltgeist verwechselnd, hatte Friedrich Nietzsche den Willen zur Macht – statt des Willens zum Schöpfertum – als den Wesenszug der menschlichen Gesellschaft erlebt; was kümmerlicherweise in seine Fußstapfen trat, um Willkür der Gesetzgebung, Ausbeutung der eigenen und fremden Arbeiterschaft und den Riesendiebstahl an Rohstoffen umzuschminken, darf keineswegs der Vergessenheit entrissen werden, in die es der Sieg der schaffenden Menschen schon heute gestürzt hat. Als die faschistischen Ungeheuer aus dem rosigen Nebel hervortauchten, in dem es jetzt schon süß nach Leichen stank, besann sich der fortschrittliche Teil des Bürgertums auf die Erlebnisse von 1818, die Parallele mit 1920 erkennend, die Interventionskriege gegen die russischen Arbeiter, Bauern und Intellektuellen, welche jenen ersten vor hundert Jahren aufs Haar glichen. Schon anläßlich des tödlichen Angriffs auf die gesetzmäßig gewählte spanische Regierung und ihren Willen zur gesellschaftlichen Gerechtigkeit traten starke bürgerliche Kräfte aus allen Sparten des beruflichen Lebens neben den proletarischen Minderheiten und der energisch steuernden Sowjetunion zur Abwehr der faschistischen Angriffswut auf den Plan: Spanien wurde das Kennwort, mit welchem sich die Epoche in zwei Lager teilte, für oder gegen die Ausbeutung, für oder gegen soziale Ungerechtigkeit, für oder gegen den Angriffskrieg, den Herrenwahn, die Rassenverrücktheit.

Alles was in den Seelen in Trümmer geraten war an verbindender Gesinnung, Achtung vor dem Nebenmenschen und seinen Überzeugungen, Recht der Schwächeren auf Zusammenschluß, Abschaffung von Erpressung, Folter und Grausamkeit, trat im Verlauf des nun kommenden Konfliks zwischen Angreifern und Angegriffenen sichtlich und körperlich in Erscheinung. Der Einsturz der geliebten Städte drückte nur sinnbildlich aus, daß die bürgerliche Kultur vom siebzehnten Jahrhundert an versäumt hatte, ihr eigenes Fundament zu sichern: die Priorität gerechten wirtschaftlichen Ausgleichs vor allen anderen Fragen und Forderungen seit der Abschaffung der Sklavenwirtschaft. Wer im Reiche der Ausbeutung leben kann, gleicht einem Manne, der Läuse in seinem Hemd und Wanzen in seiner Bettstatt erträgt. »Wir knicken und ersticken doch gleich, wenn einer sticht«, singt Mephistopheles und denkt dabei nur an den Floh. Mit dem Beginn der zweiten Hälfte des zwanzigsten Jahrhunderts blicken wir ruhig auf unseren Teil der Welt, in welchem die Wanzen und Läuse ausgebrannt worden sind. Auf der Basis dieser Reinlichkeit gehen wir an die Überprüfung derjenigen Kulturgüter und Werte, mit denen wir weiterleben wollen. Wir sind hellhörig geworden gegen den fatalen Klang schöner Gedichte und Lieder aus den Mündern derer, die sich mit Wanzen und Läusen vertragen. Wir richten uns lieber mit weniger Glanz ein, überzeugt davon, daß die wirklichen Schöpfer des Großen und Echten, auch über das Goethe- und Bach-Jahr hinaus, in unserem Lager lebendig sein werden.

Das Rheintal entlang aber und westlich wie nördlich davon sehen wir schon wieder, wie sich rosiger Nebel sammelt, und

wünschen unseren Kameraden dort: »Paßt auf, daß es nicht wieder Kraken werden, Octopusse, Schwertfische.«
Das achtzehnte Jahrhundert glaubt an die menschenverwandelnde Kraft der Künste und Literaturen – vergleiche Friedrich Schillers Abhandlung »Über die ästhetische Erziehung des Menschengeschlechts«. Zu früh geträumt, edler Freund! Was das zwanzigste vom neunzehnten und seiner eigenen ersten Hälfte gelernt hat, steht zwischen unseren Zeilen und hinter ihnen. Wir sind entschlossen, es gründlicher anzufangen.

Macht und Bücher

1955

Es muß im Jahre 1931 oder 1932 gewesen sein. Der Vorsitzende und Gründer des PEN-Clubs Galsworthy war in Berlin zu Gast, und eine Schriftstellerin, die außerdem auch noch eine Gräfin war, lud nach, ich glaube, Dahlem zu einem Nachmittagsempfang ein. Die Weimarer Republik war vertreten von oben bis unten. Feuchtwanger und ich spazierten in dem schönen Garten herum und sahen uns Galsworthy an und fanden seinen Kopf sehr schön und daß er gut gewachsen sei, und wir sahen eine ganze Anzahl Kollegen aus der Akademie. Wir beide gehörten nicht zur Akademie.

Da fühlte ich einen Blick auf mir ruhen, ich schaute mich um – meine Augen waren damals noch »anständig« –, und da sah ich ein Fuchsgesicht, das auf uns – Feuchtwanger und mich – schaute. Das Fuchsgesicht saß auf dem Kragen des Reichswehrgenerals von Seeckt, der hergekommen war, um die erlauchte Gesellschaft auch mit seiner Anwesenheit zu beglücken und vielleicht auch, um sich anzugucken, wen es da eigentlich gab in der Literatur. Nun hatte ich damals den »Streit um den Sergeanten Grischa« veröffentlicht, die Auflage war hoch geworden. Fünfundachtzigtausend hatte Kiepenheuer verkauft, und vierzigtausend hatte die Büchergilde Gutenberg, die Büchergilde der Buchdrucker, drucken lassen, und das hießen anständige Auflagen. Feuchtwanger hatte gerade den Roman »Erfolg« publiziert. Und Sie wissen, daß das ein scharfer Angriff auf die Reaktion in Bayern war. Ich hatte eine größere Rezension davon im Berliner »Tagebuch« veröffentlicht. Kurz und gut, die linke Literatur war durch uns – aber lange nicht bloß durch uns – vertreten. Ich weiß nicht, wer sonst noch da war. Aber es war alles da. Die Gräfin hatte wirklich mit Einladungen nicht gespart.

Aber der Blick, den Seeckt auf uns warf, war so spöttisch überlegen, daß ich mir sagte: Was ist da los? Hier ist die eigentliche Macht, hier marschiert das auf, was in den nächsten Jahren

Deutschland wieder beherrschen wird. Wir waren der Meinung gewesen, das sei für immer abgetan. Wir glaubten, daß Deutschland aus seiner Niederlage gelernt haben würde. Und Sie wissen alle, daß Deutschland aus seiner Niederlage nichts gelernt hat und daß hier bei der Gräfin die eigentlichen Kräfte aufmarschiert waren, welche die Macht hatten, vertreten durch Herrn von Seeckt. Niemand sonst. Aber der genügte. Das war eine Lektion, die wir bekommen hatten, und wir hatten sie eigentlich nicht nötig, denn wir wußten ja, wer in Deutschland regierte, aber wir waren immer noch der Überzeugung, daß, wenn es zum Ernst käme, die Arbeiterschaft geschlossen gegen die »Wiedereinführung des Krieges« in Europa demonstrieren würde, so, wie sie Jahre vorher dem Kapp-Putsch ein Ende gemacht, durch einheitliches, geschlossenes »Nichtmitmachen«.

Was wir glaubten, wer diese Weimarer Republik regierte, in der ja auch mehrere Sozialdemokraten vor allem in der preußischen Regierung saßen, das durfte man uns vielleicht verzeihen. Obwohl es natürlich eine außerordentliche Naivität war zu glauben, daß eine Sache, welche niemals ernsthaft sich in Tätigkeit gesetzt hatte, plötzlich spontan Kraft haben werde. Kraft hat man nur, wenn man diese Kraft einübt, genauso, wie jemand einen Griff einüben muß, um ein Auto zu steuern oder um einen Aufschwung am Reck zu machen oder um zu rudern. Wer sich darauf verläßt, daß etwas improvisatorisch geht, der wird meist – zumindest in Mitteleuropa – Schiffbruch erleiden.

Dann kam das Jahr 1932/33. Und wir hatten allen Grund, Deutschland so schnell wie möglich zu verlassen. Die Macht, die wir zu haben geglaubt hatten, war völlig in Rauch aufgegangen, im Rauch unserer Bücher, und wir sahen von außen, wie Deutschland plötzlich in einen braunen Sumpf verwandelt wurde.

Das hieß für uns das Signal, daß unsere Ohnmacht nicht die Ohnmacht des Geistes war, sondern die Ohnmacht der Uneinigkeit aller Schaffenden. Die Macht des Geistes erlebte ich im Jahre 1949, als wir den ersten großen Friedenskongreß machten. Ich weiß nicht, wieviel Schriftsteller vorn im Präsidium saßen, auf alle Fälle war da Ehrenburg, und da war Anna Seghers, und da war ich, und da war natürlich vor allem Joliot-

Curie, und es saß eine Fülle von Schriftstellern im Saal als Delegierte, und diese Delegierten waren verbunden mit den Werktätigen der ganzen Welt. Damals waren wir noch nicht, was wir heute sind, ein Heer von, ich glaube, achthundert Millionen Menschen. Aber wir waren der Keim dazu, die wir in unserer Einheitlichkeit mit den anderen Schaffenden der Menschheit den Weg und die Mittel fanden, den Kampf für den Frieden, den wir entschlossen aufnahmen und zu Ende zu führen hoffen, von vornherein auf unser Programm geschrieben zu haben. Dies schon im Jahre 1921, aber der Unterschied zwischen 1921 und 1949 bestand darin, daß wir inzwischen gelernt hatten. Und wir hatten am eigenen Leib gelernt und leider auch am Leib von außerordentlich vielen unserer Freunde, Verwandten und Lesern. Jetzt hoffen wir, so weit zu sein, daß die Vereinigung derer, welche schreiben, und derer, welche das Geschriebene lesen, dazu führen wird, daß die Welt sich verändert.

Einreise verwehrt

1950

Im Juli 1948 wollte ich von Haifa aus London besuchen, wo ich Freunde, Agenten und Verleger zu sehen hoffte. Bei meiner Ankunft in Prag unterrichtete mich ein amerikanischer Zeitungskorrespondent von der Tatsache, daß das britische Home Office mir die Einreise verwehrt habe. Grund: ich sei israelischer Schriftsteller. Heute versuche ich wieder nach Großbritannien zu kommen als deutscher Schriftsteller, und wieder verweigern mir britische Instanzen die Einreise. Voriges Mal war der Grund Krieg, nämlich der des Herrn Bevin mit Israel, heute ist der Grund Frieden, nämlich der Kampf um die Aufrechterhaltung unserer Kultur vor den Segnungen der Atombombe. Wenn also weder Krieg noch Frieden einem Schriftsteller den Weg nach England öffnen, wird Hamlet wohl recht haben, »etwas wird faul sein im Staate des Atlantikpaktes«, und das Wort des Schriftstellers, welches die Erkenntnis prägt, der Blick des Dichters, der die menschliche Phantasie in Bewegung setzt, werden in Quarantäne genommen. So wird Sheffield ohne uns vonstatten gehen. Aber die Aufgabe, die dort vorwärtsgetrieben wird, nachdem wir sie voriges Jahr in Paris vom Beifall der Massen als Auftrag empfingen, wirbt für sich selbst: Die Welt will nicht im Selbstmord zugrunde gehen, und darum schicke ich meinen Geist über den Kanal hinüber und bleibe körperlich zu Hause.

Wir verteidigen unser Leben

1958

Gerade wir Schriftsteller, deren Einsatz im Kampfe gegen den Aggressionswillen des Kapitalismus mit der Feder ausgefochten wird und die daher den Angriffskrieg entlarven als das, was er ist: als Beutezug in gigantischem Maßstabe – fühlen Pflicht und Neigung zur realistischen Betrachtung der Phase, in der wir stehen.

Der Preis, um den es seit vierzig Jahren geht, enthält alles, was uns das Leben lebenswert macht: die neue sozialistische Form der menschlichen Vergesellschaftung. Wir könnten die Geschichte dieses Befreiungskrieges der arbeitenden Klassen und Gruppen unserer Erdbevölkerung Jahrtausende zurückverfolgen: sie bleibt in allen Zeiten und allen Zonen das gleiche Ringen um die Verteilung dessen, was die Arbeitskraft des Menschen, seine Geschicklichkeit und Erfindungsgabe den Rohstoffen der Natur abzugewinnen vermag. Vor vierzig Jahren schuf W. I. Lenin für diesen Kampf die moderne Plattform: die Arbeiterklasse selber übernahm die Schöpfung gigantischer Industrieapparate und Wirtschaftsformen und widerlegte damit die Behauptungen der Bourgeoisie, daß nur sie, die gebildete Klasse, imstande sei, dergleichen zu erzeugen und zum Erfolge zu führen.

Daß der in zwei Weltkriegen niedergeschlagene deutsche Imperialismus nebst seinen Verbündeten sich zufriedengeben würde mit dem Teil der Welt, der ihm verblieben ist, einem durchaus nicht kleinen Teil dieser Welt, ist jener Irrtum, den wir sozialdemokratisch nennen. Er sucht und findet neue Verbündete und hofft immer noch darauf, unser Lager, das des vorwärtsschreitenden Sozialismus, durch Spaltungen und Abmachungen so weit schwächen zu können, daß ein neuer Angriff gegen uns ihm nicht aussichtslos scheint. Zum Glück aber haben wir gelernt, realistisch zu denken und zu handeln.

Als 1935 ein Beschluß des Genfer Völkerbundes die Verwendung von Giftgas und ähnlichen Kriegsmitteln verwarf und verbot, hätte das den Faschismus nicht gehindert, sich ihrer dennoch zu bedienen. Aber 1940 setzte Präsident Roosevelt hinter diesen Beschluß die strikte Drohung, die Chemie der USA werde sich noch weit stärkerer Giftgase bedienen und deutsche Städte und Truppenansammlungen damit außer Gefecht setzen. Diese Ankündigung leuchtete selbst dem von sich völlig betrunkenen Nazi-»Führer« ein: der zweite Weltkrieg mußte ohne Giftgas ausgefochten werden.

Heute nun kämpft unser Friedenslager um eine neue Phase der Befriedung: die Atombombe muß vom Menschen ebenso in die Rüstkammer historischer Kriegswerkzeuge gelegt werden wie unsere Gelbkreuz- und Grünkreuzgranaten von 1915.

Eine wahrhaft menschheitbewegende Woge des Widerstands gegen diese Werkzeuge der Massenvertilgung umläuft unseren Erdball. Die Namen Hiroshima und Nagasaki stellen Denkmäler menschlicher Brutalität dar, die vor jeder Wiederholung warnen sollten. Gleichwohl leben wir immer noch im Schatten der großen Aufrüstung der westlichen Welt, und Millionen Arbeitslose tragen deren Kosten. Alle Schriftsteller von Rang, Maler und Graphiker und selbst die Komponisten setzen sich dafür ein, daß die Gegner der atomaren Bewaffnung noch in diesem Jahre 1958 den Erfolg ihrer intensiven Anstrengungen erleben möchten. Im französischen Volk, das uns brüderlich verbunden ist, vereinen sich alle wahren Republikaner zur Rettung der Demokratie, welche die Absage an den Angriffskrieg bedeutet und die gleichzeitig mit der kolonialen Unterdrükkung aufräumen will, welche das heutige Frankreich von vergangenen Jahrhunderten erbte. Es ist wieder ein General, den sich die faschistischen Kräfte, die Anbeter der militärischen Gewalt, zu Hilfe holen. Die Quelle aber all dieser reaktionären Zaubersprüche und Rezepte ist jene Giftküche in Washington, die man das Pentagon nennt, weil in einem fünfkantigen Hause der Generalstab der USA in intensiver Verquickung mit den kapitalistischen Machthabern die alten Zeiten, welche sie die guten nennen, wieder herbeiführen möchte: wenn nicht die Zaren aus dem Hause Romanow, so doch die Bürgertümer aus den Nachfolgestaaten der zaristischen, habsburgischen und türkischen Monarchie und jene seltsame Verquickung von päpstlicher Kirche und schwerer Industrie von Rhein und Ruhr, die sich die deutsche Bundesrepublik nennt.

Gegen all diese Bannerträger der Vergangenheit marschieren nun auf alle Mitschöpfer der neuen Zeit – alles, was wissenschaftlich denkt, mit den Händen arbeitet, Kinder empfängt und gebiert oder dem Erdboden Frucht abringt, alle schwerbeschäftigten Männer und Frauen auf der Erde, auf dem Wasser und in der Luft. Der irdische Geist in allen Sprachen ruft: Weg mit dem Atomtod! Nieder mit dem Krieg als Angriffsmittel! Verhandelt an friedlichen Tischen, was sich nicht schon von selber ordnet und löst!

Aber, liebe Freunde, all diese Anstrengungen würden wir mit hochgezogenen Augenbrauen betrachten und unsere Köpfe bedenklich hin und her wiegen, wenn da nicht ein Mann namens Nikita Chruschtschow ein Wort gesprochen hätte und auf eine Tatsache hingewiesen, vor der niemand auf der Erde die Augen verschließen kann. Diese Tatsache ist der anderthalb Tonnen schwere Sputnik, der unsere Erde umkreist wie früher nur Reiher oder Störche ihre heimischen Teiche, ist die interkontinentale Rakete, deren Existenz dadurch bewiesen ist. Und das Wort Chruschtschows, der Satz, den er vor kurzem der westlichen Welt hinwarf? »Sie können sich denken, meine Herren, daß es heute auf der Erde keinen Punkt gibt, den unsere Vergeltungsgeschosse nicht erreichen könnten. Nirgends auf der Welt kann sich ein Angreifer mehr davor verstecken, daß ihn die Völker zur Rechenschaft ziehen.«

Dies, liebe Freunde, ist die Sprache, welche in der Nachkriegswelt des Vaterländischen Krieges verstanden wird. Die Wellen faschistischer Wünsche mögen noch so hoch gehen, solche Worte, solche Fakten vermögen sie nicht wegzuwaschen oder zu übertönen. Und darum können wir, denen in diesen Tagen für den Einsatz gegen die Eroberungskriege gedankt wird, uns an diesem Erlebnis freuen. Der Geist des Menschen hat die Kraft zu siegen, wenn er zuvor imstande war, sich zur Verteidigung dessen zu rüsten, was die Generationen der Väter und Großväter vorbereiteten und erkämpften.

Enthüllter Rat der Götter

1950

Die junge Kunstgattung des Films ist um ein neues Erzeugnis bereichert worden, das allen Beteiligten zur tiefen Freude gereichen, den dargestellten Gegenstand aber bis auf sein Skelett enthüllen wird. Dieser Gegenstand umfaßt die Arbeitsweise und Wirkungen, die ein großer Konzern der chemischen Industrie nach Art der IG-Farben auf den politischen Gang der Zeitgeschichte ausübt. Der Film erweitert hier seine Ausdrucksmittel, und zwar aufs glücklichste, in der Richtung, die ihm seine Form als Film vorschreibt, als formende Hand und tönendes Sprachrohr der Massenaufklärung und -willensbildung. Fügt man noch hinzu, daß dies mit leisen Mitteln geschieht und daß gerade deshalb die grausigen Tatsachen voll zur Anschauung kommen, die jener IG-Farben-Trust in der Epoche des vergangenen Hitlerreiches und -krieges schaffen und überwältigend ausbauen konnte, so wird man wohl verstehen, warum wir diesen Film unserem Pariser Hauptkomitee für die Erteilung eines Friedenspreises vorschlagen konnten. Daß er außerdem noch den Namen seiner Urheber, Kurt Maetzig, Friedrich Wolf und Philipp Gecht, und allen Mitwirkenden neuen Glanz geben wird, ging aus der Wirkung hervor, die er auf uns atemlos dasitzende Zuschauer ausübte, als er uns in Babelsberg vorgeführt wurde. Er war noch unvollkommen, ganz ohne Musik, die Namen aller Darsteller bis auf einen blieben mir vollkommen unbekannt.

Vor mir entfaltete sich also die Arbeit eines Kollektivs wie damals vor wohl zweiundzwanzig Jahren, als »Panzerkreuzer Potemkin« zum erstenmal in Berlin den Menschen zeigte, welches Kunstmittel von welch unerhörter Reichweite die Kinematographie geworden war. Damals ging es um den Nerv der russischen Revolution, also die Aufhebung der Ausbeutung des Menschen durch den Menschen. Heute geht es um die historisch älteste, längst sinnlos gewordene Form dieser Ausbeutung, den Krieg. Nach 1918 war unsere Empörung

und unser Entsetzen gegen diesen Schlachthausanachronismus schon genauso groß wie heute, aber wir waren noch jünger, politisch unerfahren, ohne Zugriff zu den wirklichen Hebeln der Geschichte. Der Film glaubte damals mit Werken wie »Niemandsland« etwas in der von uns allen gewollten Richtung zu bewirken – seine Finger tasteten im Vordergrund der historischen Gegebenheit »Krieg« umher.
Heute nun sind wir erwachsen, wir haben eine Menge gelernt, ob wir wollten oder nicht, und dieser Film »Der Rat der Götter« auch. Wir protestieren nicht mehr nur gegen den Krieg, sondern setzen alles daran, ihn abzuschaffen. Seit unserer ersten Intellektuellenzusammenkunft im Sommer 1948 in Dobřis bei Prag, auf der wir, ein kleiner Vortrupp, uns auf die kommende Konferenz von Wroclaw-Breslau vorbereiteten, sind wir ein Riesenheer geworden, in welchem die Entschlossenheit immer klarer durchbricht, das kleine Häuflein derjenigen als Verbrecher vor ein Friedensgericht zu ziehen, die noch immer glauben, der Krieg sei nichts anderes als, mit Clausewitz, »die Fortsetzung der Politik mit anderen Mitteln«. Diese »anderen Mittel« – Atombombe oder nicht – skelettiert der »Rat der Götter« mustergültig, vielschichtig, ohne falsches Erbarmen. Es sind die Mittel, die zum Untergang führen, das letztemal von fünfundvierzig Millionen, aber im Rückschlag auch zum schmachvollen Untergang einer ganzen Anzahl seiner Veranstalter und Ausnützer.
Möge ein Welterfolg dieses »Rats der Götter« auch den hemmungslosesten Träumern von »europäischer Kulturverteidigung« und »Kampf gegen die Roten« in seiner eindringlich ruhigen Sprache einprägen: Diesmal sind nicht Ausschreitungen im Kriege Gegenstand der Anklage, sondern die Tatsache des Krieges selbst. Wer nicht davor zurückschreckt, Krieg zu denken und zu schaffen, wird sich dafür vor Schranken zu verantworten haben, aus denen es nur einen Ausweg gibt, den zum Galgen. »Kein schön're Tod ist in der Welt...«? Heinrich Mann starb schöner.
Und wenn diesmal im »Rat der Götter« noch Komplicen sitzen und Hintertüren bereithalten – die letzten Szenen und Massenbilder zeigen, wer heute dafür sorgen wird, daß solche Hintertüren ebenfalls der Vergangenheit angehören. Es müßte ja auch mit dem Teufel zugehen, dessen Wirken hier ohne kleri-

kalen Beigeschmack enthüllt wird, wenn noch eine Generation der Weltjugend nach der unseren und der unserer Kinder so wehrlos sein sollte, sich ins Schlachthaus führen zu lassen, anstatt vorher die Klubsessel auszuleeren, in welchen sich solche Götterräte niederlassen.
Ich freue mich schon jetzt auf die Musik, die Hanns Eisler inzwischen zu diesem zuversichtlichen Film komponiert haben wird: das Kampflied des Friedens.

Fliegende Untertassen?

1958

Wir Schriftsteller, die abgewogene Sätze auf Grund von nachgeprüften Tatsachen zu schreiben pflegen, fühlen uns voll tiefer Sympathie verbunden mit Politikern wie Andrej Gromyko, aber wir beneiden sie nicht um ihr Tagewerk, so nützlich und dankenswert es uns auch erscheint. Womit hat sich dieser erfahrene Mann herumzuschlagen? Mit den Vorstellungen und Meinungen weit entfernt sitzender Generäle, welche Berichte über Erscheinungen erhalten, die auf Radarschirmen neblige oder rätselhafte Umrisse hinterlassen. Auf Grund solcher Eindrücke und Meldungen setzen sie dann Flugzeuggeschwader in Gang, USA-Flugzeuge wohlverstanden, die sich arktischen Siedlungsgebieten der UdSSR nähern. Sie haben nicht neblige Vorstellungen an Bord, sondern schwere Bomben, die innerhalb ihrer Flugzeit mit Atomsprengköpfen versehen werden können. Ihre Phantasie wird erregt durch fliegende Untertassen, Wildentenschwärme, Meteoriten – aber von ihrer Besonnenheit hängt es ab, ob daraus ein dritter Weltkrieg entfacht werden wird, unwahrscheinlich viel schauerlicher als Nummer eins und zwei.

Es ist daher für uns alle ein Akt der Lebensrettung, daß es Männern wie Gromyko gelingt, die Flüge solcher Untertassenjäger ein für allemal abzustoppen. An den Grenzen des sowjetischen »Lebensraums« haben USA-Piloten nichts zu suchen, so unternehmungslustig sie immer sein mögen. Daher ist es eine Voraussetzung für uns, die wir ja unsere umfangreichen Werke zu vollenden und innerhalb unserer Lebenszeit ein großes Gesamtopus aufzubauen wünschen, daß die Politik des Kriminalromans ersetzt wird durch die nüchterner Erwägungen und einer menschlichen Gesinnung, welche die Erde nicht durch Atome von Kohlenstoff 14 voller Radioaktivität unbewohnbar machen will. Die Literatur braucht als ihre Basis das Leben, nicht den Tod.

Ein Buch, das Epoche machte

1955

Die europäischen Literaturen hatten zum Problem des Krieges im neunzehnten Jahrhundert dreimal Stellung genommen, durchaus kritisch und von berufensten Federn. Als gigantischer und unübertroffener Block stand Lew Tolstois »Krieg und Frieden« seit 1868 kritisch und realistisch inmitten des aufstrebenden kapitalistischen Zeitalters und seiner vielfältigen epischen Ausdrucksweisen. Dann, nach dem verlorenen Krieg Napoleons III. gegen das zum Zusammenschluß reife Deutschland, brachten zwei französische Schriftsteller, Emile Zola und Octave Mirbeau, die Empörung des freiheitlich gesonnenen Bürgertums gegen das bonapartistische Abenteuer zum Ausdruck und schenkten uns, den jungen Lesern, um die Jahrhundertwende die Romane »Der Zusammenbruch« und »Ein Golgatha«. Wir verschlangen sie, begeistert von der eindringlichen Feindseligkeit der Autoren gegen die Provokationen unserer Kultur und unserer menschlichen Reife, da wir überzeugt waren, das Mittel des Krieges, wie es von diesen Dichtern geschildert und verabscheut wurde, gehöre einer vergangenen Epoche an, habe nichts mehr mit uns und der immer einheitlicher auftretenden europäischen Gegenwart zu tun.

In dieser Gesinnung wurden wir aus der Schule entlassen, wo man uns allerdings darauf vorbereitet hatte, daß wir selbstverständlich dem Rufe des Vaterlandes zu folgen hätten, wann immer er an uns ergehe. Zur kritischen Untersuchung der Politik freilich, die von den herrschenden Klassen unter Mitwirkung eines »demokratisch« gewählten Reichstags betrieben wurde, hatte man uns nur so oberflächlich angeleitet, wie unsere Witzblätter, etwa der »Simplicissimus«, es vormachten. Daher gingen wir 1914 ins Feld, wie das Gesetz es »befahl«, überzeugt von der Wahrhaftigkeit des Satzes, den der Reichskanzler von Bethmann Hollweg verkündet hatte: »Uns treibt nicht Eroberungslust.« Uns junge Leute von damals trieb sie wirklich nicht, auch die Millionen Freiwilliger nicht, die zu den Waffen strömten, um die Heimat zu verteidigen, die vom Zarismus »überfallen« worden war. Die gesamte deutsche Dichtung schwenkte damals auf der gleichen Linie ein, mit der alleinigen Ausnahme Heinrich Manns; sie folgte damit der Tradition, welche dichterische Kräfte Deutschlands von Detlev von Liliencron und Richard Dehmel bis Rainer Maria Rilke, Stefan George und Hugo von Hofmannsthal weitergegeben hatten.

Und nun vermag ich nichts Besseres zu tun, als dem Schriftsteller Werner Bertin das Wort zu geben, der als einer von uns den deutschen Lesern kein Unbekannter mehr ist. In dem Roman »Einsetzung eines Königs« wird auf Seite 337 in dem Kapitel »Der Anhauch des Geistes« geschildert, wie dieser ehemalige Schipper, Gerichtsschreiber und jetzt Mitglied der Presseabteilung Ober-Ost Schriftwerke kennenlernt, die 1917 in der Schweiz in deutscher Sprache erschienen sind und ihres kriegsfeindlichen, aufrührerischen Charakters wegen in der Presseabteilung des siegreichen Ostheeres gelesen werden sollen, um bekämpft, widerlegt und für den Sieger harmlos gemacht zu werden. Und dieser Sieger sind natürlich wir; denn das Kapitel spielt im Juli 1918. Und dort findet der Leser Seiten wie die folgenden:

»... leidenschaftlich und aufgewühlt empfindet Bertin in jenen Stunden. Er hat die Novellenbände ›Menschen im Krieg‹ gelesen und ›Der Mensch ist gut‹, dazwischen die Hefte der ›Weißen Blätter‹ durchhastet, die der beste Mann des Elsaß in Zürich herausgibt, gleich angesehen wegen seines Mutes, seiner Unabhängigkeit, seiner Kunst, deutsch zu dichten. Zur Zeit irrt Bertin wie leibhaft durch die Lauf- und Schützengräben jenes Romans ›Das Feuer‹, der die Schicksale einer Korporalschaft erzählt, im flachen Felde Nordfrankreichs, das er von der anderen Seite her kennt – zwischen den Erdwänden, die er selber ausschachten half und die bröckelig im Sommer und unerträglich lehmig im Winter das Blickfeld seiner kurzsichtigen Augen umstellten. Es riecht wieder so wie damals, fühlt sich wieder so an, es pfeift wieder so, kracht, knattert, die Flieger werfen Pfeile ab, vor den Schrapnells, die nach ihnen geschossen werden, nimmt man Deckung, sie hageln. Von der Nachbarkompanie hat sich ein Mensch erhängt, weil er keinen Urlaub bekam und nicht mehr mitmachen wollte – niemand weiß seinen Namen. Geschah das drüben oder hier? Bei Barbusse oder bei Bondues? Welches Wort bezeichnet einen Verfasser und welches ein Stück Erde, eingegraben, ausgemauert, mit Beton überwölbt, mit Ziegeln abgedeckt und Rasen? Beides ist zu gleicher Zeit unsterblich und anonym. Eben treten die Sturmwellen in den blauen Stahlhelmen an, schwarze Gesichter drunter, Männer von Senegal. Das sind Helden, denkt der Erzähler, seine Mittelspersonen und der Leser Bertin. Das Bajonett im Arm, erwarten sie ihre Minute, unbeweglich übers sausende Blachfeld spähen sie. Gibt es hier noch Hautfarben, Parteien, Vaterländer? Es gibt die menschliche Gemeinschaft, gerissen in den Dreck, und die Gemeinheit dieses Krieges; es gibt die gemeinsame Aufgabe, aus diesem Schlachthaus den Ausweg zu suchen, der geordnete Gesellschaft heißt, sinnvolles Zusammenleben, Brüderlichkeit. Ein Feuer strömt aus den Seiten des Buches und füllt den Leser Bertin: Nie wieder! heißt es, und: In eine bessere Zeit! Und er spürt in dieser nächtlichen Stunde, daß Millionen und aber Millionen Menschen rund um die Erdkugel diesen Impuls gemeinsam tragen, eingehämmert mit dem Blutschlag: Nie wieder! und: In eine bessere Zeit!«

Der Dichter, der diese Wirkung hervorrief, heißt Henri Barbusse. Er vor allem war es, der dem imperialistischen Krieg die Maske der Vaterlandsverteidigung vom Gesicht riß. Das tat er 1917 – und als er 1935 in Moskau starb, wußte er schon ganz genau, daß er nur den Anfang des Kampfes geschaffen hatte und vorausgesehen, was nach 1918 von den landräuberischen, menschenfressenden Siegerstaaten als Interventionskriege fortgesetzt wurde. Zum Glück aber war ihm die Überzeugung gegeben worden, daß schon ein Sechstel der Erde diesem grauenhaften Planen und Ausführen entrissen worden war und daß die Gedanken, die er in dichterische Gestaltung umgesetzt hatte, Jahr für Jahr immer neue Jugend zur Verteidigung des Friedens bereit und fähig gemacht hatten.

Und so bleibt Henri Barbusse, der Schöpfer der Romane »Das Feuer« und »Klarheit«, auch für die Generationen von heute und morgen der Vorkämpfer. Mögen die Leser, die mit uns an der Ausrottung des Angriffskrieges als politisch erlaubtem Mittel arbeiten, durch die neue Übersetzung in der Ausgabe des Verlages Volk und Welt auch als Deutsche aufgerüttelt und bestärkt werden in der Beharrlichkeit, mit der uns Ältere der erste Weltkrieg entließ: daß die Kraft des Friedens über die

Anstifter von Kriegen siegen wird, aber nur siegen kann, wenn wir jede Gefahr erspähen und anprangern, die Welt noch einmal in einen Blutsumpf zu verwandeln, mit welchem die Sachwalter des neuesten und gefährlichsten Imperialismus drohen: der USA und all der Manager, die sich hinter dem neuen Kapitol und seinem Weißen Haus verbergen.

Das Mädchen aus Frankfurt am Main

1958

Durch unsere Straße, die gegenüber von Park und Heide endet, laufen oder radeln halbwüchsige Mädchen, nette Wesen auf dem Wege vom Kind zum Backfisch. Sie lachen, rufen, streiten sich, schlenkern ihre Schultaschen oder ziehen, wenn der Schnee ausreicht, ein Geschwisterchen auf dem Rodel hinter sich her. Niemand sieht es ihnen an, daß sie einen Typ darstellen, der plötzlich Weltberühmtheit erreichen kann. Führen sie zu Hause ein Tagebuch – was wird es enthalten? Auseinandersetzungen mit sich selbst, mit den Eltern, befreundeten Jungens; es wird Erlebnisse mit Lieblingstieren aufzeichnen, Begegnungen auf der Straße, Eindrücke von gelesenen Büchern. Ein inneres Leben, eine Reifung wird sich nur unbemerkt vom schreibenden Ich vollziehen, aus Versehen in die Feder fließen.

Ein solches Mädchen kennt jetzt die ganze Welt. Es heißt Anne Frank, wuchs in Frankfurt am Main auf, als jüdisches Kind von jüdischen Eltern. Mit ihnen mußte sie 1933 ihre Heimatstadt verlassen – wie dem Verfasser dieser Zeilen war auch ihrem klugen Vater die deutsche Luft unatembar geworden, als der Beauftragte des Ruhrkapitals, der vom englischen Radio immer »Hörr Hitler« genannte Anstreichskanzler, der Weimarer Republik den Todesstoß versetzte, das Reichstagshaus anzünden ließ, zum Revanchekrieg gegen die Sieger von 1918 ausholte.

Dieses Kind Anne Frank aber erwies sich als ein kluges Wesen, würdig einer Stadt, in der lange Zeit die deutsche demokratische Kultur ihren Wohnsitz hatte – Geisteskultur, Pflege alter deutscher Traditionen, schöpferischer Austausch nach der Schweiz, Frankreich und Holland. Dorthin übersiedelt die Familie Frank, nimmt teil am holländischen Handelswesen, genießt die belebende meernahe Atmosphäre jener großen alten Handelsstadt Amsterdam, die mit ihren Kanälen und Grachten und ihrer erprobten Baukunst ein so vorbildliches Städtewesen in unseren Breiten darstellt.

Anne Frank führt ein Tagebuch, sie nennt es Kitty, es ersetzt ihr die Freundin, die sie als Dreizehnjährige nicht finden kann. Aus dieser »Kitty« kennen wir sie nun – das Innenporträt eines außergewöhnlichen jungen Menschen, der sich, zur Reife gekommen, bestimmt in irgendeinem Berufe hervorgetan hätte, der Frauen heute offensteht. Vom Journalismus, dem sie sich widmen wollte, wäre sie wahrscheinlich mit voller Klarheit ins politische Leben übergetreten, um tätig das zu verbessern, was ihre Jugend umstürzen durfte: die deutsche politische Unreife. Aus den Seiten dieses Tagebuches erfahren wir, wie es und warum es dazu nicht kommen konnte. Das kapitalistische Europa überliefert sich Herrn Hitler, um den verhaßten Koloß des Sozialismus jenseits der deutschen Ostgrenze wieder in einen zaristischen Sklavenmarkt zu verwandeln. In Frankreich, Belgien und Holland liefert das Bürgertum sich selbst jenen Kräften aus, die wir faschistisch nennen und die in Italien, Spanien und Deutschland das echte demokratische und sozialistische Erwachen der werktätigen Bevölkerung und der geistigen entweder verfälscht oder zertrampelt haben. Als große Reserveschicht der Geistigkeit und des gesellschaftlich-kritischen Denkens stehen die jüdischen Bevölkerungsteile Europas westlich wie östlich der Weichsel als Nummer eins auf der Ausrottungsliste des Tausendjährigen Reiches. Hat man es mit diesem Kraken oder Octopus zu tun, so hilft kein Untertauchen, man muß sich seinen Fangarmen entziehen, ins Weite flüchten oder sich mit langem Messer, guter Axt bewaffnen, um sie zu kappen, zu zerstückeln, zu zerstören.

Arme kleine Anne – wie solltest Du das vermögen! Du verkriechst Dich mit Deiner Familie als isoliertes Grüppchen in den Hinterzimmern eines Geschäftshauses, verzeichnest alles Schwierige und Schlimme eines solchen Höhlendaseins, hast gelernt, mit wenigen Habseligkeiten auszukommen, und kannst dennoch nicht Dein bißchen Leben retten. Denn da sich der Widerstand gegen den Octopus nur östlich der schlesischen Grenze sammelt, bewaffnet, in tödlichen Gefechten als Partisan und Rote Armee die Mordbuben ausrottet, die sich bis Taganrog vorzuschieben vermochten, fehlt im Westen bis Frühling 44 jede Kraft, Dich und die Deinen zu retten. Erst dann erreichen Dich und ganz Holland Radionachrichten von der Landung anglo-amerikanischer Flugzeuge, Schiffe und Truppen, das Beil für den Octopus ist geschliffen und schlägt zu: Landung in der Bretagne, erbitterter Kampf um die französische Küste als Basis einer echten Invasion, der so lange vergeblich geforderten zweiten Front.

Und dann holt Dich doch Dein furchtbares Geschick, Anne Frank, Du und die Deinen werden aufgespürt, verhaftet, verschleppt. Ihr verschwindet hinter den Todeszäunen von Bergen-Belsen – und was das bedeutet, wirst Du erfahren und nicht lange überleben. Da Du und Deine Kitty aber schweigen müssen, lasse ich das Zeugnis einer anderen jungen Frau reden, die dort wohl zu gleicher Zeit mit Dir gefangen war. Nach ihrer Rettung las sie mir Aufzeichnungen vor:

»... Nebenan war das Holländer-Lager, dessen Insassen bei genauso schlechter Kost noch arbeiten mußten. Auch wohnten sie schlechter als wir und wurden häufig geschlagen, so daß dort täglich Leute starben... Unser Alltag wurde immer schlimmer, Hunger und Kälte zermürbten uns täglich mehr, unsere Kinder hielten den ganzen Tag am Stacheldraht Ausschau nach dem Wagen, der die Brote bringen sollte. Manchmal stürzte jubelnd ein Kind in die Baracke: ›Mutti, der Brotwagen!‹, doch wenige Minuten später schlich es wieder herein, es war bloß der Wagen mit den Leichen gewesen; da er nicht einmal mit einem Tuch bedeckt war, lagen die Körper aufeinandergetürmt wie Brotlaibe, nur daß manchmal einzelne Glieder heraushingen oder -standen...«

Der Rest ist Schweigen. Das Tagebuch der Anne Frank aber wird für lange Zeit Zeugnis ablegen von der Ausrottung einer in Europas Geistesgeschichte nicht wegzudenkenden Schicht voll intellektueller Klarheit, Ausdrucksfreude, geistiger Tapferkeit. Wärst Du älter geworden, Anne Frank, Du hättest auch politisch denken gelernt und Dich zu den Ursachen durchgekämpft, die Dich und die Deinen dem Octopus auslieferten; hättest auch gelernt, daß es geistige Messer und Äxte gibt, um ihn zu erledigen, und daß viele davon in Deiner Heimatstadt Frankfurt am Main geschliffen, das heißt aus Buchdruckereien auf den Markt und zu Lesern gebracht wurden, wie Du einer warst, kleine Anne. Eines wenigstens hast Du erreicht – auch Dein kleiner Fuß hob sich zum Tritt gegen den Schlaf der Welt, diesen höchst niederträchtigen, das menschliche Gesicht verzerrenden Schlaf des wohlhabenden Lumpen, der nicht hören und sehen will. Du hast Dir ein Denkmal gesetzt, Du Kind aus Frankfurt am Main; und wenn befreundete Maler mir Deinen Schattenriß schenken, so wissen sie, daß er ein Bildchen ist aus einer Totengalerie zur ewigen Schande des Dritten Reiches.

Wettrüsten? Abrüsten!

1960

1

Unter den »biblischen Geschichten«, mit denen unsere Kindheit unterhalten wurde, fehlt leider eine – aus guten Gründen. Ich meine die, welche erzählen würde, daß Adams Sohn Kain voller Groll auf dem Felde sitzt, inmitten der Saaten, die er dem fruchtbaren Boden entlockte, und zusieht, wie sich sein jüngerer Bruder Abel mit den Lämmern beschäftigt, die seine Schafmütter geworfen haben. Beide erwägen jeder für sich, welches Opfer sie dem Gotte Jahwe darbringen werden, dem Schutzgeist ihres Stammes. Da schlängelt sich zu Kain die Schlange heran, die sonst am Baum der Erkenntnis wohnt, und wispert ihm zu: »Sollte es zur Auseinandersetzung kommen zwischen dir und diesem Liebling da, deinem Bruder Abel: schau, dieser Stein weist ein rundes Loch auf, höchst geeignet, den Ast dort durchzustecken, den der Baum im Garten abgeworfen. Tu die beiden zusammen! Kein besseres Werkzeug findest du weit und breit als Argument, etwaigen Streit zwischen euch zu schlichten.«
Jedermann kann nachlesen, wie die Geschichte weitergeht zwischen den beiden Brüdern, dem Ackerbauern und dem Herdenzüchter. Hier beschäftigt uns nur, daß schon die »ältesten Urkunden des Menschengeschlechts« über das Geschäft der Aufrüstung schweigend hinwegblickten.

2

Es bedurfte einer Anzahl von Jahrzehntausenden, bis 1959 die größte Streitmacht unserer Zeit ihre Bereitwilligkeit erklärte, die Streitaxt ein für allemal in ein friedliches Werkzeug zu verwandeln. Mit goldenen Buchstaben wird man diese Jahreszahl in die Annalen kommender Geschlechter eintragen. Da die Versammlung, welche die meisten der heute lebenden Regierungen vereinigt, ihre Bereitschaft erklärt hat, die Weltaufrüstung aus einer Waffenschmiede in eine Werkzeugfabrik umzuwandeln, gehört nur noch die Entschlossenheit unserer Erdbevölkerung dazu, diese Absicht in Wirklichkeit umzusetzen. Nur noch! Da aber aus dem Stein der ersten Mordaxt mit Hilfe der Kernenergie inzwischen eine Lebensgefahr, Todesgefahr für uns alle entbunden wurde, kann uns niemand des »ruchlosen Optimismus« Schopenhauers beschuldigen, wenn wir erwarten, daß von hier und heute aus der Krieg als eine erlaubte Fortsetzung der Politik »mit anderen Mitteln« zu anderen steinernen Reliquien unserer Vorgeschichte und damit ins Museum versetzt wird.

3

Wir halten es also für nötig, durch ein internationales Gremium auch schon das Wettrüsten zu den Kriegsverbrechen hinzuzufügen, über welche 1945 zu Gericht gesessen wurde, in Nürnberg, jener schönen alten Stadt, die nicht erst von den Bombern des Krieges zerstört wurde, sondern die schon vorher aus einer Verkörperung deutscher Kultur verwandelt wurde in eine entehrte Stätte fluchwürdiger Gesetzgebung – der Rassengesetze. Über den Modus und die Formulierung dieser neuen Strafwürdigkeit und ihre Ahndung mögen sich Juristen zusammensetzen, Experten des Völkerrechts. Wir haben aus der Geschichte des Völkerbundes nach dem ersten Weltkrieg eine Fülle von Beispielen sogenannter Sanktionen. Entsinnen wir uns recht, so bieten sie uns einen Katalog der Wirkungslosigkeit dar, mit dem sich die Erdbevölkerung von 1960 ab nicht wird zufriedengeben können.

4

Wir appellieren nämlich von jetzt an auch an die Millionen heute lebender Menschen, als einzelne wie als Mitglieder von Organisationen. Läßt sich eine Regierung nicht dem Willen zur Abrüstung unterwerfen, so entbindet sie damit die Bürger ihrer Staaten jeder Staatsbürgerpflicht zu Gehorsam und Unterwerfung. Wir haben es mit Vorbereitungen zum Massenmord zu tun, und nur die Massen selbst können sie bremsen, abstoppen, beseitigen. Wir sind heute weit davon entfernt, schon jetzt über Einzelheiten dieser Verhinderungen nachzudenken. Seit Hugo Grotius vor mehr als dreihundert Jahren haben unsere Vorgänger schriftstellerisch solche Maßnahmen angeregt und sich damit dem Gespött der Machthaber ausgesetzt, welche imstande waren, Waffen erzeugen zu lassen und Massen gehorsamer Bürger zu todbringenden Heeren zusammenzuscharen, zu Heeren, die sich zum Einmarsch in Nachbarstaaten kommandieren ließen und damit zu Mord und Brand. All diese Schriftwerke in Prosa und Vers schienen uns immer wieder vergeblich in Worte gebracht zu sein, als wir, Soldaten des ersten Weltkrieges, den Kampf für den Frieden zu organisieren suchten. Immer wieder durfte man uns das Wort jenes Generalfeldmarschalls von Moltke entgegenwerfen: »Der ewige Friede ist ein Traum und nicht einmal ein schöner.« Der Roman ist noch nicht einmal beendet, in welchem einem Nachfolger dieses Generals der Zusammenhang aufgetan wird zwischen seinem Besitz an Rüstungsaktien und solch militärischer Überzeugung. Inzwischen aber hat sich ergeben, daß die Bemühungen der Schriftsteller, unserer Vorgänger und Kollegen, doch nicht so vergeblich waren, wie wir in Stunden der Skepsis manchmal meinten. Freilich brauchten unsere Sätze dreihundert Jahre, bis sie ein Staatsmann ersten Ranges zur Richtschnur seiner tätigen politischen Bemühungen machte.

5

Wäre unser Urvater Kain bereits fähig gewesen, die Streitaxt nur zum Holzspalten zu verwenden oder die Keule zum Einrammen von Pfählen für einen Damm oder ein Zelt, unsere Kulturgeschichte hätte andere Wege eingeschlagen und Marx und Engels wären nicht genötigt gewesen, unsere ganze politische Entwicklung als Teile der menschlichen Vorgeschichte anzuprangern, so prähistorisch wie das Beil aus Feuerstein.
Inzwischen haben wir uns daran gewöhnt, lange Zeiträume

einzurechnen, um Wirkungen in großem Stil hervorzubringen. Die Kunst des Wartenlernens, wie schwer ist sie dem ungeduldigen Geiste beizubringen! Noch heute wartet die Hälfte der sinaitischen Gesetze auf ihre allgemeine Durchsetzung, und doch arbeiten diese schon dreitausend Jahre an der Versittlichung der Erdenkinder. Immer wieder müssen wir uns die Kunst einprägen, einen einzelnen Schritt nach dem anderen zu tun, um ein fernes Ziel zu erreichen. Aber nur so ist es erreichbar, vorausgesetzt, daß die technische Genialität des Menschen uns alle nicht bis an die Grenzen des Selbstmordes zu treiben imstande ist. Und ein für allemal gesagt: Jeder Mitlebende ist dazu aufgerufen, sich selbst der Mitwirkung an diesem Selbstmord zu enthalten und sich mit seinesgleichen zusammenzutun, um Massenwirkungen der Kriegsausrottung zu erzielen. Nicht von Ausrottung im Kriege wird hier gesprochen, sondern von der Ausrottung des eroberungssüchtigen Krieges als eines gestatteten Mittels.

Und so lassen wir dies als Neujahrsbotschaft gelten, tief aufatmend an der Schwelle des sozialistischen Zeitalters.

VI

Fahrt durch die Ruinenstadt

1948

Wer offenen Auges und Herzens durch die Ruinenstadt des inneren Berlin fährt, kann sich einer Erkenntnis nicht entziehen: dies sind die Rückschläge des totalen Krieges. Von hier aus wurde er losgelassen, hunderttausend Kehlen brüllten im Sportpalast ihr »Ja« zu ihm – und hunderttausend Häuser liegen deshalb hier in Trümmern, einschließlich jenes Sportpalastes selbst. Der Redesport der Herren Hitler und Goebbels kam Berlin teuer zu stehen.

Die Atombombe nun, lieber Leser, ist der bei weitem totalste Krieg, den wir uns bisher ausdachten. Wahr oder nicht? Und wie werden die Folgen für die Städte sein, die ihn diesmal entfesseln? Brauchen New York und Los Angeles wirklich den eigenen Untergang? Oder Detroit und Washington? Oder genügt ihnen der Anschauungsunterricht der Stadt Berlin?

Angriffsbündnis NATO

1951

Die Baumeister von Angriffsbündnissen gleich dem Atlantikpakt, die den Friedensstaat der Sowjetunion mit Flugplätzen und Truppenstellungen rund um die Erde einkreisen wollen – diese Baumeister sollten gezwungen sein, den Rückschlag des totalen Krieges in unseren deutschen Großstädten zu studieren. Sie sollten nicht bloß in ihren schönen Automobilen durch die Straßen sausen oder zwischen den Städten hin und her fahren, sondern inmitten der Trümmer übernachten müssen, den Wind durch die Ruinen pfeifen hören und sich sagen: Dies ist das Schicksal, welches wir unserer Heimat bereiten wollen! Und es sollte ihnen nicht erlaubt sein, wie General Marshall zu handeln, der bei seinem Besuch im zerstörten Warschau es ablehnte, die Schreckensstätte des einstigen Ghettos zu besichtigen. »Er habe kein Interesse für solche Ruinen«, soll er erklärt haben. Nun, von unserem Standpunkt aus müßten auch die Generäle und Diplomaten Interesse zeigen für das, was der totale Krieg erst im angegriffenen Lande und dann im Angriffsland rückschlagend anrichtet und hinterläßt.

Die Stunde der Deutschen

1951

Der Genius der Geschichte, wenn wir uns ihn einmal vorstellen wollen, scheint seinen Lieblingen und Prügelknaben immer wieder Gelegenheiten zur Wahl zu stellen, anläßlich derer sie sich entscheiden müssen, ob sie begangene Fehler wiedergutmachen wollen oder in ihnen verharren. Hundertfünfzig Jahre lang ist das deutsche Volk dafür von seinen aristokratischen und bürgerlichen Nachbarn verwöhnt worden, weil es sich der Revolution des dritten und vierten Standes nicht anschloß, die mit Cromwell und Washington begann und deren Gipfel, die Befreiung der russischen Völkerschaften von den alten Machthabern, noch heute nicht verziehen wird. Die deutsche Linke wurde 1919 in den tragischen Spartakuskämpfen niedergeschlagen, reifte aber später als Frucht des Widerstandes, der KZs und der Emigration im Schutze der Roten Armee zu jener Deutschen Demokratischen Republik heran, welche der Kreis um Herrn Adenauer noch immer die »Sowjetzone« nennt und deren durch Otto Grotewohl und die Volkskammer ausgestreckte Hand er glaubte ignorieren zu können. Wie sehr er hierin irrte, hat er wohl selbst bemerkt, denn was durch Otto Grotewohls Mund und Schreiben sprach, das war die Grundstimmung jener deutschen Massen, deren Lebensbedürfnisse sie in einen ungeheuren Heerzug verwandeln, sobald es um Gegenwart und Zukunft geht. Denn im Vorbewußtsein dieser Völkerschar steht dumpf und deutlich das Wissen: Deutsche Einheit ist Frieden, Frieden aber ist gleichbedeutend mit Überwindung der furchtbaren Schläge und Wunden, die das deutsche Seelen- und Wirtschaftsleben seit 1933 erlitten hat.

Heute nun tritt auch das deutsche Schrifttum wieder einmal in die Funktion, die es nach 1807 schlecht genug erfüllte, als nur Fichtes »Reden an die deutsche Nation« an der Bewußtseinsbildung einer neuen Zeit arbeiteten. Damals lagen die Dinge so, daß der deutsche dritte Stand von seiner historischen Aufgabe abgedrängt wurde, nach dem Niederschlagen des napoleonischen Imperialismus zu den alten Formen und Zielen zurückzufinden, die im großen Bauernkrieg die Massen der Werktätigen in Marsch gesetzt hatten. Als sie niedergeschlagen wurden, hunderttausend Bauern auf den Schlachtfeldern verwesten, Thomas Münzer gerädert wurde, brach das Unheil deutscher Nation über Europa herein – und dabei blieb es.

Heute steht die Aufgabe der Bewußtseinsbildung vor dem deutschen Geistigen mit derselben Dringlichkeit wie damals, aber mit viel größeren Aussichten auf glücklichere Lösung. Was das Wissen aller Deutschen heute klar erfassen muß, ist die Erkenntnis, daß die Frage des zu verhindernden dritten Weltkrieges von einzigartig spezifischem Gewicht erscheint, da dieser dritte Weltkrieg, und das ist jedem Kind bekannt, mit der Vernichtung unserer ältesten und schönsten Kulturstätten und Landschaften an Rhein und Main beginnen und mit Zerstörungen von einem Ausmaß weitergehen würde, für die uns zum Glück bisher jede wirkliche Anschauung fehlt. Als spezifisches Gewicht bezeichnen wir jenen Wesensunterschied, der alle anderen Probleme von diesem einen Haupt- und Grundkern unterscheidet, und die Schriftsteller sind es und überhaupt die Geistigen des deutschen Westens und Südens, welche in ihren Erörterungen unter sich und mit uns diese Einzigartigkeit ins Licht des Wachbewußtseins aller Zeitgenossen erheben müssen.

Das zwischen uns gesäte Mißtrauen kann überwunden werden, weil es sich auf Absichten und Hoffnungen bezieht, die heute und hier in der DDR bereits verwirklicht und erprobt werden und die sich morgen in ganz Deutschland zur Erörterung stellen, und auf Erörterung kommt es an, auf Klärung des Bewußtseins und Bildung von Entschlüssen und auf nichts mehr, aber auch auf nichts weniger. Denn was da als Aufgabe vor den deutschen Geistigen steht, ist durchaus nichts Geringes. Zum erstenmal sollen sie dazu verhelfen, daß die Massen ihrer Mitbürger sich für Ziele einsetzen, die ihnen selber zugute kommen – nicht irgendeiner herrschenden Klasse, einem abgelebten Stand oder einem Kapital, das als echter Polyp in allen Wassern zu Hause ist und Nahrung findet. Seit 1813 ließ man die deutschen Massen marschieren, für Ziele, die ihnen selber zum wenigsten zugute kamen, schließlich aber zweimal in die Vernichtung führten. Heute kann man jedermann klar vor Augen führen, wer hinter dem Willen steht, einen dritten Weltkrieg zu entfesseln und neue deutsche Divisionen in den Tod zu schicken. Wir in Deutschland, da wir das Hauptkontingent einer Armee stellen sollen, die den Atlantikpakt zu »verteidigen« haben wird, sind in diesen Anschauungsunterricht so eingebettet, daß wir wahrhaftig nicht in Verlegenheit sein sollten, über Krieg und Frieden sachverständig mitzureden.

Und alles andere ist neben diesem »Entweder-Oder« von sekundärer Bedeutung. Über alles andere läßt sich reden. Mit eigenen Augen sahen wir bei unseren Besuchen in Polen oder der ČSSR die intensive Aufbauarbeit, die dort vor sich geht, und die auf viele Jahre ausgerichteten Pläne, von denen sie dort wie bei uns geleitet wird. Glaubt man wirklich, daß Städte wie Warschau, Landschaften wie die Weißrußlands oder der Ukraine mit aller Kraft wiederhergestellt werden, um sie der Zerstörung im furchtbarsten aller Kriege auszusetzen? *Hat die Sowjetunion die USA mit Stützpunkten des Angriffs umgeben, oder geschah das nicht umgekehrt?* Soll auch nach dem zweiten Weltkrieg den angriffslustigen Gruppen und Cliquen der imperialistisch gesonnenen Kreise der übergroße Teil des Volksvermögens verbleiben und die Werktätigen wieder leer ausgehen wie nach 1918 und nach 1945 jenseits der Elbe? Ist es nicht möglich, durch Vernichtung aller faschistischen Strömungen auch in Deutschland ein demokratisches Leben zu entfalten, in dem wirklich die Ziele der deutschen Patrioten politisch bestimmend und ausschlaggebend sind und nicht die fremder Dynastien – oder Trusts – wie im achtzehnten Jahrhundert?

Im Mittelalter vertröstete man die Menschen auf das Leben nach dem Tode, wenn sie in ihrer Kümmerlichkeit hoffnungslos zum Himmel blickten. Im neunzehnten Jahrhundert schreckte man sie mit der Sozialdemokratie, die ihnen ihr bißchen Eigentum zu nehmen gedächte, im zwanzigsten tut man dasselbe mit dem Gespenst des Bolschewismus, welches sich aller Masken, auch unserer Gutgläubigkeit, bediene, um das deutsche Wesen und Leben um und um zu stürzen. Heute, sechs Jahre nach dem schwersten Bombenangriff auf die deutsche Hauptstadt, kann man sich allerorten diesseits der Elbe vom Augenschein dessen überzeugen, was von der Friedensfront gewollt und schon vollbracht wird. Wäre es jetzt nicht höchste Eisenbahn, so fragt das Schicksal 1951, Augen und Sinn für die Erkenntnis der Wirklichkeit zu öffnen und zu schärfen?

In den Furchen unserer Tage

1951

Vielleicht ist es Zeit, möglicherweise auch noch zu früh, um den Vorhang wegzuziehen von den Hinter- und Untergründen der Feindseligkeit, mit welcher die führenden Kreise der kapitalistischen Welt, einschließlich der Gewerkschafts- und Arbeiterführung, die sozialistische Hälfte der Welt betrachten – und leider nicht nur betrachten. Es kommt dem Verfasser, und vielleicht auch dem Leser, so vor, als hebe er von einem alten Blumentopf im Keller den Deckel und stelle fest, daß verschiedene Insekten ihn zum Winterquartier eingerichtet haben. Ohrwürmer, Asseln, vielleicht auch Spinnen – nicht angenehm von Gestalt und jedenfalls fehl am Platze. In heißem Klima wären sie wahrscheinlich giftig. Und unser politischer Dschungel hat ja nicht unterlassen, der Welt gehörig einzuheizen.

Zuallererst: Sie erinnern sich wohl noch des unseligen Mr. Forrestal, der vom siebzehnten Stockwerk aus dem Fenster sprang, weil er überzeugt war, die Rote Armee sei in Amerika gelandet und er als Kriegsminister habe die nötigen Vorsichtsmaßregeln unterlassen. In jedem der führenden Politiker des Atlantikpaktes arbeitet ein Stückchen Forrestal, ohne daß sie in ihrem Bewußtsein davon Kenntnis nehmen. Herr Forrestal nämlich, mit dem Scharfsinn eines Geisteskranken, hatte von seinem Unbewußten Signale empfangen aus der Zukunft der Vereinigten Staaten und der kapitalistischen Welt. Als »Rote Armee« witterte seine verwirrte Seele die Tatsache, daß eine Bewußtseinsänderung vor sich gehen würde in den Millionen von Angestellten und Werktätigen, die vorläufig noch der kapitalistischen Ordnung unkritisch, wenn auch murrend, Folge leisteten. Alle diese Millionen waren eine »Rote Armee« in dem Sinne, daß sich ihre Lebensansprüche ihren Leistungen entsprechend steigern würden. Haß und Angst vor diesen unentrinnbaren Forderungen der unentbehrlichen, getreuen Diener nahm bei Mr. Forrestal die Gestalt der realen Roten Armee an – und das tut sie bei all den Einpeitschern, Wortemachern und Schönschreibern des Atlantiklagers, von denen einige, etwa Herr Arthur Koestler, ihre neurotischen Gespinste auch in deutscher Sprache exekutieren. Wäre es aber nicht ein wenig weitgehend, wenn man den Atlantikpaktlern aggressive Pläne gegen das reale sozialistische Rußland gestattete, nur weil F. D. Roosevelt tot ist, der weitsichtig genug war, an den kapitalistisch hochgeheizten Kesseln Sicherheitsventile anzubringen? Und wäre es nicht klüger, seiner Parole folgend, den Wohlstand mit denjenigen zu teilen, die ihn schaffen, statt die ganze Welt ins Chaos eines dritten, eines Atomweltkrieges zu stürzen, in welchem der Wohlstand unter allen Umständen vernichtet werden würde, den man jetzt nur ein wenig gerechter aufzuteilen hätte? . . .

Der Leser, dem diese Zeilen vor Augen kommen, braucht nur einen Bleistift zu nehmen und zu berechnen, wieviel werktätige Menschen die Vorbereitung und das Führen eines aggressiven Krieges von der Aufbauarbeit abziehen würden, die östlich der Elbe von niemandem mehr geleugnet werden kann. Ein kämpfender Soldat braucht nach amerikanischen Angaben die Arbeit von elf Menschen, um jederzeit kampfbereit zu sein. Nehmen wir an, ein sowjetischer Soldat brauche nur fünf solche Hilfskräfte, dann würde das Aufstellen eines Angriffsheeres von fünf Millionen all den Arbeiten weitere fünfundzwanzig Millionen werktätiger oder geistig schaffender Männer und Frauen entziehen, die in der UdSSR und den Volksdemokratien angespannt tätig sind, um das schöpferische, friedliche Aufbauwerk nach den furchtbaren Zerstörungen des faschistischen Weltkrieges zu verrichten. Versteht man jetzt, warum die Sowjetunion ununterbrochen die Verringerung aller Rüstungen vorschlägt? Wäre es nicht endlich an der Zeit, einen aufrichtigen Waffenstillstand mit denjenigen Kräften zu schließen, die zum erstenmal erfolgreich entfesselt worden sind, als die Puritaner Englands 1649 mit den Vorrechten der herrschenden Klassen blutig abrechneten? Sieht man nicht, daß die Rufer im Streite wie Winston Churchill einfach die Nachfolger von Edmond Burke sind, der 1793 alles daransetzte, um den Aufstieg der werktätigen Klassen auf dem Niveau von 1649 festzuhalten? Die Oktoberrevolution von 1917 war die dritte Stufe nach der zweiten von 1789, und wenn die verbündeten Trusts und Militärherren auch nicht einsehen wollen, daß sie die aufsteigende Flutwelle der Befreiung und Bewußtseinsänderung nicht hemmen können, die sich in unserer Menschengeschichte während der Lebenszeit unserer Generation durchsetzt: jeder Mann und jede Frau mit dem Wahlzettel, selbst die Bewohner des unversenkbaren Flugzeugträgers Großbritannien, sollten einsehen und durchsetzen, daß Kapitalisten und Sozialisten auf der Erde nebeneinander Platz haben wie Griechisch-Katholische und Römisch-Katholische, Römisch-Katholische und Protestanten, Kirchengläubige und Freigeister. Was vor Jahrhunderten die Angst der Menschen vor der Hölle und der Glaube an ein Jenseits war, das entspricht heute der Frage nach der Ordnung des täglichen Lebens und der Verteilung der erarbeiteten Güter; und es würde unser Menschengeschlecht auf das Niveau von Ratten erniedrigen, wenn wir nicht mehr Herr genug über das einsichttragende Wort wären und uns nur durch Zerstörungsmittel und den Tod von Millionen zu jener Klarheit durchringen könnten, ohne die unserer Zeit die Fortsetzung der Zivilisation nicht möglich erscheint.

Argonautenfahrt nach Bonn

1952

Man weiß, daß ein Schriftsteller auch die Angelegenheiten der Politik farbiger betrachtet als die Politiker. So sah ich denn die Fahrt unserer Volkskammerdelegation nach Bonn – vielleicht beeinflußt durch meinen jüngsten Aufenthalt auf der Taurischen Halbinsel, heute der Krim – als die klippenreiche Expedition des Jason und seiner Kameraden auf der Suche nach dem Goldenen Vlies, von der uns der griechische Mythos berichtet. Hatte doch die Gruppe um Herrn Adenauer sich stets aufgespielt und angesehen als der »reiche Hausherr«, dem fünfzig Millionen Deutsche dienen. Ich brauche, sagte er sich, meinen fünfzig Millionen nur einzureden, jene trügen Schwerter in ihren Bettelsäcken verborgen, dann werden sie, falls jene kommen, die Reisenden mit Steinen bewerfen!

Aber statt Steine wurden Blumen geworfen. Die Besucher durften allerdings nicht sehr lange verweilen, aber nur, damit sie nicht noch mehr als bisher mit den Vertretern dieser fünfzig Millionen in Berührung kämen, sprächen, sich verständigten. Sie verbargen auch keine Schwerter im Schnappsack, sondern vernünftige Briefe, die sie abgaben. Bei den fünfzig Millionen hatte sich nämlich inzwischen herumgesprochen, daß der »reiche Mann« ein recht armer Reicher sei, daß er große Schulden habe und binnen kurzem auf sie, die fünfzig Millionen, noch viel ärgere Schulden häufen werde. Und daß die Schwerter keineswegs im Schnappsack der Besucher steckten, sondern im Palast des Besuchten, dazu bestimmt, von ihnen den fünfzig Millionen, in die dritte und größte, die vernichtende Niederlage getragen zu werden. Inzwischen hat man sich auf der großen Leipziger Messe davon überzeugt, daß diese Leute die eigentlichen Reichen sind, denen alles gehört, was sie vorweisen, während im Hause des »reichen Hausherrn« auf allem Wertvollen bereits die unsichtbaren Siegel des amerikanischen Pfänders kleben – auf der Kohle, dem Erz, den Eisenbahnen und vor allem auf der Menschenkraft.

Ist vielleicht, fragen Sie, das Goldene Vlies nur ein Orden, eine umgehängte Dekoration? Nein, das Goldene Vlies, das die neuen Argonauten suchen, ist die Einheit ihrer Heimat.

Hörten wir nicht, wir reichen Armen, erst jüngst von der Bühne her die Worte Egmonts, es gelte jetzt, den Sonnenwagen des Schicksals »vom Abgrund hier, vom Sturze dort zurückzureißen«? – des deutschen Schicksals und des Schicksals unserer Menschheit in Ost und West? Und sind nicht dazu unsere Argonauten nach Bonn gefahren, nachdem wir Jahr für Jahr unsere warnenden Worte hinüberschickten nach Westen?

Und da wir gerade von Goethe sprechen, erinnern wir uns, daß der große Sohn des deutschen Volkes aus jenem Frankfurt stammte, das in seinen Tagen noch kein amerikanisches Hauptquartier darstellte. Heute aber sind in Frankfurt die amerikanischen Interventen, die versuchen, die deutschen Patrioten, die fortschrittlichen Künstler, alle Friedenskämpfer mit der Hilfe des Terrors einzuschüchtern.

Der amerikanische Generalstaatsanwalt droht dem Schauspieler Charlie Chaplin, ihn, falls er von seiner Englandreise nach den USA zurückzukehren gedenkt, zunächst einmal verhaften zu lassen, weil er sich mit dem Maler Picasso und dem Filmmusiker Hanns Eisler in »kommunistische Umtriebe« eingelassen habe. Klein, aber fein! Die Empörung der ganzen Welt wird diese ungeheuer dumme Ungerechtigkeit brandmarken.

Wir aber danken unseren fünf Boten, daß sie gelassen und ruhig ihre Mission erfüllt haben. Sie ließen jenseits einer von Kriegsdrohungen schwangeren Flut ihre Menschengesichter sehen, ihre menschlichen Stimmen hören und ermutigten damit die fünfzig Millionen, ihre Wortführer zur Ordnung zu rufen, zur Ordnung und Gerechtigkeit eines kommenden, zu Frieden und Einheit führenden, für alle heute Lebenden mit schicksalhafter Bedeutung geladenen Gesprächs.

Begegnungen in USA

1950

1

Dies geschah in jener unglaubwürdigen Epoche, in welcher die nichtfaschistischen Kräfte der Welt schwankten, einander abtastend, ob eine brauchbare Koalition gegen die faschistische Gefahr zustande zu bringen sei, Mai–Juni 1939. Hitlerdeutschland hatte es verstanden, die entschlossen-sozialistischen wie auch die alteingesessen-kapitalistischen Mächtegruppen immer wieder vor den Kopf zu stoßen – die letzteren, weil dieser neue Imperialismus »die ganze Innung blamierte«. Japan, verschlossenen Gesichts, ließ sich von den USA Schrott und Öl in ungeheuren Mengen liefern; der Duce, statt den abessinischen Raub zu verdauen und die Wacht am Brenner zu beziehen, leckte sich die Lippen nach dem englischen Erbe im Mittleren Osten, das ihm sein neuer Freund Adolf verschaffen würde. Dieser hatte Wien und Prag »erobert«, bereitete seinen polnischen Feldzug vor, war sicher, daß Chamberlains England ihn dabei nicht stören werde, und rechnete mit starken Sympathien von seiten der Trustmagnaten aus den USA – war er doch das erkorene Schlachtschwert gegen den Bolschewismus, die Posaune, die zum Kreuzzug für die freie Wirtschaft und den freien Wettbewerb aufrief. Damals hatte der PEN-Club eine wichtige Tagung nach New York einberufen, wo eine Weltmesse dicht bei der Stadt auf offenem Gelände ihre prachtvollen Baulichkeiten entfaltete. König Georg von England durchreiste gerade Kanada, und Franklin D. Roosevelt stand vor der dritten Wiederwahl zum Präsidenten. Wer die beiden Männer im offenen Wagen einfahren sah in die Stadt New York, bejubelt von einer Millionenmenge, der wußte schon im Mai: dieser Präsident würde wiedergewählt werden; die beiden angelsächsischen Mächte würden zusammenstehen und den deutschen Imperialismus gemeinsam abwehren wie 1917 – das neue Rußland aber werde diplomatisch und militärisch seine Gegner ebenso überraschen wie das Frankreich von 1793, in welchem auch die Revolution alle bislang verborgenen und brachliegenden Kräfte der Massen in Schwung gesetzt und zum Blühen gebracht hatte. Der zweite Weltkrieg, um dessentwillen man Herrn Hitler in die Macht gehißt hatte, stieg am Horizonte auf; wir wußten, wer ihn gewinnen würde: die Mächte der Freiheit, der Befreiung auch für das deutsche Volk, dessen tatkräftiger Teil zur Zeit noch in den Konzentrationslagern und Zuchthäusern schmachtete, in der Emigration von Australien bis Moskau oder verschwiegen getarnt mitten im Dritten Reich.

2

Wir PEN-Club-Leute waren nach Washington geladen worden, ins Weiße Haus als Lunchgäste des Präsidenten. Als wir dort die Treppen hinaufstiegen, Gartenanlagen von leuchtendem Grün und bunten Blumenbüschen hinter uns, erfuhren wir, Roosevelt fühle sich nicht wohl, er werde nur shakehands mit uns machen, sich dann wieder niederlegen, Frau Roosevelt werde ihn vertreten. Wir hatten in den Korridoren und Vorzimmern die vielen Abbildungen und Modelle von Schiffen und Schiffsteilen gesehen, die Roosevelt um sich liebte, und wußten: dieser Mann hatte mit bewundernswerter Energie die furchtbare Krankheit der spinalen Kinderlähmung überwunden, die ihn vor Jahrzehnten befallen hatte, mit Hilfe der heißen Quellen von Hot Springs, der Kunst der Ärzte und seiner eigenen Willenskraft; er sollte sich nur ja schonen! Dann saß er an seinem Schreibtisch und gab uns, den an ihm Vorüberziehenden, die Hand, eine feste fleischige Männerhand, passend zu seinem rötlichen Teint, seinen blauen festblickenden Augen. Er lächelte ein amtliches Lächeln, vielleicht etwas freundlicher als bei sonstigen Geschäften, denn die Männer und Frauen, die ihm hier ins Auge sahen, ihn grüßten, sich leicht verneigten, zählten immerhin zu den besten, den freiesten Verbündeten der demokratischen Weltkräfte. Viele von uns waren von weither gekommen, alle trugen bekannte Namen, einige sogar recht berühmte, und alle waren wir entschlossen, für wirkliche Demokratie und die Freiheit der Geister, für ein besseres Leben der werktätigen Massen und das Recht auf

Nichteinmischung durch fremde Aggressoren unsere Kraft einzusetzen, wie wir es bisher getan hatten. Thomas Mann und Pearl Buck, Jules Romains und ich, Ernst Toller und Lin Yu Tan. Ja, dachte ich, während ich sein volles Haar bewunderte, diese Hand hier, die ich drücke, hält wirklich das Steuer der Vereinigten Staaten in gutem Linkskurs. Sie hat an dieser kapitalistischen Wirtschaftswelt Sicherheitsventile angebracht und große Strecken verwüsteten Landes wieder besiedelt, bewässert, gerettet. Die Dummköpfe, die ihn befeinden, wissen nicht, daß er ihre Sache vor den Explosionen schützen möchte, denen sie sonst entgegentreibt. Wenn er uns nur erhalten bleibt, dieser energische Kapitän – und nun wollen wir wieder einmal Hühnchen essen, Salat, Eiscream und Kaffee und einige Reden verdauen, und dann wollen wir noch dieses Washington anschauen, eine typische Residenz mit einer Menge Säulen, Stufentreppen und der Gedenkhalle für Abraham Lincoln, der das liebenswerte Amerika zu seiner Zeit verkörperte wie heute Franklin D. Roosevelt.

3

Und dann, ein paar Wochen später, der Kongreß hatte schon geendet, saß ich einem anderen Amerikaner gegenüber und freute mich an dem Blick seiner dunklen Augen, am Nachmittagslicht auf seiner grauschwarzen Haut. Er hieß Paul Robeson, der Negersänger, und seine Anwesenheit auf dem Landsitz einer befreundeten Familie, vor langer Zeit aus Leipzig eingewanderte Juden, war die schönste Überraschung, die mir dieser Besuch in der fast unberührten Wildnis von Connecticut bescherte. Seine Hand war magerer als die Roosevelts, sein Auge größer, sein hoher Wuchs, seine breiten Schultern gaben denen des Präsidenten nichts nach. Eine hübsche blonde Schauspielerin war dabei, die ein fortschrittliches Theater leitete, der deutsche Dichter Ferdinand Bruckner, der Gastgeber mit seiner amerikanischen Gattin; aber als wir dann durch das weite Besitztum bummelten, mit seinen Teichen, Bächen und Hügeln, gingen Robeson und ich als letzte, voller Sympathie füreinander und alsbald in ein Gespräch vertieft, wie es immer dann zustande kommt, wenn ein Schriftsteller die Gelegenheit hat, mit einem großartigen Darsteller zusammenzutreffen. Ich erzählte Robeson, daß mich seit vielen Jahren die Gestalt Toussaint L'Ouvertures fesselte, seitdem ich den Bericht gelesen hatte, den unser Freund Werner Hegemann in seinem prachtvollen Anti-Napoleon-Buche verzeichnete. (Dieser menschlich wie kriegerisch so bedeutende ehemalige Negersklave und Revolutionsgeneral auf Santo Domingo, der die französischen Royalisten und ihre englischen Verbündeten von seiner Heimat vertrieben hatte, war so vertrauensselig gewesen, sich nach Paris einzuschiffen, um dort seine Sache vor dem Korsen und dem Konvent selber zu führen. Napoleon, von seiner kreolischen Frau aufgestachelt, hatte ihn im Fort de Joux in den Savoyischen Alpen internieren lassen und den Befehl gegeben, seine Zelle nicht zu heizen, was der Neger nicht überleben würde; so geschah es.) Ich entwickelte Robeson den Plan, aus diesem großartigen Fabelkern ein Stück zu machen oder einen Tonfilm, wenn er bereit wäre, Toussaint zu verkörpern. Er wiegte seinen Kopf hin und her: ihn interessiere ein anderer der damaligen Generäle mehr, der François hieß, ob ich von dem nichts wüßte? Nein, ich wußte nichts von ihm, denn Hegemann berichtete nur auf Grund der Reden im damaligen amerikanischen Kongreß eben von Toussaint L'Ouverture. Und dann sprachen wir von Moskau, wo Robesons Kinder erzogen wurden, weil Negerkinder sonst nirgends ihres Lebens froh werden könnten; ob ich schon in der UdSSR gewesen sei? Nein, sagte ich, leider, leider nicht. Der Einladung zum Schriftstellerkongreß vor vier Jahren hatte ich nicht folgen können, weil die Ärzte meine Augenkrankheit damals noch nicht erkannt hatten und mir das Fahren mit Auto oder Eisenbahn verboten; seither aber waren wir mit dieser Krankheit fertig geworden, und jetzt konnte ich mich in der Welt umherbewegen. Bei der nächsten Gelegenheit würde ich den Besuch in Moskau nachholen. Wann diese Gelegenheit aber blühen werde, das wußte niemand; stand doch der Krieg vor der Tür, der das Gesicht der Welt gründlich verändern würde. Und dann sprachen wir über die demokratischen Kräfte in den USA, ihre Zersplitterung, über die Neger, die Juden, die Antifaschisten; und ich dachte, während ich Robeson betrachtete: Franklin D. Roosevelt ist zum schöpferischen Staatsmann aufgestiegen im Kampf mit einer individuellen Krankheit, mit einer Kinderseuche.

Dieser Mann hier aber, Paul Robeson, bewältigte den gleichen Aufstieg im Kampf gegen eine Rassen- und Klassenseuche, die er mit allen seiner Hautfarbe teilt, zum freiesten und menschlichsten Sänger unserer Tage. Wo immer seine Stimme erklingt, singt der unterdrückte Mensch, aber so, daß man schon fühlt, was für Kräfte zum Wohle aller sich befreien, wenn die Gehirne der Weißen von ihrem Gruppendünkel einmal entlaust sein werden. Wodurch? Durch die soziale Revolution, durch die Befreiung von all den Geisteskrankheiten, die man Vorrechte nennt, Privilegien, Klassendünkel, Besitz an Produktionsmitteln, Rassenstolz und -wahn. Ja, Paul Robeson, in Ihrem Singen ist der Sieg unserer Sache schon vorgebildet wie im Aufbau der UdSSR und im Bewußtsein all derer, welche wissen, daß der Motor der Geschichte keinen Rückwärtsgang hat und daß zugrunde geht, wer versucht, ihm einen solchen beizubiegen.

Und dann fuhr unser Wagen vor, wir mußten nach New York zurück, und das Gespräch mit Paul Robeson blieb unvollendet. Aber immer, wenn in späteren Jahren durchs Radio seine Stimme kam, frei, groß, wunderbar wohlklingend, der menschlichste Baß, in dem feinste Schulung und beste Naturanlage sich vereinten, sah ich die grüne Parklandschaft von Connecticut vor mir, den breitschultrigen Mann und den Nachmittagshimmel des damals noch vorwiegend freien, vom Monstrum der Trusts noch nicht öffentlich entstellten Amerika.

Rettet die Rosenbergs!

1952

An den
amerikanischen PEN-Club

Werte Kollegen!
Von dem »Streit um den Sergeanten Grischa« bis zum »Beil von Wandsbek« habe ich den Kampf des einzelnen Menschen gegen die zermalmende Gewalt der Gesellschaftsmaschinen geschildert und dafür auf der ganzen Erde dankbare Leser gefunden. Aber ich wäre nicht wert, mir einen Platz auch in der amerikanischen Literatur erobert zu haben, wenn ich meine Stimme nicht erhöbe, um in die Forderung einzustimmen, das Ehepaar Rosenberg aus der Todeszelle zu erlösen. Der Prozeß gegen sie muß von neuem verhandelt oder eine Begnadigung erwirkt werden, damit nicht das Jahr 1953 in der Geschichte des amerikanischen Rechtsgefühls ebenso befleckt dastehe, wie im Hitlerdeutschland von einst das Jahr 1933 als Jahr des Reichstagsbrandprozesses und der Ermordung des unschuldigen van der Lubbe.
Ich appelliere an Euch, Kameraden, weil ich leider den Namen unserer verstorbenen Kollegen Vincent Stephen Benét oder Sinclair oder Damon Runyon nicht anrufen kann – wenn sie lebten, ständen sie sicher in derselben Front wie

Euer ergebener
Arnold Zweig

Ruf an Albert Einstein

1953

Lieber und verehrter Professor Albert Einstein!
Heute schreibe ich Ihnen, um Sie zu bitten, sich denjenigen Amerikanern und Menschen überhaupt anzuschließen, die in dem Fall des Ehepaares Ethel und Julius Rosenberg eine Fortsetzung der Bruchlinie spüren, die sich zwischen dem Rechtsgefühl unserer Zeitgenossen und der Handhabung des Justizapparates in unserer Nachkriegswelt auftut. Sie wissen, wie sehr die Kulturkruste, auf der wir alle fußen und arbeiten, abgetragen wird durch Kriege, wissen auch, daß die neueste Form dieser Abtragung unseres Kulturbewußtseins Faschismus heißt.

Jeder von uns, wo immer er stehe, kann nicht aufhören, dieser schädlichen Tendenz Einhalt zu gebieten. Für die Vereinigten Staaten von Amerika, die für mich immer noch mit dem Namen F. D. Roosevelts geprägt sind, scheint mir der Augenblick gekommen, gegen den Mißbrauch der Rechtsmaschine das Gewissen aller anständigen Menschen aufzurufen.

In Deutschland waren Sie immer mit dabei, wenn wir dem heraufkommenden Faschismus entgegentraten. Ihr ausgebildetes Verpflichtungsgefühl ließ Sie nicht schweigen, wenn es galt, das Leben Unschuldiger vor der Vernichtung zu retten – einer Vernichtung, die symbolisch stand für die Vernichtung der Garantien zur Weiterbildung unseres menschlichen Rechtsgefühls und unserer Freude an der immer wieder erneuerten Kulturkruste, ohne deren Wachstum weder Sie als Physiker noch unsereiner als Schriftsteller den Mut behielten, weiterzuarbeiten.

Aber lassen Sie mich fragen, lieber Albert Einstein, ob Sie noch zu jener kleinen Schrift stehen, die der verschollene Völkerbund veranlaßte und die im Herbst 1932 unter dem Titel »Warum Krieg?« als Buch erschien?

Damals stellten Sie unter anderem die Frage: »Gibt es eine Möglichkeit, die psychische Entwicklung der Menschen so zu leiten, daß sie den Psychosen des Hasses und des Vernichtens gegenüber widerstandsfähiger werden?« Heute und hier muß festgestellt werden, daß diese Möglichkeit inzwischen geschaffen wurde, und zwar in einem Ausmaß, an das wir vor zwanzig Jahren nicht gewagt hätten zu denken: die Weltfriedensfront, in der jetzt achthundert Millionen Menschen vereinigt sind und zu deren Initiatoren ich bereits im Sommer 1948 das Glück hatte zu gehören.

Zu den Scharen, die mit uns sympathisieren, gehören auch die Rosenbergs. Alles, was man sonst noch gegen sie vorbringt, wird von Kennern ihres Prozesses einfach Lüge genannt. Wir wollen das Leben dieser Unschuldigen retten, wie jene Madame Legros, die unser unvergeßlicher Heinrich Mann auf der Bühne wiedererweckt hat. Sehen Sie nicht die Möglichkeit, lieber Albert Einstein, und sogar die Notwendigkeit, sich in diesen Kampf einzureihen? Haben Sie nicht das Gefühl, da unser Globus rund ist, in Princeton dieselbe Verteidigungsarbeit fortsetzen zu müssen, wegen derer Sie Ihre Sternwarte in Potsdam verlassen mußten? Und glauben Sie nicht, daß die Kräfte der Kriegsmacher dieselben geblieben sind, indes unsere Friedensarmee mit der vor zwanzig Jahren nicht verglichen werden kann? Unser Leben währet siebzig Jahre, sagt der Psalmist, und wenn es hoch kommt, achtzig Jahre, und wenn es köstlich gewesen, ist es Mühe und Arbeit gewesen. Sie haben diese Grenze überschritten, mir steht sie noch fünf Jahre lang aus. Aber an Mühe und Arbeit hat es ja in unseren Läuften niemals gefehlt, und wenn Kriegsjahre doppelt zählen, darf ich mich mit Ihnen im Alter auf die gleiche Stufe stellen.

Darf ich Ihnen vorschlagen, lieber Albert Einstein, daß wir alt gewordenen Friedenskämpfer uns mit diesem jungen Ehepaar identifizieren?

Wollen wir nicht das Unsere dazu beitragen, daß der zukünftige Historiker unserer Tage seinem Bericht über die Welt des zweiten Nachkriegs den Satz hinzufügen kann: »Außer den direkt bedrohten Massen derjenigen, welche für einen dritten Weltkrieg die Rekruten stellen sollten, widersetzten sich den Kriegsgelüsten damals auch Schriftsteller und Wissenschaftler wie der weltberühmte Physiker Albert Einstein und der im ersten Weltkrieg vernünftig gewordene Schriftsteller ...«

Ihr ergebener und grüßender Arnold Zweig

»Lemmerwölkchen«

1954

Manchmal werden die Leser von Zeitungen auch in der letzten Hälfte des Monats April in denselben geschickt. Denn was anderes als »April, April« kann ein Schriftsteller gewissen Zeitungsredaktionen jenseits unserer Sektorengrenze, etwa dem »Kurier«, gelegentlich zurufen? Erfährt er da zum Beispiel durch sein Ausschnittbüro, er sei in Dresden wohnhaft (während er doch seit seiner Rückkehr im Jahre 48 zwischen den Parks von Niederschönhausen wohnt und in diesen spazierengeht). Oder wenn ihm nachgesagt wird, die Sowjetische Besatzungsmacht habe ihm die Ausreise nach Italien verweigert, während deren Einverständnis schon vorlag, als er vor Wochen die Einladung des Istituto Italiano Di Studi Germanici annahm. Hinzu kam eine Korrespondenz mit dem Übersetzer seiner Bücher ins Italienische, der ihn im Römischen Rundfunk ausführlich über seine neuen Arbeiten und Pläne interviewen wollte. Was nicht klappte, war beim Autor der augenblickliche Gesundheitszustand und beim Italienischen Generalkonsulat das Eintreffen des *Einreisevisums*. Aber bis zum Herbst werden sich wohl beide Schwierigkeiten behoben haben und dann wird der Verfasser den so interessierten Redaktionen gern eine Ansichtskarte aus Rom schicken: »Mit nachbarlichen Grüßen Arnold Zweig.«

Nächtliche Stimmen

1956

Ich schlafe schlecht in diesen Nächten. Ich fahre auf um drei, um vier, von Stimmen geweckt, die aus den Gräbern heulen: »Laßt sie nicht wieder los, nicht zum drittenmal. Es sind dieselben. Habt Erbarmen und seid gewarnt!« Und ich weiß, die Stimmen kommen vom Pfefferrücken und vom Toten Mann, aus dem Fosses-Wald, dem Chapitre-Wald, den Gräbern der Forts Douaumont und Vaux, den Dörfern Souville, Hardoumont, Gibercy. Ich hatte vor, sie zu besuchen, und was vierzig Jahre begraben war, pocht mit Fäusten gegen die dicke Schicht meines Bewußtseins, des Unbewußten. »Sie waren damals schon schlimm genug! Sie sagten, diese Schlacht werde gemacht, damit Frankreich sich verblute, wobei sich ja auch Deutschland verbluten würde. Wir sind Hunderttausende, die dafür zu zahlen hatten. Aber das Ziel waren die lothringischen Erze – diesmal wird es die Ruhrkohle sein! Und sie sind viel schlimmer geworden. Fragt in Polen danach, in der Sowjetunion, in Rumänien. Zählt die Millionen der jüdischen Brüder, die beim Appell fehlen werden, der Krematorien von Buchenwald, Auschwitz und Maidanek. Zählt die Millionen der Schwestern, die fehlen werden beim Appell. Leute, Leute, aus dem Kampf der Völker hat sich endlich klar herausgeschält der Kampf der Klassen, der sich immer darin verborgen hatte – darum, ihr Zivilisten, braucht ihr nicht zu warten, bis man euch in den Waffenrock steckt. Und noch eins, bevor wir schweigen: Früher befehligten uns Soldaten aus unserer eigenen Abstammung und Tradition, und schon die nannten wir Blutsäufer und haßten sie. Aber sie waren Franzosen. Nivelle und Mangin, sie waren Deutsche, der Kronprinz und Gallwitz. Aber wer jetzt an der Spitze der Heere steht, das sind Geschäftsleute von jenseits des großen Teichs, die uns opfern werden für ihre Väter, alte Chefs von Monopolen der USA und Englands. Und darum wollen wir aufhören, uns zu bekriegen, ein für allemal, und die Erbauer der Kathedralen von Chartres und Reims nicht mehr mit dem Bajonett antreten gegen die Erbauer der Dome von Erfurt und Naumburg, sondern mit der Maurerkelle, der Lohntüte und dem Mitgliedsbuch unserer Gewerkschaften! Und nicht zu vergessen: mit der Karte der Weltfriedensfront, welche die Weltkriegsfront abgelöst hat und auf der Taube Picassos ihren wehrhaften Schnabel zeigt statt eures Adlers und unseres Hahns.«

Und ich sagte mir und drehte mich auf die Seite, um wieder einzuschlafen: wenn die Völker ihre Nerven behalten, haben wir diese vierzig Jahre nicht umsonst überlebt.

Wer in unser Lager einbrechen will...

1956

Gerüchte, Bedenken, einander widersprechende Nachrichten, Sorgen und Empörung über das, was vom nächsten bis zum Mittleren Osten gemeldet wird, verwirrten den in seiner Arbeit gesammelten Blick des Schriftstellers. Befürchteten wir nicht, daß verspätete Reformen und versäumte Verbesserungen unser politisches Weltbild ins Wanken bringen könnten? Hatten uns nicht erst die polnischen, dann die ungarischen Ereignisse gezeigt, wie wenig sich unsere westlichen Aufruhrfreunde zufriedengaben mit dem Absenden von Ballons mit Flugblättern, Fernkameras, Radioempfängern? Und doch gaben wir unsere Arbeit keinen Tag preis. Wir verließen uns auf die Erfahrungen, die wir seit unserer Heimkehr, die Friedensfront mit aufbauend, in vielen Hauptstädten gemacht hatten. Die Taube unseres Freundes Picasso, gestern wieder bei der Totenfeier unseres von der Krankheit aus der Arbeit gerissenen Freundes Brecht groß und die Bühne beherrschend ausgespannt, mahnte uns: Haltet zusammen, wißt, daß ihr das Recht mit euch tragt, daß Frieden die Voraussetzung ist für das Aufhören der Steinzeit, des prähistorischen Zeitalters.

Jetzt enthüllt sich, was jene Westmächte in Wirklichkeit vorbereiteten, als sie den frischgegründeten Staat Israel mit Waffen, Geld und Instruktoren speisten. Jetzt antwortet die Kapitalistenfront auf den Versuch, ein weiteres wichtiges Bindeglied zwischen Ost und West, den Suezkanal, aus dem schmarotzerischen Privatbesitz in produktiven Volksbesitz überzuführen. Und doch hoffen wir ohne einen Augenblick des Zweifels darauf, daß die Jahre der ununterbrochenen Erziehung zum Frieden die Oberhand gewinnen werden, nicht nur in unserem Lager, sondern auch im Westen und Norden, diesseits und jenseits des Atlantischen Ozeans.

So unklar und wechselvoll sich das Bild der Tage auch gestalte: Wer in unser Lager einbrechen will als Feind oder sich einschleichen als Verführer, möge sich nicht wundern, wenn ihn der

Schlag unserer gesammelten Kraft trifft, wie 1920 beim Kapp-Putsch oder 1945 bei der Niederwerfung des weißen Faschistenterrors von Horthy, Mussolini und Hitler.

An die achtzehn Atomphysiker

1957

Meine sehr geehrten Herren!
Erlauben Sie mir, Ihnen für das Ostergeschenk zu danken, das Sie unserer Epoche gemacht haben.
Als ehemaliger Göttinger Student von 1912 fühle ich mit Freuden den Geist der Göttinger Sieben wiederauferstehen.
Als langjähriger politischer Mitkämpfer Albert Einsteins bekunde ich aufatmend, daß Sie, seine Mitarbeiter und Erben, auch die Träger seines Geistes sind, den er mir noch 1939 in Princeton bestätigte: gegen Antisemitismus, Militarismus, faschistische Gewalttat, welterobernden Dünkel.
Als erster öffentlicher Redner in deutscher Sprache nach der schmachvollen Hitlerzeit, der 1948 in Prag und 1949 in Paris den Kampf der Friedensfront miteröffnen durfte, stelle ich beglückt fest, daß unsere Umkehr, die Rückkehr zum deutschen Geist, Ihr Gewissen erfüllt – von Ihnen verwaltet, Lehrern einer Jugend, die nicht zum dritten Mal, und zwar zum furchtbarsten, die Erdoberfläche düngen soll.
Und als freier Schriftsteller setze ich mich guten Mutes hinter meinen Schreibtisch: seit langem tat es nicht so wohl, die schöpferische Welt deutsch anzusprechen in der Mitte des zwanzigsten Jahrhunderts. Ich bin sicher, daß dieses Gefühl rund um den Globus läuft und zu Ihnen zurückkehrt, echten Sachwaltern geistiger Lebensarbeit, für die es lohnt, seine Jahre zu Ende zu leben.
In guter Nachbarschaft!

Arnold Zweig

Über das Privileg geschlagener Generäle

1957

Wenn sich der Aprilhimmel gebärdet, als wäre es schon Mai, und man liegend zum Fenster hinausblickt, indes die unermüdliche Sekretärin, die Säule der Schriftstellerei, mit gespannter Schreibmaschine darauf lauert, schönes weißes Papier in den Rachen der Druckerei zu werfen – in solcher Stunde fällt einem auf, welch ein Unterschied zu bestehen scheint zwischen Generälen, welche ihr Handwerk schlecht gelernt haben, und Architekten und Ingenieuren gleicher Laufbahn. Sie haben gewiß noch nie davon gehört, daß ein Ingenieur Minister wurde, dem eine Eisenbahnbrücke einstürzte, wobei ein Zug mit Hunderten von Menschen in der Flut versank. Und ebensowenig erlebten Sie das Wunder, einen Architekten, dem ein großer Gebäudekomplex zusammenbrach, zum Vorsitzenden einer Aktiengesellschaft ernannt zu sehen, auch wenn durch ihn viele Reihen neuer Gräber auf wohlbegrünten Kirchhöfen entstanden. Für Generäle aber scheint dies selbstverständliche Gesetz nicht zu gelten. Auf irgendeine Weise verdunstet in ein paar Jahren jeder Makel, den der Verlust einer Schlacht oder eines Feldzuges mit sich bringt, und die Zehntausenden von Toten, die er gekostet hat, verdunsten mit ihm. So geschah es bereits dem Marschall Mac Mahon, welcher die Schlacht bei Sedan verlor, aber drei Jahre später bereits zum Präsidenten der Französischen Republik gewählt wurde. Die gleiche Laufbahn blühte dem Marschall von Hindenburg, welcher zwar alles tat, um das deutsche Kaiserreich durch den ersten Weltkrieg zu stürzen, aber 1925 selbst Staatsoberhaupt wurde – diesmal freilich, ohne sein geistiges Potential, den Generalquartiermeister Erich Ludendorff, in die Reichskanzlei mitnehmen zu können. (Statt seiner installierte er dort jenen böhmischen Gefreiten, der als Adolf Hitler die Büffelstrategie Ludendorffs – wie Marschall Foch sie nannte – aufs unglaublichste übertraf.) Jetzt also stellt man die Gehilfen dieses Adolf Hitler wiederum an die Spitze neuer Heere oder von Organisationen, welche Heere werden wollen, Millionenheere. Obwohl ich mit der gebührenden Aufmerksamkeit dem Verlauf des zweiten Weltkrieges gefolgt bin und Veröffentlichungen erwarb, die ihn mir deuten sollten, fehlt bis heute eine Geschichte dieses zweiten Weltkrieges, wie wir Darstellungen des ersten auf vier- bis fünfhundert Seiten längst besitzen. An geschlagenen Generälen auf deutscher Seite fehlt es da wahrhaftig nicht, selbst wenn man den auch vom Gegner mit Achtung genannten Wüstenfuchs Rommel ausnimmt, der ja von seinem eigenen »Führer« umgebracht wurde. Aber welch ein Reigen militärischer Versager tritt uns gegenüber, wenn wir die Gegend zwischen Weser und Rhein ableuchten, zwischen Alpen und Nordsee! Da ist Herr Rundstedt, der gegen Bastogne marschierte, statt auf das Führerhauptquartier loszugehen und den verlorenen Krieg zu liquidieren. Da ist Herr Speidel, der noch nicht genug Blut vergossen zu haben scheint ohne anderes Resultat als die Zerfetzung seines Vaterlandes und seine Übergabe an vier Besatzungsmächte. Da thront Herr Kesselring, mit dem man sich noch einmal über das Verbrennen von Inkunabeln und anderen Schätzen aus dem Nationalmuseum Neapels unterhalten müßte. Da haben wir Herrn Heusinger, Herrn Manstein, Herrn Niehoff und besonders Herrn Wenck, von denen der eine die Stadt Breslau vernichtete und der andere die weitere Umgebung von Berlin. Alle diese Meister ihres Fachs müßten zu Ehrenbürgern der deutschen Friedhöfe ernannt werden, wenn die Bundesrepublik, unser Bruder- und Nachbarstaat, etwas Passendes für sie tun wollte. Nicht aber darf man sie ein zweites Mal in die Lage versetzen, neue Friedhöfe zu bevölkern – wenn man im Zeitalter der Kernwaffen von so altmodischen Vorstellungen überhaupt reden will.

Wären die Männer in Washington und New York, in Paris und London, welche das »Kriegsglück« noch einmal in Anspruch nehmen möchten, in der Lage, die versagenden Generäle mit den Leitern schlechtfunktionierender Aktiengesellschaften oder Trusts zu vergleichen und sie so nüchtern wie die Veranstalter wirtschaftlicher Niederlagen zu beurteilen, so hätten es die Völker vielleicht nicht mehr nötig, das Wiedererstehen geschlagener Stehaufmännchen zu fürchten. Aber das kann nicht erwartet werden von jenen Wirtschaftsgrößen, die ihre finanziellen Verluste der Schwarzen Freitage von anno 1929 weit schwerer nehmen als die Verluste der Generäle, welche Millionen von Gräbern für sich buchen können. So paradox benehmen sich in aufgeklärten Zeitaltern die Anbeter von Wirtschaftswundern, Wunderwaffen und Bundeskanzlern mit siebzehn Doktorhüten und dem Federschmuck des Stammes der Sioux.

Über den Ursprung des Rotfiebers

1958

Auch ich bin erst vor ein paar Tagen darauf gekommen, daß der Ursprung des Rotfiebers, welches den sogenannten Atlantikblock schüttelt, um die Mitte des Jahres 1918 zu suchen ist. Vier Jahre lang hatten die herrschenden Mächte der Kriegführenden des ersten Weltkrieges ihren Bürgertümern und Arbeitermassen den Sieg versprochen und danach eine Friedenswelt nebst Wirtschaftsaufschwung ohne Grenzen. In den Krieg hineingelockt wurden die durch Verträge, öffentliche wie geheime, gebundenen Europäer mit der Parole: Gegen den deutschen Militarismus! – sein Sturz werde sich in kaum drei Monaten vollenden. Als auf der einen Seite der rätselhafte Abbruch des Siegeslaufes bis zur Marne, auf der anderen die Zerschlagung der Dampfwalze nach Berlin alle Zeit- und Erfolgspläne umstürzte, suggerierten alle Herrschenden ihren Völkern: Durchhalten! Der Endsieg ist uns sicher! Schließlich brachte Mitte 1918 der siegreiche Vorstoß der Alliierten bei Soissons und Château-Thierry jene Wendung, auf welche die deutschen Machthaber, nachdem sich General Ludendorff wieder gefaßt hatte, mit Botschaften und Telegrammen reagierten: der Krieg müsse auf diplomatischem Wege beendet werden, und zwar durch den USA-Präsidenten Wilson.

Nun hatte das angreifende und »siegreiche« Deutschland die siebzig Millionen seiner Bevölkerung Tag für Tag mit Kundgebungen bearbeitet, die das Durchhalten zur Pflicht machten. Deutschland besaß Faustpfänder rechts und links seiner Grenzen, Rußland war durch die deutschen Waffen zum Ausscheiden gezwungen worden, Frankreich bebte in allen Nerven, und England »zitterte« vor der Blockade durch Tirpitzens U-Boote. Eine vier Jahre lang aufrechterhaltene Lähmung der deutschen Denkkraft und ihr Ersatz durch den Glauben an die Propaganda des Kriegsministeriums – die Fülle solcher in die Hirne eingegrabener Engramme mußte ersetzt werden durch etwas so Eindrucksvolles, Schreckhaft-Bedeutendes, daß die Massen der bisher Gläubigen nicht gestürzt wurden in den absoluten Unglauben an alles, was von der Obrigkeit kam. Auch in den anderen kriegführenden Staaten stand man vor ähnlichen Problemen; nur die Untertanen der habsburgischen Monarchie, in deren Heer es neun Kommandosprachen gegeben hatte, begrüßten, die Austrodeutschen ausgenommen, den Zusammenbruch des Doppeladlers als die Rettung aller bisher unterjochten Nationen.

Und da entdeckten deutsche findige Schreiber und Zeichner den roten Teufel, das bolschewistische Ungeheuer. Man sah sich imstande, die Gehirne der Zeitungsleser und Plakatbetrachter anzureichern mit einem angsteinflößenden Schauerbold, dem Bolschewismus. Hatte er nicht soeben den Zaren Nikolaus und seine Familie umgebracht – »zur Rechenschaft gezogen«, wie sie es nannten? Saß nicht im Kreml wie vorher im Smolny-Palast jenes Emigrantentum, das Fürst Bülow, einst deutscher Reichskanzler, als Schnorrer und Verschwörer abgestempelt hatte, mit jüdischen Familiennamen ausgestattet? War diese Horde von Schriftstellern und Juristen nicht imstande gewesen, aus den nach Hause strömenden russischen Soldatenmassen eine Rote Armee zu bilden, die im Februar 18 nicht nur unsere Feldgrauen zum Halten gezwungen hatte, sondern die auch, schlecht genährt und schlecht bewaffnet, daranging, die im Süden des großen Reiches aufmarschierenden Ententetruppen und Zarengeneräle einen nach dem anderen zu verjagen, zu vernichten?

Dieses rote Ungeheuer mußte man nur von den besten Grafikern plakatieren lassen und durch Redner den Massen möglichst schauerlich schildern, *mit Einzelheiten, die nicht alle erfunden zu sein brauchten!* Über das vergebliche Durchhalten mit Brotkarte, Tonseife, Dörrgemüse, Rübenmus und Kartoffelflocken – all die Jahre des Entbehrens und der Not hindurch Hauptgesprächsstoff – legte sich jetzt die Angst vor den Roten – auch vor den eigenen Roten, die es geben sollte, obwohl sie ja in Schutzhaft saßen. All unsere feldgrauen und marineblauen Jungen waren in den Tod gegangen für Deutschlands Größe. Die Repräsentanten dieser Größe konnten wechseln, niemals aber ersetzt werden durch solche Leute wie Lenin, Liebknecht oder Luxemburg. Unsere Historiker werden feststellen, mit welchen Namen sich diese »Zentralen für Heimatdienst« schmückten und wieviel Geld sie von den Alldeutschen, den Großverdienern der Rüstungsindustrie empfingen. Fest steht, daß ihnen ein englischer General zu Hilfe kam, welcher der Legendenbildung »im Felde unbesiegt« die Ergänzung vom Dolchstoß in den Rücken des Frontheeres lieferte.

Marschall Foch hatte den großen Krieg der weißen Männer im Frühjahr 1919 beenden wollen mit den Siegen von Köln und München. Dann wäre Herrn Stinnes und seinesgleichen die Riesenbeute zerstört worden, die ihnen der Krieg geliefert: von Köln bis München wäre die Walze des Trommelfeuers über Industriereviere und Landwirtschaft hinweggegangen, keine Rede mehr von »im Felde unbesiegt«. Ja, wahrscheinlich hätte sich auch kein noch so gerissenes Propagandaamt auf die Beine bringen lassen, um nach fünfundzwanzig Jahren einen Revanchekrieg zu starten. Der ließ sich wunderbar vorbereiten, während die Völker der Welt mit dem roten Gespenst geängstigt wurden; so glückte es dem Hauptmann Röhm und dem Obersten Epp, einen Gefreiten Hitler gegen den Nachfolgestaat des Kaiserreichs in Bewegung zu setzen, die Weimarer Republik.

Da aber auch England und Frankreich, Österreich, Italien und die Türkei einen geistigen Inhalt für die Massen brauchten, denen sie das Durchhalten auferlegt hatten, stürzten auch sie sich in die Propaganda gegen den roten Teufel. In der Tat hatten Sozialisten des achtzehnten und neunzehnten Jahrhunderts Bücher veröffentlicht, in denen den Werktätigen der Welt eine bessere Ordnung des gesellschaftlichen Zusammenlebens, Zusammenarbeitens mehr oder weniger überzeugend dargetan wurde. Gegen diesen »Sozialismus« machten die besitzenden Schichten die Kirche mobil, und Polizei und Militär ihrer Staaten außerdem. Aber Sozialismus hatte in allen kriegführenden Ländern die Arbeiterparteien und ihre Führer nicht daran gehindert, den Verkündungen ihrer Regierungen zu glauben. Nur die um Herrn Uljanow-Lenin gescharten russischen Emigranten hatten als Defätisten darauf bestanden, erst den Kriegstreiber im eigenen Lande, die eigene Regierung zu stürzen, ehe sie sich um andere Gebiete als das russische kümmerten. Der kurze Fehlschlag eines Einmarsches in Polen kam den

Propagandisten der roten Gefahr auf einzigartige Weise zu Hilfe.
Dies galt für Europa. Die Vereinigten Staaten von Amerika aber, die ja im Krieg kaum ein Jahr mitgeblutet hatten und die durch diesen Krieg aus einem Schuldnerstaat in den eines Gläubigers der Welt verwandelt wurden – wie kam ihnen dieses rote Gespenst als Folge des ersten Krieges in Blutbahn und Lymphdrüsen? Ununterbrochen seit 1905 strömte eine Emigration nach New York, deren Haß gegen die Bolschewiken durch nichts übertroffen wurde. Aus welchen Schichten auch immer sie stammten, ob zarenfeindlich-kadettischer, kapitalistischer, weißgardistischer, menschewistischer oder trotzkistischer Herkunft: aus ihnen dampfte jene Vergiftung der gegenwärtigen Atmosphäre, die stärker zu sein scheint als jede Beobachtung der Wirklichkeit. Hat nicht die Sowjetunion vierzig Jahre lang ohne Unterbrechung dem Frieden unserer Erde gedient? Benutzte sie nicht ihre Mitgliedschaft im Völkerbund wie in den Vereinten Nationen zum Abbau des Hasses, der Furcht und des Aberglaubens, zur Schaffung einer Atmosphäre, in der sich ihre Menschen wie alle anderen, ungestört von Kriegsangst, der schöpferischen Entfaltung hingeben könnten? Und stellte sie nicht einseitig und bedingungslos alle Testexplosionen von Atom- und Wasserstoffbomben ein, am 31. März 1958 denkwürdigen Datums?
Aber das Gift blieb bisher stärker. Während die USA überall Stützpunkte aufbauen, um das bessere Wirtschaftssystem zunächst einmal einzukreisen, lassen sich die Völker in und außerhalb der NATO noch immer von dem Märchen im Gemüte bewegen, der böse Wolf, die Sowjetunion, wolle sie angreifen und verschlingen. Und darum müßten leider die guten Geister der Westmächte die Erdatmosphäre immer noch mit Kohlenstoff 14 verpesten.
Solche Folgen haben Märchen, wenn sie von der Niederlage eines einstmals soliden kapitalistisch-monarchischen Systems ausgebrütet werden. Das Erleiden einer Niederlage führt zum Einstecken größerer Niederlagen und damit zur Änderung eines unbrauchbar gewordenen politischen Systems, das eben durch Niederlagen als solches enthüllt wurde.
Der Fortschritt der Weltgeschichte kostet immer mehr Blut, je

länger der Sinn für Wahrheit, die Erkenntnis der Wirklichkeit den Massen der Mitlebenden vorenthalten wird. Hoffen wir nur, daß er sich diesmal schon bei unseren Zeitgenossen durchsetzt.

Herr Merten und das Evangelium

Brief an den »Manchester Guardian«

1959

Sehr geehrter Herr,
erlauben Sie mir, der ich mich einen alten Leser Ihres ausgezeichneten Blattes nennen darf, der britischen Öffentlichkeit eine Frage vorzulegen. Vielleicht geht sie mich etwas mehr an als andere Vorkommnisse, die im Augenblick Aufsehen erregen, wie wir ja mit Befriedigung aus dem Rundfunk hören, daß die Existenz eines Ministers der Bundesrepublik und einstigen Massenmörders namens Oberländer Anfragen im Unterhaus auslöst. Ohne also diesen Fall Oberländer verkleinern zu wollen, verschweige ich nicht, daß mich, der ich vierzehn Jahre unter dem Schutze von Her Majesty's Middle East Forces lebte, ein ähnlicher Fall immer wieder beschäftigt, der des Rechtsanwalts Max Merten, Berlin W. Auch dieser Fall steht in enger Verbindung mit der Regierung Ihres höchstvortrefflichen Gastes, des Herrn Bundeskanzlers Konrad Adenauer Ph. D.
Der britische Geheimdienst wird wissen, daß dieser Herr Merten zwischen 1942 und 1944 als Chef der Deutschen Militärverwaltung Nordgriechenland und Kriegsverwaltungsrat mit dem Sitz in Saloniki mit der Aufhäufung eines Vermögens beschäftigt war, welches, Märchen aus Tausendundeiner Nacht, in Gold und Juwelen bestand und phantastisch hoch eingeschätzt wurde. Dieses Vermögen erwarb er dadurch, daß er die Juden Salonikis und der griechischen Inseln zusammentreiben und nach Auschwitz verfrachten ließ, wo sie wie alle anderen Eingelieferten dieser technisch vollkommenen Himmlerschen Vernichtungsanstalt vergast oder verbrannt wurden – wie es heißt, sechsundvierzigtausend Menschen, Männer, Frauen, Greise und Kinder. Als dieser erwerbstüchtige Nazibeamte, so erzählt man mir, naiv genug war, vor einigen Jahren nach Athen zu reisen, um dort seine Beute zusammenzuraffen, wurde er von einem Mitwisser verpfiffen und von einem griechischen Ge-

richt zu fünfundzwanzig Jahren Zuchthaus verurteilt. Billig davongekommen, nannten wir das – Soldaten des ersten Weltkrieges.

Nun lasen wir, sehr geehrte Redaktion, und Ihr Athener Korrespondent wird Ihnen das schon mitgeteilt haben, die Regierung der Bundesrepublik habe von den griechischen Behörden die Auslieferung dieses Merten und ähnlicher Kollegen verlangt, als sie Griechenland irgendwelche wirtschaftlichen Dienste erweisen sollte, und außer Ihrem erlauchten Besucher, Herrn Adenauer, sei besonders sein Kollege und Konkurrent, Herr Wirtschaftsminister Erhard, an diesem Handel beteiligt gewesen. Ich weiß nicht, wieviel Golddrachmen Herr Erhard in Werten oder bar für die Auslieferung dieses Kriegsverbrechers und Massenmörders griechischer Menschen von jüdischer Abkunft auf den Tisch legt. Da aber im britischen Unterhaus bereits bekannt ist, wieviel Gesinnungsgenossen des Herrn Merten heute wieder auf Richterstühlen der Bundesrepublik und in Westberlin sitzen, stellen Sie sich ohne Schwierigkeiten vor, wie es diesem Herrn Merten ergeht, wenn er vor ein solches Gericht gestellt wird.

Aber wie schrieb doch vor etwa neunzehnhundert Jahren unser Kollege Paulus von Tharsus, Sendbote und Schriftsteller, an eben die Gemeinde in Saloniki – zu lesen im Neuen Testament, erster Brief an die Thessalonicher, 1,4: »Denn, liebe Brüder, von Gott geliebt, wir wissen, wie ihr auserwählt seid, daß unsere Botschaft ist bei euch gewesen nicht allein im Wort, sondern auch in der Kraft und im heiligen Geist und in großer Gewißheit.« In dieser Kraft und großen Gewißheit betätigte Herr Merten das Evangelium des Tausendjährigen Reiches, so daß es fürderhin keines dritten Briefes an die Gemeinde von Saloniki benötigte, um sie im Glauben zu bestärken. Eine Regierung hat sich seiner angenommen, welche sich christlich-demokratisch nennt, und tausend Richter des Dritten Reiches warten auf ihn und seinesgleichen, um Massenmorde als Bagatellen zu behandeln.

Dies, verehrte Redaktion, sollten Sie Ihren Lesern in Erinnerung rufen, um alle Englischsprechenden davon zu überzeugen, daß der zweite Weltkrieg mit Recht noch keinen Friedensschluß gefunden hat und daß wir vielmehr, die wir zwei Weltkriege hindurch den deutschen Militarismus am Werk sahen, einen echten Frieden erst dann schließbar finden, wenn die Anhängerschaft, Urheberschaft dieser beiden Weltverbrechen völlig entmachtet worden ist. Denn nicht unsere sieben Friedensvorkämpfer gehören auf die Anklagebank der Bundesrepublik, sondern, wie sich zeigt, die leitenden Kräfte dieser selbst. Was uns Schriftsteller anlangt, werden wir dafür sorgen, daß diese Anklage nicht verstummt, auch wenn wir persönlich die Feder einmal nicht mehr werden in Bewegung setzen können wie schon jetzt meine Freunde, Brecht, Becher und Feuchtwanger. In welche Gesellschaft sich noch lange nicht einzuschalten gedenkt

Ihr gelegentlicher Mitarbeiter
Dr. Arnold Zweig

Generalstraum am Ende

1960

1

So unwillkommen einem Schriftsteller auch die Abhaltung von der Vollendung einer ihm wichtigen erzählenden Arbeit sein muß – manchmal bleibt ihm der Zwang nicht erspart, aus seinen Erfahrungen politische Folgerungen für den Augenblick zu ziehen.

Aus den letzten Äußerungen Bonner Machthaber scheint hervorzugehen, daß sie sich von einer Lieblingsidee fangen ließen, die nach jedem verlorenen Krieg die verlierenden Militärs fasziniert: Revanche. Nun müßte es freilich scheinen, als ob die Erfahrung schrecken sollte, welche nach dem verlorenen ersten Weltkrieg zu dem zehnfach verlorenen zweiten führte, auch wenn Generaloberst von Seeckt die Kriegsfurie erst 1942 loslassen wollte und der Gröfaz (größter Führer aller Zeiten) Hitler schon drei Jahre früher mit ihr und den Fälschungen, die er dazu brauchte, loslegte.

Es scheint nun keinem Zweifel mehr zu unterliegen, daß sich in Bonn die fixe Idee wieder regt, die einst in der Wilhelmstraße beheimatet war: der Grundfehler von Weltkrieg I und II hieß Zweifrontenkrieg. Können wir heute unsere Revanche nur gegen den Osten und das sozialistische Lager richten, so haben wir Aussicht, diesmal zu gewinnen. Vielleicht glückt es uns sogar, die Hitlersche Erpressungsschraube zum Erfolg zu führen und das Verlorene wieder einzusacken, ohne loszuschlagen.

Ein zu allem entschlossener Aufmarsch gehört also zu den ersten Requisiten des neuen Spiels: und siehe da, der Kriegsminister Strauß kündigt ihn bereits an gegen die DDR, Polen und ČSSR, und der Massenmörder Oberländer muß daher im Ministersessel der »Vertriebenen« klebenbleiben, als sei sein Hintern mit Pech bestrichen.

2

Nun richte man einen Blick auf die »Politik der Stärke«, welche von Konrad Adenauer so zäh vertreten und verkündet wird, auch wenn er jetzt schon die Eisdecke als recht dünn fühlt, auf der er und die Seinen aufmarschieren.
Vermeidung des Zweifrontenkrieges, also ein reibungsloses Verständnis mit Frankreich; und gibt General de Gaulle den politischen Strömungen von 1959 und 1960 zu sehr nach, erkennt er die Oder-Neiße-Linie als Grenze Deutschlands wirklich an – nun, in seinem Rücken marschieren bereits radikalere Generäle auf, die vielleicht eher mit sich reden lassen.
Die gemeinsame Sprache liefert das Lexikon des Kapitalismus, seine Wörterbücher sind Aktienpakete, in der Innenpolitik des CDU-Erhard wie in der Außenpolitik des CDU-Adenauer.
Freilich muß die wichtigste Unterstützung von jenseits des großen Teichs geliefert werden, aber auch da regen sich Kräfte, die schon auftrumpften, als F. D. Roosevelt tot war und die Potsdamer Beschlüsse westlich der Elbe nur Papier blieben. Mag die Welt heute auch mehrere tausend faschistische Läuse im klerikalen Pelz der Bundesrepublik nachweisen können, keinesfalls wird eine Entlausung stattfinden, lieber ein nazistisches Fleckfieber als Koexistenz mit dem Kommunismus! Man wühlt nicht umsonst den Schlamm auf, um den Nachlaß von John Foster Dulles weiterhin genießbar zu erhalten. Auch ein Weinstein kann zum Schmuckstück geschliffen werden.

3

Und wieder wendet sich der Blick des Chronisten auf Großbritannien, dessen Geschichte im zwanzigsten Jahrhundert zwei verhängnisvolle Fehlentschlüsse aufweist, um heute nur von Europa zu reden.
Der erste war das Geheimhalten jenes Marineabkommens von 1905, welches Frankreich den Schutz der britischen Flotte zwischen Nordsee und Atlantik garantierte, um das Mittelmeer von der französischen Admiralität sichern zu lassen. Dieses Abkommen blieb so geheim, daß nicht einmal das House of Commons davon wußte und der deutsche Generalstab es sich

leisten konnte, den politischen Kardinalfehler des Schlieffen-Planes zu übersehen: umfassender Einbruch durch Belgien zum Stoß auf Paris unter Vermeidung der französischen Ostfestungen. Den Blutpreis dafür bezahlte das britische Volk, einschließlich des schottischen und irischen.
Den anderen Mißbrauch ihrer Amtsgewalt erlebten wir 1938, als nämlich Neville Chamberlain in Godesberg dem Führer ins treue Auge geblickt hatte und mit einem Papier auf dem Flugplatz von Croydon landete: »Peace for our time« – Friede auf Lebenszeit. Damals hörte ich auf einer Straße Londons einen Klempner, der ein Blechrohr für seine Arbeit auf der Schulter trug, einem Freunde sagen: »I am ashamed to be British« – »Ich schäme mich, Engländer zu sein!«
Ein Jahr später ward dafür wieder die Blutrechnung präsentiert, und diesmal vom ganzen Empire, und Winston Churchill mußte auf den Plan, um das Schlimmste abzuwenden.

4

Um die Sache kurz zu machen: die erfolgreichste Verwirrung der Welt durch Reklame und Selbstlob gelang in den letzten hundert Jahren dem deutschen Generalstab. Der aus Dänemark stammende Helmuth von Moltke begründete 1870/71 durch seine Leistungen als Stratege und Taktiker diesen Ruhm. Es wurde von da an ununterbrochen der Welt weiterhin eingehämmert, die deutsche Generalität sei unbesiegbar.
In der Tat ging damit Hand in Hand eine überaus bedeutende militärische Erziehung der oberen, mittleren und unteren Führung, die Kriegskunst wurde wissenschaftlich ausgebaut und untermauert, alle vom Volke erarbeiteten wirtschaftlichen Mittel der Armee zugeführt. Das deutsche Heerwesen wurde vorbildlich bis nach Japan hinüber und auch für die USA.
Und dennoch wurde im ersten Weltkrieg die Schöpfung dieses Generalstabes besiegt und geschlagen, von 1914, der Schlacht an der Marne, bis 1918, der Schlacht bei Soissons usw. Daß Marschall Foch von Ludendorffs Büffelstrategie sprechen konnte, hinderte an den Posaunentönen für deutsches Feld-

herrngenie ebensowenig wie die schließliche Enthüllung des Feldmarschalls Paul von Hindenburg als Träger eines Ruhms, zu welchem eigene Leistungen kaum beigetragen hatten.
Vertieft man sich gar in die militärische Geschichte des zweiten Weltkrieges, so steht man fast fassungslos vor der Tatsache, daß die Generalität sich von einem pathologischen Größenwahnsinnigen Kriegspläne vorschreiben und Operationen diktieren ließ, die im einzelnen bedeutende militärische Leistungen verlangten, im ganzen aber zu ebenso vielen gigantischen Niederlagen führten.
Den Blutzoll dafür zahlte diesmal die ganze Erde. Das militärische Gehirn Bonns, von lauter geschlagenen Generälen bedient, darf dennoch nicht als klüger eingeschätzt werden.

5

Die großartigen Eigenschaften des deutschen Volkes durften also hundert Jahre lang militaristisch mißbraucht werden. Sie waren im Kriege ebenso tauglich, zu zerstören, wie im Frieden, aufzubauen, Güter zu schaffen, dem Menschen das Leben lebenswert zu gestalten. In dieser friedlichen Großartigkeit gleicht es allen anderen Völkern der Erde; die Fähigkeit des modernen Menschen, technische Riesenschöpfungen zu organisieren, das Zusammenleben der Gesellschaft so fruchtbar und freudevoll aufblühen zu lassen, daß jeder Mutter und jedem Kinde Qual und Angst der Geburt vergolten wird, ist tausendfach erwiesen.
Nicht wieder also darf, wie zu unsern Lebzeiten zweimal, der gute Durchschnitt unserer Völker zum Düngen von Schlachtfeldern verwandt werden. Das haben unsere sowjetischen Freunde, das hat Nikita Sergejewitsch Chruschtschow zur Grundlage unserer Politik gemacht, die zweite Hälfte unseres Jahrhunderts wird nicht vom Blutvergießen befleckt werden, das uns von Bonn aus nochmals droht.
Mögen die Staatsmänner des Westens, mögen die Massen ihrer Völker die Lehren beherzigen, die hier kurz skizziert werden, entnommen den Erfahrungen eines Schriftstellers, dem historische Romane aus der Gegenwart von seinem Leben auferlegt wurden. Tun wir alles, damit wir den blutigen Stümpereien

politischer Bankrotteure der jüngsten Vergangenheit nicht auch noch Namen wie Adenauer und Strauß hinzuzufügen haben!

Und heute nun berührt unser Herz eine Nachricht, welche wirklich den Traum in rauhes Erwachen verwandelt, den die nach Kriegsruhm dürstenden Revanchisten bisher ihren Rezepten politischer Reis- oder Kartoffelstärke zugrunde legten.

Die Ballistik der Sowjetunion beweist im Raum des Pazifischen Ozeans, daß sie jedes Ziel auf zwölftausendfünfhundert Kilometer Entfernung mit einer Abweichung von nur zwei Kilometern zu treffen vermag, wenn man sie dazu zwingt. Keine Rede mehr also von einem Zweifrontenkrieg, den man vermeiden, einem Einfrontenkrieg, den man riskieren könne.

Im Verlauf der nächsten Jahre wird sich's in den ganzen USA herumsprechen: Es sei besser, die Gespräche von Camp David fortzusetzen und von Gipfel zu Gipfel zu schreiten, als den Revancheträumen der Rundstedt, Kesselring, Heusinger, Speidel e tutti quanti weiteren Spielraum zu gestatten.

Der Krieg ist nicht akut, der Friede geht weiter – ein vorläufig bewaffneter Friede, der übermorgen sein Schwert in die Scheide steckt.

Korea gestern und heute

1960

Vor fünfzig Jahren – ich hatte gerade die Universität bezogen – stellten wir uns unter dem Namen Korea Dinge vor, die nur in der Kunstgeschichte Ostasiens beheimatet waren; in unseren Völkerkundemuseen bewunderten wir die schönsten Arbeiten in Lack und Metall und die seltsamsten Götterbilder – sonst erweckte das Wort Korea keinerlei Gedankenverbindungen. Die Koreaner waren eben das, was unsere Geographiebücher Antipoden nannten. Gegenfüßler, Leute auf der anderen Seite unseres Globus, die gleichsam mit dem Kopfe senkrecht nach unten ein Leben führten, das dem unseren senkrecht nach oben in Kleidung, Nahrung und Gewohnheiten des Tages und der Nacht völlig entgegengesetzt war und immer bleiben würde. Keiner von uns kam auf den abenteuerlichen Gedanken, sich rund um den Globus nach Korea einzuschiffen – unser Taschengeld reichte gerade zur Reise dritter Klasse von Schlesien nach Bayern.

Wahrlich, Freunde, in diesen fünfzig Jahren unseres reiferen Lebens hat sich allerlei verändert! Zwei Weltkriege, die wir nicht verhindern konnten, die aber eine Anzahl gespaltener Länder hinterließen – und seither Weltspannung rund um den Globus, die Atmosphäre eines bald heißen, bald kalten Krieges in allen Meldungen des Tages. Aber siehe da, jetzt ist uns Korea kein Gegenfüßler mehr! Euer nördlicher Staat und unsere Deutsche Demokratische Republik reichen einander die Hände, eure Kinder und Studenten wachsen bei uns auf, unsere Ärzte bauen euch Krankenhäuser, unser Fernsehen schickt tüchtige Reporter zu euch, und die Geschichte eurer letzten fünfzehn Jahre, sie wäre die Geschichte unseres deutschen gespaltenen Vaterlandes, stünde nicht die sozialistische Front als wachsamer Riese, gepanzert und bewaffnet, in unserem Rücken.

In den fünfzehn Jahren der Befreiung und der fortschreitenden Erfolge, der Wiederherstellung all dessen, was die Interventen bei euch zerstörten, sind wir auch im Gefühl einander so viel näher gekommen, daß wir euern Siegestag als den unseren mitfeiern. Ein glückliches Gefühl der Menschenwürde, unabhängig von Sprache und Hautfarbe, haben diese Jahre der Verzweiflung und der furchtbaren Leiden dennoch geschaffen, in uns allen aufgebaut, für immer in unsere Seelen zementiert. Und darum werden wir an diesem 15. August für Korea einen Leuchter voll Kerzen entzünden und aus unserem Plattenspieler Beethovens Eroica hervortönen lassen: »Nordkorea – Kim Ir Sen!«

Vestigia terrent

1960

Das Gewebe der Ereignisse, die wir meist mit dem Wort »Zufall« abtun, legt uns in diesen Tagen die Verpflichtung nahe, die Fragestellung »Ist dies noch gesund?« auch auf politisches Gebiet hinüberzuspielen. Es handelt sich für unsereinen um das Problem der Enthemmtheit von Menschen, deren Stellung innerhalb der Gesellschaft, der sie angehören, ein völlig normal funktionierendes System des Verstandes und der Empfindungen verlangt und voraussetzt. Eine solche Stellung nimmt ein Kriegsminister ein – heute, wo das Beispiel des Mannes, der auf einen Knopf drückt, immer und überall verwendet wird, um einen Kriegsausbruch zu veranschaulichen – heute also von entscheidender Wichtigkeit. Nicht in die Nähe eines solchen Knopfes kommen darf ein Mann, dessen psychischer Apparat sich durch »kleine Züge« als abnorm und gestört schon verraten hat. Wie sonst wüßten wir zum Beispiel, daß Herr Franz Josef Strauß bei der Landung eines Flugzeuges, mit welchem er ankam, außer sich geriet, weil dieses Flugzeug nicht auf derjenigen Rollbahn landen konnte, die dafür in Betracht kam, sondern auf einer entfernteren, die ihn zwang, in höchsteigener Person zwei Minuten über den Flugplatz zu laufen? Freunde, welche das Nachrichtenmagazin »Der Spiegel« lesen, erzählten mir, Herr Strauß habe sich den Beamten des Flugplatzes herrufen lassen, der hoch oben auf einer Wetterwarte gesessen, ihm Vorhaltungen gemacht, ja veranlaßt, daß der Beamte sich schriftlich entschuldige, weil er ihn, den Herrn Minister, als »für nicht zu gut« charakterisiert habe, einen kleinen Spaziergang hinzunehmen, zu welchem ihn die Umstände der Landungssicherheit gezwungen hätten. Ja, es heißt, daß der betreffende Flugwart den Brief habe zweimal schreiben müssen, um sich devot genug vor dem Herrn Minister zu verneigen. Einen ähnlichen Auftritt, berichtete man mir, habe ein Verkehrspolizist erlebt, als er den Herrn Minister anhielt und zur Rede stellte, weil er die 50-km-Geschwindigkeit mit seinem Wagen überschritten hatte, die nun einmal für die Verkehrssicherheit vorgeschrieben war. Diese Vorschrift, erwiderte der Polizist, gelte auch für die Wagen von Ministern, und er bleibe dabei, daß der Angehaltene eine Gesetzesvorschrift übertreten habe, ob Minister oder nicht gelte gleichviel für die Sicherheit der Straße, für welche er, der Beamte der Polizei, verantwortlich sei, dies sei sein Dienst. Der Berichterstatter habe, erzählte mir der »Spiegel«-Leser, Herrn Strauß in höchstem Zorne gesehen, völlig willens, den Polizisten seines Amtes entheben zu lassen, der noch dazu der SPD angehöre, Sozialdemokrat sei, nicht Parteiuntergebener des von ihm angehaltenen CSU-Ministers.

Nur wer die letzten verhängnisvollen Jahrzehnte deutscher Geschichte nicht als Erwachsener miterlebt hat, darf mir hier einwenden, es handele sich um Kleinigkeiten, nicht wert, der Vergessenheit des Tages entzogen zu werden. Immer, das wissen wir seit mehr als zwei Generationen, verraten sich psychische Gestörtheiten außerhalb des engsten Familienkreises in solchen »Bagatellen«. Lange bevor die Beamten der Reichskanzlei einander zuflüsterten, der Führer fresse wieder Teppich, hatte die engere Umgebung des Mitgliedes Nr. 7 der NSDAP Ausbrüche von Enthemmtheit an Adolf Hitler beobachtet, den die Schwerindustrie und der Marschall von Hindenburg am 30. Januar 1933 als Schicksalsfigur der deutschen Nation an einen Schreibtisch mit den Knöpfen setzten, auf welche er zur Entfesselung des Revanchekrieges drücken sollte und 1939 auch drückte. Hinzu kam, daß ein solcher Psychopath sich umgeben hatte mit Krankheitstypen von ähnlicher Gefährlichkeit, wenn auch anderer Art, wie dem Fresser Göring und dem Lügner Goebbels, von dem Sadisten Streicher und dem »Entenzüchter« Heinrich Himmler und ähnlichen Kreaturen zu schweigen.

Was unserem Volke und der ganzen Welt erspart worden wäre, hätte man von Anfang an auf »kleine Züge« dieser Art geachtet, malt sich jeder Leser selbst aus. Im Februar 1934 hatte ich Gelegenheit, in Jerusalem als Gast des damaligen High Commissioners der Mandatsregierung, Sir Arthur Vauchope, an einem Abendessen teilzunehmen. Als sich die Damen zurückgezogen hatten, saßen wir um den Kamin, rauchten, hatten den unumgänglichen Whisky-Soda vor uns und plauderten; wor-

über? Sir Arthur, ehemaliger General der Artillerie und 1918 kurze Zeit in Deutschland, fragte mich, was von der deutschen Regierung zu halten sei, die jetzt Berlin beherrschte. »Sie werden den Revanchekrieg vorbereiten, Exzellenz«, sagte ich in aller Ruhe und wies auf den ausführlichen offenen Brief hin, den ich vor etwa zwei Jahren im »Manchester Guardian« veröffentlicht hatte. Als dritter nahm an dieser Unterhaltung ein hoher Offizier der Mandatsregierung teil, wenn ich mich nicht irre, von der Exzellenz mit Patrick angeredet. »Den Revanchekrieg? Aber das ist Hybris!« rief Sir Arthur aus. »Gewiß, Exzellenz«, bestätigte ich, »das ist Hybris, Herausforderung des Schicksals. Aber die Leute, die jetzt Deutschland regieren, sind Verrückte, madmen. Die europäischen Kabinette werden gut daran tun, sich vor ihnen in acht zu nehmen.« Als wir vor Mitternacht durch den palästinensischen Frühling zurückfuhren, lehnte ich mit meiner Frau in dem Wagen der Jewish Agency und durfte hoffen, nicht in den Wind gesprochen zu haben. Ein deutscher emigrierter Schriftsteller tat nur seine Pflicht, wenn er vor dem warnte, was sich in Berlin zusammenbraute.
Diesmal sind wir in der Lage, in eigener Öffentlichkeit auf solch »kleine Züge« aufmerksam zu machen. Diesmal haben wir das sozialistische Weltlager hinter uns und die Regierung der Deutschen Demokratischen Republik mit allen ihren antifaschistischen Parteien und Organisationen neben uns. Es muß in unserem Nachbarteile Deutschlands Ohren genug geben, Worte der Warnung zu hören, und nicht nur an Rhein und Ruhr, sondern auch jenseits des großen Wassers. Die Erfassung der Wirklichkeit gehört zu den Grundaufgaben des gesunden Menschenverstandes. Störungen dieses Apparats überwältigen das wache Bewußtsein nicht nur aus Zügen der Greisenhaftigkeit, sondern ebenso leicht und immer wieder aus unbefriedigter Sehnsucht nach Kriegsruhm, aus dem Größenwahn einer aufgeblasenen Kommandeursseele, die sich in Zornausbrüchen und »kleinen Zügen« gleich den geschilderten entlädt. Die Spuren der verunglückten Vorgänger schrecken, sagt der Lateiner, vestigia terrent.
Vor kurzem enthüllte uns der Major Bruno Winzer, einst Nachrichtenoffizier der Bundeswehr, Kommando Südwest, welche Pläne zur »Korrektur des Kriegsausganges von 1945«

das Hirn dieses Franz Josef Strauß bereits geboren hat. Die Weltpresse weiß, wenn sie von Winzers Mitteilungen Kenntnis nahm, daß ein »territorial begrenzter Krieg« die Deutsche Demokratische Republik längs ihrer tschechoslowakischen Grenze von Bayern aus in die Zange nehmen sollte, bis zur Oder-Neiße-Linie vorzustoßen habe und dann mit Polen und der Sowjetunion »bundesdeutsch« reden werde, atomdeutsch. Es kann dem bayerischen Wehrmachtsoffizier F. J. Strauß nicht zur Entschuldigung gereichen, daß ihm hergelaufene Amerikaner das Evangelium begrenzter Kriege ins Ohr geträufelt haben. Seine Meister im Pentagon müssen inzwischen zu begreifen beginnen, daß der sozialistische Riese sich nicht necken läßt. Aber wir sind zu sehr gebrannte Kinder, um es auf Experimente à la Strauß ankommen zu lassen. Hätte man Herrn Hitler in eine geschlossene psychiatrische Anstalt nach seinem ersten Münchener Putsch überführt und ihn dort mit Schocktherapie und damals noch unbekannten französischen Medikamenten in einen halbwegs gesunden Arbeitslosen verwandelt, fast fünfzig Millionen Menschen wären vor dem Tode bewahrt worden, dem Tode auf dem Schlachtfeld oder in der Gaskammer. Heute handelt es sich darum, einem Nachfahren dieses Adolf Hitler das Hand- und Geisteswerk zu legen, bevor er ein noch viel unheimlicheres Unheil über die Welt heraufbeschwören kann. Es ist die Aufgabe gesunder Politiker, Mitglieder der leider als aggressiver Block bestehenden NATO, diesen Bundesminister unschädlich zu machen in einer psychiatrischen Klinik. Man bilde sich ja nicht ein, psychische Erkrankungen dürfe man vernachlässigen, weil ihre ersten unscheinbaren Anzeichen nicht wie Pocken oder Ekzeme auf Gesicht und Händen eines solchen Patienten zum Vorschein kommen. Auch nach dem Tode von Ernest Jones finden wir in der angelsächsisch oder französisch sprechenden Welt genug geschulte Wissenschaftler und Ärzte, welche imstande sind, das Gewicht der hier niedergelegten Vorschläge entscheidenden politischen Stellen zu bestätigen und zu verdeutlichen. Wer zwei Weltkriege in seinem Leben hat durchstehen müssen und allen Aufbaukräften des gegenwärtigen Zeitalters verbunden ist, müßte sich selbst als leichtfertigen Nachfolger Bernard Shaws und ähnlicher schriftstellerischer Kräfte betrachten, wenn er in diesen Monaten des Jahres 1960 sich nur seiner Arbeit hingäbe, nicht auch der öffentlichen Warnung vor dem Unheil, das Major Winzer mit größter Ausführlichkeit und Genauigkeit angeprangert hat. Wirklich, die Spuren schrecken!

Alleg freilassen!

1960

Im Namen des deutschen PEN-Zentrums Ost und West protestiere ich leidenschaftlich gegen das Verfahren und gegen das Urteil des algerischen Militärgerichtes im Falle unseres Schriftstellerkollegen *Henri Alleg.* Dessen Buch »Die Folter«, geschrieben im Gefängnis, in siebzehn Sprachen übersetzt und von Millionen Menschen mit tiefster Erschütterung gelesen, ist eines der großen literarischen Dokumente unserer Zeit, tapfere und unüberhörbare Anklage gegen Unmenschlichkeit und Barbarei. Kein fühlender Mensch in der Welt kann verstehen, daß die Folterknechte nie behelligt wurden, der Gefolterte aber verurteilt wird.

Die »Unschuldigen«

1963

Wir bezeugen dem angegriffenen Ankläger Lorenz Knorr, daß er schon heute hinter sich das Urteil der deutschen Kulturgeschichte hat, um nicht zu sagen: der Weltgeschichte. Welch eine atemberaubende Dreistigkeit der Hitlergeneräle, sich für beleidigt auszugeben, wenn man sie bloß Massenmörder nennt! Sie sind Abschaum der deutschen Geschichte, Abschaum des zwanzigsten Jahrhunderts.
Hitler, Göring, Goebbels und Himmler durften sie eine Zeitlang in den Schatten stellen. Aber heute rühren sie sich wieder und versuchen, in Solingen einen Nazifeind und Friedenskämpfer Lorenz Knorr anzufauchen. Der aber wisse, daß hinter ihm alle echten Abgesandten des deutschen Geistes zu seiner Verteidigung bereitstehen!

Was zu geschehen hat

1964

Vor uns liegt die Nachricht, daß dem Düsseldorfer Verleger Johann Fladung am 13. Januar ein Prozeß gemacht werden soll. Diese Nachricht fand starke internationale Resonanz, weil das gradlinige demokratische, antifaschistische Leben Fladungs ihm einen großen Freundeskreis in vielen Ländern der Welt schuf. Fladung, Sohn eines Arbeiters, seit 1915 Mitglied der SPD, heute sechsundsechzig Jahre alt, verschrieb sich bereits während seiner parlamentarischen Tätigkeit als KPD-Abgeordneter dem hohen Ziel, das Recht auf Bildung und Kultur für alle Schichten des Volkes zu verwirklichen. So galt sein Einsatz insbesondere der Arbeiterkultur-Bewegung und dem engen Zusammenwirken der Werktätigen mit den fortschrittlichen Intellektuellen Deutschlands.

Als die Nacht des Faschismus heraufzog, konzentrierte er sich auf die Vereinigung aller Antifaschisten. Der braune Terror regierte keine zwölf Monate, als Johann Fladung verhaftet, in SS-Kellern unmenschlich mißhandelt und im November 1934, ohne Anrechnung der Untersuchungshaft, zu zweieinhalb Jahren Zuchthaus verurteilt wurde. Nahezu erblindet, fast gelähmt und halb taub – eine Folge der Folterungen – entließen ihn die Nazis als Sterbenden, – wie sie meinten. Mit der gleichen ungebrochenen Energie, mit der er sich eine wenigstens teilweise Wiedergenesung erkämpfte, setzte er seine antifaschistische Arbeit in England fort, wohin ihn Freunde und die englische Gesellschaft der Quäker gerettet hatten.

Gemeinsam mit anderen namhaften Emigranten aus den Kreisen der deutschen Intelligenz begründete er dort den Freien Deutschen Kulturbund und wurde später zu dessen Vorsitzendem gewählt. Sein Wirken fand hohe Anerkennung weit über England hinaus. Das erklärte Ziel Johann Fladungs und seiner Mitstreiter blieb, dem wahren humanistischen Deutschland zum Siege zu verhelfen: Im Sinne der Anti-Hitler-Koalition vereinigte der Freie Deutsche Kulturbund in England die im

Exil lebenden deutschen Kulturschaffenden zur festen antifaschistischen Front, pflegte und bewahrte unser von den Nazis in den Staub getretenes Kulturerbe.
Aber nicht nur um die Aufgabe des Tages ging es ihm; für die demokratische, humanistische Erneuerung des vom Nazismus befreiten Deutschland sollte ein Grundstein gelegt werden. Mit der tiefbegründeten Erkenntnis von der notwendigen Einheit aller antifaschistischen Kräfte, zugleich aber auch der Überwindung jeder Kluft zwischen den Werktätigen und der Intelligenz kehrte er 1946 aus dem Exil zurück. Er gehörte zu den Mitbegründern des Demokratischen Kulturbundes in den damaligen drei Westzonen und schuf wenige Jahre später in Düsseldorf den Progreß-Verlag, dessen sauberes und anständiges Programm ebenfalls mit für die Persönlichkeit dieses Mannes zeugt. Im Progreß-Verlag wurden unter anderem Bücher von Pankok, Scholochow, Bernal, Nehru, Heine, Thomas Mann herausgegeben. Ferner erschienen bei ihm die humanistischen Kulturzeitschriften »Heute und morgen« und »Geist und Zeit«.
Nun soll Johann Fladung vor einem Düsseldorfer Gericht der Prozeß gemacht werden. Die Anklage ist eine Anklage des kalten Krieges und der kalten Krieger. Sie soll die lautere Persönlichkeit dieses Verlegers diffamieren und diskreditieren, der bis zum antidemokratischen Verbot des Kulturbundes in Westdeutschland auch dessen Sekretär war, zugleich aber auch alle jene treffen und schrecken, die die Zeichen der Zeit verstehen und sich für eine Politik der Vernunft, des Verhandelns und des Friedens einsetzen.
Diejenigen, die das Moskauer Atomtestverbot und das Passierscheinabkommen in Berlin nicht verhindern konnten, sie stehen hinter all diesen Gesinnungsprozessen. Ein Mann wie Johann Fladung vor Gericht und ein Mann wie Krüger – braun und belastet – als Minister in der Regierung! Jeder Deutsche muß sich die Frage stellen, ob heute, nach dreißig Jahren, der Terror des Faschismus, die Bücherverbrennung, der Anschlag auf die deutsche Kultur gerechtfertigt werden sollen. Wird doch sogar das Urteil des Hitlergerichtes als »Vorstrafe« angeführt und die antifaschistische Tätigkeit in England in die Anklage einbezogen.
In wessen Auftrag und für welches Ziel? Allzu leicht ist diese

Frage zu beantworten. Die Anklage gegen Johann Fladung, einen Mann, der ein ganzes Leben lang seinen demokratischen, humanistischen Grundsätzen treu geblieben ist, muß alle Verfechter unserer Kultur empören.
Was hat zu geschehen? Die sofortige Einstellung des Verfahrens gegen Johann Fladung.

Mit der Bombe leben?

1965

Die Bundesregierung erklärt: Wir müssen mit der Bombe von heute und den Mördern von gestern zusammen leben.
Eine solche Auffassung lehne ich kategorisch ab.
Die Regierung der Deutschen Demokratischen Republik erklärt: Wir müssen auf Atomwaffen verzichten und die Verjährung der millionenfachen Massenmorde verhindern.
Dieser Auffassung stimme ich kategorisch zu. Das Jahr 1965 darf nicht mit den Schandflecken in die Geschichte eingehen, die ihm Bonn aufdrücken will.
Wer von meinen Kollegen schließt sich mir an?

VII

Hier ist Deutschland

1960

Ich habe am 13. oder 14. März 1933 meine Berliner Heimat verlassen, weil ich wußte, nachdem ich gesehen hatte, was der deutsche Militarismus tut, wenn ihn niemand kontrolliert und niemand bändigen kann, daß meines Bleibens in dem Reiche, in dem der Reichstagsbrand stattgefunden hatte, nicht sein könnte.

Ich sage Ihnen heute nur folgendes: Als ich im Jahre 1945 in Palästina die Nachricht bekam, daß das Nationalkomitee »Freies Deutschland« in der Nähe von Moskau gegründet worden sei – und ich mir die Namen derer vorlesen ließ, die dort zusammenwirkten, um sich mit den gefangenen deutschen Soldaten in Verbindung zu setzen und zur Öffentlichkeit der Welt zu sprechen –, da wußte ich: es wird wieder ein Deutschland geben, in das ich mit meiner Frau und meinen Kindern zurückkehren kann und in dem ich meine Arbeit fortsetzen werde, soweit es mein Leben und meine Gesundheit zulassen. Wäre nicht nach der Gründung der SED dieser Staat, die DDR, gegründet worden – und zwar dadurch, daß die Spaltung der Arbeiterklasse beseitigt wurde, die ich schon im Jahre 1920 bekämpft habe –, so hätte ich nicht gewußt, wo ich meine Bleibe aufschlagen sollte. Aber nachdem hier eine Basis geschaffen war, der man zutrauen konnte, daß sie für eine längere Zeit fest bleiben würde, wußte ich vom Jahre 1945 an meine Freunde zu informieren, daß ich – sobald es mir möglich und nötig scheine – nach Deutschland zurückkommen würde.

Und ich kam zurück in diesen Teil Berlins, das damals noch nicht gespalten war und in dem wir die Trümmer sahen, diese furchtbaren Spuren der Luftangriffe von Freiburg an, in unser demokratisches Berlin. So sehen Sie, daß ich hierher zurückgekommen bin und hier bleiben werde und nirgendwo anders leben könnte als eben in dieser DDR.

Hier nahm ich Kenntnis von dem unbeschreiblichen Müll, der auf unser deutsches Volk gewälzt wurde, nachdem man im

Jahre 1933 das Deutsche Reich im Auftrage der Rhein- und Ruhr-Barone dem Braunauer Gefreiten überliefert hatte. Es waren für mich, der ich nicht mehr lesen kann, zahlreiche und neue Fakten, die uns Professor Norden hier eben vorgetragen hat.
Daß der Weltkrieg Nr. 2 ebenso enden würde wie der Weltkrieg Nr. 1 – davon war ich bereits im Jahre 1935 überzeugt. Ich habe in Paris, ich glaube, im Jahre 1936, einmal einen alten Artikel von mir verlesen lassen, in dem ich im Jahre 1932 in Berlin gesagt hatte: Wenn es zu einem Revanchekrieg kommt, so wird er genauso enden, wie der erste Weltkrieg endete; denn der Weg der Menschheit in eine freie, fortschrittliche, sozialistische und schöpferische Zukunft läßt sich nicht aufhalten, selbst nicht von so machtvollen Instrumenten wie dem Industriepotential von Rhein und Ruhr. Darum habe ich Ihnen heute meine Gegenwart aufgezwungen. Ich werde Sie nicht mehr lange aufhalten, wenn Sie Ihre Fragen stellen wollen. Aber Sie müssen sich ganz klar darüber sein, wenn über die DDR gesprochen wird: Hier ist Deutschland! Hier können deutsche Schriftsteller atmen, arbeiten und planen! Hier ist die Basis dafür gegeben, daß sich der Rückrutsch in die Barbarei, den wir für Deutschland niemals für möglich gehalten hätten, nicht wiederholen kann, auch kein dritter Weltkrieg, weil jetzt unsere Front die stärkere Partei ist.
Es ist für mich, der ich als Schriftsteller das Ohr der Öffentlichkeit in vielen Sprachen gewonnen habe, eine Pflicht, dafür zu zeugen, daß unsere Deutsche Demokratische Republik – auch wenn Herr Senator Lipschitz jetzt versuchen will, irgendwelche Sonnenflecken bei uns aufzutreiben und aufzudecken –, daß unsere Deutsche Demokratische Republik derjenige Staat ist, der für den freien deutschen Schriftsteller die einzige Heimat ist, die es heute für Deutschschreibende gibt. Hier sind wir imstande, so öffentlich wie jetzt und in all diesen vierzehn Jahren, die ich hier arbeite, dafür zu zeugen, daß das deutsche Element auf der Welt seine Flecken aus der Nazizeit wieder losgeworden ist.

Zum 75. Geburtstag von Wilhelm Pieck

1950

Lieber verehrter Wilhelm Pieck!
Vor etwa anderthalb Jahren, Sie hießen noch nicht Präsident der Deutschen Demokratischen Republik, saßen wir eines Sommerabends auf einem schmalen Balkon der Berliner Innenstadt und hörten Ihnen zu. Sie erzählten von den Monaten unmittelbar nach der Ermordung Karl Liebknechts und Rosa Luxemburgs; aus Ihren packenden Worten stieg jene arge Nachkriegswelt wieder auf, die uns diesmal, dank der Roten Armee, erspart blieb. Wir alle, beträchtlich jünger als Sie, fühlten froh, daß Sie jenem Gemetzel entronnen waren und nun als leibhaftiger Zeuge unter uns wirken, voll ruhiger Kraft von jenem Gestern zu unserem Heute und Morgen. Lassen Sie uns anläßlich Ihres fünfundsiebzigsten Geburtstages, dankbar für die Rüstigkeit, mit der Sie ihn begehen, Ihnen heute die Hand drücken, getreue Mitarbeit versprechen und uns und Ihrem Volke Glück wünschen dazu, daß Ihre unablenkbare Beharrlichkeit beim Schaffen eines gerechteren, von Kriegen und Krisen verschonten, wahrhaft neuen Deutschland in der Mitte unseres Jahrhunderts erfolgversprechend gipfelt.

In zeitloser Verbundenheit
Arnold Zweig

Zur Entwicklung der Deutschen

1951

Als ich anläßlich der feierlichen Gründung unserer Deutschen Bauakademie den Vorschlag machte, dem kommenden Kriegsminister der Bonner Bundesrepublik jenen Titel zu verleihen, der ihm gebührt, nämlich den eines Ruinenministers, brachte ich den Gegensatz zum Ausdruck, der zwischen jenem Staate und dem unseren besteht. Wir sandten nach Paris den Minister für Aufbau, und Herr Dr. Bolz vertrat dieses Amt mit Offenheit und Würde, wie es sich für einen Aufbauminister ziemt.

Nun gehen wir an die Wiederherstellung Berlins und sagen es jedem, der es hören will, und auch denen, die das nicht wollen: Unsere Ruinen verdanken wir dem Rückschlag des totalen Krieges, der von hier aus entfesselt wurde.

Jede Lücke im Straßenbild, die wir schließen, bezeugt unser Gelöbnis, die Kräfte der Menschen von nun an nur einzuschalten für den Dienst am Frieden. Wir wollen der zweiten Hälfte unseres Jahrhunderts den Ruhm verschaffen, in der Vermenschlichung unserer irdischen Zustände einen wesentlichen Schritt weitergegangen zu sein. Die Einrichtung einer Welt, in der kriegerische Aggression durch Verhandlungen zwischen streitenden Partnern ersetzt wird, würde unserer Generation einen ähnlichen Ruhmestitel verschaffen wie jenen Epochen, welche das blutige Opfer im Tempel der Götter in Gebete zu einem unsichtbaren Gott veredelten oder ein abergläubisches »Gottesurteil«, heiße es nun Zweikampf oder Wasserprobe, in die Ergründung des Rechtes durch einen Richter und Schöffen verwandelten.

Jeder unserer Mitbürger sollte sich über die Tragweite dieser unserer Bemühungen im klaren sein; nicht wehleidige Pazifisten sind wir, sondern Männer und Frauen einer fortschreitenden Erkenntnis, welche ein Verbrechen nicht nur darin erblicken, daß ein einzelner seinen Nachbarn mit gezücktem Revolver zwingen will, ihm sein Eigentum abzutreten, sondern ebenso entschlossen zur Verurteilung schreiten, wenn ein Klassenstaat das gleiche Unheil einer Nachbargesellschaft androht oder sich mit Waffengewalt einmischen möchte in die inneren Verhältnisse fremdstaatlichen Lebens. Unser Gewissen ist wacher geworden, und unser Friedenswille wird nicht ablassen, Städte wiederaufzubauen, die ein hoffentlich vergangenes Zeitalter zerstörte, und das Leben der Generationen zu retten, die auf uns folgen. Wir haben begonnen, die Beschaffenheit der Erde zu verbessern; die planvolle Arbeit beim Aufbau einer immer freundlicher gestalteten Natur muß jedem die Brust vor Freude schwellen lassen, der sich in diese neue Welt einschalten kann. Lernen wir jeden Ziegelstein und jede gegossene Betonwand als einen Sieg empfinden über die tierische Komponente in unserer Menschennatur, als Beitrag zur Vermenschlichung des Menschen und zur Bekräftigung jener Definition des Aristoteles, wir seien ein zoon politikon, ein gesellig lebendes Wesen. Gesellig aber lebt der, dem das Dichterwort »Raum für alle hat die Erde« in Fleisch und Blut übergegangen ist; wenn wir Glück haben, werden wir das für unsere Zukunft erreichen und in der Gegenwart vorbereiten.

Gesellig leben, das geht vor allem die Nachbarstaaten Deutschlands an, Polen und die Tschechoslowakei, welche Jahrhunderte hindurch zu leiden hatten, als das Sinnbild, das Wappentier der Völker hauptsächlich aus Raubvögeln und Raubtieren bestand. Sich nach dem Muster von Adlern auf ein friedliches Beutetier zu stürzen, schien noch zu Zeiten des Herrn Hitler für das politische Zusammenleben ein passendes Symbol. Jetzt haben wir die weiße Friedenstaube in unser Wappen genommen, als von Dobřis und Paris aus die Weltfriedensbewegung sich erhob. In diesem Zeichen wollen wir siegen und die Massen unserer westdeutschen Kameraden und Bürger mit in unser Lager ziehen – und wir wissen, es kommen von Tag zu Tag ihrer mehr und mehr. Also zuversichtlich beginnen wir das Jahr 1952.

Antwort an eine Wienerin

1953

Sehr geehrte Frau Florian!
Mitten in einem schwierig zu gestaltenden Roman erhielt ich jenes Heft der »Zukunft«, in dem Sie in einem umfangreichen offenen Brief Lob und Tadel für mich mischen, gleichsam als Extrakt des Lobs und Tadels, das Sie unserer Menschheitshälfte mit Wiener Eleganz und geistiger Geschmeidigkeit zuteilen. Eben war Ostern, der Garten grünt, in meinem Roman hab ich den Einschnitt erreicht, von dem aus es sich empfiehlt, vor der Schlußarbeit einmal wegzudenken – und so greife ich endlich zu der »Zukunft« und mache mich daran, willkürlich in Ihrem Aufsatz herumzupicken, denn Sie wissen wahrscheinlich: selber lesen kann ich ihn nicht, meiner Augen wegen.
Da haben wir Ihre Sätze über die Französische Revolution. Wie ist es damit? In »Terror und Blutherrschaft« sei sie schließlich erstickt? Die genauen Untersuchungen französischer Historiker, auf Grund der mit französischer Sorgfalt geführten Akten der Revolutionstribunale, ergaben, daß rund sechstausend Angehörige der herrschenden Klasse und der streitenden Parteien hingerichtet wurden, wozu vielleicht ebenso viele Opfer der außergerichtlichen Tötungen in Lyon, Nantes und Paris gekommen sein mögen, als sich im Jahre 1793 die Heere der Interventen den Grenzen Frankreichs näherten. Was wollten sie da? Unter Benutzung der Emigration sich einmischen in die inneren Angelegenheiten einer Gesellschaft, die sich der privilegierten Klassen und ihrer Herrschaft verzweifelt und kraftvoll entledigt hatte, nach Jahrhunderten erbarmungslosester Unterdrückung – geistiger, körperlicher und wirtschaftlicher. Diese Interventen, verehrte Österreicherin, die Hauptleute und Marschkolonnen Ihres guten Kaisers Franz, meines angestammten Friedrich Wilhelm III. von Hohenzollern und des langlebigen Georg III. von England-Hannover – sie versuchten, die Revolution im Blut zu ersticken. Aber sie konnten nur jenen ersten europäischen Weltkrieg entfesseln, in dem unge-

fähr eine Million Franzosen und ebenso viele Europäer anderer Nationalitäten ihren Tod fanden. So »erstickt man fortschrittliche Bewegungen der Völker in Blut«, nicht wahr, natürlich ohne sie wirklich ersticken zu können. Aber wer die gegenrevolutionären Propagandazahlen nachplaudert, muß sich gefallen lassen, daß wir unsere Ungeduld, ihm weiter zuzuhören, nur schwer beherrschen.

Als wir unsere Bücher schrieben, die Ihnen so angenehm zu lesen waren, hatte der europäische Liberalismus die Hoffnung eingeschläfert, zu unseren Lebzeiten noch einen zweiten Vorstoß zur Herstellung eines erträglichen Daseins für diejenigen zu erleben, die uns alle Güter unserer Existenz lieferten: gedruckte Bücher, solide Häuser, durchsichtige Fensterscheiben, Brot und Wein. Der Wahlzettel erwies sich dazu als ebenso machtlos wie seit dem Griechenkaiser Konstantin das Gebetbuch.

Daß 1917 die Flinte in den Händen der Massen sich endlich umkehrte und Frieden machte, eröffnete auch uns Schriftstellern ein neues Herz, neue Hoffnung und neue Pflichten. Und diese erfüllen wir jetzt, Brecht und die Seghers, Becher und Lukács, Ernst Fischer und ich. Natürlich empören sich die herrschenden Schichten jenseits des goldenen Vorhangs dagegen, daß wir *die* Sprache sprechen, durch welche allein die Verhältnisse sich ändern lassen. Aber wenn seit Johannes dem Täufer das »Reich Gottes« immer nur im paradiesischen Jenseits einen Platz fand, wenn Arbeit, Brot und Frieden immer nur als gnädiges Geschenk hoher Kaiser, Könige und Trusts bezeichnet wurden und in Kriegen und Krisen unweigerlich verdunsteten – sollten Sie es uns nicht verargen, daß wir in diesen drei Gewaltigen schließlich die Ursachen eben jener Kriege und Krisen erkannten, die uns immer wieder von unserer Arbeit fortscheuchten und uns Gewehre in die Hand drückten für herrschaftliche Interessen.

Sie haben sicherlich im Radio gehört, daß der ehemalige General Eisenhower wiederum die »Weltherrschaftsgelüste Moskaus« auffahren ließ, wie der ehemalige General von Hindenburg die Weltherrschaftsgelüste Albions, und sein Vorgänger Wellington die der Französischen Revolution. Sie wissen auch, daß umgekehrt diese Weltherrschaft als das Joch der Einmischer und Ausbeuter auf den werktätigen Schichten aller Völker lag und noch liegt, soweit sie es nicht mit dem vollen Einsatz ihres Lebens abschüttelten. Wer Frieden haben will, muß die Eingriffe der Interventen schon an seinen Grenzen abwehren oder sie, sind sie erst bis an die Hauptstädte vorgedrungen, dort zerschmettern, wie es die Völker der Sowjetunion unseren Landsleuten vor Moskau, Stalingrad, Sewastopol und schließlich Breslau und Berlin besorgten.

Das sind Grundsteine unserer Existenz, verehrte Frau Florian, auch der Ihrigen, und darum hoffen wir, den Angriffskrieg von der Liste der erlaubten politischen Mittel streichen zu können, trotz, ja wegen der fürchterlichen Schlächtereien, die jetzt noch den Bevölkerungen von Landstrichen angetan werden, welche das Vorbild der Französischen und Russischen Revolution ermutigt hat, für ein lebenswertes Leben zu kämpfen. »Mischt euch nicht ein, und laßt uns in Frieden«, ist heute die Parole der Erde. Dies haben Sie in Wien auf jenem Kongreß hören können, währenddessen unser Rundgespräch abgehalten wurde – mit lauter übermüdeten Vertretern unserer Sache. Damals mag ich alt und müde ausgesehen haben, weil ich nachts lieber schlafe als diskutiere und schon gar nicht im Rauche von hundert Zigaretten. Aber bemerken Sie eins: Ich bin jeden Vormittag zur Arbeit noch frisch bei Kräften und überhaupt der gleiche freie Schriftsteller von eh und je. »Freiheit ist die Einsicht in die Notwendigkeit«, sagt Friedrich Engels.

Sie selber werden sich wohl einer anderen Definition der Freiheit bedienen, da Sie offenbar noch nichts davon gehört haben, daß seit Freud selbst das »freie Spiel« der Phantasie und der dichterischen Einfälle den Gesetzen der Determination unterworfen wurde.

So wundern Sie sich, daß die Machtkämpfe zwischen Parteigenossen in revolutionären Strömungen anders vor sich gehen und andere Gerichtsverfahren ergeben als die individuellen Kämpfe zwischen Angeklagten und Anklägern innerhalb der kapitalistischen Welt. So schließen Sie offenbar auch die Augen vor der Tatsache, daß seit dem Oktober 1917 diese kapitalistische Welt und ihre verschiedenartigsten Mitläuferscharen bald im kalten, bald im heißen Krieg gegen die Herstellung einer Gesellschaft ohne Ausgebeutete und Ausbeuter stehen. Was mich anlangt, so habe ich aus dem Erlebnis des ersten Weltkrieges gelernt: die schlimmste Ausbeutung des Menschen durch den Menschen bleibt die Feldschlacht, in der sich Eroberer und Kolonialherren gegen die Befreiung der menschlichen Arbeit und der arbeitenden Menschen austoben, gleichgültig, welche Hautfarbe diese unsere Mitgeschöpfe zur Schau tragen. Dies ist zu unserer Zeit der Weltwende das Wichtigste: hier und heute das Errungene zu verteidigen und keinerlei Schwächung unserer Front zuzulassen! Dies steht vor uns als das Gebot der Stunde, der Jahre, vielleicht unserer ganzen Lebenszeit.

Sie sind gegen die Gewaltanwendung der Beherrschten, um die Herrschaft zu brechen, welche ihnen seit Jahrtausenden durch die Gewalt der Herrschenden aufgezwungen wird – jener zweitausend Familien und Cliquen von einst und heute. Wenn sich nirgendwo mehr auf der Erde Frauen zu Prostitutionszwecken verkaufen müssen, Männer zu Ausbeutungszwecken für die Familien Dupont, Krupp oder Thyssen, Söldner zum Bürgerkrieg gegen ihre Klassengenossen – dann, verehrte Frau Florian, wollen wir den Zeitpunkt für gekommen erachten, andere Ihrer Vorwürfe und Argumente zu prüfen, wenn die dann nicht schon verdunstet sind.

Ihr Denken, verehrte Frau Florian – und damit lassen Sie mich schließen – spielt sich leider im Halbdunkel ab. Ihre Wiener Mitschriftsteller sitzen bei heruntergelassenen Rolläden und vollbringen mehr oder weniger kunstreiche Handarbeiten, da sie an dieses clair-obscur gewöhnt sind, auch wenn bei Tageslicht die Farben sich nicht als so geschmackvoll abgestuft erweisen, wie zum Beispiel Sie, fleißige Strickerin, beabsichtigen. Wir Leute von diesseits des »goldenen Vorhangs« aber haben alle Rolläden hochgezogen und sitzen im vollen, harten Tageslicht. Die Sonne, die uns bescheint, ist keine Erfindung der Poeten. Sie hat Protuberanzen, Explosionsstürme, Flecken, Finsternisse und gibt uns schließlich das Rätsel auf, woher sie ihre Kraft nimmt, die schon dem Echnaton ewig schien: wirklich vom Zerfall des Atoms? Und gibt sie sie nicht schon in ein paar lumpigen Jahrmillionen aus? Können wir ihr wirklich noch Milliarden Jahre zubilligen, in denen sie fortfahren wird zu scheinen, auf Gerechte und Ungerechte? Wie dem auch sei: Wir danken ihr für ihre Schöpferkraft, aber wir leugnen deren zerstörende Beimischung nicht und lernen vielmehr von Tag zu Tag, uns besser gegen sie zu schützen.

Gerade jetzt teilt die Sowjetunion Lehren über den dialektischen Fortschritt der Erkenntnis und Gerechtigkeit aus und bestätigt damit unsere Überzeugung, welcher Weg zur Gründung einer besseren Menschengesellschaft der richtige ist. Hoffentlich gibt dies Ihnen zu denken und bringt Sie in engeren Kontakt mit unseren Kämpfen.
In der Hoffnung, Ihnen fürs erste und nächste geantwortet zu haben,

Ihr ergebener
Arnold Zweig

Vorwärtsgewandter Rückblick

1954

Vor mehr als zehn Jahren schrieb ich, noch nach Haifa emigriert, an einen Freund: Das Schicksal Deutschlands sei entschieden. Allem Anschein nach werde es zum Dominion erniedrigt werden und Großbritannien für den Verlust Indiens entschädigen müssen – die Tentakel (Fangarme) der USA waren damals noch nicht so sichtbar. Tausende von civil servants, mit allen Saugnapffunktionen erprobter Kolonialherrschaft ausgerüstet, bereiteten sich schon vor, als Vergeltung für Hitlers Raubzüge nun ihrerseits Deutschland auszurauben, und zwar für hundert Jahre. Alles, was dem Deutschland Ludendorffs 1917/18 nicht geglückt war, die Vereinigung der Ruhrkohle mit den lothringischen Erzen, würde diesmal durchgesetzt werden, nur mit umgekehrtem Vorzeichen.
Stellen Sie sich nun einmal vor, diese politische Vision wäre auch für uns Wahrheit geworden! Die Rote Armee hätte es aus irgendwelchen Gründen unterlassen müssen, ihren Siegeszug, opfer- und ruhmreich, bis an die Elbe voranzutragen! Hatten so viele Völker den Krieg gegen die Hitlerpest und ihre Auftraggeber darum geführt, daß ein kalter Krieg den heißen ersetzen sollte?
Aber zum Glück für die Welt und uns entging ein Drittel Deutschlands dem Schicksal Neu-Indiens (mit dem Rhein und Bonn statt Ganges und Neu-Delhi). In fünf Jahren entfaltete sich unterm Schilde der Sowjetmacht ein deutscher Teilstaat, der sich den befreiten, in eigenem Aufstand zur Demokratie durchgebrochenen Völkern jenseits der Oder und Neiße entschlossen verbündete und mit ihnen um die Wette wuchs – eine Heimstätte für Menschen, wie Ibsens Baumeister Solness sie plante. Noch durchaus nicht überall wohnlich ist sie, diese Heimstätte. Aber ihr Dach schützt vor Not und Unwetter, ihre Öfen rauchen vor Arbeitsdrang, ihre Fenster sind hell für Lesen und Lernen, und ihr Turm – Solness plante sie niemals

ohne Turm – gibt einen Auslug gegen Schleicher und Feinde, den Blick frei in die Landschaft mit Wald und See, den Wegweiser nach oben und den Fahnenmast, von dem die Farben der Arbeitsfreude und des Friedens flattern. Nach fünf Jahren! Wie gut haben es wir, die diesseits von Elbe und Oder sich ansiedelten! Dichten ist Gerichtstag halten über sich selbst – um nochmals Henrik Ibsen zu zitieren. Nun, auch vom Wählen dürfen wir das sagen.
Wenn ein Volk, in unserem Falle der Teil eines großen Volkes, sich sein Leben plant und dichtet, kommt ein Staat heraus, der die Form seines Gemeinwillens sichtbar ins Licht stellt. Wir Intellektuellen, Arbeiter des Geistes, Vermehrer des von Generationen vor uns geschaffenen Kulturgutes, Verwalter der in jenen Generationen erworbenen Talente und Fähigkeiten zur reibungslosen Verwirklichung erkannter und ersehnter Ziele – wir Vertreter der geistigen Berufe in unserer Deutschen Demokratischen Republik spüren am empfindlichsten, wenn etwas irgendwo noch nicht stimmt, und wissen, wohin wir unsere Anliegen zu tragen haben, um Form und Inhalt unseres Staatsgefäßes zu verbessern. Wir brauchten nicht einmal in beständiger Reibung mit dem Dominion »Bundesrepublik« zu leben, um zu erkennen, wie gefährlich es für unsereinen wäre, wenn er sich von jener schillernden Oberfläche hätte verlocken lassen, die den Wohlhabenden drüben vergessen macht, wie hohl der Boden unter seinen Füßen sich gestaltet. Vom ehemaligen Preußen hieß es, es habe sich großgehungert – leider nur, um seine Nachbarn in blutige Kriege zu verwickeln. Wir in der jetzt fünfjährigen DDR haben Entbehrungen und Schwierigkeiten auf uns genommen, weil uns der Glanz eines gesicherten Friedens voranleuchtet und uns die Überzeugung stärkt, daß unsere Basis sich tragfähig erweisen wird für ein ganzes Deutschland, welches noch weniger Dominion sein wird als das heutige Indien Pandit Nehrus. Und dann wird seine Staatsspitze nicht mehr das Sternenbanner zieren und sein Kanzler keineswegs dem vierfachen Ehrendoktor Konrad Adenauer gleichen. Denn das Weltlager des Friedens, das ich schon 1949 zu Paris in deutschen Sätzen vertreten durfte, rückt zwar langsam vorwärts, aber als breiträdriger Traktor, und seine Pflugfurchen und Saaten dienen uns allen, die wir nach zwei Weltkriegen gelernt haben, daß Säen und Ernten glücklich macht

und alle Eroberer in irgendeinem Bunker enden. Wir halten unsere Augen gerichtet auf das, was wir selber geschehen sahen, und dürfen ohne selbstgerechten Tonfall sagen: Es hat gelohnt. Ein Grundstein ist gesetzt. Nun laßt uns weitermachen.

Zwei Antimilitaristen begutachten eine Uniform

1963

Von den Gelegenheiten, die mich mit Walter Ulbricht zusammenbrachten und die mir noch im Gedächtnis haften, scheint mir die unscheinbarste am bedeutsamsten. Während einer Sitzung der Volkskammer teilt man uns mit, in einem der größeren Nebenräume seien die neuen Abzeichen und Uniformen unserer Volksarmee ausgestellt, damit wir Abgeordnete sie besichtigen könnten. In einer Sitzungspause begab ich mich also in jenes Fraktionszimmer und sah dort, wie sich unsere neu eingekleidete Volksarmee in Waffenröcken und Gradabzeichen ausnehmen werde; gleichzeitig ging Walter Ulbricht mit dem und jenem Abgeordneten an diesen Tischen entlang.

Kaum glaublich, daß jemandem dieser Vorgang aufgefallen wäre – wie zwei Zivilisten die neue Uniform begutachteten. Und doch war der eine der Staatsmann, der von Jugend an schon im ersten Weltkrieg den deutschen Militarismus heftig und bewußt bekämpft hatte, und der andere der Schriftsteller, der als Folge seiner Kriegsdienstjahre mit dem ersten Antikriegsroman in deutscher Sprache eine neue schöpferische, das Wesen jedes imperialistischen Krieges durchleuchtende Erzählung geschaffen und der deutschen Leserschaft, ja dem lesenden Weltpublikum nahegebracht hatte. Und nun gingen wir beide, eingefleischte Antimilitaristen, an Uniformen entlang und bejahten sie. Unsere Blicke begegneten einander; jeder wußte vom anderen, wie er über diese Notwendigkeit der Waffenführung dachte, und jeder sah dem anderen an, daß er über sie fast beklommen war, dennoch aber ihren Einsatz zur Verteidigung unseres Staates, der DDR, intensiv bejahte.

Noch ehe wir miteinander Worte wechseln konnten, rief uns die Glocke in die Parlamentshalle zurück, und ich bin überzeugt davon, daß wir beide Friedrich Schillers Vers im Sinne hatten: »Es kann der Frömmste nicht in Frieden leben, wenn es dem bösen Nachbar nicht gefällt!«

Diesen bösen Nachbarn kannten wir gut; von Beginn seiner

Existenz an hatte er alle Abkommen sabotiert, die seinen Aufstieg aus der Niederlage leiten sollten. Und jetzt würden wir ihm also die Zähne zeigen, da es uns ja nichts genutzt hatte, ihm hundertmal die Hand zum Frieden hinzuhalten. Von Mal zu Mal war meine Skepsis gestiegen, von Mal zu Mal meine Überzeugung gewachsen, daß dieser Nachbar in Bonn Friedensbereitschaft mit Schwäche verwechselte. Aber Walter Ulbricht und unser Ministerrat sahen offenbar weiter als ich, zukünftige Vorgänge vorbereitend, während ich immer wieder auf die Gegenwart reagierte, leidenschaftlich, wie es sich für einen Schriftsteller schickt.
Und nun saßen wir beide in derselben Kuppelhalle und sahen geduldig dem Ende einer Sitzung entgegen, deren Inhalt der Festigung unseres Staates gewidmet war – dieser DDR, welche jenseits der Elbe noch immer nicht bemerkt wird. Und wir beide wußten, der Tag kommt, an dem dieser andere Teil Deutschlands uns bemerken würde, und zwar deutlich und in Frieden.

Verwirklichung

1957

Weder die Apostel des Christentums noch die Schöpfer des Kommunistischen Manifests konnten sich selber zugestehen, daß die Umformung des gesellschaftlichen Lebens Jahrzehnte, im ersteren Falle Jahrhunderte brauchen würde, um unser Zusammenleben zu verbessern.
Darum dürfen wir mit tiefer Bewunderung blicken auf den harten und unerbittlichen Weg, der zwischen der Verkündung unserer Oktoberrevolution von 1917 und der heutigen Welt liegt. Den Sozialismus aus Wissenschaft in Leben zu verwandeln, die Bedürfnisse von anderthalb Milliarden Menschen Tag für Tag im Blickfeld zu behalten und Tag für Tag durch noch so kleine Maßnahmen in Wirklichkeit zu verwandeln, was einmal nur Wunschwelt gewesen – Freunde, ein atemberaubendes Staunen muß jeden erfüllen, der jene vierzig Jahre unseres Lebens überschaut! Als Lenin begann, kümmerte er sich um das Wasser für den Tee der Arbeiter in einer Petrograder Fabrik. Heute entsenden seine Nachfolger und Vollstrecker den ersten kleinen Erdmond ins All, und die Meßgeräte, die in ihm funktionieren und ihre Mitteilungen in die Welt funken, sehr wohl dürfen wir sie mit jenem Teewasser vergleichen, das dem damaligen Rechtsanwalt W. I. Uljanow-Lenin zu jenem Flugblatt Anstoß gab, welches heute im Moskauer Museum liegt.
Das Harte, das Wirkliche, das Unscheinbare, das täglich Geschehende – das, Freunde, ist der Alltag der Revolution, die zur Umformung unseres gesamten Erdenlebens führt. Nichts liegt uns ferner als die Verkleinerung der Heldentaten, die auf den Barrikaden geschahen, in den Lagern, in einsamen Zellen. Aber um die wirkliche Bedeutung des Großen Oktober wissen nur diejenigen, die einsehen, wie sehr der unscheinbare und massenhafte Verschleiß kameradschaftlichen Einsatzes dazugehört, um geniale Einsicht in »Brot für alle« zu verwandeln. Der Weg vom Erlaß des Gebotes »Du sollst nicht stehlen« bis zu uns dauerte dreitausend Jahre. Als Lenin verkündete, die

Mittel zur Hervorbringung unserer Lebensbedürfnisse müßten Besitz sein derjenigen, die sie Tag für Tag anwenden, mit eigenen Händen, eigenem Hirn, schrieb man den 7. November 1917. Zählt die Tage, liebe Freunde, die unser Planet brauchte, um diese Forderung auf einem Sechstel seines Territoriums in wirkliche Wirklichkeit zu verwandeln – und dann hängt unsere Fahnen aus den Fenstern und hebt ein Glas mit wohlschmekkendem Getränk zum Firmament empor, durch welches vielleicht gerade der Sputnik kreist, und grüßt dankbaren Herzens die Unsterblichkeit menschlicher Größe.

Zur Befreiungsfeier der Menschheit

1957

Wir, die wir sie, wenn auch von fern, miterlebten, können die Oktoberrevolution des Jahres 1917 nicht als isoliertes Ereignis sehen; wir konnten es nie. Heute umspannt unser Blick wie ein Rahmen jenen Befreiungskrieg der Menschheit, der gegen Feudalismus und Ausbeutung geschlagen wurde. Immer begann er unter den ungünstigsten Vorzeichen für die Bedrückten. Immer endete er mit Friedensschlüssen, die den Linken das unentbehrliche Gut gaben, für welches sie sich gegen die Organisationen der Bedrücker in den Kampf stürzten.

Ob dies 1776 die amerikanischen Kolonisten waren, 1789 das französische Bürgertum, dem bis 1871 Stoß für Stoß immer neue Schichten der arbeitenden Bevölkerung nachrückten, 1848 und 1918 das deutsche Bürgertum und seit 1917 unter W. I. Lenins genialer Führung die werktätigen Massen der Sowjetvölker: wie einen aufwärts steigenden Heereszug sehen wir die Millionen und aber Millionen sich der Dunkelheit entringen, in die das Mittelalter sie geschlagen hatte. Und wie das Jahr 1776 auf der westlichen Hemisphäre in den Herzen aller zukünftigen Auswanderer, auch der verfolgten europäischen Juden, eine Fackel entzündete, die noch heute leuchtet und wärmt, so 1789 in Westeuropa, 1917 im ehemals zaristischen Osten.

Vergessen wir nicht bei dieser historischen Übersicht, daß Großbritannien vorausging, als um 1380 Wiclifs Übersetzung der Bibel und der Bauernaufstand von Wat Tyler eine erste gerechtere Güterverteilung auf Erden anstrebten. Später, 1649, zogen britische Puritaner dann das absolute Königtum mit der Hinrichtung Karls I. Stuart vor Gericht, und 1852 gewährte das englische Bürgertum dem Vorkämpfer des Proletariats, Karl Marx, Asyl, der sich sonst nirgendwo anders zur Vollendung seiner gigantischen Geistesarbeit hätte niederlassen können. Jedesmal aber flaute das britische Interesse für das bereits Eroberte wieder ab, so daß zum Beispiel nach dem zweiten Weltkrieg eine Labour-Party-Regierung sich nur wenige Jahre betätigen konnte, um alsbald wieder von der Reaktion des Kapitalismus verdrängt zu werden. Nicht so der russische Vorstoß: in den fast vierzig Jahren seit ihrem Aufbruch haben die Sowjetvölker das Wesentlichste dessen festgehalten, wofür sie seit 1917 Tatkraft und Leben einsetzten. Seither haben sie die stärkste elektrische Stromquelle gebildet, die das Kraftfeld der Menschenbefreiung speiste und speisen wird. Dieses Kraftfeld kennt keine politischen Grenzen, es umzieht den Planeten Erde, und eingesprengt in dasselbe, umfaßt es auch die Söhne und Töchter der kolonial unterdrückten Reiche und Stämme, welche ebenfalls die Erde umziehen auf der Suche nach einer Lebensordnung, die ihnen Gleichberechtigung verbürgt.

Als seit 1939 der mittelalterliche Drache des Faschismus seine zerschmetternden Schläge auf die Länder Europas hatte niederhageln lassen, lagen unter den dreißig Millionen seiner Opfer die Knochen und Aschen eines Drittels aller europäischen Juden, unter den Kriegern, die gegen ihn gefallen waren, unsere besten Söhne und Töchter. Die roten Heere waren es, die als erste in die grauenhaften Schlachtstätten des Naziwahnsinns einbrachen und die Wahrheit über das aussagten, was niemand für möglich gehalten hätte. Dieses Bündnis zwischen den überlebenden Opfern des Faschismus und dessen Besiegern feiern wir heute dankbaren Sinnes.

Die Aufgabe ist noch lang, die Atemzüge der Geschichte werden nach Generationen bemessen, aber nichts kann die Sicherheit erschüttern, mit der wir, seit es in Rußland glückte, das Fortschreiten der Menschwerdung des Menschen verfolgen. »Noch am Grabe pflanzt er die Hoffnung auf«, sang Friedrich Schiller diesem Menschen. Wir Glücklichen sehen, wie immer mehr Banner der Hoffnung an den Gräbern, den Wiegen sich entfalten. Der Reichtum der Erde gehört den Erdgeborenen, und je mehr von ihnen zum Denken erwachsen, um so mehr werden sie die Hände freibekommen, um zu arbeiten und zu ernten.

Es bleibt charakteristisch, aber nur natürlich, daß die von der Revolution angegriffenen Klassen immer wieder versuchten, die »gute alte Zeit« zurückzubringen. Die Geschichtsbücher und die Leiden unserer Vorfahren verzeichnen, wie es ihnen von Fall zu Fall gelang. Und die grandiose Epoche, die wir mitzuerleben das Glück und Schicksal hatten, legt uns als Gegenstück dar, daß mehr als ein Dutzend kriegerischer Unternehmungen gegen die Schöpfer und Erben des Jahres 1917/18 mit Millionen Soldaten vergeblich anrückten, um den Brand zu ersticken, den die Oktoberrevolution entfachte, in Hirnen und Herzen jetzt schon der dritten Generation. Auf den heißen Krieg folgte der kalte, und auch er, trotz seiner listigsten Verfechter, versagte, selbst wenn er die Phasen zu benutzen versuchte, die sich in dem Werden und Wachsen jeder Revolution entwickeln, dialektisch, widerspruchsvoll, oft von schmerzlicher Verwirrung begleitet, aber immer weiter zur Offenbarung der Volkskräfte führend, die endlich in den Genuß ihrer Anstrengungen gelangen müssen.

Aus einem Gebäude, welches errichtet ist auf dem Granit dieser Volkskraft, läßt sich zum Glück kein Stein herausbrechen, kein Teil der ganzen unteilbaren Revolution verfälscht sich in sein Gegenteil.

Nach zwei Kriegen kann es nicht anders sein, als daß bittere Not die Anstrengungen der Massen begleitet, die aus der Trümmerwelt eine echte neue lebenswerte Glückswelt schaffen wollen. Und die Revolution verlangt einen langen Atem, nicht nur von ihren Tätern, sondern auch von denen, die sie von außen oder innen betrachten, beschreiben, kommentieren. Wir in der DDR sind leider den dauernden Kommentaren ausgesetzt, die uns ins Ohr flüstern, wie man dies oder jenes aufzufassen habe, was jenseits des goldenen Vorhangs geschieht. Aber wir haben nicht umsonst die Epoche des Faschismus durchkämpft, drinnen und draußen, und wir atmen am 7. November dies Jahr wie jedes vorherige die frische Luft ein, die aus Norden und Osten bläst und uns zuruft: Gedenke der Opfer, gedenke der Taten, aber gedenke auch der Ketten, die seit 1917 abgeworfen wurden und nun dort verrosten, wo die Gebeine des Faschismus verscharrt wurden.

Denn wer mit dem Teufel gekämpft hat und ihn selber zur Hölle schickte, der weiß, wie wachsam er sein muß und welche Dimensionen Unglück oder Unrecht annehmen können.

Es kann immer wieder vorkommen, daß uns Wege in schlammiges oder steiniges Gelände führen und daß man ihnen lange folgt, bis dem trotzigen Sinn des Menschen die Notwendigkeit einleuchtet, umzukehren und bessere Pfade zu suchen. Aber der Weg in den Abgrund, von dem es keine Rückkehr gibt, der wurde 1917 von W. I. Lenin und seinen Kameraden für die Hälfte der Erde erkannt und für immer vermauert.

Der Sputnik

1959

Was wir als junge Menschen bei Jules Verne oder H. G. Wells lächelnd lasen, voller Begeisterung über die so konkrete Phantasie dieser Schriftsteller – das wird mit dem heutigen Datum, dem 3. Januar 1959, von der Wirklichkeit in den Schatten gestellt und übertroffen. Heute, wahrhaftig, ist eine Weltraumrakete unterwegs zum Monde, ihre Signale werden von allen dazu fähigen Stationen verzeichnet, ihre Instrumente liefern schon jetzt Material zur genauen Kenntnis interplanetarischer Zustände – und wir sind es, dieselben Menschen, die sich früher der Phantasie großer Kollegen hingaben, welche heute den sowjetischen Wissenschaftlern, Technikern und Arbeitsbrigaden voller Dankbarkeit im Geiste die Hände schütteln. Welch ein Anfang einer neuen Epoche! Wie schreibt sich mit goldenen Lettern schon heute die sozialistische Aufwärtsentwicklung des Menschen und seiner Gesellschaft an den Himmel! Wahrhaftig, Freunde, es wird uns auch gelingen, noch in diesen nächsten Jahren auch das furchtbare Erbteil abzuschütteln, das uns von den vergangenen Jahrtausenden wie eiserne Ketten überkommen ist: die Bindung an das legale und erlaubte Mittel des Angriffskrieges, des wilden massenhaften Blutvergießens zur Regelung irdischer Verhältnisse und Streitigkeiten. Und Euer großes Land ist es, Bürger der Sowjetunion, das uns die neue Ära schenkt, dank der unermüdlichen geistigen Schulung und technischen Vervollkommnung, die seit der großen Oktoberrevolution Euch in die vorderste Reihe der europäischen Menschheit brachte. Immer von neuem festigt Ihr unter unseren Füßen den Grund, auf dem wir vorwärtsschreiten, und wenn unsere Schreibtische uns zum Schaffen dichterischer Gestaltungen zur Verfügung stehen, ohne daß feindliche Atombomben sie und unsere ganze Umwelt zu vernichten drohen, so wißt Ihr und wissen wir, daß das Bündnis des Geistes und der Hände immer unwiderstehlichere Festigkeit annimmt.

Gruß und Dank also!
Euer Arnold Zweig

Gruß und Dank

1959

Einem Geber zu danken, der mit so großartiger Gabe den Einsatz belohnt, den man als Schriftsteller seit vierzig Jahren zur Hauptaufgabe seiner geistigen Bemühungen gemacht hat – einem solchen Geber zu danken, fällt unsereinem leicht und zu gleicher Zeit schwer. Leicht – weil das Herz mit freudigen Schlägen die Tatsache beantwortet, man habe sich nicht umsonst bemüht und das Rechte gefunden und getan, das Rechte für alle die Schicksalsgenossen, welche wie der Verfasser aus dem Frieden von 1913 in unsere jetzige Kriegswelt hineingeboren wurden. Schwer fällt es aber, voll zu erklären, wie es kam, daß man aus einem Schriftsteller der bürgerlichen Kultur, wie sie die ersten zehn Jahre unseres Jahrhunderts uns zu Vorbildern machten, zu einem Erzähler wurde, dem das Thema »Krieg« nicht mehr aus der Konzeption seiner Arbeiten auszuschalten war. Auch andere große Vorbilder wurden gezwungen, sich mit diesem Thema abzuquälen – weisen wir nur auf Henri Beyle-Stendhal hin und auf L. N. Tolstoi, deren Meisterwerke im neunzehnten Jahrhundert uns alle in Bann schlugen. Wir jungen Menschen vom Anfang unseres zwanzigsten Jahrhunderts aber wären nie auf den Gedanken gekommen, in unserem Leben könnte das politische Mittel Krieg jemals eine Rolle spielen, wie sie noch Emile Zola abgezwungen wurde. Wir jungen Leute begriffen nicht, daß es das System der wirtschaftlichen Mächte und Verflechtungen war, welches schon zum Kriege von 1870/71 geführt hatte; wir glaubten den Friedensbeteuerungen all der Zaren und Kaiser, deren Bilder unsere Schulhefte und die Säle unserer Verwaltungsgebäude schmückten.

So standen wir 1914 fassungslos vor der Tatsache, daß auch wir eine Generation von Kriegern werden würden – daß das Thema »Krieg« auch unsere Literatur berühren, ja, nicht nur berühren, sondern umstülpen werde. Nun, wir wurden Soldaten, um unsere Heimat und unser Vaterland zu verteidigen, wir alle. Auf allen Fronten des ersten Weltkrieges wußten wir im Jahre

1914 unsere Kollegen und Mitstudenten aus allen europäischen Ländern. Alle verteidigten den Frieden – so hatten es ihre Regierungen verkündet. Wie kam es also, daß wir plötzlich alle Krieger waren und die Totenliste gleich der ersten Monate die Namen nicht weniger Dichter verzeichneten? Von mir privat zu sprechen: gleich drei meiner Klassenkameraden lagen hingestreckt auf dem »Feld der Ehre«.

Dies und vieles andere gab mir einen Schock. Die Verwandlung unseres Friedens in unsern Krieg war also ein Problem. Jetzt setzten die Erfahrungen ein, die Grabenkrieg, Artilleriestellung, besetztes Gebiet hießen. Erst als 1917, im Februar und im Oktober, ein Beispiel gegeben wurde, wie ein Riesenreich Folgerungen zog aus drei Jahren Krieg, wie das russische Volk den Mut aufbrachte, die eigene Regierung und ihre herrschenden Kreise für drei Jahre Schlachtentod zur Verantwortung zu ziehen, empfing unsereiner die Bestätigung dafür, daß er seit den Erfahrungen vor Verdun aufgehört hatte, Krieg als erlaubtes politisches Mittel zu betrachten.

So setzte sich für einen Schriftsteller von fast dreißig Jahren der seelische Mechanismus in Gang, der ihm die Aufgabe seines kommenden Lebens in den Gesichtskreis brachte. Die Volksbeauftragten der russischen Revolution, gruppiert um Wladimir Iljitsch Lenin, hatten das Rätsel gelöst, das mit dem Worte »Angriffskrieg« formuliert wurde.

Und so ist es gleichsam der Punkt auf das i, den mir die Verleihung des Internationalen Friedenspreises mit Lenins Namen setzt. Ich habe mit meinem Werk zurückgegeben, vielleicht mit Zinsen, was ich von Moskau empfangen habe. Und dies ist der Dank, den ich Euch schulde und Euch abstatte, indem ein Siebzigjähriger die Summe zieht aus dem, was der Dreißigjährige zu lernen begann. Si vis pacem, para bellum – hatte ein römischer Theoretiker uns beigebracht als Formel der imperialistischen Kriege: »Willst Du Frieden, so bereite Dich zum Kriege.« Wir heute wissen, welch einen Klassenirrtum dieser Satz aussprach. Wir setzen dagegen unsere Parole: »Willst Du Frieden, so bereite den Frieden, mit allen Deinen Kräften, alle Tage Deines Lebens, alle Stunden Deiner Tage.« Denn nur Leben zeugt Leben, nur der friedliche Wettkampf den schöpferischen Aufstieg all der Generationen, die die Gesittung unserer Erde aufbauten und weiterführen.

Monroe-Doktrin und Rapacki-Plan

1958

Heute freuen sich des Lebens, das wir nach der Niederwerfung der Hitlerbarbarei aufgebaut haben, Millionen von Menschen, die mithalfen, unsere Erde wieder wohnlich zu machen. Unser neues Leben zu verteidigen, das ist unsere größte Pflicht und Freude, und wir stehen dafür ganz und gar ein in jeder Minute der vierundzwanzig Stunden, die der Tag uns schenkt.

Halten wir heute vor der Wahl, ob wir aus Deutschland einen Friedhof machen lassen wollen, einen Atomfriedhof, der noch auf Generationen hin alles mit Tod bedroht, was sich darauf verirrt – werden wir gefragt, ob wir einen solchen Friedhof aus unserem Deutschland machen lassen wollen oder dieses geliebte Land, das soviel Unheil und soviel große Kunst und soviel Schöpferfreude und soviel prachtvolle Jugend hervorgebracht hat, ob wir dieses Deutschland auf den Weg des Friedens mitreißen wollen: dann haben wir für uns im Grunde genommen den Strom des Lebens, und wir brauchen nicht zu fürchten, daß es uns mißlingen werde, die Welt davon zu überzeugen, wieviel besser es sei, zu leben als zu sterben. Wir haben sehr viel Schweres hinter uns. Wir als Deutsche blicken auf fünf europäische Kriege, die wir planten und entfachten, mit denen wir unsere Nachbarvölker überfielen und bis zu schwersten Verlusten trieben. Seit der Mitte des achtzehnten Jahrhunderts brachten wir uns so immer wieder in Feindschaft mit den neben uns wohnenden Europäern. Aber nun, heute, ist es doch so, daß die Frage Krieg oder Frieden, das heißt Leben oder Tod, in den verschiedensten Zonen eine Frage ist, die sich aufdrängt, von England bis nach Japan. Wir sprechen heute nur von Europa, obwohl wir wissen, daß ein kommender Krieg – und Sie haben alle hinreichend davon gelesen – nicht bloß uns vernichten würde, nicht bloß unsere schönen alten Städte in Trümmerfelder und Staub und Asche verwandeln, sondern daß sogar aus den Gewächsen, die uns unser

Boden spendet, aus den Fischen, die in unseren Strömen schwimmen, Giftträger werden, die Generationen noch vergiften können.
Und wenn wir nun England sehen, das ja den äußersten Flügel der europäischen Front bilden würde, so stand doch noch eben eine warnende Brandwolke auf einem der Flugplätze, die die britische Regierung den amerikanischen Vettern hat einräumen müssen. Heute symbolisiert sich dadurch der Abstieg des britischen Bürgertums, das zu Zeiten Königin Elisabeths I. in den Sattel stieg und die spanische Armada vernichtete, heute aber unter Elisabeth II. nichts daran ändern kann, daß auf britischem Boden amerikanische Flugplätze Riesenbrände entfesseln und ganze Gegenden mit Vernichtung bedrohen. Heute also steht das englische Volk vor der Aufgabe, mit amerikanischen Generälen fertig zu werden, weil die Entwicklung nach dem zweiten Weltkrieg dazu geführt hat, Westeuropa in einen Zustand des Chaos zu versetzen wie nach dem Dreißigjährigen Krieg.
Haben wir nun aus der Geschichte etwas gelernt, dann wissen wir, warum wir allen vernünftigen Menschen in allen uns zugänglichen Sprachen zurufen: Schafft endlich quer durch Europa, besonders durch ganz Deutschland und seine Nachbarstaaten, eine atomtodfreie Zone! Endlich einmal muß das Leben verteidigt werden, nachdem durch den Tod allzu großes Unheil von zwei Generationen erlitten worden ist – die dritte nämlich wäre unsere Jugend, die jetzt schon wieder anfängt, drüben im Westen für den Atomtod im Namen der NATO gedrillt zu werden!
Wir sind nicht Skeptiker und nicht Pessimisten, denn wir haben in unserem Leben sehr viele Dinge durchgestanden und die Anstrengungen, welche unsere Patrioten immer wieder machen, so belohnt gesehen, daß wir glauben, es werden sich auch in den Massen drüben auf der anderen Seite des vergoldeten Vorhangs hinreichend viele Vernünftige finden, die am Leben bleiben wollen. Und falls wir für diesen Willen eine Formel brauchen, so erinnern wir uns an die Monroe-Doktrin. Diese Monroe-Doktrin war 1823 die Parole, mit der die Amerikaner die europäischen Einmischungen auf ihrem Kontinent zurückwiesen: »Amerika den Amerikanern!« hieß sie. Wir übernehmen sie jetzt, indem wir bloß ein kleines Wörtchen hinzufügen: »*Nur* Amerika den Amerikanern!«

Was wollen wir? Unsere Generationen, die immer wieder geboren werden, unsere Söhne, unsere Töchter, unsere Enkel davor schützen, einen geheimnisvollen inneren Tod in ihren Knochen zu tragen, weil Atomstrahlen oder atomare Gifte darin wirken. Darum verlangen wir eine Zone quer durch Europa, um als ersten Schritt zur Entspannung und Befriedung unsere Erde nach den grausigen Schrecken des zweiten Weltkriegs vor einem dritten bewahrt zu sehen. Dieser Atomtod muß abgewendet werden! Das, was unsere Städte an Schrecken erlebten, darf sich weder in Deutschland noch irgend anderswo wiederholen.
Wir stehen zum Rapacki-Plan, zu diesem ersten Schritt, der aus dem Dreißigjährigen Krieg und seiner Fortsetzung, dem kalten Krieg, endlich einen Frieden machen soll, dessen Entfaltung unsere Dankbarkeit gehören wird, solange wir leben, und die wir unseren Kindern und Enkeln vererben wollen. Was bedeutet unsere Lebensfreude? Die großen schöpferischen Werte der menschlichen Kultur nicht eingehen zu lassen, weil es immer wieder kleine Gruppen in gewissen Staaten gibt, welche glauben, sich am Tode der Massen bereichern zu können. Aber es gibt heute keinen Punkt der Erde, diese Schuldigen zu verstecken.
Und darum bleiben wir dabei, unserem Leben, unserer Kunst, allen schöpferischen Bemühungen ihren Sinn zu erhalten, uns unter keinen Umständen in einen Atomtod zwingen zu lassen, sondern Tag für Tag schöne Dinge zu produzieren, den Wohlstand unseres täglichen Daseins zu erhöhen, glücklich zu werden oder zu bleiben. Es lebe das Leben! Nieder mit dem Tod!

Geist, Geburt und Politik

1960

1

Wahrscheinlich wird es den Lesern des ausgezeichneten Briefes, mit dem Walter Ulbricht der deutschen Politik eine ernste fruchtbare Wendung gab, schwer verständlich gewesen sein, daß sein Adressat, Dr. Konrad Adenauer, nach Pressemeldungen erklärt habe, er werde diesen Brief nicht lesen. Wie wäre ein solches Vorhaben zu erklären?
Einen Brief nicht lesen, der von sachverständiger Stelle über die wichtigsten deutschen Angelegenheiten und in den höflichsten Ausdrücken verfaßt worden ist! Läßt sich nicht unsereiner jeden Brief vorlesen, der sich mit Fragen befaßt, die unserem Werke entspringen? Und die Spitze der größten politischen Partei der Westzonenregierung soll es sich versagen dürfen, das zu tun, was jeder gesittete Empfänger von Post mehr oder weniger prompt vollzieht?
Den Hochmut dieses ehemaligen Oberbürgermeisters von Köln zu erklären und gleichzeitig zurückzutauchen in vergangene Schichten unseres gesellschaftlichen Werdens stellt Sie, verehrte Leser, vielleicht vor eine lohnende Aufgabe.

2

Der moderne europäische Staat wurde aufgebaut auf der Epoche der Sklavenarbeit. Bei den Griechen deklassierte sogar die Handarbeit mit Meißel am Marmor ihre berühmtesten Bildhauer; es gibt keine Muse für plastische Künste oder der Malerei in dem doch so reichen griechischen Götterhimmel.
Diesen Grundzug, daß Handarbeit schändet, nämlich den beherrschten Klassen allein zusteht, übernimmt die feudale Gesellschaft des frühen wie des späten Mittelalters. Auch geistige Produktion gilt als Vorrecht des Adels und der Klerisei; aus den

Reihen der Mönche entstehen die Maler der klösterlichen Handschriften und Miniaturen. Und erst die Renaissance stellt den geistigen Arbeiter und Künstler gleichberechtigt neben den aristokratisch Geborenen. Die feudale Schicht verachtet den heraufkommenden Kapitalismus, sobald es sich um Äußerungen des Geistes handelt, auch des theoretischen Verstandes; Friedrich Schiller läßt im Demetrius-Fragment einen seiner Aristokraten ausrufen:

»Was ist die Mehrheit? Mehrheit ist
der Unsinn!
Verstand ist stets bei wenigen nur
gewesen.«

Und nach der Meinung der Feudalen entstammen diese wenigen den obersten wohlhabenden Schichten der Klassengesellschaft. Noch im achtzehnten Jahrhundert werden schöpferische Geister von regierenden Fürsten in den Adelsstand erhoben (siehe Goethe, Schiller, Herder), als ob sie in den Hofkreisen der dreihundert deutschen Staatchen dadurch ihresgleichen fänden; deren Töchter nahmen sie auch ungeadelt in ihre schönen Arme.

3

Ganz wie die Aristokraten des frühen Mittelalters den wirtschaftlich erfolgreichen Trägern des Kapitals geistiges Schöpfertum nicht zutrauten, verneinte dieses Bürgertum seinerseits die gleiche Potenz auch den Kindern des Proletariats. Daß ein Mit-der-Hand-Arbeitender sich auch trauen dürfe, durch geistige Produktion mitzureden, ja verlangen könne, ernsthaft und aufmerksam angehört zu werden, war im Deutschland des neunzehnten Jahrhunderts ein unerlaubter, ja unerhörter Übergriff – ein Erbe der Französischen Revolution und des englischen Parlamentarismus, welches durch die Heilige Allianz mit den Mitteln der Demagogenriecherei und dem Niederschießen studentischer Demonstrationen beantwortet wurde.
Wer seine geistigen Gaben dazu verwandte, dem vierten Stand, dem Proletariat, emporzuhelfen aus der Verbanntheit zur Mitarbeit an den geistigen Gütern, schaltete sich selbst aus der

Schar derer aus, deren Äußerungen man anhörte, ernst nahm; man machte sie unschädlich durch Zensur, die den Druck ihrer Schriften verhinderte, trieb sie ins Exil, stempelte sie als Hetzer ab und brachte dadurch nur die mutigsten jungen Männer und Frauen des Kleinbürgertums dazu, sich mit ihren Äußerungen ernsthaft abzugeben. Noch 1926 betitelte der Essayist Rudolf Borchardt den großen deutschen Dramatiker Georg Büchner genauso »Hetzer« wie die Machthaber des Dritten Reiches uns alle.

4

Versteht man jetzt, warum Dr. Konrad Adenauer erklären kann, er werde den Brief nicht lesen, den der ehemalige Holzarbeiter Walter Ulbricht öffentlich an ihn richtete, ohne von der Clique seiner Klassengenossen vom Stuhl des Vorsitzenden einer christlich-demokratischen Bürgerpartei abberufen zu werden? Nur der Vertreter einer Macht hat das Recht, über Fragen der Politik mitzureden, und in den drei Westzonen hat das Proletariat bis jetzt die über ihm thronenden Klassen seine Macht noch nicht genügend fühlen lassen.

Hinzu kommt, daß die Wahlzetteldemokratie in jenem größeren Teile des gespaltenen Deutschlands noch immer verstand, die Volksmassen in Abhängigkeit zu halten, deren Arbeitskraft und Leistung sie auf den Schild der sogenannten Bundesrepublik erhoben; noch immer bestimmt da drüben das Trio Kapital-Kirche-Generalität den Kurs der gesellschaftlichen Vorgänge.

Seit dem Grafen Gobineau (1816–1882) spukt ein wissenschaftlich längst überlebter Gefühlskomplex von der Existenz überlegener Rassen in europäischen Gehirnen, der besonders dem deutschen Adel und den nach adliger Anerkennung schmachtenden Söhnen und Töchtern des Bürgertums den Kopf so verdrehte, wie er das Dritte Reich, auch das Tausendjährige genannt, schließlich zu Aufstieg und Untergang führte.

In den tieferen Schichten des menschlichen Bewußtseins halten sich solche schmeichelhaften Gebilde des Selbstbetrugs und der Selbsterhöhung noch Generationen lang; als der Dichter Detlev von Liliencron, einst preußischer Offizier, Kriegssoldat

und Verfasser der »Adjutantenritte«, sein Stück »Arbeit adelt« veröffentlichte, hatten ihn seine Schulden nach Amerika getrieben und sein echtes lyrisches Talent in Vortragssäle und aufs Überbrettl, also in die Einsamkeit.
Eine ganz neue Zeit mußte anbrechen und sich von Rußland aus durchsetzen, um aus einem sächsischen Gardeoffizier unseren Ludwig Renn zu gebären, hinter dem Scharen deutscher Freiheitskämpfer marschieren.
Zum Glück für uns alle vibriert in den Sätzen unseres Walter Ulbricht, seinem ganzen Brief, der Schritt der Macht unseres sozialistischen Weltlagers. Wie lange es freilich dauern wird, bis man dem einstigen Oberbürgermeister von Köln diese Resonanz begreiflich macht, wagen wir nicht zu prophezeien.

Glückwunsch in Prosa

1959

Im Grunde müßte man diesen Glückwunsch an unseren Staat an uns selbst richten, und zwar in langen gereimten Versen. Wir leben als Vorposten des Sozialismus und der menschlichen Befreiung von Ausbeutung und Verfolgung auf der Schanze einer Landzunge gewissermaßen, die sich ins Meer des Kapitalismus von unserem Festland aus erstreckt, vom Winde umweht, und wir schmecken Salzluft und Erquickung, wann immer wir atmen. Aber leider geht der Geist nicht in Verse über, wenn er sich mit einem Marmorblock von Prosaromanen herumschlägt, und so sei dies gesagt, wie es dem Schriftsteller aus der Schreibmaschine kommt, in einfachen, rhythmisch lockeren Sätzen.

Unsereiner ist weit davon entfernt, den Alltag zu vergolden und zu schminken, der uns umfängt. Da selbst die Sonne Flekken hat, darf auch unser Teil Deutschlands, diese DDR, sich ihrer mangelhaften Stellen durchaus bewußt bleiben, schon, um sie unablässig zu bessern. Aber wenn ich mir, ein deutscher Schriftsteller, ernsthaft die Frage vorlege, wo ich bis zum Ende meiner Tage meinen Arbeitsplatz aufschlagen möchte, so kann die Antwort nur sein: hier! Wir sind, nach zwei Weltkriegen und einer zwölfjährigen Epoche brauner Barbarei, auf furchtbare Weise des guten Durchschnitts beraubt worden, den unser Teil Europas ausgebrütet und aufgezogen hatte. Wieder einmal, wie nach der Französischen Revolution und den Napoleonischen Kriegen, ist unsere Bevölkerung durcheinandergequirlt worden und noch dazu gespalten, wie eben der Verrat an den Potsdamer Beschlüssen es mit sich brachte, um nach dem zerschlagenen Basilisken-Ei der Hitlerei dem Westen einen Ersatzbasilisken zu liefern. Im Grunde genommen gehört aber Seßhaftigkeit in einer schöpferischen Landschaft, einer von alters her bewohnten Stadt zu den Voraussetzungen, dem Menschen Charakter zu geben und Stil, so daß, was immer er erzeugt, auf diese bestimmte Weise nur von ihm stammen könnte.

Man wird mich hoffentlich nicht mißverstehen, hier ist weder von Heimatkunst noch von Provinzialismus die Rede – nur die Mischung ausgeprägter Elemente führt zum Wachstum einer lebensvollen Kultur und eines menschenwürdigen Alltags; und eine Gemeinschaft kann nicht von sich erwarten, daß sie etwas Derartiges erzeugt, wenn sie erst zehn Jahre alt ist. Und so dürfen wir unserem Riesenbaby, der zehnjährigen DDR, aufs herzlichste zum Geburts- und Ehrentage Glück wünschen mit der Aufforderung, nur immer so weiterzumachen wie bisher, vor den Schwierigkeiten jeder Woche den Mut nicht zu verlieren und sich darauf zu verlassen, daß zu ihr hält und halten wird, wer Verstand und Selbstkritik genug hat, am Erreichen des Erreichbaren mitzuwirken, das eigene Leben tätig zu verlängern und überzeugt zu sein, daß jeder Samen aufgeht bei gehöriger Pflege und gutem Dünger, der ins Erdreich dieser DDR versenkt wird.

Und so dürfen wir bei Anspannung all unserer Kräfte und der Trauer um den Ausfall so vieler wertvoller Freunde dennoch mit Goethes Strophe schließen: »Tages Arbeit, abends Gäste, / Saure Wochen, frohe Feste / Sei dein künftig Zauberwort.«

Flug für den Frieden

1961

In der Geschichte der Menschheit wird der 12. April 1961 und der Name des Majors Juri Gagarin ebenso deutlich haften wie der des Christoph Kolumbus – nur daß man den Antritt seiner Ozeanfahrt, die zur Entdeckung Amerikas führte, nicht aber zur Umkreisung unseres Globus, im Lexikon nachschlagen muß; es war der 3. August 1492. Mit tiefen Atemzügen bewundern wir die Gipfelleistung unseres heutigen Tages, an welchem sich das naturforschende und das technische Genie des erdbewohnenden Menschen mit der Befreiung verband, welche dank unserer neuen Gesellschaftsordnung dem Vorrecht privilegierter Bildungsschichten ein Ende machte. Zum erstenmal blicken Menschen in den Weltraum hinaus, ohne die Prothese des Fernrohrs nötig zu haben, zum ersten Mal auch umkreiste ein Mensch unseren Globus und wußte, daß er nach seinem und seiner Genossen Willen diese Umkreisung beenden werde, um auf unserem mütterlichen Planeten wieder zu landen. Je nüchterner man diese Dinge alle aussagt, um so atemberaubender wirken sie. Aber würden wir verdienen, Zeitgenossen dieses Vorstoßes ins All zu sein, wenn wir jetzt nicht mit derselben Unerschrockenheit darangingen, ins Zusammenleben unserer Staaten und Völker Ordnung zu bringen und ihnen allen klarzumachen, daß niemand das Recht hat, erprobte Genialität zur gegenseitigen Vernichtung zu verwenden und Massentriebe anzustacheln und auszunutzen, in deren dunkle Verborgenheit bis jetzt nur wenige Menschenaugen geblickt haben?

Das Fundament

1954–1966

1
Zum IV. Parteitag der SED 1954

Jeder Parteitag der SED ruft die Erinnerung herauf an jenes Jahr 1946, als diese sozialistische Arbeiterpartei gegründet wurde. Draußen saßen wir alle verstreut in den verschiedensten Emigrationen und warteten auf einen Hornruf, der uns zur Heimkehr ermutigte und berechtigte. Wir hatten alle die Enttäuschung noch im Blute, die auf das Ertönen der Clairons am 11. November 1918 gefolgt war; wir wollten aus den Erfahrungen unseres Lebens gelernt haben und nicht noch einmal in ein Deutschland wie 1919 heimkehren, über welches sich wie eine Glasglocke, in allen Farben schillernd, unsere heimatliche Kultur wölbte, während unten drunter statt festen Fundaments ein Sumpf wartete, grün überdeckt wie von Wasserlinse, der sich jeden Augenblick wieder braun färben konnte gleich dem nazistischen Blutsumpf, dem wir ein für allemal entronnen zu sein wünschten.

Da erscholl jener Hornruf: Die Sozialistische Einheitspartei Deutschlands war gegründet worden, und Blockparteien erweiterten ihren Leistungsbereich. Fest basiert auf den Potsdamer Beschlüssen, im Schutze der siegreichen sowjetischen Waffen, wurde ein Deutschland geboren, das, noch gebrechlich und manchmal gar nicht anziehend, im Lichte der Wirklichkeit atmete und sich regte, bereit zu wachsen und zu reifen: die Deutsche Demokratische Republik. In sie zurückzukehren hatte Sinn und Verstand. Sie würde imstande sein, dem geistigen, zum Sozialismus geborenen, zu keiner Konzession an reaktionäre Mächte bereiten antifaschistischen Streiter und Schriftsteller Spielraum und Heimat zu werden. Vom Tage der Heimkehr an verbanden wir uns und unsere Arbeit mit ihr, nicht hinter dem Schreibtisch als Schanze sitzend, sondern hinter ihm als kämpferischer Batterie des Friedens und beständi-

gen Auslug in den Bereich von Verbesserungen von Tag zu Tag, von Brücken nach jenen größeren volkreicheren Zonen der seit der Niederlage zersplitterten Heimat, auf deren Wiederzusammenwachsen wir nie verzichteten.
Für diesen schaffenden Motor bot die SED den magnetischen Kern. Laßt uns immer dafür sorgen, daß er seine Anziehungskraft behalte, vergrößere, schütze und mit uns einverstanden sei in der beständigen Lockerung überanstrengter Muskeln und gepreßten Atems, denn auch für sie gilt wie für alle Gesellschaft und Kreatur der unsterbliche Vers unseres Schutzpatrons von Weimar:

Im Atemholen sind zweierlei Gnaden:
Die Luft einziehen, sich ihrer entladen;
Jenes bedrängt, dieses erfrischt;
So wunderbar ist das Leben gemischt.
Du danke Gott, wenn er dich preßt,
Und dank ihm, wenn er dich wieder entläßt.

(Goethe 1814)

Wie für den gesamten Lebensprozeß gilt dieser Vers auch für das Auf und Ab aller politischen Entwicklung und ermutigt zum Schaffen und Bessermachen.

2

Glückwunsch zum Frühling 1966

An der Entwicklung unserer deutschen Geschichte läßt sich ablesen, daß immer Spaltung Unheil bedeutete und Vereinigung immer den Weg in die Höhe. Als vor zwanzig Jahren die beiden deutschen Arbeiterparteien zur Sozialistischen Einheitspartei zusammenwuchsen, schrieben sich die Namen Wilhelm Pieck, Otto Grotewohl und Walter Ulbricht ins deutsche Geschichtsbuch für immer ein. Damit zogen gute Tage an unserem Himmel auf, und keiner von uns wird leugnen, daß er gern eine schwarz-rot-goldene Blume ins Knopfloch steckte, wenn wir die schon von einem Frühlingsbeet pflücken könnten. Als wir 1946 in Haifa teils aus Zeitungen, teils aus Briefen von Becher und Weinert erfuhren, daß der deutsche Boden jetzt ein Fundament bilden würde, um darauf für das deutsche Volk ein Heim zu errichten, freuten wir uns, zur Zeit noch Spaziergänger auf dem Berge Karmel, daß unser Leben jetzt wieder ein Ziel habe und daß auch zerstörte deutsche Städte ermutigendere Umgebungen für unsere nächste Zeit sein würden als selbst das hochgebaute Jerusalem.

Also grüßen wir heute über die langsam grünenden Rasenflächen an unseren Straßen zum Marx-Engels-Platz hinüber und atmen auch als alternde Leute tief den erquickenden Odem einer erfrischenden Gesinnung, die ein neues Deutschland ausströmt.

Die Jugend der Jahrhundertmitte

1961

Eine verlorene Generation? Liebe Erwachsene – wir verlorene Jugend liegen auf den Schlachtfeldern, den Schlachtfeldern zweier Weltkriege, eines Jahrzehnts von Bürgerkriegen, einer Verbrennungsepoche, die den Ausbruch des Vulkans Krakatau an Schauerlichkeit schon darum übertrifft, weil von jenem Vulkanausbruch die ganze Welt widerhallte, von unserer Ausrottung aber, In-Asche-Verwandlung, man erst heute wirklich Kenntnis nimmt. Was an Wissensdrang und Talenten für die Menschheit verlorenging, als der Octopus des Kapitalismus, wie Frank Norris ihn getauft, schrankenlos um sich greifen und uns alle aussaugen, ins Nichts werfen konnte, wird niemals bekannt werden. Unsere Namen sind verschwunden, unser Wesen verdunstet, was wir hätten leisten können, hat nicht einmal der Engel Gabriel ins Buch der Bücher eingetragen.

Die zwischen 1900 und 1930 Geborenen sind eine verlorene Generation.

Aber das, was heute auf der Erde lebt, was rund um den Globus aufwächst, sich tummelt, lernt und seinen Anspruch auf Glück und Erwachsenwerden mit sich umherträgt – wer das eine verlorene Generation nennt, macht uns nur die Köpfe schütteln und ein paar zornige Zeilen aufs Papier werfen. Wir haben uns der Grundaufgabe gewidmet, aufwachsen zu dürfen, ohne von Krieg oder Bürgerkrieg geschlachtet zu werden. Wir haben in die Reihen derer, die lesen und schreiben können, Millionen unseresgleichen aufgenommen. Wir haben gleich unserem Weltall, von dem die Gelehrten sagen, es beruhe auf einer kosmischen Explosion, einen Wissensdrang in die heutige Zeit hineingeschleudert, der die Technik möglich machte, mit der wir Menschen in den Kosmos schießen. Wir werden unsere Affekte vom Zerstörungstrieb des Todes immer mehr in den Leben schaffenden Eros umlenken. Die Sprachverwirrung, die zur Zeit des Turmbaus zu Babel, jener mächtigen, der Astronomie dienenden Pyramide, die Bauleute trennte – wir haben sie überwunden: unsere Übersetzer und technischen Kabinen bringen uns alles nahe, was zur Mitteilung von Fakten und Hoffnungen nötig ist. Die Künste freilich bleiben immer gebunden an die Landschaften und Städte, in denen sie geboren werden, und jede Jugend wächst mit ihren eigenen Künsten auf, die ihr die Freude am Leben ausdrücken helfen, am Geist und an der Verwirklichung einer neuen sozialistischen Lebensform. Eine verlorene Generation? Wir sind ebensowenig verloren wie die hunderttausend Saatkörner, die in der Erde verschwinden, nur um als Halme und Ähren vertausendfacht wiederaufzusteigen, im Morgenwind zu rauschen, von Tau zu funkeln, in der Sonne zu duften, Vögelchen zu ernähren und Feldblumen zwischen sich wachsen zu lassen, die blaue Kornblume, den roten Mohn.

Ich bin ein Ja-Sager

1961

Wenn ich sagen soll, was ich bin, so sage ich, ich bin ein Ja-Sager. Ich bin ein ausgesprochener Ja-Sager, der zurückgekommen ist aus der Emigration in Palästina im Jahre 1948, nachdem sich 1945 der Hauptgrund unserer Niederlage hat beseitigen lassen: die Spaltung der Arbeiterschaft, indem eine geschlossene deutsche Arbeiterschaft von Wilhelm Pieck, von Grotewohl und Walter Ulbricht geschaffen wurde.
Wir haben die unbedingte Absicht und Überzeugung gehabt, das deutsche Schrifttum wieder zu einer antifaschistischen Waffe im geistigen Kampf der Menschheit zu machen, und dazu bin ich auch im Jahre 1948 über Prag wieder nach Berlin zurückgekehrt und habe mich sofort eingesetzt gegen die Spaltung von Berlin, die damals im Jahre 1948/1949 anfing. Wir wissen, daß es anfing mit dem Unglück, daß die Potsdamer Beschlüsse nur in einem Teile Deutschlands verwirklicht worden sind und in einem größeren Teil unseres Vaterlandes nicht.
Und das ist der Grund, weswegen der Zwiespalt zwischen den zwei deutschen Staaten entstehen konnte, als es sich darum handelte, die Wurzeln des Krieges auszurotten. Das, was uns, unser Deutschland zugrunde gerichtet hat, waren die drei großen Kriege, in die wir seit 1870 hineingerissen worden sind. Der Schriftsteller hat mit dem Krieg nur dies zu tun, daß er ihn bekämpfen muß.

Zum Moskauer Abkommen

1963

Heute zieht der vorwärtsdrängende Strom jeden in seine Wirbel, der imstande ist, zu denken und zu fühlen. 1949 sagte Frédéric Joliot-Curie, dessen fünften Todestag wir kürzlich begingen, auf dem ersten Weltfriedenskongreß in Paris, das Verbot der Atomwaffenversuche sei das erste und wichtigste Ziel unserer ganzen Bewegung; wir müßten den bösen Geist in die Flasche sperren. Damals in Paris wußten wir noch nicht, daß die Menschheit fast fünfzehn Jahre brauchen werde, um dieses Ziel zu erreichen. Jetzt wurde der erste praktische Schritt zum Frieden getan, und die Menschheit wartet gespannt auf die nächsten.

Die Feinde des Moskauer Abkommens reden von der Sicherheit ihrer Staaten. Mir, einem Deutschen, der zwei Kriege erlebte und fünfzig Jahre hindurch den Militarismus bekämpft hat, ist die Melodie dieses alten Liedes gut bekannt. Sie erklang bei uns in Deutschland zu Kaisers und Hitlers Zeiten. Die Militaristen scheuen sich nicht, sich mit patriotischen Gefühlen zu schminken, sogar dann, wenn noch einmal Millionen Opfer ihrer verbrecherischen Politik sinnlos auf den Schlachtfeldern fallen sollten.

Ich bin stolz auf mein Land, die Deutsche Demokratische Republik. Von hier, von diesem Teil der deutschen Nation, breitet sich das Licht der friedlichen Ideen über ganz Deutschland aus. Kann jedoch der andere Teil, wo in der Regierung solche Menschen wie Globke und Adenauer am Ruder stehen, wo Revanchismus ein offizieller Bestandteil der Außenpolitik ist, wo unsere Kameraden für ihre Teilnahme an der Friedensbewegung verurteilt und verfolgt werden – kann ein solches Bonn aufrichtig die Schritte begrüßen, die in Richtung der Abrüstung unternommen werden?

Von Berlin aus habe ich beobachtet, wie Gewerkschaftsjugend und andere Massenorganisationen allmählich die Bonner Regierung zwangen, sich dem Abkommen anzuschließen. Das ist

ein Sieg der fortschrittlichen Kräfte der Bundesrepublik. Das Volk hat die Adenauer-Regierung in die Enge getrieben. Sie mußte unterzeichnen, ob sie wollte oder nicht.
Überall in der Welt weichen die Kräfte der Reaktion und des Krieges zurück. Die Haltung zum Abkommen über das Verbot der Atomwaffentests wurde für viele Regierungen gewissermaßen ein Prüfstein für das Vertrauen und die Achtung ihrer Völker, und man kann nur bedauern, daß gerade jetzt, wo die Fruchtbarkeit der Politik der friedlichen Koexistenz bewiesen ist, sich die chinesischen Führer leider in einer Gesellschaft mit den grimmigsten Reaktionären befinden. Ihre Positionen in den Fragen Krieg und Frieden, ihre Erklärungen und Handlungen können nur alle abschrecken und abstoßen, denen die Ideale des Humanismus teuer sind, die der Menschheit Glück und Blüte wünschen. Wir fortschrittlichen Schriftsteller Europas, die das Leid zweier Weltkriege erlebt und unzählige Menschentragödien gesehen und beschrieben haben, verwerfen die Haltung Pekings.
Wir verlangen wie eh und je: Den Weg frei für Frieden, für das Leben, für eine gute Zukunft, die auf Vernunft, nicht aber auf Leichen und Blut aufgebaut ist. Wir glauben an die Macht des Friedens, des Sozialismus und des Schöpfertums.
Meine Augen haben infolge einer Erkrankung das Sehvermögen fast verloren, aber klar sehe ich die große Schlacht, die überall auf Erden geschlagen wird: Abschaffung des Krieges als eines erlaubten Mittels der Politik! Das ist der Kampf zwischen Licht und Dunkel. Sozialismus ist das wahre Licht unserer Zeit, er wird alle schwarzen Schatten auf Erden verscheuchen.

Welch ein Deutschland wünsch ich mir?

1966

Immer wieder verkörpert sich in der deutschen Geschichte das Kernproblem der deutschen Politik in der Einsetzung eines reaktionären, mit Geist, Gesinnung und politischen Absichten rückwärtsgedrehten Kopfes, des Kopfes der herrschenden Klasse, wie es heute noch im anderen Staat der Fall ist. Daß dort das Volk der Dichter und Denker nach dem Grafen Bismarck keinen vorwärtsgewandten, aus der werktätigen Bevölkerung hervorgehenden politischen Vorkämpfer durchsetzen konnte, benimmt einem den Atem. Das Zerspalten politischer Parteien als Lösung von Schwierigkeiten scheint offenbar eine eingängigere Lösung zu sein als die Verständigung, mündlich oder schriftlich, über einen Tisch hinweg oder ein Postamt.

Die Bücher unserer Geschichte braucht man nur aufzublättern, um zu lesen, daß Gewalt als Folge ungenügender Diskussionen zum Blutvergießen von Hunderttausenden von Menschen führt. Darum ist mir so einleuchtend, daß eine vernünftige Handlungsweise wie der Brief unserer SED an die SPD jenseits der Elbe auf geistige Schwierigkeiten stößt.

Wir haben daher die Aufgabe, für ein kommendes Deutschland das Glacis zu klären, auf dem ein bewohnbares Haus für ein werktätiges Volk errichtet werden kann und soll. In beiden Teilen Deutschlands leben genug tüchtige Leute, die zum Aufbau eines solchen Hauses planvoll und tätig mithelfen können. Man muß sie aber daran hindern, in die Grundmauern wieder Dynamit einzuschmuggeln, das diesmal alle Beteiligten in die Luft sprengen könnte. Ein Deutschland der geeinten Arbeiterschaft stellt die Voraussetzung dafür dar, daß aus dem Volk der Richter und Henker wieder das der Dichter und Denker werden könnte. Dies in der letzten Sparte eines langen Arbeitslebens auszusprechen, scheint einem Schriftsteller die Pflicht, der nur noch mit dem Wort ins tätige Leben eingreifen kann.

Nachwort

Diese Sammlung von Aufsätzen »Zu Krieg und Frieden« umfaßt meine Erfahrungen aus sechs Jahrzehnten. Sie erheben nicht den Anspruch, der an die Arbeit eines Geschichtsschreibers gestellt werden soll; indessen bedeuten sie mehr als etwa nur Rohmaterial für den Geschichtenschreiber, der man hauptsächlich ist, obwohl Thematik und Anlage dieser Arbeiten vielfältige Beziehungen zu den Darstellungen aufweisen, die als Romane, Erzählungen und Dramen den Kern meiner Produktion bilden. Die hier zusammengefaßten Ergebnisse publizistischer Rechenschaft entstammen in erster Linie jener Pflicht des Schriftstellers, welche die Forderung des Tages heißt. Ausgehend von der Erkenntnis, daß die Gesittung der Menschheit an den Frieden gebunden ist, wußte ich, daß ich auf noch andere Art als die unmittelbare literarische in das Geschehen eingreifen müsse. Mir bot sich besonders durch Mitarbeit an Zeitschriften die Möglichkeit, meine Ansichten zu Zeitereignissen zu äußern. Zuerst im Deutschland der Weimarer Republik, jenem Staatsgebilde, das der Reaktion die Zügel überließ und damit die Chancen der Demokratie verspielte. Dann in der Emigration, als wir mit allen Fasern den Faschismus bekämpften. Schließlich nach 1945 in einer veränderten Welt, in der die Frage nach Krieg und Frieden einer nicht geringeren Beachtung bedurfte, in der unsere Resonanz jedoch unvergleichlich stärker sein konnte als in früheren Zeiten.

Die meisten Schlußfolgerungen, die ich in meinen politischen Aufsätzen zog, wurden durch die Geschichte bestätigt. Aber es kam auch vor, daß Ansichten durch die Wirklichkeit korrigiert worden sind. Was ich zum Beispiel während des zweiten Weltkrieges im palästinensischen Exil mangels besserer Information nicht wissen konnte, zeigte sich bald nach meiner Rückkehr: Die Vorstellung, »Vereinigte Staaten von Europa« könnten eine demokratische Alternative zu Hitlers alle Grenzen überrennendem »Großdeutschland« sein, erwies sich schon infolge der NATO-Gründung als ebensowenig real wie die Meinung, die USA hätten ihren Isolationismus zu anderen als imperialistischen Zwecken aufgegeben. Und wenn ich in einer kriegsentscheidenden Situation von dem »einmaligen Churchill« sprach, so deshalb, weil er kein Chamberlain war. Wie berechtigt unsere Warnungen an die Westmächte waren, den deutschen Militarismus nicht wieder hochkommen zu lassen, bedarf heute wohl keiner weiteren Begründung. Wer wie wir von Geburt an das Leben geliebt hat, unser unpathetisches Zivilistenleben, der wird sich keinen »Verteidigern der europäischen Kultur« mehr unterwerfen, die immer wieder die Totengräber dieser Kultur geworden sind, gestern noch waren und schon morgen wieder sein könnten.

Umfang und Auswahl der in diesem Band vereinigten Beiträge sind von dem Gesichtspunkt bestimmt, Wiederholungen zu vermeiden. Infolgedessen machten sich auch innerhalb einiger Arbeiten Kürzungen nötig, allerdings nur in Ausnahmefällen. Aus ähnlichen Gründen wurden manche Überschriften abgewandelt, denn was aus aktuellem Anlaß in Zeitschriften oder Tageszeitungen unter einem bestimmten Titel erschien und bei den Lesern damals eine beziehungsvolle Assoziation hervorrief, kann in einem Sammelband zuweilen etwas zu allgemein erscheinen.

Wir haben vielen Institutionen für die Nachweise der Veröffentlichung, der genauen Datierung und für die Beschaffung von Belegen zu danken, die bei der Herausgabe dieses Bandes von großem Nutzen waren: der Deutschen Bücherei, Leipzig, der Deutschen Akademie der Künste, Abteilung Geschichte der sozialistischen Literatur, Leipzig, der Deutschen Bibliothek, Frankfurt a. M.

In einigen Fällen blieb offen, ob die betreffende Arbeit bisher veröffentlicht wurde oder nicht. Zu viele Belege sind noch verstreut, manche wahrscheinlich verlorengegangen. Es ist auch möglich, daß in den Kriegsjahren 1939 bis 1945 Manuskripte die Redaktionen nicht erreichten und eine Veröffentlichung unterbleiben mußte.

Berlin-Niederschönhausen, Sommer 1967 *Arnold Zweig*

Anmerkungen

I

»Erinnerung an einen 1. August«, »Berliner Tageblatt«, 1. August 1928. Die Redaktion stellte dem Beitrag folgende Zeilen voran: »Die nachfolgenden Aufzeichnungen Arnold Zweigs erneuern die Eindrücke, die heute vor vierzehn Jahren den damals jungen Dichter bewegten.«

»Verdun 1916«, »Das neue Tagebuch«, Paris, Heft 8, 1940.

»Ludendorff-Profil«, »Die neue Weltbühne«, Prag, Wien, Zürich, 13. Januar 1938. In einer Vorbemerkung der Redaktion heißt es: »Die folgende Studie war ursprünglich für den kürzlich erschienenen Roman ›Einsetzung eines Königs‹ bestimmt; Arnold Zweig, der sie uns anläßlich Ludendorffs Tod übergibt, schreibt dazu: ›Wäre der Mann nicht gestorben, so bliebe das Fragment ungedruckt.‹ Wir halten sie für einen besonders wertvollen Beitrag zur Charakterisierung Ludendorffs.«

»Brief an den Reichstagsabgeordneten Rießer«, »Die Weltbühne«, Berlin, 4. September 1919. Jüdisches Lexikon, Band IV/1, Berlin 1930, bringt über Rießer folgende Lebensdaten: »Jakob Rießer, Jurist, langjähriger Direktor der Darmstädter Bank, Präsident des Hansabundes für Gewerbe, Handel und Industrie, nationalliberales bzw. volksparteiliches Mitglied des Reichstages, dessen Mitglied 1916 bis 1921 er war. R., der bereits als Christ geboren wurde, veröffentlichte zahlreiche Schriften über handelsrechtliche und Bankfragen.«

»Epilog zum Münchener Spuk«, »Jüdische Rundschau«, Berlin, 4. April 1924.

»Gumbel, Heidelberg, Republik«, »Die Weltbühne«, Berlin, 28. August 1924.

»Gedächtnisrede auf die gefallenen Dichter«. Gesprochen im Berliner Rundfunk, März 1927.

»Der Angriff der Gegenstände«. Das mit der Maschine geschriebene Manuskript trägt auf der ersten Seite die Bleistiftnotiz »1923«, offenbar das Entstehungsdatum. Der Beitrag wurde in einer Zeitschrift veröffentlicht. Über den Titel der Zeitschrift konnte bisher kein Nachweis erbracht werden.

»Schnee in Hameln«, »Berliner Tageblatt«, 17. Januar 1926.

»Harry Domela, der falsche Prinz«, »Bericht aus dem Unbekannten«, »Der Klassenkampf«, Berlin, Nr. 1, Oktober 1927.

»Ein General«. Die sichere Datierung dieses Beitrages ist nicht möglich; auch läßt sich kein Nachweis über eine Veröffentlichung erbringen. Wahrscheinlich wurde die Arbeit 1928 geschrieben. Die Polarexpedition Nobiles verunglückte mit dem Luftschiff »Italia« am 25. Mai 1928 und wurde am 12. Juli 1928 durch den sowjetischen Eisbrecher »Krassin« gerettet. Friedrich Wolf schrieb sein Hörspiel »›Krassin‹ rettet ›Italia‹« im August 1929.

»Brief an Joseph Wirth«. Datiert: Berlin, den 25. Februar 1931. Es läßt sich nicht feststellen, ob der Brief publiziert wurde. Er richtete sich nicht an den Reichskanzler, sondern an den Zentrumsabgeordneten Wirth und gegen die Politik der Zentrumspartei unter Reichskanzler Brüning, dessen Notverordnungen von den Abgeordneten dieser Partei unterstützt wurden. Die Schärfe des Tons ist zurückzuführen auf die »jämmerlichen«, aber gefährlichen Argumente des Antibolschewismus, auf den wachsenden Militarismus und die Begünstigung der Hitlerfaschisten, während die demokratischen Rechte immer stärker eingeschränkt wurden. Bereits 1924 suchte Arnold Zweig sich mit Fragen der bürgerlichen Demokratie auseinanderzusetzen in dem Beitrag »Wahlmerkzettel« (Jüdische Rundschau vom 29. April 1924). Er warnte dort seine Leser davor, eine Partei zu wählen, »um das kapitalistische System zu schützen«, und wandte sich auch gegen die Zentrumspartei, weil diese »nicht sehr viele Wirths« enthalte. An diese positive Meinung über Wirth knüpft auch der Brief von 1931 an: »Eigentlich sollten wir Bundesgenossen sein ...«

»Ein Schriftsteller, eine Zeitung und ein Publikum«. Geschrieben im Januar 1932, bisher unveröffentlicht. Die Zeitschrift »Uhu« erschien im Ullstein-Verlag, Berlin. Auch »Die Weltbühne«, der die vorliegende Fassung des Artikels gesandt wurde, lehnte eine Veröffentlichung damals ab.

»War der Weltkrieg Europas letzter Krieg?«, »Berliner Tageblatt«, 31. Juli 1932.

II

»Theodor Lessing, ermordet am 31. August 1933«. Geschrieben 1936. Anlaß zu dieser Arbeit war ein Brief von Anna Seghers aus Paris vom 24. Februar 1936, in dem es heißt: »Lieber Arnold Zweig, wir schicken Ihnen hier Material über den Fall Lessing, mit der

Bitte, es entsprechend unserem Brief zu bearbeiten. Wir hoffen, daß Ihr Beitrag nicht später als 15. April in unseren Händen sein kann... Wir haben zu unserem Buch viele und gute Mitarbeiter bekommen: Romain Rolland, Jean-Richard Bloch, Silone, Leonhard Frank, Heinrich Mann, Bruno Frank, Upton Sinclair, Cassou, Chamson, Andersen Nexö usw. usw. – Vor einiger Zeit sandten wir Ihnen eine Bitte um Entschuldigung wegen der Terminverschiebung, adressiert an Querido. Wir sind nicht sicher, ob Sie dieser Brief erreicht hat. Wir danken Ihnen und grüßen Sie herzlich. Für das Redaktionskomitee: Anna Seghers. Wie man uns sagt, erhalten Sie alle zitierten Werke Lessings dort im Lande, so daß es für uns sinnlos wäre, sie Ihnen zu schicken. – ›Erziehung vor Verdun‹ wird hier viel und gut diskutiert. Dank und Gruß.« – Zweigs Antwort: »Arnold Zweig, Haifa – Mount Carmel, House Moses, 8. April 1936, Frau Anna Seghers, Boîte 1646, 22 Rue St. Augustin, Paris IIe. Liebe Anna Seghers, pünktlich, wie Sie es wünschten, schicke ich Ihnen meinen Aufsatz über Lessing. Ich bitte, ihn so zu lesen, als hätten Sie ihn selbst geschrieben, falls er zu lang sein sollte, und mir Streichungsvorschläge zu machen. – Und nun kommt die Groteske. Ich habe hier keinerlei Möglichkeit gehabt, ein Buch von Lessing zu kriegen oder ein einziges Datum meines Aufsatzes nachzuprüfen. Nicht einmal eine Literaturgeschichte habe ich hier, um das Erscheinen von Lublinskis ›Bilanz der Moderne‹ nachzusehen. Sollte sich in Paris nicht jemand finden, der ein ebenso gutes Gedächtnis hat wie ich, aber außerdem noch Augen und die Möglichkeit, Daten nachzuspüren und sie zu kontrollieren? Wenn nicht, so mache ich eine Fußnote, in der ich um der ungenauen Daten wegen um Verzeihung bitte, weil mir an meinem Wohnort die Möglichkeiten der Kontrolle fehlen und meine Gesundheit mir im Augenblick nicht gestattet, nach Jerusalem zu fahren, wo ich möglicherweise Nachschlagewerke gefunden hätte. – Auch ›Geschichte als Sinngebung des Sinnlosen‹ habe ich noch nicht bekommen, obwohl mir ein Exemplar in Aussicht gestellt wurde. Sollte ich bei Durchsicht dieses Buches entdecken, daß Lessing nicht gegen, sondern für den Logos Stellung genommen hat, so werde ich Ihnen in den nächsten zwei Wochen eine Umarbeitung des Artikelschlusses schicken. Auch mein Göring-Zitat ist nicht wörtlich; Sie finden es richtig hinter Seite 56 des Braunbuchs I...« – Ob dieser Aufsatz veröffentlicht wurde, ist nicht bekannt, ja es ist nicht einmal sicher, ob er die Adressatin erreichte.

»An den gefangenen Ernst Thälmann«, »Die neue Weltbühne«, Prag, Wien, Zürich, 28. Mai 1936.

»Goebbels verbietet wen oder was?«, »Manchester Guardian«, Manchester, 22. März 1937.
Versuch einer Gegenrechnung«. Die Entstehung dieses Aufsatzes ist mit Sicherheit nicht mehr feststellbar, wahrscheinlich aber um 1938 anzusetzen. Über eine Veröffentlichung ist nichts bekannt. – Die Angriffe der Nazis richteten sich bereits gegen den Essay über Gustav Landauer, »Die Weltbühne« vom 15. September 1921, in dem es heißt: »Er glaubte an den Menschen, in welcher nationalen Form der ihm auch entgegentrete. Er, der die deutsche Seele ganz gewiß genauer kannte als irgendein Mitlebender, die ewige metaphysische Seele, die Meister Eckehart und Thomas Münzer, Luther und Hölderlin, Goethe und Kleist ans Licht getrieben, er glaubte, durch seinen Anruf noch im Soldaten der weißen Garde diese freie und menschliche Seele zur Antwort rufen zu können. Er irrte: aber dieser Irrtum, der ihn tötete, ist nur eine Gloriole mehr um sein Haupt, welches von einem Schwaben zertrümmert ward, weil er die Schwaben liebte... Die übermenschliche Lüge, vier Jahre lang die wahre Kriegsgöttin der Europäer, und der unmenschliche Klatsch einer aufgewühlten, in der Sicherheit ihres Besitzes bisher nie angetasteten Stadt werden für immer verdunkeln, was er, der menschliche gute Wille, in den Wochen, die er dann noch zu leben hatte, an Gutem wirkte... Uns wird berichtet, daß der letzte Eindruck von Größe, den er hinterließ, bevor man ihn zertrümmerte, in die Empfindungen der Offiziere geprägt ward, die ihn verhörten... Mancher ›Führer‹ der Nation hat an ihm die verborgenste Schäbigkeit seiner Seele enthüllen, mancher gemischte Charakter alle Elemente seiner Mischung schamlos gestehen müssen...«
»Kulturbilanz der Hitlerei«, »Deutsche Zentralzeitung Moskau«, 1. Februar 1938.
»Glückwunsch an die UdSSR«, »Internationale Literatur«, Moskau, Heft 3, 1938.
»Verspielte Chancen der Demokratie«, »Die neue Weltbühne« Prag, Wien, Zürich, 21. Juli 1938. Im Manuskript Vermerk, Datum 11. Juli 1938: »Entstanden aus Brief an Georg Bernhard vom 26. Februar 1934.« Die Worte »bis zu dem unseligen Schuschnigg« sind in das maschinengeschriebene Manuskript handschriftlich eingetragen. Offensichtlich unter dem frischen Eindruck der Annexion Österreichs durch Hitler am 10. April 1938, welche durch die antidemokratische Innenpolitik des Bundeskanzlers Schuschnigg begünstigt wurde, ist das Versehen zu erklären, Schuschnigg nicht als Österreicher bezeichnet zu haben. »Die neue Weltbühne« übernahm diese Fassung, die auch im vorliegenden Text erhalten blieb.

»Zur Volksfront! Antwort auf eine Rundfrage«, »Deutsche Volkszeitung«, Paris, 11. September 1938. Die Veröffentlichung enthielt folgende Vorbemerkung: »Arnold Zweig, der Schöpfer der großen Romantrilogie des Krieges, der tragischen Figur des Sergeanten Grischa und der Warner des deutschen Volkes vor den alten Kriegstreibern in seinem Buch ›Einsetzung eines Königs‹, sandte uns folgende Antwort auf unsere Rundfrage.«
»Gruß an die Landsleute über den Freiheitssender 29,8«, »Deutsche Volkszeitung«, Paris, 13. November 1938 und »Thurgauer Arbeiterzeitung«, Arbon, 29. Oktober 1938, die der Erklärung nachstehende Einleitung voranschickte: »Bern, 26. Oktober (Insa.) Am 20. Oktober verbreitete der geheime deutsche Freiheitssender auf Kurzwelle 29,8 folgende Adresse des Schriftstellers Arnold Zweig vor seiner Abreise aus Europa.«
»Vier Begegnungen mit Frankreich«, »Neue Deutsche Literatur«, Berlin, April 1955 und »La Nouvelle Critique«, Paris, Numéro Spécial 1956 (Nr. 73/74). Die einzelnen Begegnungen wurden zu verschiedenen Zeitpunkten geschrieben.
»Neujahr an der Front«, »Palastine Post«, Haifa, 27. September 1935 und »Pariser Tageblatt«, 29. September 1935.
»Heute Spanien – morgen welches Land?«. Geschrieben in Haifa am 1. Mai 1937. Eine Veröffentlichung kann nicht belegt werden.
»Welch ein Unterschied!«, »Deutsche Zentral-Zeitung«, Moskau, 21. März 1939, »Deutsche Volkszeitung«, Paris, 3. April 1939, »Deutsches Volksecho«, New York, 6. Mai 1939 und andere.
»Warum die Welt schweigt«. Geschrieben um 1937. Ob dieser Essay veröffentlicht wurde, ließ sich nicht feststellen.
»Gestern, heute, morgen«. Entstanden zwischen 1932 und 1938. Teile dieser Artikelserie erschienen in verschiedenen Publikationsorganen, bevor sie 1950 (September, Oktober, November) in »Die Weltbühne«, Berlin, neu veröffentlicht wurden. Der Abschnitt IV, geschrieben im Mai 1934, wurde zum erstenmal veröffentlicht in »Pariser Tageblatt«, 10. Mai 1934, ebenso Abschnitt V; der Abschnitt VII wurde am 29. Juli 1932 im »Manchester Guardian« und danach in »Die neue Weltbühne«, Prag, Wien, Zürich, Nr. 15, 1937, publiziert.

III

»Über den Vorwurf des Antigermanismus«, Kapitel I, 1931 geschrieben, wurde veröffentlicht in »Orient«, Haifa, 30. Oktober 1942; Kapitel II, »1933 erlebt«, in »Orient«, 20. November 1942;

Kapitel III, »1939, vor dem Krieg geschrieben«, in »Orient«, 4. Dezember 1942; Kapitel IV, »1939, im Kriege geschrieben«, in »Orient«, 11. Dezember 1942. – Dira necessitas = grausame Notwendigkeit.
»Frühling 1242 – Frühling 1942«. Veröffentlichung ist nicht nachweisbar.
»Über den Angriffskrieg«, »Orient«, Haifa, 11. September 1942.
»Angriffsgeist und Volkssubstanz«, »Orient«, Haifa, 23. Oktober 1942. Neudruck in »Deutschlands Stimme«, Berlin, 27. Februar 1949. Dort heißt es in einem Vorwort des Verfassers: »Was am 23. Oktober 1942 in einer deutschsprachigen Wochenschrift ›Orient‹ in Haifa gedruckt wurde, verdient heute in Berlin durchdacht zu werden; was der britische Zensor damals, im Kriege, uns verständigerweise gestattete, der Hetze gegen das deutsche Volk entgegenzuhalten, würde heute kaum von einer deutschen Zeitung gedruckt werden, die sich als westsektorisch oder deutschwestlich bezeichnen würde. Geschrieben und gedruckt noch vor den Siegen von El Alamein und Stalingrad, hielt der Artikel es schon damals für nötig, die eine Hemisphäre deutschen Wesens gegen die andere abzugrenzen und vor Verwechslungen zu bewahren und überhaupt dem Unfug entgegenzutreten, der Volkheiten zur Last legte, was gesellschaftliche Faktoren geformt und entbunden hatten...«
»Liga V – eine antifaschistische Liga zur Hilfeleistung für die Sowjetunion«. Unter diesem Titel wurden Aufrufe und Publikationen über die Tätigkeit der Liga V zusammengefaßt, deren Präsident Arnold Zweig war. Folgende Daten der Entstehung bzw. Veröffentlichung konnten ermittelt werden: der »Aufruf an die Bevölkerung Palästinas zur Schaffung einer Ambulanz für Sowjet-Rußland« stammt vom 21. Dezember 1941. »Cinema Esther Pantomime« wurde am 26. Juni 1942 in »Orient«, Haifa, veröffentlicht: es werden die wichtigsten, auf die Liga V und die Problematik dieser Gründung bezüglichen Abschnitte dieses Artikels wiedergegeben. »Die Antinationalisten« erschien in »Orient« am 25. September 1942. Es handelt sich um den Entwurf einer Ansprache auf dem Bankett der Liga am 3. September 1942 zu Ehren der Vertreter der Roten Armee, die als Gäste der Liga über Teheran nach Tel Aviv kamen, um die Ambulanz in Empfang zu nehmen. »Orient« veröffentlichte ein Danktelegramm an Arnold Zweig aus Kuibyschew von der Tagung des jüdischen Antifaschistenkomitees am 24. Mai 1942 in Moskau. Darin heißt es: »Eure

Ambulanz als ein Symbol des heroischen Kampfes der Roten Armee gegen die Nazibanditen wurde lebhaft begrüßte. Die Vollsitzung des jüdischen Antifaschistenkomitees erklärt den 22. Juni zum Tag der Mobilisierung für die Juden aller Länder. Sie sollen durch Einsatz ihrer ganzen Kraft und Stärke helfen bei der Vernichtung des Faschismus ...« – Weitere Beiträge sind datiert vom 1. April 1943, 1. Mai 1943, 22. Juni 1943, 14. Juli 1943, 1. Oktober 1944. Über die Tätigkeit der Liga V gibt auch folgende Notiz in »Orient« vom 20. November 1942 Auskunft: »Liga V zum Sowjet-Jubiläum. Der mitteleuropäische Kreis der Liga V, Jerusalem, veranstaltete dieser Tage eine Feier anläßlich des fünfundzwanzigjährigen Bestehens der Sowjet-Union. Als Redner und Rezitator wirkte Louis Fürnberg, ein junger aus der Tschechoslowakei stammender Schriftsteller, der dort das revolutionäre Theater ›Echo von links‹ leitete. Louis Fürnberg sprach in eindrucksvollen Worten von unserer Dankespflicht an die russischen Helden und rezitierte hernach aus neuen russischen und rußlandbegeisterten Dichtungen, so von Majakowski, Bert Brecht usw. Besonders erschütternd wirkte Bert Brechts neue Ballade ›An meine Brüder im Osten.‹ Eine wirkungsvolle Veranstaltung.« – PKP = Kommunistische Partei Palästinas.

»Warum siegt die Rote Armee?« Geschrieben 27. Februar 1943. Veröffentlichung nicht nachweisbar. »Jecken« wurden die deutschen jüdischen Emigranten in Palästina in herabsetzender Weise von den jüdischen Nationalisten genannt.

»Lehren besetzter Länder«. Die genaue Datierung steht nicht fest, auch nicht, ob der Beitrag veröffentlicht wurde. Ungarn wurde am 19. März 1944 von deutschen Truppen besetzt, wodurch die Versuche der ungarischen Regierung, aus dem Krieg auszuscheiden, vereitelt wurden und das Land als Kräftereservoir und strategischer Raum der deutschen Kriegführung erhalten blieb. Im November 1940 war Ungarn unter der Regierung Horthy bereits dem faschistischen Dreimächtepakt (Deutschland, Italien, Japan) beigetreten. (»Weltgeschichte in Daten«, Berlin, 1966.).

»Das Nachkriegsrätsel«. Dieser Essay entstand durch Zusammenstellung mehrerer Aufsätze, die über einen längeren Zeitraum hin verfaßt wurden. Die erste Manuskriptseite trägt den handschriftlichen Vermerk 29. November 1942. Der abschließende Artikel ist wahrscheinlich gegen Ende 1944 entstanden.

»Das Aufatmen von 1945«, »Heute und Morgen«, Antifaschistische Revue, Tel Aviv, Juni 1945 und »Literaturnaja Gaseta«, Moskau, 6. Mai 1965. Eine auszugsweise Neuveröffentlichung in »Urania«, April 1965, erschien mit einer Nachbemerkung, in der es heißt: »Diese Sätze wurden 1945 geschrieben, noch in der Emigration in Haifa. Die Befreiung von den Lasten, unter denen wir diese ganzen Jahre zubringen mußten, hatte schon begonnen, als das Komitee ›Freies Deutschland‹ gegründet wurde und das nichtnazistische deutsche Volk Leitsprüche und ein Führergremium fand, in der Sowjetunion, in England und auch in den Vereinigten Staaten, überall. Daß uns eine ungeheuerliche Aufgabe erwartete, uns Rückkehrer nach Deutschland, war allen klar, aber nur ein Optimist wie ich wich der Vermutung aus, es könnte auch noch nach der Wiederherstellung eines Nichtkriegszustandes Versuche geben, ehemalige Nazifunktionäre in leitende Stellungen in einem der beiden deutschen Nachfolgestaaten zu bringen. Nur wenige Propheten und Evangelisten hätten gewagt, das sich im Geiste vorzustellen, was wir erlebt haben und was wir doch immer noch erleben: daß auch nach dem zweiten verlorenen Kriege Revanchisten auftreten würden und für das Gebilde Propaganda machen, das sie die deutschen Grenzen von 1939 titulieren. Als ob nicht eine inzwischen sozialistisch gewordene Welthälfte auf der Wacht stünde!...« – Zu der Formulierung »Hörr Hitler« siehe den Beitrag »Das Mädchen aus Frankfurt am Main«.

»Einwand gegen ein Buch«, »Palastine Post«, Haifa, 9. November 1945. Rezension des Buches »World in Trance – From Versailles to Pearl Harbour«. By Leopold Schwarzschild, Fischer, New York.

»Wer siegte in diesem Kriege?«, »Berliner Zeitung«, 8. Mai 1965. Geschrieben im April 1945 in Haifa.

»Krieges Ende?«, »Sonntag«, Berlin, 2. Oktober 1949.

»Urteilsspruch«. Auszug aus dem Vorwort zu einer Mappe Tuschzeichnungen »Im Tal des Todes« von Lea Grundig, geschrieben in Haifa am 8. Oktober 1945, veröffentlicht in der Zeitschrift »Kunst und Wissen«, herausgegeben vom F.D.K.B. Großbritannien, 1945. Auszugsweise nachgedruckt in »Das Wort der Verfolgten«, Verlag Volk und Welt, Berlin, 1948.

»Den Opfern von Ravensbrück«. Geschrieben am 27. August 1948.

»Vorspruch«. Einleitung zu dem illustrierten Band »Buchenwald«, Kongreß-Verlag, Berlin 1959.

»Ein Brief, der nicht abgesandt wurde«. Geschrieben Neujahr 1951 in Berlin-Niederschönhausen. Bisher unveröffentlicht. Der Staatsanwalt Dr. Adam Dorten gehörte wie Konrad Adenauer zu den Führern der rheinischen Separatistenbewegung von 1914 bis 1924.
»Aufruf zur Vernunft«, »Sonntag«, Berlin, 3. April 1949.
»Ein neues Valmy«, »Aufbau«, Berlin, Mai 1950.
»Die Stimme der Vergangenheit nicht überhören. Offener Brief an Monsieur Pierre Mendès-France«. »Sonntag«, Berlin, 28. November 1954.
»Nicht nur Kränze niederlegen«, »Tägliche Rundschau«, Berlin, 2. September 1952 und »Österreichische Volksstimme«, Wien, 25. September 1952.
»Warnung vor Wunderwaffen«, »Neue Zeit«, Berlin, und »Berliner Zeitung«, 30. Dezember 1953. Es handelt sich um ein Schreiben an den Deutschen Friedenstag in Weimar.
»Die Festungen meiner Jugend«. Genaues Entstehungsdatum nicht feststellbar; wahrscheinlich erstes Quartal 1945. Bisher unveröffentlicht. Einschließung Breslaus durch die Sowjetarmee 15. Februar bis 6. Mai 1945. Bei dem hier erwähnten Nachfahren der Familie von Seydlitz handelt es sich um den General der Artillerie Walter von Seydlitz, Präsident und Mitbegründer des am 11. September 1943 in Moskau von deutschen Generälen und Offizieren geschaffenen Bundes deutscher Offiziere. W. von Seydlitz war gleichzeitig kooperiertes Mitglied des Präsidiums des Nationalkomitees Freies Deutschland.
»Zum Aufstand des Warschauer Ghettos«. Geschrieben am 26. März 1962 für »Folks Sztyme«, Warschau.
»Gefährliche Nachbarschaft entgiftet«. Geschrieben für »Zycie Literackie«, erschienen 4. September 1960.
»Gruß an Polen«. Geschrieben am 9. Juli 1964 für die polnische Zeitschrift »Przyjaźń«, Warschau.
»Botschaft nach Helsinki«. Geschrieben am 18. März 1955 zur Tagung des Weltfriedensrates.

V

»Eine Existenzfrage der Nation«. Aufruf zum Volksentscheid für eine atomwaffenfreie Zone in Europa. Der Appell wurde auf dem V. Bundestag des Deutschen Kulturbundes (7.–9. Februar 1958) von Professor Rienäcker verlesen.

»Der Schlüssel unseres Tuns«. Gesprochen auf Tonband am 23. September 1950 für den II. Weltfriedenskongreß in Warschau (16.–22. November 1950).
»Rede vor dem Kulturbundkongreß« (Auszug). Gehalten vor dem II. Bundestag des Kulturbundes zur demokratischen Erneuerung Deutschlands am 25. November 1949.
»Die Krisen der bürgerlichen Kultur«, »Tägliche Rundschau«, Berlin, 1. Januar 1950 und August 1950, »Kulturaufbau«, Düsseldorf.
»Macht und Bücher«, »Der Abend«, Wien, 16. Juni 1955.
»Einreise verwehrt«, »Neues Deutschland«, Berlin, 10. November 1950.
»Wir verteidigen unser Leben«. Geschrieben am 5. Juni 1958 für »Komsomolskaja Prawda«, Moskau.
»Enthüllter Rat der Götter«, »Neues Deutschland«, Berlin, 10. November 1950. Hierzu Vorspruch der Redaktion: »Bevor der Dichter Arnold Zweig zum heute beginnenden Friedenskongreß des Landes Nordrhein-Westfalen nach Düsseldorf fuhr, wo er eine Rede halten wird, schrieb er diesen Artikel über den DEFA-Film ›Der Rat der Götter‹, der am 12. Mai inBerlin uraufgeführt wird. Mitglieder des Deutschen Friedenskomitees, die den Film kurz vor der endgültigen Fertigstellung sahen, schlugen ihn dem Pariser Weltfriedenskongreß zur Prämiierung mit dem Internationalen Friedenspreis vor.«
»Fliegende Untertassen?« Geschrieben am 3. Mai 1958 für die sowjetische Zeitung »Literatur und Leben«.
»Ein Buch, das Epoche machte«, »Tägliche Rundschau«, Berlin, 31. März 1955.
»Das Mädchen aus Frankfurt am Main«, »Neue Zeit«, Berlin, 21. März 1958. Dieser Essay trägt die Unterzeile »Gedanken zum ›Tagebuch der Anne Frank‹ und bezieht sich auf die Herausgabe dieses Buches in der DDR (Lizenzausgabe im Union-Verlag, Berlin). Die zitierte Stelle, »Zeugnis einer anderen jungen Frau ...«, entstammt den Aufzeichnungen von Frau Hilde Huppert, die von Arnold Zweig bearbeitet und im VVN-Verlag, Berlin, 1951 unter dem Titel »Fahrt zum Acheron« herausgegeben wurden. 1949 erschienen im Verlag Mír, Praha und Brno, unter dem Titel »Soutěskou k Svobodě«.
»Wettrüsten? Abrüsten!«, »Neues Deutschland«, Berlin, 1. Januar 1960.

»Fahrt durch die Ruinenstadt«, »Berliner Zeitung«, 25. November 1948. Die Fahrt war eines der ersten Erlebnisse Arnold Zweigs nach der Rückkehr aus der Emigration.
»Angriffsbündnis NATO«, »Sonntag«, Berlin, 27. Juli 1950 und »Heute und Morgen«, Düsseldorf, 9. April 1951.
»Die Stunde der Deutschen«, »Tägliche Rundschau«, Berlin, 3. März 1951, »Aufbau«, Berlin, März 1951 und »Literaturnaja Gaseta«, Moskau, 24. Februar 1951.
»In den Furchen unserer Tage«, »Daily Worker«, London, 3. Oktober 1951, Nachdruck in »Die Weltbühne«, Berlin, 7. November 1962.
»Argonautenfahrt nach Bonn«, »Tägliche Rundschau«, Berlin, 24. September 1952.
»Begegnungen in USA«, »USA in Wort und Bild«, Berlin, März 1950.
»Rettet die Rosenbergs«. Schreiben an den PEN-Club in den USA vom 29. November 1952.
»Ruf an Albert Einstein«, »Berliner Zeitung«, 8. Januar 1953.
»Lemmerwölkchen«, »Berliner Zeitung«, 26. April 1954. Die Redaktion versah den Beitrag mit folgender Erläuterung. »Nach amerikanischer Methode griff der Westberliner ›Kurier‹ (Chefredakteur Ernst Lemmer) am vorigen Dienstag wieder einmal zu einer faustdicken Lüge. In seiner Absicht, die DDR mit Schmutz zu bewerfen, schrieb das Blättchen, der deutsche Schriftsteller Arnold Zweig hätte eine Einladung des Römischen Germanistischen Instituts nicht annehmen können, da ihm keine Ausreisegenehmigung nach Italien erteilt worden sei. Zu dieser völlig aus der Luft gegriffenen Behauptung teilt Arnold Zweig der ›Berliner Zeitung‹ folgendes mit.« – Der »Kurier« hat 1966 sein Erscheinen eingestellt.
»Nächtliche Stimmen«, »l'Humanité«, Paris, 26. Februar 1956 und »Stimme des Friedens«, Berlin, März 1956.
»Wer in unser Lager einbrechen will...«, »Sonntag«, Berlin, 4. November 1956.
»An die achtzehn Atomphysiker«. »Nationalzeitung«, Berlin, 17. April 1957 und in zahlreichen anderen Organen veröffentlicht.
»Über das Privileg geschlagener Generäle«, »Berliner Zeitung«, 19. April 1957 und in zahlreichen anderen Publikationsorganen der DDR veröffentlicht.

»Über den Ursprung des Rotfiebers«, »Neues Deutschland«, Berlin, 8. Mai 1958.
»Herr Merten und das Evangelium«, »Neues Deutschland«, Berlin, 20. November 1959.
»Generalstraum am Ende«, »Neues Deutschland«, 31. Januar 1960.
»Korea gestern und heute«. Geschrieben 1. August 1960 für »Literaturnaja Gaseta«, Moskau.
»Vestigia terrent« (Die Spuren schrecken), in »Revue um die Welt«, April 1960.
»Alleg freilassen!«, »Berliner Zeitung«, 19. Juni 1960. Es handelt sich um ein Telegramm an das französische Militärgericht in Algier.
»Die Unschuldigen«, »Neues Deutschland«, Berlin, 16. Mai 1963. Lorenz Knorr, langjähriger SPD-Jugendfunktionär, seit 1960 Mitglied der Deutschen Friedens-Union (DFU) in Westdeutschland, wurde im Auftrag der Bundeswehrgenerale Foertsch, Speidel, Heusinger, Ruge und Kammhuber sowie von Franz Josef Strauß verklagt, weil Knorr sie unter anderem als »des Teufels Generale« bezeichnet hatte. Der Prozeß fand in Solingen statt.
»Was zu geschehen hat«, »Berliner Zeitung«, 12. Januar 1964.
»Mit der Bombe leben?«, »Neues Deutschland«, 14. Februar 1965 und in zahlreichen anderen Organen veröffentlicht.

VII

»Hier ist Deutschland«, »Neues Deutschland«, 29. Juli 1960 und in anderen Organen veröffentlicht. Erklärung auf der internationalen Pressekonferenz am 28. Juli 1960.
»Zum 75. Geburtstag von Wilhelm Pieck«, »Sinn und Form«, Heft I, Berlin, 1950.
»Zur Entwicklung der Deutschen«. Geschrieben 17. Dezember 1951 für Radio Prag.
»Antwort an eine Wienerin«, »Tagebuch«, Wien, 9. Mai 1953.
»Vorwärtsgewandter Rückblick«, »Sonntag«, Berlin, 10. Oktober 1954.
»Zwei Antimilitaristen begutachten eine Uniform«, »National-Zeitung«, Berlin, 29. Juni 1963.
»Verwirklichung«, »Wochenpost«, Berlin, 2. November 1957.
»Zur Befreiungsfeier der Menschheit«, »Berliner Zeitung«, 7. November 1957.

»Der Sputnik«, »Literaturnaja Gaseta«, Moskau, 6. Januar 1959.
»Gruß und Dank«, »Literaturnaja Gaseta«, Moskau, Nr. 3, 1959. Geschrieben am 31. Mai 1958 aus Anlaß der Verleihung des Lenin-Friedenspreises an Arnold Zweig.
»Monroe-Doktrin und Rapacki-Plan«, »Sonntag«, Berlin, 20. April 1958.
»Geist, Geburt, Politik«, »Neues Deutschland«, 2. Februar 1960.
»Glückwunsch in Prosa«, »Neues Deutschland«, Berlin, 7. Oktober 1959.
»Flug für den Frieden«, »Sonntag«, Berlin, 23. April 1961.
»Das Fundament«. Der Beitrag zum IV. Parteitag der SED erschien in »Wochenpost«, Berlin, 27. März 1954, der Beitrag zum 20. Jahrestag der SED in »Neues Deutschland«, Berlin, 21. April 1966.
»Die Jugend der Jahrhundertmitte«. Geschrieben 6. Mai 1961.
»Ich bin ein Ja-Sager«. Erklärung, gehalten zur Eröffnung der Podiumsdiskussion »Der PEN-Club in unserer Zeit« am 8. April 1961 in der Hamburger Universität. Die Diskussion wurde zwischen Mitgliedern des Deutschen PEN-Zentrums Ost und West und Schriftstellern aus der Bundesrepublik geführt. Sie war ursprünglich für den Dezember 1960 angesetzt, wurde jedoch von der Hamburger Polizei verboten. Die Einladung erfolgte daraufhin durch die in Hamburg erscheinende Wochenschrift »Die Zeit«, in der die Erklärung des Präsidenten des Deutschen PEN-Zentrums Ost und West, Arnold Zweig, am 14. April 1961 veröffentlicht wurde.
»Zum Moskauer Abkommen«, »Neues Deutschland«, Berlin 10. September 1963.
»Welch ein Deutschland wünsch ich mir?«, »Sonntag«, Berlin, 24. April 1966.